Henry Neville

ネヴィルの
共和主義的政体思想研究

その『プラトン再生』を中心に

倉島　隆　著
Takashi Kurashima

N

三和書籍

ネヴィルの共和主義的政体思想研究——その『プラトン再生』を中心に——／目次

第二部　イングランド国家とその病理
――『プラトン再生』「第二の対話」を中心に――

序章　序論

——本書の定立・課題の問題状況・分析視角——

第一節　緒論――本書の定立――

われわれは、本書において近代初期イングランドにおける王位継承排斥法案危機期（一六七八―一六八三）の共和主義的思想家であるヘンリー・ネヴィル（一六二〇―一六九四）の政体思想を主たる研究対象とする。彼は、その危機期において自らの理論及び統治機構改革を論じた主著『プラトン再生（統治に関する対話）』（一六八〇―八一）を発表した。この著書は、共和主義論として長きにわたって読まれ、かつその思想の普及に広範に役立ったといわれる。本書においてわれわれは、その古典的著作を再検討し、その重要性を評価し直すことを目的とする。

われわれの命題ないし仮説は、以下の四つに集約する。第一に、われわれは、ネヴィルがイングランドの共和主義論者であると定立する。周知のごとく、共和主義とは、その共和国の統治が原理的に市民たちによって共通善のために行われる市民たちの公共的任務ないし事柄を含意する（M・キャノバン）ものから発する思想である。それは、この共和制と対照的に、国王がその臣民に対して個人的権威を享有し、自らの個人的資産として自らの王国を支配するものを含意する「君主制」から発する王政主義と異なる。この共和主義は、広義であるが、狭義において君主なき政体を含意する。われわれは、ここではさらに彼が古典古代の共和制政体をまずその起源ないし歴史として論及し、それを基準として、自らの時代状況（イングランドの王位継承排斥法案危機期）における混乱を解決するために自らの共和主義的統治機構を構想するという意味で、イングランドの共和主義者であると彼をみなす（1）。第二に、その仮説は、ネヴィルが庶民院優位主義的ないし国民代表議会論者（あるいは議会の大義論者）であるというものである。というのは彼によれば、この議会下院が国民を代表し、自らのデモクラシーないし共和主義の上に基礎づけると論じるからである。われわれは、彼が共和制期と王政復古期の両方を通じ一貫してそれを主張すると考える。換言すればそれは、彼が共和制期に主張したばかりでなく、その危機期においても基本的に保持しているというものである。ただしそれは、自らの後期において混合君主制という形の下で論じているというものである。より特定的にいえば、ネヴィルのそれは、王政復古期における騎士議会による反動（例えば厳格な国教制度の強制など）から生ずる地方党側での脅威や常備軍の増強などの政府の推進による、その自由の侵害の恐れなどから発する危機感の存在とかかわるものである。われわれは、そこにおいて「恣意的統治とカトリック教の脅威」問題が浮上してくると仮定する。それは、王位継承排斥法案における中心的人物であるカトリック教徒のヨーク公の問題と連関するものとみなす。つまりこれらの脅威は、当時における古来の立憲制の限界から発する過剰な国王権力の問題とのかかわりで、抑圧される側で増幅されるものとみなされる。一般的にいえば、それは、近代国家権力からの市民的自由論として示すことができよう。

第三に、われわれは、ネヴィルが立憲君主制の原型ないし準立憲君主制を構想したというものである。これは、その過剰な国王権力に対してネヴィルが、この国王大権に象徴される執行行政権からなる裁量権などを徹底的に制限し、かつそれを議会によって承認される統治評議会とともに分有させようと主張するものである。それは、まさに立憲君主制に極めて近い理論である。ネヴィルによるその合理的推論は、次の世紀の統治政体制度をまさに先取りするものである。第四に、さらに彼のその論理は、政教分離論を伴っている。それは、彼の反聖職者主義において展開される。この思想は、世俗的「市民宗教」論の範疇内で展開される。他方において、ネヴィルは、イングランドの共和制期においてハリントンとともに財産権の変化に比例した権力の階級間の移動と、それに対応する立憲制を主張しており、かつそれをこの危機期においても異なった形で主張している。とはいえわれわれがネヴィルを評価するのは、彼がその新しい危機期の状況において明確にこの自説を提示していることなのである。前記のごとくわれわれは、特にその騎士議会による反動政治がもたらす強力な国家権力の急激な増大によるインパクトに注目する。それは、一方においてイングランド国家が、対外的にはその執行部による海軍の増強や議会による政府の財政保証の確立によって、欧州の列強へと大きく成長する側面でもある。他方、それは、国内においてこれと対立する陣営にとってきわめて抑圧的といえる状況を生み出すこととなる。われわれは、こうした広範な背景から「恣意的統治とカトリック教の増大」の脅威問題を捉える必要が出てくる。

本章においてわれわれは、以下の諸節を本書の課題の問題状況並びに分析視角などと示し、かつ順を追ってそれらに論及することとしたい。

（1）最近の英国の共和主義研究において狭義の共和主義よりも広義の共和主義の定義がよく使われている。すなわち、狭義のそれは、君主なしの政体を含意し、広義のそれは、君主制・貴族制・及び民衆政体的三要素からなる「混合政体」的均衡と抑制面、並びに市民参加や公共精神などに重点を置き、必ずしも君主なしの政体に限定しないことを指す。それは、特に王政復古期の共和主義者であるネヴィルやA・シドニーらによって示される。しかしながら、われわれは、その広義の共和主義においてこの狭義の定義を全く無視するわけではない。というのはわれわれは、その後者のものが本義であり、前者がそれを遥かなる未来に置いたりあるいは隠された意図としてもつという含意ももつとみなすからである。そうでなければ共和主義の本義は、意味をなさなくなる可能性があるからである。

こうした定義について例えば、G.Mahlberg,*H.Neville and English republican culture in the seventeenth century*,Manchester,2009; J.Scott,A.*Sidney and the Restoration Crisis,1677-1683*,Cambridge,1991; B.Worden, 'Republicanism and the

Restoration,1660-1683;in Wootton,ed., *Republicanism,Liberty and Commercial Society,1649-1776*,Stanford,1994; 及び拙著『A・シドニーの政体思想』（時潮社、二〇〇八年）などを参照されたい。

第二節　本書の課題の問題状況

われわれは、共和主義者ネヴィルについて最も評価すべきものが古来の立憲制を念頭に置きつつ、近代の準立憲君主制を構想することにあると考える。というのはわれわれは、それがネヴィルによる問題意識、歴史観、及び立憲制観から発し、かつ現代の重要な政治制度思想の原型とみなすからである。本節においてわれわれは、その四つの仮説を検証するために、ネヴィルが当時の王政復古期の時代状況において問題を設定するもの、及び当時の問題状況などといったものを総合的視野からその問題の背景として論及することになる。

われわれは、そうした問題が彼を取り巻く議会派的・地方党的・ウィッグ党的イデオロギーからも発すると想定する。われわれは、そのより直接的背景として王政復古期直後の騎士議会による急進主義に抗する急激な反動主義から発する状況に注目する。われわれは、このことについて適切な論理を展開している以下のジョン・ミラーによる説明に言及してみよう。

その視角は、「一六四〇年代の政治情報と民衆の政治意識の急激な発達を強調し、かつ内戦にできた深い政治的・宗教的分裂、及び急進主義的・共和主義的政治理念の展開を強調しよう。……一七世紀中葉の論争的にしてイデオロギー的闘争は、一八世紀へとかなり闘われ続けた。『修正主義的』歴史家たちは、初期スチュアート期が『合意』期であると論じている。イングランドの国の政体が国王・議会・及び国民との協力に基づき、彼らの間の関係が慣習と法によって規制されるという基本的合意があった。この理念は、古来の立憲制（君主制・議会・及び法がともに発展し合い、相互に支え合っていたという有機的成長〔制度〕）概念において要約することができた。そこに単一的にして国教的なプロテスタント的教会概念の必要の一般的合意もあった。………

もし王政復古期の政治文化の合意と対立の両方の証拠が見出しうるならば、復古君主制の極めて異なる評価を生み出すこともできよう。古来の立憲制の長所が何であれ、一六四二年までにその立憲制は崩壊していた。古来の立憲制は、国王が責任をもって支配し、法の文言と精神を尊重しかつ自らの臣民の要望や懸念に配慮するという前提に基づいていた。議会はチャールズ一世を信頼もできず、あるいは彼を説いてその助言に注目させることもできない故に、これまで挑戦されない、大権に挑戦し国王を威圧しようと努め、かつ彼に抗して戦うべく駆り立てられたのである。議会は、相互信頼が崩壊したとき、古来の立憲制が国王と議会、国王と国民を判断する何らの機構も規定しないため、そのように駆り立てられたのである。この重大な問題は、復古期に解決されなかったというよりもむしろ、取り組まれなかったのである。一六六〇年の仮議会と一六六一年に選出された騎士議会は、当初古来の立憲制が再度機能し始めるという暗黙の前提に基づき、約二〇年間におけるその革新の多くを全て取り消した」(1)。

ここにおいてミラーは、まず王政復古政治を分析するために対立と合意という二つの視点に分け、初期スチュアート期を合意期とみなし、その国民による統治能力を評価する。他方内戦期に起きた対立を強調するものがこの引用における第二の視点である。それは、政治における分裂であり、王政主義派対議会派のそれであり、かつ宗教対立におけるものは、国教主義対非国教主義のそれが軸となる。さらにその内戦期と空位期の急進主義及び共和主義における政治理念がこの革新を強調する。それらは、国民優位主義を唱道するものによって統治制度の革新を主張するものである。しかしながらこの内戦以前期の中心的合意は、古来の調和的にして均衡的なルールに則って君主が指導力によって国民に配慮して政治を行うという、古来の立憲制にあった。しかしながら君主がそれを破るために、この相互の信頼が損なわれたため、議会が君主に戦いを挑んだというものである。

これに対して復帰した騎士議会は、その急進主義を拒絶しかつ徹底した反動を遂行したこととなり、この急進的革新が大きく損なわれている状況を残したというものである。その光の側面を強調すれば、イングランド国家は、これらによって国家の権力基盤が強固となり、欧州における列強のうちの一つにまで国力を大いに高めることとなるが、その強行路線に沿わぬ人々にとってそれが抑圧体制となる。

D・L・スミスは、こうした王政復古体制の確立の論点について議会政治論の立場から次のように提示する。

「議会手続きは、スチュアート前期におけるごとく、一七世紀後半期中に国王と政治的エリートの構成員たちとの広範な関係に反映し続けた。一六六〇年にチャールズとその最も強力な臣民たちのうちの多数は、安定を復活させる最も確かな方法として国王と議会によって合意された解決に委ねた。いずれの陣営も他方が必要以上に弱められることを望まなかった。丁度議会は、チャールズが有効な議会(攻撃的でない)を求めるごとく、強力な君主(専制的でない)を望んだ。その結果は、制定法手段によって実施される広範にわたる解決であった。しかしそれは、次の二つの点において深い欠陥があった。第一に、議会両院は、チャールズが望む広範に基礎づけられた教会について彼に確立させることを拒絶した。その代わりにこの王政復古の解決は、世俗問題の寛大な解決と、ある意味で政治的不安定源を宗教に残す狭く不寛容な教会とを組み合わせた。第二に、その王政復古の解決は、内戦以前の立憲制の多局面を復活するとき、不幸にもその立憲制と連想させられる多くの緊張を復活させた」(2)。

このスミスによる王政復古期の問題設定においてそれは、まず国王と議会との合意から説き起こされる。彼によれば、両者ともそれぞれ力を失わぬように配慮しているとしている点に重点が置かれているという。従ってこれは、両陣営の対立が鎮静していることを示す。その結果としてこの体制は、二つの欠陥を内包すると説かれる。その第一は、国教会の復活に伴う問題である。既にイングランドにおいて国教会が強く浸透していることも事実である。しかしながら、それを体制の要とすることによるその少数派への抑圧的側面の問題が生じていることに注目する。スミスは、ここではその少数派がクラレンドン法典に象徴される厳格な国教会主義をその標的とするという。彼は、それが政治的不安定の源泉となるものを残すこととなるという。他方、彼は、それと世俗事項における寛容政策との混成があると説いている。これは、内戦期を含む二〇年間においてその王政派に敵対的であった人々に抗する政策も含意する。われわれは、それがネヴィルに引き付けるならば、彼の宗教的寛容の主張や政教分離問題と関わるものとみなす。第二に、彼は、王政復古体制によってその二〇年以前に引き戻す政策が伴う多様な緊張をもたらす問題による欠陥を内包するという。それは、前出のミラーと共通する国王と議会との緊張問題である。しかしここではスミスが簡明的であるのに対し、ミラーがより詳細である点において両者の論述における相違がある。

われわれは、特にネヴィルの共和主義的統治機構論の背景となる問題を設定する立場にある。従ってネヴィルが標的とする国王大権問題について総論的背景に接近する必要がある。従ってわれわれは、再度そのミラーの問題設定に移ることとなる。彼は、王政復古期における国王大権について次のように説明する。それは、その内戦を含む二〇年間からの問題点から発する。

「その一つの中心的争点は、結局国王と議会のいずれが至高なのかということについてであり、それについて取り組まれなかった。この扱いにくい問題が一六六〇年から一六六一年に問われなかったならば、その二〇年後に政治の中心テーマとなろう。カトリック教徒としてのヨーク公が不可避的に恣意的支配をなすという根拠に基づき、その弟に王位継承を禁じることは、正当化し得たのか。……多様な問題が次の一問題に要約できる。すなわち、国王（ないし国王家）の利益と国民の利益が相容れぬように思えたならば、いずれが優先できたのか。このことは、正確には一六四〇年代の政治議論の中核にあった問題であった。内戦のイデオロギー的遺産が王政復古体制を損ない、かつ多くの学識ある同時代人たちが別な内戦を恐れる多面的危機をつくったように思えよう」(3)。

ここでの中心問題は、国政における最高意思決定権ないし最高権力が国王にあるのかそれとも議会にあるのかというものである。われわれは、それが古来の立憲制における国王による公共善に従って国民の権利を擁護する義務違反として追及する仮定の中で、徐々に市民が自らの自由への主張として拡大していくものと仮定する。周知のごとく、その二〇年にわたるこの論争過程を通じて議会は、自らの至高性を主張するに到った。それは、議会の地位を古来の立憲制段階から一歩進んだ庶民院優位主義ないし国民代表段階へと引き上げたものである。それは、議会派によるこの要求が、彼らの個人的自律と自由意志を第一義とし、かつ近代国家権力からの自由やその権力への自由を主張する近代自由主義形成の進展に重要な意味をなす。ミラーは、この急進性がこの王政復古体制の形成期において避けられたことを強調する。これは、その自由主義的な権利の主張を唱える人々が、王位継承排斥法案危機期においてウィッグ主義として復活させる要因とも考えられる。われわれは、一七世紀を通じてその自由主義が徐々に高揚してきているという仮説を想定している。これは、内戦当初において顕在化していなかったが、徐々に君主の公共善の義務不履行によって、議会議員たちによるその権利意識が急激に高まったものと仮定し得る。確かにミラーがいうように、イングランド国民の心性には古来の立憲制における三位一体型議会主権（ここでは国王が至高と想定される）が支柱となっているとみなしうる。他方、急進主義思想におけるものは、国民を具現する「庶民院優位主義」がその変動期に急速に台頭してきたと考えられる。これは、われわれの主人公であるネヴィルによる一貫した政治思想と軌を一にするものである。われわれは、さらに自由主義的傾向をもつ代表者としてシャフツベリ初代伯を想定している。周知のごとく彼は、一六六〇年代後半以来キャバルと言われる政権の中核的地位も経験してきている。彼は、植民地経営にも携わってきており、王政復古期における自由主義の恩恵も享受してきているとみなし得る。従って彼は、議会においてその自由も主張してきており、自らその宗教的・世俗的自由などが侵害される脅威を感じたために、ヨーク公の王位継承排斥運動を展開したと想定できる。そうした傾向をもつウィッグ党にイデオロギー的に属する人物の中にネヴィルはいたとみなしうる。われわれは、ここにミラーが懸念した国王ないし王家の利益が優先すべきなのか、あるいは国民の利益が優先すべきなのかという重大な問題をこの国にもたらしていると考えることが可能となる。

これに対してその急進主義がもたらした混乱を嫌う国教主義者たちからなる王政復古体制派にして王政派は、その反動を利用して多数を占める人々を味方につけつつ、国家権力を強化する政策を遂行することとなる。というのはその宮廷党は、一方において海軍や陸軍の増強や、国王に財政的に支援する制度を固めさせるなどして国王権力や国家権力を強化し、かつ厳格な国教主義を強化することなど（さらにこの国の経済的好転）によってイングランド国家を欧州の首位的地位へと高めつつあるからである。われわれがここで確認したいことは、この急進主義に対する反動主義のインパクトがもたらす、抑圧される側の脅威感覚によってその自由を侵害されるのではないかという、心理的精神的影響の問題である。これは、シャフツベリらの自由主義者たちが常備軍の創設による脅威に警告を発したことによって窺い知ることができる(4)。特にその共和主義者にして議会の大義論者であるネヴィルらがその抑制されぬ国王大権の脅威を訴える地方党の人々にとって、その国教も含めた強制は遥かに大きな問題となるものであろう。

われわれは、ここにおいて近代イングランドの国家権力をめぐって国王の至高性を唱道する王政派に対して、国民の至高性を唱道する議会派との論争に遡って内戦前後期に言及しなければならない。というのはこの時期にイングランドは、国家規模の武装戦を経験し、かつ国王処刑以後クロムウェルの軍隊の重大性を目の当たりにしてきたからである。それは、その国民に国家権力の危険性と不可避性も経験させた。われわれは、この近代主権国家的状況を念頭に置きつつその国王大権と議会との関連に論及することとなる。これについてG・スミスは、その内戦の前後期において次のように国家主権・国王大権・及び急進主義といった概念によって問題を組み立てる。

「政治理論家・法律専門家・及び哲学者は、J・ボダンの時代からJ・オースチンの時代まで主権を置こうと努めている。主権はそれぞれの国家のあるところに存在しなければならない。一七世紀前半は、多くの重大な問題に直面した。すなわち、国王権力が絶対的であったならば、そこにはどのように国王に反対する権利が存在し得るのか。国王大権が制限されたならば、誰がそれに制限を置いたのか、そして誰がそうした変化の範囲を決定するのか。誰がその［国王の］監視人たちを監視するのか。国王の裁量権が法から引き出されるのかあるいはされないのか、かつ法によって制限されるのかあるいはされないのか。国王の裁量権は、議会法によって奪うことができないのか。コモンロー裁判所は、ジェームズ一世が『超越的問題』と呼ぶ諸領域において、国王大権が含まれる訴訟における管轄権を無効にできたのか。実のところ議会は、いかなる正統的方法で国王大権に介入し、あるいは統制できるのか。議会によって主張された特権や自由は権利によって、あるいは国王の恩赦法の結果として議会に属したのか。

こうした諸問題は、内戦前の時代においてイングランド人たちの悲劇的なディレンマを示す。彼らが最初に提案した諸解決は、共和主義・平等的民主主義・聖人たちによる統治理念及び他の空想であった。その剣は、決して立派な政治的従爆薬ではないのである」(5)。

このスミスによる著書は、『イングランド立憲制史及び法制史』と題され、この部分は、その一七世紀前期の「国王大権と議会」章からの最終文節である。ここでは彼は、まず近代主権国家概念によって広く近代初期からその中期に至る論者が問題を設定していることに言及する。彼らは、ボダンのような政治理論家、ホッブズのような政治哲学者、及びオースチンのような法学者などであるという。彼は、こうして近代初期の地域国家における強力な集権的主権の不可避性を主張する周知のボダンやホッブズらから説き起こす。従って彼は、欧州の近代国家が存在するところに、「主権」があると説く。このスミスは、必ずしも物理的強制力を背景とする主権概念によって大権問題が明確になるとは限らぬという立場をとる。確かに一方で対外的には、新しい近代初期の中央集権的主権国家の併存状況が存在する。その欧州列強状況の存在のため、イングランド国家は対外的な安全保障を確保する必要がある。従ってこの国家は、海軍力において強力となった。他方この王政復古国家は、国内的にはクロムウェルの軍事独裁を経験することにより、それに対処すべき十分な治安部隊を確保し、かつその費用を調達できる議会による承認体制もできつつあった。われわれは、そうした国内外の状況に対応する国家執行部体制が必要となるとみなす。われわれが問題とするのは、そうした新しい状況に対処するには従来型の国王による執行部体制ないし古来の立憲制論を見直さねばならぬということである。ネヴィルによる国王大権を大幅に制限することによる統治機構改革論もそうした問題状況から発している。

いずれにせよわれわれがこの三概念の関連性を重視するため、スミスのその問題設定は、われわれにとってより多くの関連性をもちうる。前記のごとく、それらは、われわれが主たる対象としているネヴィルにおいて王位継承排斥法案危機期の政体の混乱とその解決策を提示する論理にとって、重要な概念としての位置を占めることとなるからである。

次にこの歴史学者は、一七世紀欧州の近代国家論の視角から国王大権に関する重要な問題を次の八点にわたって整理する。その第一は、絶対的国家権力に関する問題である。フランスやこの国に代表されるごとく、その地域の多くが、君主制を採用していた。その近代初期期において両国は、概ね君主が執行行政権を掌握していた。その権力は、ある意味で絶対的である側面が色濃く存在していた。イングランドの場合にはその含意は、議会なくして支配し続けようとしたチャールズ一世期のものがその典型と想定できることである。さらにそれは、クロムウェルによる内戦期を通じての軍事的支配も絶対主義的国家権力問題の中に含むものである。この問題は、ネヴィルの議論においてもその絶対君主制の否認論によってこの権力者に抗することが重大な課題とされる。

第二の問題は、国家の執行行政権を担う国王大権が制限される状態を想定する。スミスは、そうした変革主体によるその制限、及びこうした変革の範囲や程度の内容に関する決定も重要な課題とせしめる。これらは、ネヴィルにおいてその主体が公選的議会であるが、その執行を担う国王やその内閣にあたる機関、評議会、及び枢密院などに関連する事項に関わる。第三の問題は、こうした強力な最高権力を担う国王に対する監督者たちを如何なる人物なり機関が監督し、かつ精査しかつ監視するのか、という今日において重要な問題でもある。ネヴィルにおいてそれは、議会を中心として担う課題でもあろう。

第四に、スミスは、その大権事項に国王の裁量権としてより具体的な内容を含ませる。彼は、ここでは法を根拠として論理立てる。ネヴィルやシドニーらは、その大権が法から第一次的に引き出され、かつ制限されるという立場をとる。それは、人による恣意的権力行使を阻止する法の支配論によるものであって、イングランドの共和主義者に共通したものである。第五に、スミスは、そうした国王大権における裁量権が議会法によって廃止ないし抑制できるか否かという問題を提示する。これもネヴィルにおいて可能な限り、その議会法によって大権を抑制させようとする課題の設定がなされる。

第六に、この歴史学者によれば、ジェームズ一世が「超越的ないし国家の神秘的」事項(6)と呼んだ高度な政治領域に関わるものである。これは、今日の高等政治において重要事項である国家指導部の非常大権に関わる問題である。彼は、ここではコモンロー裁判所がそうした訴訟を含む判決権をなすか否かという問題を提示する。ネヴィルにおいてこれは、庶民院優位型議会において規定する課題でもある。第七の問題は、イングランド議会が公共善の名の下でこうした大権への介入を可能とされるのかどうか、あるいは議会がそれをコントロールできるのかというものである。これは、ネヴィルにとって第六の問題をより具体的にする課題となろう。

最後に、スミスは、当時の議会が大義として主張する特権や自由と大権との関係について問うものである。それらは、当然のこととして議会に属すると主張する立場、あるいは君主の恩赦法の結果としての権利であると主張する立場であるという。これは、この世紀の歴史観に関わる事項であり、前者を重視するものは、ウィッグ史観的であり、後者のそれは、その修正主義史観や王政主義的トーリー史観とも称せられるものとなろう。

この歴史学者は、その章の末尾において、この八つの問題が既にその内戦以前期における悲惨な難題となっていたという。これに対して彼は、その内戦を含む二〇年に独創的な諸提案がなされてきたと説く。それらは、まずチャールズ一世の処刑頃に示された庶民院主導型共和制、レヴェラーズによる男子普通選挙制、さらには第五王国派による聖人たちからなる統治機構などであった。それらは、まさにこの世紀における輝かしい独創的政治制度思想の開花期の源泉を示している。それらは、古来の大義としてその共和主義思想となっており、かつその平等主義思想として民主主義思想などとなって成立する。とはいえ、スミスによれば、こうした類の議会主権的解決策は、必ずしもこの国王大権問題の万能薬などではないと締めくくっている。

われわれは、この歴史学者による国王大権の問題設定を通じて、その王政復古期における問題状況の系統を一定程度補うことができると考える。

（1） B. Coward, ed., *A Companion to Stuart Britain*, Blackwell, 2003, pp. 408-09 ; J.Miller, *After the Civil War*,Longman,2000,pp.111-87,etc.

（2） D.L.Smith, *The Stuart Parliaments, 1603-1689,* Edward Arnold,1999,p.148.

（3） B. Coward, ed., *op. cit.,* p.409 ; J.Miller,*op.cit.,*etc.

（4） A.A. Cooper et al., A Letter from a Person of Quality to his Friend in the Country, in *The Works of J.Locke,* 1823,Vol.10, pp.200-246.

（5） G.Smith,*A Constitutional and Legal History of England,* Dorset Press,1990,p.325.

（6） J.P.Sommerville,ed.,*King James* I *and* VI *:Political Writings,* Cambridge,1994,p.212.

第三節　本書の分析視角

われわれは、前節においてネヴィルの共和主義思想の背景である一七世紀の立憲制の問題状況などを示してきた。次にわれわれは、本節において本書の分析視角に関する基本的立脚点について示す必要がある。というのは本序章は、本書の総論的論点について提示するものであるからであり、論点は多岐にわたるため、最小限度それを明らかにする必要があるからである。われわれは、それを二つ基本的争点として取り上げることとする。

第一に、われわれは、政治制度の思想を検討する視点を採用しようとするものである。われわれが、ネヴィルという立憲制的共和主義者を主要な研究対象とする意味はここにも存在する。というのはわれわれは、政治思想の基本が制度を基本に据えるべきとみなすからである。さらに政治問題は、極めて多様にして広範にわたるため、その支柱を明確にし、かつ論理立てることが何にもまして重要であると考えるからである。こうした意味でわれわれは、今日の政治理論において有力となっている、いわゆる歴史的制度論的方法論も採用することとなる。その歴史的制度的論的視角からわれわれは、現代においてその規範と価値がイングランドの「(議院内閣制的) 議会 [執政部を含む] 主権」(1)であり、その起源史的視野から一七世紀においてこの問題をめぐる重要な論争が存在したことに注目するものである。たとえ当時において現代の強力な政党政権など存在せずとも、その時代は、その歴史的「経路依存」の根拠が存在するからである。経路依存は、周知のごとくその制度が合理性も含むけれども、偶然や歴史的伝統などによっても制約される文脈などを表現するものである。特に英国における政治制度においてその現実主義的特徴を含むため、われわれは、この経路依存性について当てはまる性質を帯びるものも重視する。さらにわれわれは、ネヴィルが、既に当時においてその執行部包摂的議会主権に関する先駆的提案を主張していたとみなすからである。

この歴史的制度論的方法論を使って現代における英国政治制度を論理化する重要な論者のうちの一人としてわれわれは、D・ジャッジを取り上げる。われわれは、ここで彼のその政治制度論を通じてこの方法論の要点について考察することとしたい。彼によれば英国の政治制度がウェストミンスターモデルであり、それらは議院内閣制や議会主権を支柱とするものなどからなると措定する。彼は、そこにこのウェストミンスターモデルの中心性に対する制度的アプローチの重要性が成立すると説く。ジャッジによれば、英国の政治制度は、周知のごとく一三世紀以来今日までの長きにわたって、「経路依存」を伴いつつ、変化をなして存続し続けてきたという。彼は、その世紀において既に議会に対する執行［この時代には君主による］部による人々との協議や合意の規範などの起源を辿ることができるという論を展開する。彼のその方法は、正統的政府を規定する一連の耐久性をもつ「諸規範と諸価値など」によって支えられる、特有な一組の政治構造(2)にあるという。われわれの議論にそれを関連づけると、この歴史的制度論は、その長期的観点から制度を考察しようとする視角を確認するものであり、特にその合理性とともにこれに伴うその他の制度形成過程の中でその議会制度の伝統を確認している点において評価されるべきである。

第一に、われわれは、その歴史観的視座についても確認する必要がある。というのはわれわれの視角は、第一の視角と関連するごとく英国史学においてその議会制度史観を重視する傾向があることに関わるからである。その歴史観的方法論は、周知のごとく従来の一七世紀史におけるウィッグ史観などに対する修正主義史家たちによる批判によって刺激されるからである。われわれは、これについて本章において一定の総論的文脈を明らかにする必要があるため、確認することとする。

われわれは、次のようなB・カワードが説き起こす説明を援用することによってこの問題状況を示すこととする。

「歴史家たちが歴史的時代期を検討するとき、後知恵の危険を避けるべきであり、かつ『必要』原因と『十分』原因とを区別すべきであるという、修正主義者たちの方法論的強調は、時宜を得ていた。過去にあまりにもしばしば歴史家たちは、イングランドの内戦と名誉革命のごときエピソード以前の彼らの時代期解釈が、それらが深く根差され、長期的諸原因の不可避的結果であるという、仮定によって形成させていた。修正主義者たちは、政治変動が『ジェントリーの勃興』のごとき、社会・経済的発展に直接的に関連づけられたとマルクス主義史家たちによってしばしばなされた仮定を説得的に疑問視した。彼らも長い一七世紀を『近代』へと直線的にして進歩として描くウィッグ史観を放棄するための説得的主張をなした。修正主義者たちは、革命の世紀という一七世紀が破壊的な革命精神である清教徒革命に連繋された立憲制的に攻撃的議会の長期的発達によってもたらされる、というウィッグ的仮定を効果的に破壊した」(3)。

ここではカワードによれば、こうした修正主義者たちは、ウィッグ主義ないしマルクス主義史観における後の結果によって合理化しようとする方法論を批判する。さらに彼らは、必要条件ないし原因と十分条件あるいは原因との区別をなすべきであり、かつそれらを備えた論理を展開すべきであるという。具体的にはそうした史観は、内戦や清教徒革命、そして名誉革命といった時代を画する事件解釈において、深く根差された長期的原因による不可避的結果とする歴史観を当然のものとみなしてしまっていると批判される。さらに彼らは、政治における変化がジェントリー階級の上昇のように、自らの唯物史観を十分に実証することなく先入観的に当てはめることによって、直接的に社会経済革命として論理化してしまっているというものである。引き続きこのスチュアート期の歴史学者は、それらの修正主義史家たちの論理を辿りつつ、一七世紀全体を先験的に「近代」への直接的発展史と解釈するウィッグ史観を批判する。つまりその歴史は、必ずしも直線的とは限らず偶然や経路依存も伴うなどの制度形成過程の諸原因を無視しているという。この文節の最後において次のようにその修正主義史家によってこの主流の史観が徹底的に批判される。すなわち、清教徒主義者たちがいわゆる清教徒革命をイングランドの最も偉大な政治的業績と描き、かつその清教徒主義者の革命的信念によってそれが長期的過程を経つつ古来の立憲制を破壊してきており、その信念によって近代的主権議会が成立したとすることを。

とはいえ彼らの史観は、多様であるけれども、問題がないわけでもない。彼らのそれは、J・G・A・ポーコックらによる共和主義的枠組みのごとき優れた研究もなされるけれども、政治思想や理念などの積極的側面についてむしろ従来の史観と比して必ずしも優れているわけでもないのである。従ってわれわれは、その時代におけるネヴィルによる庶民院優位主義的議会の主張を強調するため、そうした修正主義的警告を念頭に置きつつそれを実証的に合理論化する必要がある。

（1）A.Kelso, *Parliamentary Reform at Westminster*, Manchester U.P.,2009,etc.
（2）D.Judge, *Political Institutions in the United Kingdom*,Oxford,2005,pp.1-79.
（3）B.Coward, *The Stuart Age:England,1603-1714*, Pearson, 2003;–,ed., Blackwell, 2003, *op.cit.*,p.xv.

第四節　結語――本書の構成――

本書は、一七世紀イングランドの王政復古期における共和主義思想家ネヴィルの政体思想を再構成するものである。ネヴィルの政治思想は、「新ハリントン主義」(1)あるいは「飼いならされた共和主義」(2)と位置づけられ、必ずしも主要な思想家として評価されないできた。確かにネヴィルにおいて、そのハリントンの如き独創的な立憲制思想家と比較すれば、それを上回る理論を見出すことは困難となろう。とはいえわれわれは、そうしたネヴィル像が一つの視角でしか捉えていないものであり、より長期的ないし複眼的視角からそれを再検討することにより重要な彼の業績が浮かび上がるものと考える。例えば、それは、その王位継承排斥危機期を含む王政復古期のイングランドが欧州列強のうちで最も強力な国家となりつつあり、かつそれに伴う抑圧的傾向をある人々にもたらしつつあったけれども、彼がその国内基盤の上にある持続性をもつ安定的統治機構を想定していた点などについて十分な評価に値するものである。換言すれば、そうした強権的段階にあったにもかかわらず、ネヴィルにおいてその統治政体の安定的基盤が治者と被治者との立憲制問題についてなされるべき改革論や新統治論を提示していたからである。

われわれは、こうした問題意識などからその主著を徹底的に再検討しようとする。本序章は、上述のごとく、本書が導く四つの仮説を支柱としている。それは、これに基づきその中心的問題状況や問題の設定について、内戦を含む二〇年間の変動期の評価及び王政復古期に関する政治問題状況を確認する。さらにそれは、議会と国王との関係や国王大権問題状況などについて整理する。最後に、本章は、われわれの分析方法や視角などについて、歴史的制度論、政治制度史、及び三つの歴史観などの応用によって分析する意図も示す。本書は、ネヴィルの主著の三部からなるものに従い、全三部構成を採用する。第一部は、その共和主義政体思想の背景やその主著の「第一の対話」について論ずるものである。それは、第一章のみとなる。そこではまず、彼の生涯について概述し、次にその内戦期を含む彼の共和制期や王政復古期における思想の背景を確認する。

三つの章からなる「第二の対話」に関わる第二部は、その主著において最も長い紙幅を費やす対話を含む。それは、ネヴィルによる政治思想の博識を示す部分でもある。それは、彼の政治理論の総論を示し、馴染みの古典的共和主義から起源を辿りつつ、かつ自らが主張するイングランド国家観とその病理などについて分析するものである。

五つの章からなるその主著の「第三の対話」に関する第三部は、その王位継承排斥法案危機期の具体的状況にそってネヴィルの改革論の前提とその統治機構改革案などを提示するものである。われわれは、本書の第八章、第九章においてその改革案について、さらにネヴィルがその実現に向けて補足する論理を解明する。われわれは、本書の終章においてわれわれが設定した仮説ないし定立をその再検討の結果によって確認し、かつそれらに補足を加えることとなる(3)。

（1）J.G.A.Pocock,ed.,*The Political Works of James Harrington*,Cambridge,1977,pp.11-133.

（2）M.Goldie,The Roots of True Wiggism:1688-1694,in *History of Political Thought*,Vol.1,p.206.

（3）本書に収録したもののうちの六割以上は、『政経研究』（日本大学法学会、第四十五巻四号―［四十六巻四号を除く］四十七巻一号、二〇〇九年三月から二〇一〇年六月刊）、『日本大学法学部創設一二〇周記念論文集』（日本大学法学会、二〇〇九年十月刊）、及び『法学紀要』（第五十一巻、日本大学法学部法学研究所、二〇一〇年三月刊）に掲載された諸論稿などを基礎としている。しかし本書は、その表現などについてそれに加筆し、かつそれを修正していることをお断りしておきたい。

第一部　ネヴィルの共和主義的政体思想の時代的背景

第一章　『プラトン再生』の思想的背景

――その「第一の対話」を中心に――

第一節　緒論

われわれは、前章などでイングランドにおける王政復古期（一六六〇—一六八五）、特に王位継承排斥案危機期（一六七八—一六八三）前後における共和主義的政治思想に言及してきている(1)。従って本章は、その思想的時代背景を概観する段階にある。その時代は、後の時代史的視点から画期となる論争を生み出している。例えば、議会における、国民が恐れる恣意的にして専制的君主候補排斥の是非論争である。この危機期は、政治史的にはウィッグ党とトーリー党との対立を通じて政党イデオロギーの中核的部分も生み出している。すなわち、自由主義対保守主義という要素によって広く民衆を結集しようとする運動の先駆も存在しつつあった(2)。それと軌を一にする統治や政体論争も存在し、ロックの『統治二論』やシドニーの『統治論』も形成されつつあった。

われわれの関心は主としてその政体思想にあり、かつその前二者がこの危機の前期にまだ出版されていないために、当時出版されたその分野の著作をまず考察することが重要となる。こうした理由からわれわれは、その最も重要な著作のうちの一つであるヘンリー・ネヴィルの『プラトン再生』（一六八〇—八一）に焦点をあてる。この著作は、概略的に論究される場合が多いにもかかわらず、一冊の研究書単位で徹底して論じるものは、極めて少ないのである。特に日本における研究状況においてそれは、顕著である(3)。

われわれは、さらにその王位継承排斥法案危機期における豊かな政治思想をより正確に思想史上位置づける必要があるため、ネヴィルを評価する論説を示さなければならない。われわれがその再検討対象とする彼の主著とその思想的論点について比較的短い表現によって適切にまとめたものは、マーク・ゴルディによる以下の論及である。

「我々は、イングランドの共和主義者たちの諸目的を今考察しようとする。共和主義者たちは、内戦期共和主義の直接的継承者であったし、結局、君主制を廃止するほうを選好したのであろう。共和主義者たちは、古代の共和制、及び近代のオランダとヴェネツィア共和制の称賛者たちであった。彼等は、ネヴィルによる『マキャヴェッリ著作集』(一六七五)の英訳においてフィレンツェ共和国の長所を学ぶことができた。その共和主義者たちは、スチュアートたちの君主制的権威に対し頑固にしてしばしば勇猛に敵対的であった。すなわち、共和主義者たちは、イングランド人の自由の理想像のため自らの生命を危険にさらし、その友人たちの多くは猛然と死したという。しかしこの直截的描写は、次の二つの方法で真剣に限定しなければならない。

第一に、王政復古状況において君主制の全面的廃止は、遥かに遠い希望であった。最後の空位期の混沌は、立憲制的斬新さの信念を消し去った。一六六〇年に長老制主義者たちは、一六四八年のチャールズ［二世］の父に提示された諸条件に基づく厳格な制限的王位へと、チャールズの復活を意図したが、失敗していた。ポーコックは、王政復古期の『飼い馴らされた』共和主義が国王から議会へと立憲制的権限を委譲しようと努める、本質的には混合君主制論であることを示している。戦略及び良識問題として、それは、国王大権の制限が完全な君主制廃止よりも重要であり、多分より達成可能であると認められた。たとえそうであるにせよ、王位継承排斥法案危機は、こうした諸制限を促進する漫然とした試みを示しただけであった。ウィッグ党主流派は、君主たる人物を変えることがイングランドの生得権を確保するのに必要とされた唯一のことであるというほとんど急進的でない信念において、王位継承からジェームズを排斥することに、その注意を固定させたのである。それと対照的に共和主義者たちは、その制限目標を支持し、かつたとえこの事が達成された場合でも、いずれかの君主が辛うじて影響力をもつ王位にあるにすぎないと認識した。その理解は、ネヴィルが自らの『プラトン再生［一六八一］』（この時期の最も重要な共和主義的著作）においてそのウィッグ党の主流から外させ、カトリックの継承者（彼を厳重に制限させる事によって）を受け入れる事を勧めさせた。［中略］

第二の限定は、その共和主義者たちが次のように正しく信じたことである。すなわち、彼等の敵は、たんに君主絶対主義ばかりでなく、一六六二年の祈祷方式統一法に強制し直された国教会体制の専制でもあると」(4)。

この文節においてゴルディは、ネヴィルを王政復古期における典型的な共和主義者のうちの一人と位置づける。ゴルディの論文の主題は、「真正ウィッグ主義のルーツ」であり、そのウィッグ主義の起源は、ここでは共和主義者の思想もその一翼を担うという。彼が言うごとく、イングランドの共和主義は、直接的には内戦期の共和制を担った人々に主としてその起源を辿る。その中からこの共和主義の第一義的意味づけは、君主なしの政体を含意するものである。それは、彼らの思想的根拠とするものが古代の共和制をはじめとするネヴィルらの編集によるマキャヴェッリの英訳文献などであった。イングランドの共和主義者たちは、イングランド人たちの主体的自由理念を支柱として、スチュアートたちの君主制に抗する態度を示していた。とはいえ、ウィッグ（自由）主義の形成は、王政復古下で行われたものにその系譜を辿る。従ってゴルディによれば、その一部を構成する当時の共和主義者たちは、遥か彼方にある君主制廃止目標よりも当時の状況に適合させるため、次の二つの要件でその性格を形成することとなる。

第一要件は、王政復古下の共和主義が国王大権を徐々に議会と共有させようとし、かつその大権を議会（国王・貴族・コモンズからなる）が制限させる、混合君主主義であるということである。確かにシャフツベリが主導するウィッグの主流派は、イングランド人たちの自由の理想像を掲げ、かつ彼等が王位に就く人物を変えうるというものである。ゴルディは、この主流派をあまり評価していない。しかし彼は、これに対し、ネヴィルをはじめとする穏健な共和主義者たちが、そこまで要求せず、カトリックの君主のままでもよいのであり、君主権力を強固に制限させることが重要であるという。すなわち、それは、自由主義的にして国家権力制限的傾向も示す。

第二は、共和主義者が君主絶対主義及び一連のイングランド国教の強制政策に反対することである。このゴルディの要点についてわれわれは、大筋において妥当性をもつとみなす。しかし彼のそれは、その名誉革命期におけるウィッグ主義のルーツを辿るものであり、王位継承排斥法案危機期におけるネヴィルに特化したものではない。従って本書は、近代初期的自由主義思想（特にイングランド人たちの主体的自由と自治理念を支柱とする）(5)に基づく彼の共和主義的コモンズ優位型ないし国民代表議会政体論（混合政体的構成）を手掛かりとして、ネヴィルの『プラトン再生』をより正確に再検証しようと試みるものである。本章は、その前提的部分を構成する。

（1）拙著前掲書など。

（2）ウィッグ党及びトーリー党に関する最近の歴史的起源の通説を確認しておこう。

「ウィッグ党」名は、一六四〇年代後半におけるスコットランドの長老制主義派の反乱者たちに元々与えられた。一六八〇年頃からその名は、世俗的権威が民から引き出されると信じる人々、及び公共善のために統治しない支配者たちに抵抗できると信じる人々に当てはめられた。ウィッグ党は、議会をプロテスタンティズム・自由・及び財産権の不可欠な安全機構とみなした。大抵のウィッグたちは、国教会の不寛容に反対し、かつ非国教徒に対して同感的であった。

「トーリー党」名は、アイルランド（カトリック的）の牛泥棒に元々与えられた。一六八〇年頃からそれは、神権的君主制原理を支持し、かつ世俗的権威が神から直接的に引き出されると信じる人々に適用された。大抵のトーリーたちは、国教会を強力に擁護し、かつ非国教徒や共和主義者に対して敵対的であったという（D.L. Smith, *The*

Stuart Parliaments: 1603-1689, Edward Arnold, 1999)。われわれは、それらが「一六八〇年頃」の成立時期、及び自由主義や現実主義的保守主義などでそのイデオロギー的政党要件を形成しつつあることを確認する必要がある。

（3）例えば、今中比呂志『イギリス革命政治思想史研究』（お茶の水書房、一九七七年）、浜林正夫『イギリス名誉革命史』（未来社、一九八一年）、A. Fukuda, *Sovereignty and the Sword*, Oxford, 1997, etc.

（4）M. Goldie, 'The Roots of True Whiggism, 1688-94', *History of Political Thought*, Vol.1, no.2, pp.206-7.

（5）拙著、前掲書などを参照されたい。

第二節　ネヴィルの共和主義的政体思想の背景

C・ロビンズがいうごとく、ロックやシドニーと異なり、長く広く読まれた割にあまり重要視されぬ人々の中にヘンリー・ネヴィルが入る。とはいえネヴィルは、後のハリントン主義者たちによってしばしば研究された。しかし彼は、遍く高く評価されているわけではない。従ってこの理由、及びわれわれの意図であるより広範にして詳細に彼を政治思想史上位置づけ直す必要などから、われわれは、彼の伝記的側面についてある程度紙幅を割かねばならなかろう。政治思想史研究においてその焦点を合わせる人物の背景を正確に整理することは、一般的了解事項でもある。特にネヴィルの場合には、必ずしも広く知れ渡っている人物とはいえないために、それを示す必要があろう。われわれは、こうした理由などから最初にネヴィルの誕生から言及することとする。

ヘンリー・ネヴィルは、一六二〇年にバークシャーのビリングベアにおいて生まれた。父は、ビリングベアの自らと同姓同名のヘンリー・ネヴィル卿（一六二九年没）であり、彼の次男がこのヘンリーである。彼の母は、ケント州のオステンハンガー出身のジョン・スミス卿の娘である、エリザベスであった（一五九五―一六六九）。ネヴィルは、大学に入学する以前の初期の時代に、自らのエリザベス［彼女は、ウォーフィールドにおけるヒースリーホール出身のリチャード・スタバートンの娘にして相続者］との結婚が整えられた。彼女は、早死にしその大きな遺産をネヴィルが相続するに至った。ヘンリーは子供なくして没したために、その土地は、最終的に彼の甥のリチャードに渡った。ネヴィルが、次のようなスタバートンの所有地に隣接するウォーフィールド教会の敷地に埋葬された以外に、この結婚に関して何も知らされていない。すなわち、その教会における一つの墓石がこの結婚した家族を記念するのみである。

ヘンリーは、一六三五年にオックスフォードで入学許可となり、その後そのマートンカレッジとユニバーシティカレッジで学んだ。ヘンリーは、多分自らの成人となる一六四一年五月一一日に自国への忠誠の誓いをなしたのであろう。さらに彼は、その時「ヒースリーホール出身」と記載されたのであろう。その後すぐにネヴィルは、大学では学位を取得せず、イングランドを離れ教養人としての修養的訓練でもある「グランドツァー」に出かけた。ヘンリーは、フランスを旅行し、通過し終えた後、イタリアに到着し、かつそのフィレンツェを訪問した。ネヴィルは、次のような有名なG・ベンティヴォグリオ枢機卿に、彼が死去する直前にローマにおいて出会った。その枢機卿は、『フィレンツェにおける戦争』（一六三二）の著者であった。ネヴィルは、ヴェネツィアにおいてあの有名な共和国の制度を学んだ。ヘンリーは、その旅をした時、友人や知人をつくったし、その中にフィレンツェの法律家（F・カッポーニ［彼の家にネヴィルは、ローマで滞在した］）がいた。たぶんこの時こそネヴィルは、次のようなB・ガスコイン（一六一四―八七）との生涯にわたる親交を開始したのであろう。すなわち、ガスコインは、フィレンツェ人であり、一六四四年の初め頃にヘンリーの兄リチャードの王政派の連隊に仕えつつあった。ネヴィルは、最初の内戦が頂点に達しつつあった時（一六四五）、帰国した。

次の三、四年にわたるヘンリーの行動について一六四七年の夏に以下の著作以外にほとんど証拠はない。それは、円頂党陣営での著名な淑女たちの評判を勝手に使用する、世評ではきわめて猥褻な作品である。その著作は、彼の『淑女達の議会』というものである。ネヴィルは、既に共和主義者であったが、この国の宗派心の強い人々には少しも愛着をもたなかった。同じ論調で、『新しい交流からのニュース（淑女達の共和国）』が一六五〇年に現れた。これらがネヴィルの執筆であるならば、それらは一六六八年刊行の彼の『パイン家の人々の島』を記す荒っぽくして騒々しい雰囲気の類を予期させる。

ネヴィルの公的経歴ないし政治家としてのキャリアは、次のような国王処刑後に始まったように思える。すなわち、それは、ネヴィルが長期議会の残部への新選出の議員として一六四九年四月バークシャーのアビンドン選挙区から立候補した時である。その選挙は、議会再開後の秋に、A・シドニーとH・ヴェイン卿が参加する議論後に認められた。同じ頃エドワード・ネヴィル（多分彼の遠い親戚）がイーストレトフォード選挙区から選出された。『議会議事録』がクリスチャン名を使用する時のみ、二人のネヴィルの活動の差異化が可能である。ネヴィルは、一六五一年に国策会議の一員に選ばれ、その公職期中に外務と法務の担当につけられた。ネヴィルの任期は、更新されず、かつ一六五三年四月に自らの同僚議員とともに、O・クロムウェルと彼の騎兵隊によって聖スティーブンのチャペル［議院］から追放された。ネヴィルは、ヴェイン、シドニー、及びE・ラドローとともに、護国卿制に反対した。ネヴィルは、半ば強制的引退の形でその護国卿制下で暮した。ある書簡作者は、ネヴィルがクロムウェルに抗する次の論文の作者であると記した。それは、たぶん『ピケットゲームにおけるシャフリング、カッティング、及びディーリング』（一六五九）の初期の版であり、護国卿と軍高官たちを山車に使う、短くして活き活きとしたスキットである。ネヴィルも、『プラトン再生』の出版社序文に言及された、『アイルランドの一将校から閣下への手紙』（一六五六）を執筆したと信じられている。ホッブズは、ネヴィルがハリントン著『オセアナ共和国』（一六五六）の著述に関与していると宣したといわれる。いずれにおいてもネヴィルの分担を証明する他の証拠などないが、その時までにハリントンの友人たちの中にネヴィルは確かにいたのである。

ネヴィルは、一六五六年夏に来るべき選挙で自らの運命を試す決断をした。八月二〇日にレディング選挙区における選挙は、かなりの混乱の中で行われた。ネヴィルは、多くの友人をもっていたし、五議席のうちの一つを勝ち取るのに足る得票を得ていたという。ネヴィルは、自ら「トランブル氏」と対を組む取引の提示を拒否した。W・ストルード州執政長官は、反対者に対する殴打や一〇人を一人ずつ処刑するぞというブラフを使って「腐敗し媚び諂う代理人たち」、兵士たち及び少将たちの支援によって、クロムウェルの説得により五議員全てを復帰させた。ネヴィルは、このストルードの不正行為を裁判へと告発し、ヘンリー六世治世第二三年第一五号制定法によってその州執政長官を損害賠償で告訴した。これらに陪審は、賠償を与えた。しかしその評決に確信のない裁判長は、議会がその回復の合法性の決定を行使する五〇年後に、その事項を協議しなければならないことに決定した。州の長官たちは、任務不履行の処罰を負うべきであった。しかし後にして類似な「バーナーディストン対ソアムズ」事件においてさえ、極めて学識あるJ・ヴォーン（一六〇三―七四）裁判官［一六七四年のサフォークの州執政長官］は、その法を不正確と自ら認めた。明らかなことは、以下の二点である。第一に、たぶんネヴィル自身によって記述された『八月二〇日、レディングのバークシャー執政長官により決定された方法と手続きに関する真実にして完全な関係』（一六五六）において、その選挙が異常であり、かつそれがウォーフィールドのJ・ブールト及び他のネヴィル支持者たちをあらゆる種類の面倒へと至らしめた、ということである。第二に、明らかに陪審がネヴィルやS・バーナーディストン卿（一六二〇―一七〇七）を支持するかもしれぬが、現政権に対する周知の反対者を差別するその州執政長官たちは、制定法が許容可能な処罰を避けた。ネヴィルの事件は、一六五九年から一六六〇年までの議会で討議され、最終的に財務府会議室裁判所へと送られ、かつ一度も決定されなかった。

ネヴィルや共和主義者D・ブラグレイブ（一六〇三―六八）は、R・クロムウェルの議会議員として「全会一致によって」選出された。彼等は、J・サーロー（一六一六—六八）がアイルランドにおけるH・クロムウェル（一六二八—七四）に対し辛辣に手紙を書き、かつハーグにおけるG・ダウニング（一六二三—八四）に対しかつ同じ論調でA・マーベル（一六二〇—七八）が辛辣に手紙を書く人々の周辺で、あの活き活きとして雄弁な共和主義集団の一部を形成した。『トーマス・バートンの日記』は、クロムウェル派の非国教徒［新教徒］によって搾り取られた強制支払をより多く確認する。A・ヘイスルリッグ卿（一六六一年没）、ヴェイン、ネヴィル、国王処刑執行署名者のT・スコット（一六六〇年没）、及びJ・ウィーバー（一六八五年没）は、実のところ弁論において「大いに勝つ見込み」があった。ネヴィルの友人たちは、目立っていたが、彼の敵対者たちは面倒を起こすに足る程多かった。二月一六日に彼等は、ネヴィルの宗教事項ないし宗教の欠如を五時間議論した。もしネヴィルが無神論者にして冒瀆者とされたならば、彼は追放されるべきであろう。ネヴィルは、多分極めて公的な地位にあって、聖書よりもキケロの著作を読む選好を宣言しただろう。宗教的熱狂者たちは、その異端を激しく詰っただろう。一六五九年の小印刷物である『イングランドの混乱』は、平準化的主張の強いラドロー、及び宗教心の強いヴェインに風刺的に言及し、かつ確かにこの議論を念頭に置くことによってネヴィルの宗教観に風刺的に言及した。宗教的熱狂は確かにネヴィルに不満を抱かせた。彼は、しばしばカトリック教徒には同感を明らかにした。彼は、十分に秩序立った統治政体において、刑法が不必要とすべきと主張したが、自らの生涯の終わりまで「精神と真理においてのみ」自由に崇拝する、新教徒であった。

一六五九年春議会のネヴィルの目的は、次の三点であった。［一］幾人かの古き同僚たち（O・クロムウェルに投獄されたR・オーバートン大佐のような）の救出、［二］スウェーデンのための護国卿外交の阻止（ネヴィルが考えたのは、デンマークに抗するのではなくスペインに抗する真のイングランド国益重視である）、及び［三］最後にして主に（全ての立憲制問題全体を再審議するものとする一方で）事実上の国家元首以外のR・クロムウェルの是認阻止である。ネヴィルは、護国卿制ももう一つの議院もともに不適切に設立されたとみなした。軍隊の統制は、護国卿の手に危険を伴って集中されるとみなした。

ネヴィルは、さらに後に、狭義の王位継承排斥法案危機期中に自らが別の君主（即ち、当然ジェームズに代えモンマスとする事には）によって前者の君主の代替には関心をもたぬ、とある友人に手紙を書いた。共和国のみが謀略のリスクを冒す価値があったという。ネヴィルは、共和国の敵クロムウェルを嫌った。彼は、小軍陰謀団が統治形態を決定することを全体的に否認した。ネヴィルは、『プラトン再生』において後に書くこととなったごとく、一六五九年にいったように、単一人物が拒否権をもつべきでなく、かつ軍や民兵を統治すべきでないという。英国諸島の諸国民は、近衛部隊に対するその支配者たちの無制限な命令によって高価な自由を失っていたという。その軍は脅すことができてしまい、その拒否権は、その立法部を制限する事を可能としてしまった。「新貴族」に関して彼等は、古き貴族の独立や財産によって集められた尊敬を評価しなかったし、コモンズと均衡も正しくとらなかったという。ネヴィルは、特権化された人々が衆議院ないし下院によって望まれた法案可決妨害権をもつべきでない、と明言した。ネヴィルは、以前の立憲制（ステュアートのものであれクロムウェルのものであれ）の復活を望まなかった。ネヴィルは、統治政体に関する審議のし直しを強いることを欲した。彼は、たとえ「オセアナ」でないとしても、少なくとも社会条件の変化に反映する構造を進化させ、かつ実施することを望んだ。しかしこうした議会における努力は、無駄であった。R・クロムウェルは、確かに議会で多数を支配しえたが、一六五九年四月に軍と共和主義者との不安定な同盟は、リチャードの崩壊をもたらした。

故に五月に残部議会が復活した。ネヴィルは、R・クロムウェルの議院任務にあるにもかかわらず議会の議席が認められ、再度「国策会議」に選出された。ハリントン主義者たちは、次の数か月間、一〇月のクーデ・タが残部議会を再び追放するまでに、議会と人々の前に自分たちの見解を示し、かつそれを保とうと試みた。『軍の義務、即ち、兵士達への誠実な助言』は、五月二日に現れた。その読者への挨拶は、六つの頭文字によって記され、そのうちの一つはネヴィルを表示しうる。それは、一月にR・クロムウェル議会の開催前に書かれたが、この時にはその支持が明らかにリチャードに与えられる事に反対した。それは、「不変の自然法」によって決定された統治政体を設立する国民議会を提案し、かつそれは財産と権力における変化を是認した。ネヴィルが議会で話した事全ては、ここにも存在したが、彼の機知やスタイルの跡はなかった。キリストへの訴え及び情熱を装ったもの以上のことは、たとえ彼がその基本原理を共有したとしても、彼によって書かれていたように思わせない。

ネヴィルは、七月六日に議会に自らの同僚たちの『謙虚な勧告』を提出した。これは、彼自身の構成であったかもしれず、あるいはハリントン自身の構成であったかもしれぬが、彼等の著作にその主張が見出しうる。その勧告が宣したごとく、その統治機構が解散され、かつ故にその当時は新鮮で安定した体制設立によって当惑を払拭する手筈が整っていた。治者と被治者の利益は、同一であり、その結果全ては「主体」と「代理人」となろう。いかなる一院制議会なども恒常的でなかろうが、「輪番制」が工夫されよう。執行［行政］部と立法部は別々となろう。全ての人々は、キリスト者の自由を享受しよう。性質上正しく代表的である、立憲制的仮議会が招集され、かつそれがその政府を決定することとなる。一定の定まった期間に限り継続する小機関が、敵やその規制違反者たちに抗して揺籃期の制度を擁護するために設立されよう。これは、ハリントン主義者の最も簡潔な提案であった。コモンズは、それを丁重に受け入れていたように思えたが、その後政府への委員会任命以上にはもはやなされなかった。

われわれは、ここでネヴィルがハリントン主義者としてしばしば表現され、かつ彼がその思想上ハリントンと類似した傾向をもつ事に言及してきた。従ってわれわれは、その両者をつなぐ重要な媒介となった「ロータクラブ」に論及しなければならない。それは、ネヴィルの重要な思想的時代背景のうちの一つでもあるからである。

このクラブは、一六五九年の秋頃、ハリントンによって自らの共和主義理論を論議するためやその普及を目的として創られたといわれる。ネヴィルは、その共和主義者たちからなる、ハリントンのクラブにおける主要な人々のうちの一員であった。ネヴィルは、優れた資質をもつ人物にしてよき育ちのジェントルマンであるとみなされた。『オセアナ共和国』の実際性・平等・及び完全さから、古代人によってであろうが近代人であれ、詳述されたうちで最も完全な統治政体形態である『オセアナ』は、その出版時に、貪欲に買い上げられた。共和主義者たちは、その著書によってかつ彼等の気の利いた言説及びコーヒーハウスでの日常的説明の両方によって、多くの転向者を得たのである。一六五九年のミカエル祭期の初めに彼等は、以下のようなマイルズコーヒーハウスと呼ばれた、ウェストミンスターのニューパレスヤードにおける当時の「タークスヘッド」において毎晩会合をもった。そのコーヒーハウスに彼等の弟子たちや学者たちは、一般に赴いたであろう。彼等による共和国政体やその秩序の言説は、聞かれるうちで最も独創的にして洗練されたものであった。議会内での議論は、彼らにとって退屈なだけであった。このロータクラブの主要な人々には、その二人以外に以下の者がいた。すなわち、C・スキナー（ロンドン商人の息子にして有能な若きジェントルマン）、J・ワイルドマン少佐、スタッフォードシャーのC・ウルズリー、R・クック、W・ポールトニィ、J・ホスキンズ、J・オーブリィ、オックスフォードシャーのテストワースのM・ペティ、M・マレット、ガーンジー島のP・カーターレット、F・クラドック（商人）、H・フォード、ヴェナー少佐、ウォリックシャーのT・マリエット、H・クルーン（医師）、クライストチャーチのバグジョー、オックスフォードのリンカーンカレッジのR・ウッド、及び他の多くの人々とともに、（周知の聴衆や当時の政権反対者の他に）J・アーダーンがいた。

W・ペティ博士は、ロータクラブの会員であった。

そのロータクラブの理論は、彼等がその国王の復帰のなんらの可能性ももたなかったように、ますます心を奪うものであった。議会議員たちの最大多数は、彼等がその共和主義者の権力に抗して存在するごとく、この輪番制や選挙制度設計を憎んだ。それらの制度に八人ないし一〇人が賛成した。そのうちの一人は、ネヴィルであった。彼は、残部議会にそれを提案した。そのモデルは、元老院ないし議会の三分の一を毎年の選挙によって輪番で変わるべきであり、従って三年ごとにその元老院が全体的に変更されることとする、というものである。いかなる統治者も三年以上継続できず、かつ全ての統治者は投票によって選出されるべきであると主張した。この共和主義者のクラブは、一六六〇年二月頃まで続いた。全ての彼等のモデルは、排斥された議員たちがG・マンクによって復活させられたとき、消滅したのである。

一六六〇年五月のチャールズ二世の王政復古を伴った君主制支持への急激な雪崩現象において、支配的な有徳的貴族制をもつポリュビオス的自由な共和制のミルトンの勇敢な希望は、一掃された。その目的に熱烈なハリントン主義者たちの努力は、無に帰したかのように思えた。王政復古とともにイングランドの共和主義が死滅した、といわれるときもある。確かに実際的意味においてこれは、本当である。別な視角からそれは本当ではない。国王とその臣民たちとの蜜月が終わったとき、古典的共和主義概念が再び大いに聞かれたし、それらは再度イングランド政治の一争点となった。

このことが事実であった理由を説明するはずの次のようないくつかの根拠は、提示できる。第一に、チャールズ二世は、自らの敵の処罰要求に関して控え目であった。自らが帰国するや否や共和主義的見解をもつ人々を根絶しようとするいかなる体系的試みも存在しなかった。名うての共和主義者であった人々のうちで、ハリントンやワイルドマンのような人々は、投獄された。ネヴィルのような人々は、目立たぬ引退の形で安全を求めた。シドニーやラドローのような人々は、海外で生きる事が賢明と考えた。共和主義者たちは拡散されかつ沈黙させられたが、彼等は大部分生き残った。彼らはもし新しい機会があれば、古き理論を教える気でいた。

もし適切な状況が彼等に示されれば、古典的共和主義が再び現れる事を確かにしたもう一つの状況は、共和主義者たちが頼る古典的諸国の、あるいは彼等が想定した近代諸国のいずれかについての政治的評判に対する現実的に効果的攻撃を生み出すことに関する、王政復古体制の失敗であっただろう。もちろんその攻撃がなされたが、この攻撃はそれが狙われる対象にとって基本的に破壊的でない性格をもった。古代諸国の名声がうそをいう歴史家や演説家にある、という主張がなされた。王政主義派は、皇帝下のローマの偉大さが共和制のものよりも勝るという、フィルマー卿の古き主張を繰り返す事を好んだ。しかしそうした非難は、ローマ国家もギリシャ国家もその名声をいなかる基本的方法においても損なわなかった。王政主義派は、実のところ共和制下のローマが内戦によって引き裂かれると主張するとき、より真剣な非難をなした。しかしこの議論に関してさえ、王政主義派は有効な使用をほとんどしなかった。一部にこれは、共和主義者たち自身がその事実をしばしば十分に指摘した。これは、共和主義によったのではなく、国家の均衡における欠陥によるとして、それを説明した事実によったのである。王政主義派の攻撃についての相対的非有効性は、ヴェネツィアの場合に起こった事によっても例示される。ヴェネツィアの「最も静穏な共和国」の政治的名声は、『ロータの非難』においてそれに抗していわれた事によっても、あるいは以下のものによってもほとんど打破されなかった。すなわち、ローマカトリックや偶像崇拝が支配した国であるという、ヴェネツィアに対するバクスターによる強い言葉によっても覆されなかった。実のところ、次のように現実的に損なう議論を引き起こす数少ない著者たちがいた。すなわち、その都市国家の昔からの「静穏」観念は神話であり、かつその統治政体が実のところ専制的寡頭制であるという。ヴェネツィアの偉大さが、その政体によるのではなく、その立地条件にあるごとく、偶然にして対外的原因によったと論証する事を引き受けた者もいる。しかしこれらの非難でさえ、確信を補強するのに足る十分な根拠など示されなかった。古き共和主義者たちが彼等の主要モデルのうちの一つを結果として否定するなどとは少しもいわれなかった。その上、国民の目の前にヴェネツィアを好意的におくと企む状況が存在した。実際上、その共和国の政治的名声は、次のように極めて強固に定着された。すなわち、王政主義者たちが気づくごとくそれを扱うべき最も割り切り的な事は、ヴェネツィアの統領が現実に国王であり、かつヴェネツィアがイングランドのような制限君主制であるという、古き清教徒革命以前の見解に復帰する程にまで強固であった。明らかにこの都市国家への関心は、高いままであった。ヴェネツィアに関係した著作は、現れ続けたし、情報源は十分であった。

しかしヴェネツィアの場合においてこのことは、われわれが考察せねばならぬ全てではない。明らかにチャールズ二世と彼の反対者たちとの間で一六七〇年代に闘う戦線が画されにつれて、ヴェネツィア国への関心が高まった。一六六八年頃からの一二年間でイングランドの読者たちがその共和国政体の一局面ないし他の局面に関する議論や記述の拡大を見出す、一〇程度の表題文献が現れた。この関心のうちのいくつかが次のような周辺に集中した証拠がある。すなわち、それはハリントンが極めて強力に勧めようと努めたヴェネツィアの投票箱、及びそれをイングランドに導入する提案の周辺にある。しかし明らかに関心の更新があるのは、その投票制度ばかりでなかった。一六六九年に作成されたカロライナ統治機構は、ロックとシャフツベリに多様に帰せられた機構である。これは、その投票によって完成するばかりでなく、大会議、貴族、及びそれが恒久的に継続する予測によっても仕上げるものであり、ヴェネツィアの立憲制の多くの特徴が再度注目を集めつつあったことを示す。同じ結論へと導くさらなる根拠は、ニュージャージーの統治政体のために、一六七六年にW・ペンによってたぶん立案された構想によってももたらされる。これは、ハリントンの特徴をもつ投票や大会議ばかりでなく、七人の誠実な人々がその立憲制変更計画を疑う者が誰であれ、反逆罪で告発できる規定におけるヴェネツィアの一〇人評議会の模倣を有する。

　これらの事実を念頭におく者が誰であれ、チャールズ二世治世中の共和主義的感情の再発にも驚かなかろう。一六七〇年代後半において『ブリタニアとローリー』として知られた強力な政治詩が構成されたときもある。その執筆者は、多分不確かであるが、A・マーベルが伝統的な著者であることの適例を形成できる。そのプログラムが何であれ、不確かさがないわけではない。チャールズ二世の宮廷の腐敗と彼の専制的傾向に関する長くして辛辣な攻撃は、ブリタニアがスチュアート君主を専制君主から切り離す試みを放棄させ、かつその代わりにヴェネツィアモデルに基づき共和制へと変えさせる。すなわち、

「私が行く静穏なヴェネツィア国家へと、
　名高い諸原理を知らせるためにそのブリタニアの賢明な口から」。

ブリタニアは、ハリントンのごとく、ヴェネツィアに古代の政治的知恵の具現を見出す。そのブリタニアは、自ら最も静穏な共和国において、古代人たちの知恵について、私の民にその踏み込む調子に合せて教える事を読み取ると宣言する。

　明らかにその作者が念頭に置いた事は、有能にして活動的貴族制によって導かれた、ヴェネツィアモデル上の国家であった。さらにハリントンのように彼は、この国の将来の鍵を「ギリシャの学芸とローマの武力」に見た。その政治詩は、次のような古代の知恵によって作り直された「イングランドの帝国的運命」に関する忠実にハリントンの理想像によって結論づける。

「イングランドにおいて結合されたギリシャの学芸とローマの武力は、イングランドを高め、抑圧された人間を解

放する」。

この詩は、それが『国事に関する詩』として現れる一六八九年まで刊行されなかった。どの程度までそれが手写版で頒布されたかについて述べることは不可能である。そのまったき存在は、少なくとも一六七〇年代における理念としての共和主義の残存の著しい証拠である。

チャールズ二世とその恣意的君主権力に反対した多様な諸集団との間の長期にわたる苦闘は、一六七〇年代後半と一六八〇年代前半にその危機に達した。それは、辛辣な宗教的敵対によって強められる争いであり、かつ内戦が恐れられ、かつしばしば予想される争いであった。一六七八年にタイタス・オーツは、チャールズ二世を殺害し、王弟ヨーク公を王位につけ、かつローマカトリック教会を再び樹立することが目指された注目すべき「カトリック教徒陰謀事件」の彼の話とともに現れた。その詳細は魅惑的であった。すなわち、その陰謀は、ロンドン大火が起こり、プロテスタントたちが殺害され、フランス軍とアイルランド軍がイングランドを侵略するというものであった。トーリー党として当時知られる国王支持者たち、及び地方党ないしウィッグ党の両方は、自分たちの目的のために陰謀を皮肉にも使用しようと努めた。しかし、それは、ウィッグ党の意図に最も容易に加えることができる。彼等の中にこそ、シャフツベリによって率いられたその最も強烈な隠蔽者たちが見出された。トーリー党のパンフレット作者たちは、その陰謀がウィッグ党の大逆的意図を隠蔽しかつ同時にそれを促進する、彼らのでっち上げであると責め立てた。民衆の叫びを利用するウィッグ党は、ヨーク公がローマカトリック教会の伝達者であるということによって強烈になされた問題である、王位継承排斥問題全体を取り上げた。多様なプロジェクトが進められ、その中に二つの主要な計画があった。その第一は、ヨーク公の王位継承を受け入れるが、ヨークが政治的自由も宗教的自由も覆す事を無力化する制限下のものであった。シャフツベリの指導を受け入れるウィッグ党によって好まれた、もう一つのより人気をもつ計画は、ヨーク公を全体的に王位継承から排斥し、かつチャールズ二世の庶子モンマスの王位継承を規定することであった。ウィッグ党は、この後者の計画に従って、一六七九年五月に議会の庶民院を通じて第一回王位継承排斥法案を可決させた。しかし、その法案についてチャールズは、一六七九年五月に議会を閉会とすることによって貴族院へと進めることを阻止させた。チャールズは、一六八〇年秋までの一年以上の間、議会召集を控えた。この期間は、激しい扇動と興奮の時期であった。モンマス公の正統性の根拠を封じ込めるとみなした、謎めいた「ブラックボックス」についての話が広まった。国王に議会を開催するように嘆願した「請願者達」は、その請願観念を非難する「嫌悪者達」によって応酬された。陰謀と反陰謀の非難合戦の雰囲気が充満した。チャールズは、W・テンプル卿の計画提示に基づき、枢密院の再構成へと野党指導者を巧みに操り、次に彼等を平然として巧みに追い払い、その間に彼等に少しの注目もしなかった。議会は、一六八〇年に再び開催した。再度王位継承排斥法案が下院に提案され、かつ可決された（上院で辛うじて否決の結果となる）し、再度議会が閉会とされ、最後に解散された。最後のチャールズ議会は、一九八一年三月一日にオックスフォードで開催された。その議会開催状況は、異常であった。ウィッグ党は、その多数を有し、かつ荒れた雰囲気にあったし、国王大権を制限し、かつ王位継承からジェームズを排斥することが結論づけられた。ウィッグ党は、武装した群衆によって支援を受けた。同様にチャールズは、大挙して現れ、かつオックスフォードに通ずる道路は、国王支持者たちによって満たされた。内戦は実のところありうる結果のように思えた。

確かに、おおむね『プラトン再生』が出版されるのは、そうした混乱状況下でそのウェストミンスターやオックスフォードにおいて「議会を開催しようとする」国王とその議会に自らの主張を訴える目的のためでもあろう（フィンク）。しかしその主著を精読すれば分かるように、それは、トーリー党の主張に対する徹底した批判をより具体的に含むものであり、むしろウォーデンが主張するように、ウィッグの主流派議員たちに影響を与えるために書かれた側面も強かろう(1)(2)。

(1) 本節［時代背景概観］は、基本的に思想史上重要な一部を占めるが、前提的措定であるため、引用符を付さない形式を採用する。従って、我々はそれを以下の文献によって主に構成していることを記さなければならない。

Z. Fink, *The Classical Republicans*, Evanston, 1945; C. Robbins, ed., *Two English Republican Tracts*, Cambridge, 1969; H. Neville, *Plato Redivivus*, London, 1763; D. L. Smith, *The Stuart Parliaments: 1603-1689*, E. Arnold, 1999; D. Wootton, ed., *Republicanism, Liberty and Commercial Society, 1649-1776*, Stanford, 1994; G. Mahlberg, *H. Neville and English republican culture in the seventeenth century*, Manchester U. P., 2009; *Dictionary of National Biography*, Oxford, 2004, etc.

(2) この王位継承排斥法案危機期の問題状況について、ウィッグ史観とその歴史観を修正しようとする「修正主義史観」とを融合する目的によって、「スチュアート期イングランド議会史」を書き直そうと試みるスミスは、次のように定める。

「不運にもチャールズ二世にとって次の議会（一六七九年三月六日開催）は、騎士議会よりも一層宮廷党には敵対性を証明した。これは、スコットが自らそれを王政復古危機とし、『王位継承排斥法案危機』をやや誤称と論じるが、三回にわたるいわゆる王位継承排斥法案議会のうちの第一のものであった。カトリック教徒のヨーク公を王位継承から除外すべきという要求は、徐々に浮上しただけであり、かつ将来と同様に当時においても『ローマカトリックと恣意的統治』が現実的により深刻な脅威の兆候であった。一六七九年と一六八一年との約二年間に、この争点は、議会政治を混乱させ、国王をして庶民院の多数派と貴族院の実体的少数派との対立に置いた。そうした時代は、王位継承排斥支持者とその反対者の両方によって議会外で著しい世論動員を示したばかりでなく、イデオロギー的に対比された未来像によって態度を明確にした、未熟な二政党（ウィッグとトーリー）の台頭も示した」(D.L. Smith, *op. cit.*, pp. 156-7)。ここでスミスが示唆したごとく、イングランド人の間には「チューダー朝期のメアリー女王」の恐怖政治をはじめとする、一連の事件が多様な形のカトリック教徒支配に対する専制イメージとして浸透していることを想定できる。それは、過去の無敵艦隊襲来・チャールズと太陽王とのドーバーでの密約なども含み、さらには欧州規模の国教会対カトリック教会との敵対なども含むと考えられる。

第三節　ネヴィルの『プラトン再生』における背景
――その「第一の対話」を中心に――

本節においてわれわれは、ネヴィルの『プラトン再生』の本論を分析する前に、彼がその主著において述べた議論などの背景を示す必要がある。なぜならばその著作にはその論述の背景を表現する「副題」、「議論」及び「第一の対話」（序論）章を設定しているからである。このネヴィルの著作は、著者名を表示せぬものである(1)。それは、その当時の不穏な状況を暗示し、自らの身の安全を確保しようとする著者たちにとって通常的であった。これは、前記のごとく、第二回及び第三回王位継承排斥法案議会などに影響を与えるために書かれたのであろう。

その主題は、『プラトン再生』であるが、特にプラトンの再生に限定された内容ではない。この著作は、あえてその古代の哲学者と関連づけるならば、プラトンの『国家』などに象徴されるごとく、対話形式を採用し、かつ古典的共和主義的要素を有しているものなどでしかない。その副題は「統治についての対話」と記し、同時期頃に書かれたロックやシドニーらの著作と同じ用語を使用している。つまりそれは、国家統治や政体などを含意する。さらにそれは、以下のような説明を含む。すなわち、「本書において、古代及び近代の両方における他の諸王国や諸国家から引かれた言説によって、現在の我が国の政治的熱病（混乱）を見つける試みが、その原因と改善策とともになされる」(2)という内容を含む。それは、自らの著作の主要な論旨を直接的表現によって述べている。換言すれば、ネヴィルは、最初にハリントン流に古典的共和主義をはじめとする古代及びヴェネツィアに象徴される近代のそれらなどを基準とする旨を伝えている。次に彼は、それらに照らして当時のイングランドにおける問題状況を自然科学的「熱病」という身体の病に喩える。その著作は、こうした混乱状態の原因とその理由を定めつつ、自らの問題解決策を提起するものである。

ネヴィルは、その著書の最初の項目を「議論」と表す(3)。それは、主にその対話形式における登場人物及びその関係などを示す部分である。

ネヴィルは、その生涯にわたって自らのイタリアへの旅による影響を長所として刻印させる。彼は、その著作においても最初に高貴な身分のヴェネツィア人の紹介から説き起こす。

「若者ではないが、自らの共和国における公職及び行政上の高官を歴任し、落ち着いて真面目な人物である高貴な身分のヴェネツィア人」(4)がその登場人物の一人であるという。ここではイングランドの古典的共和主義者にとって、規準とすべきヴェネツィア共和国の中核的行政官を経験した有徳的にして高貴な品格を備えたジェントルマンを登場させる。その彼は、フランスに数年間大使として滞在した経験をもち、かつその自らの失職による気分転換として未体験の世界旅行を決意したという。「彼は、ドイツ、フランドル、及びオランダへと渡って、最後に五月の初め頃」(5)、イングランドに到着したという。そうした彼は、ネヴィルのようなイングランドのジェントルマンたちと、母国を訪問した際の友人関係を形成した(6)と記す。

次にその他の対話の主要人物が登場する。

この文節の前段は、そのヴェネツィア人との出会いの場面から説き起こす。ネヴィルは、次に直近の二カ月間にわたる二人の関係などを示す。さらにその外国人が思いがけぬ悪性の熱病に陥った事によって、その主役であるイングランド人が彼を助けようとして遠路はるばるロンドンへと駆けつける状態を設定する(7)。

その著者は、残りの登場人物を以下の文章においてほとんど全体的に説明する。最初に、「そのヴェネツィア人は、我が国の次のような卓越した医師によってほぼ完全に自らの健康を回復してもらった事を認めた。すなわち、その医師は、イングランドでも海外でもその著作のごとく、国内でのその技能と治癒のことで有名であった」(8)。

この文においてネヴィルは、表題の説明書きに記されたように、王位継承排斥法案危機期頃のイングランド国家を熱病［混乱］状態にあると捉え、その解決策を施そうとするその優れた医師に自らをたとえる論法を採用する。医学上内外で有名な医師を、この著者は第三の対話者として描く。彼は、その医師についてさらに次のようにその優秀性を詳記する。

「その医師は（自らの職業におけると同様に他の職業でも、学識全てにおける彼の深い知識の他に）、次のように以前には隠された人体の諸部分の非常に正確かつ寸分たがわぬ発見へと特に到達していた。すなわち、それは、ラテン語しか理解できぬ各人が、その医師の媒介によってヒッポクラテスかあるいは古代人及び近代人が認識していたか、または認識するよりも解剖を多く知り得る位の発見である。その医師がソロモンの時代に生存していたならば、あの偉大な哲学者は、その人間の胸が測りえぬと決して言わなかっただろう」(9)。

ネヴィルは、この文のごとく、西洋における古今にも稀なる才能をもつとしてその医師をきわめて高く評価している。その「第一の対話」に示されるごとく、この人物モデルは、オックスフォードで訓練された「当時の医神」と呼ばれたR・ロアー（一六三一―一六九一）(10)と想定できる。ここにはネヴィルがその医学に関してやや具体的に述べる言及部分がある。いずれにせよ、ネヴィルはそれ程までに優れた医師が（統治政体に関する達人として）自らの化身である現地のジェントルマンであることを強調する。

この項目の末尾は、次のように結んでいる。「その病人の部屋にいるこの優れた医師は、新たに出くわしたもう一人のイングランドのジェントルマンがその彼を訪れに来た時、当然ながら挨拶と会話を交わした後、彼等は、読者がその序論とその言説自体によってよりよく理解するように、政治問題を話し始めた」(11)。ここでは最終的に三人が対話を交わす態勢を整えた形式を示す。この著者は、そこで型通りの儀礼的挨拶などをそれぞれが経た後、本格的な政治問題の対話の開始を宣する。

ネヴィルは、これ以下で『プラトンの再生』において、全三章ないし三つの対話形式を採用する(12)。前記のごとくその第一の会話は、確かに全体の一部を構成しているが、序論章であって、本論として扱うよりもむしろその背景と位置づける程度の短い章である。

それは、「イングランドのジェントルマン」としてのネヴィルが次のように、熱病にかかった事態とそれを治した名医との関連でこの「高貴なヴェネツィア人」に話しかける形式をとる。

「私があなたの悲しい熱病について得た突然の知らせ及びあなたがあったその苦悩の危険は、私が意図したよりも数週間早くロンドンへの私の応急的にして素早い帰還の原因と同様に、私にとって大変な苦悩の原因であります。私はあなたがよくなられたという報を聞き、ましてや今漸くあなたを捜し出すようになり、かつ望み通り、回復されたということで安心した事を認めねばなりません。私が知りましたように、その回復は、あなたがこの優れた医師（現代のアイスクラーピウス）を派遣した必然的結果でありましょう。こうした回復は、私がたとえ必要がないとみなさなかったとしても、あなたの部屋で彼にお目にかかることによって、あなたになさねばならぬ最も重要な願いでありますす。というのは私たちイングランド人の運命は、この医師に頼っているからです。私たちは、病気の時に私たちの支援に彼を呼ぶか呼ばないかによる判断ないし幸運に従って、誤りなく生きるか死ぬかとなるからであります」(13)。

ネヴィルは、最初にその場面設定の会話から語り始める。われわれは、前記のごとく、その著作の主要な論法が医学の名医による病の治療の成功と、自らの国家における混乱の改善の対比的筋道を使っている事を確認してきている。ネヴィルは、その国治術の達人として自らを強調しているが、その対比すべき医学的内容を必ずしも十分に具体的に説明しているわけではない。彼は、精々のところ熱をもったディステンパー（異常・不調・病）、この後に出てくる「心気症的ディステンパー」あるいは疝痛など僅かしか使っていない。われわれは、そうした事を念頭にその後段の文を検証してみよう。すなわち、ネヴィルは、その人体及び心の病が死に至る程の危険にさらされる場合に、その卓越した名医による迅速にして適切な診断と治療が不可欠であることを強調している。

この自然科学的論理と国家における論理的関連をネヴィルは、次のようにその医師の言葉によって語らせる。

「私が言わねばならないのは、次のことであります。すなわち、ここでの私たちの国務及び我が国家の現在の騒擾に関するある説明をあなたに与えるため、私が意味づけた要望は、このジェントルマン（その国家の役割と研究について、彼がそうした活用に適しています）がその活用に快く着手する場合により適切に置かれます。その他に彼は、イングランドの国務を管理運営する際に大きな役割を果たす場合もあります。現実に誰も彼以上にイングランド統治を理解しておりません」(14)。

この文節においてネヴィルは、その名医が高貴な身分のヴェネツィア人に対しイングランドのジェントルマンの国政の専門家にして優れた名医と表現させている。最初にこの医師は、他国人が訪問国の実情及びイングランドの一六八〇年代初頭前後の混乱状況を知りたがる者に対する適切な説明者として、そのジェントルマンを位置づける。前記のごとく、具体的にはネヴィルが共和制期の国策会議の一員にして残部議会議員も歴任し、かつR・クロムウェル議会の議員経験者などであることも念頭に置いている。その彼がこれを真剣に診断し、かつ分析すれば、自ずとその国家を健全とさせ、かつもともとのよき国家に回復しうると主張する。

この医師の話の次に、そのイングランドのジェントルマンによる、この第一の対話の最も重要な話題が続く。それは、その医師に話しかける形態をとる。

「さて先生、あなたに私は、私の対等者たちである人々が私を理解するものというべきであります。それ故あなた自身は、この種の慇懃さを開始しているからであります。とはいえこれは、あなたがいらっしゃる間に私が合理的に自ら引き受ける事を迫りえぬ一領域であります。国民全体は、あなたが自然界の有機体事項に熟練していると認めるように、あなたは、政治体（国家）の性格とその悪性の熱病（混乱）に熟練している事について、非常によく知られています」(15)。

この部分は、そのネヴィルを演じる人物による四つの談話全体のうちの第一部をなす。まずそのジェントルマンは、この医師が自らに示した要件を一般に認められるものとしてうける。これは、それぞれが優れた達人であることを一般にも認められていることを示すばかりでなく、この医師は政治もよく理解していることを示す。その次の文は、自然科学的専門家と国家統治の専門家との明確な領域の相違と類似点も確認している。その第二部分は、古代ギリシャ人たちの議論を導入する。

「あなたは、たとえ古代ギリシャ人たちの中における賢明な慣習が全体的に役立たなかったわけではないとしても、あなたの以前の役割において実際に熟知されておられます。というのは古代ギリシャ人たちは、国家が病に陥る前に、自分たちのいくつかの政体におけるなにがしかの狂気ないし軽い病に気づいた時、国家の医師たち（彼等は、その言明からギリシャの七賢人と呼ばれました）に赴いたからであります。彼等は、その医師たちから処方箋を得ることによって、そうした熱病［混乱］の種が根付く事を阻止し、かつ国民平和の破壊を阻止したからです」(16)。

この文節は、統治者、法律家、あるいは顧問として紀元前六世紀頃のギリシャに奉仕し、かつ多くの金言を述べたギリシャ人たちの七賢人から得た事例を導入する。ネヴィルは、彼等に勝るとも劣らぬ能力を自ら発揮できると措定する。彼は、それをうけてその対比をより具体的に説明しようとする。このジェントルマンは、その古代国家の人々が国家的混乱などに陥りかかった時、その七賢人などに診断してもらい、かつその正常な状態に至るための改善策を得たという。そうした行動によって彼等は、自分たちの国家を混乱に陥らせなかったし、国民の平安を得ることに成功したという。

その第三部分は、この文に続き当時のイングランド国家の病理問題へと移行する。

「しかし私たちの時代に国家のこうした記しないし前兆は、その主要部全体が腐敗するまで予知されません。その患者は、徹底した治療による以外に治癒しえません。もし私たちが私たちの熱病（混乱）の最初の兆候を認識したならば、かつよき選択肢を使ったならば、その立派な他国のジェントルマンの詮索好きは、控えられていたでしょう」(17)。

この文節において、ネヴィルは、自ら研ぎ澄ましたごとく、その問題をより具体的にして詳細に説き始める。ここではその国家の統治政体の混乱ないし熱病あるいは腐敗への予兆をうけている。このジェントルマンの問題設定図式は、その前兆から全体的混乱［熱病］へと繋がる直線を描く。ネヴィルが望ましいと想定するものは、その兆候をより早い段階において突き止め、かつ予防策を施しておけば、その政治体の被害が最小限に食い止まり、元の正常な状態へと素早く戻すことができる、ということである。いずれにせよ重要なことは、このネヴィルと医師との間でその国家状況とその改善策を簡潔にして分かりやすく説くことであるという。その論理的説得方法にかかわる文節が以下で説かれる。

「というのはそれが『福音』を植え付ける事に元々あったように、個人的会話にあるべきであるからであります。すなわち、それは、次の二種の宣教が存在した場合であります。

その一方は、『演説的集会ないし会合』の種類であります。これは、使徒たちや伝道者たちがキリストの神秘も、かつ多分ユダヤの律法ないしキリスト史すら一度も聞いたことがない人々に話した時、彼等によって使われたものであります。そうした人々の義務は、演説を聞くことであり、その演説に答えたりあるいはとにかくその演説を乱すことではなかったのであります。

しかし信者たち（会衆と呼ばれます）がともに集められた時、それはあることが伝え聞かれるように間に入り、かつ伝え聞かれたいことを思いつく、あるいは（聖パウロが呼ぶように）あることが啓示される、聴衆に対するようなものの慣習でありました。その事は、『対話的宣教』あるいは『宗教的会話』と呼ばれました。これは、キリストを長く信じ、かつたぶん彼等の司祭自身のようにそのキリストをよく知った人々を教示し、かつ啓発する事に大いに役立ちました。これは、私たちの独立的集会の多くの間でなお使われます」(18)。

ネヴィルは、ここにおいてその「馴染みの対話」をより簡明にして理解しやすくする理由について、当時のイングランド社会の共通の話題となっているものを導入することによるべきと説く。それは、その人々がキリスト教を当然のことと考えるため、救世主イエスと民の救済及び神の王国に関する「福音」宗教を布教する方法として、個人的対話形式によって説得しようとする。これは、最も心を動かす説得方式とみなす。ネヴィルが、「プリーチング（宣教）」と表現するものである。それは、二つに分けられ、その一方が「コンシオナリィ・プリーチング」であるという。その二〇世紀の編者ロビンズによれば、「演説（弁論）的会合（ないし集会）に属する」(19)ものと示す。ここでは必ずしもその聴衆がこの宗教に深い知識をもつものでない状態を語る。つまりここではこの演説者の意図をその聴衆がまだ十分に理解していない関係も説明する。従ってこの両者の関係は、その初期的な段階を含意する。

もう一方は、元々の「カンバーセイション」の語源とされる「打解けて話し合う」懇談の意も含む。従ってここではこれは、その使命感をもつ説教者たちに対し、それをより積極的に受け入れようとする信徒たちとの間で主に行われる、信頼を共有する能動的な会話的宣教関係を強調するものであろう。

（1）H. Neville, *Plato Redivivus*, London, 1763, title page, pp.1-17.
（2）H. Neville, *op. cit.*
（3）*Ibid.*, p.1.
（4）*Ibid.*, p.2.
（5）*Ibid.*
（6）*Ibid.*
（7）*Ibid.*, p.3.
（8）*Ibid.*
（9）*Ibid.*, pp.3-4.
（10）*Ibid.*, p.6（C. Robbins, ed., *op. cit*, p.71）.
（11）*Ibid.*, p.4.
（12）*Ibid.*, pp.5-284.
（13）*Ibid.*, pp.5-6.
（14）*Ibid.*, p.11.
（15）*Ibid.*, pp.11-12.

(16) *Ibid.*, p.12.
(17) *Ibid.*
(18) *Ibid.*, pp.13-4.
(19) C. Robbins, ed., *Two English Republican Tracts*, Cambridge, 1969, p.76.

第二部　イングランド国家とその病理

――『プラトン再生』「第二の対話」を中心に――

第二章　混合君主制思想

第一節　緒論

われわれは、前の諸章において示しているごとく、ヘンリー・ネヴィルがイングランド共和制期の共和主義の継承者にして自由民主導型混合政体論者ないし国民代表的議会主権論者であると措定するものである(1)。それは、彼の主著である『プラトン再生（統治についての対話）』（一六八〇—八一）において論じられている。われわれは、その著書の目的が、自らの主張をその二つの王位継承排斥法案議会（特に、ウィッグ党の主流派議員たち）に影響を与えるためであると仮定してきた。さらにわれわれは、その思想的背景について論究したけれども、その政党起源論として論じられる政党イデオロギーについて一点のみ確認しなければならない。というのは政治思想史上政党の思想傾向は、現代の政治理論を構成するためには最も重要な構成要素のうちの一つをなすからである。

トーリー党の思想傾向は、後の保守主義思想として発展するものの系譜を辿るものである。一六八〇年頃においてそれは、現実の国王国教会体制の要となるものであり、その根底に現実主義的にして現状肯定的傾向を有している。その王位継承法案危機期において国王支持派及び強い国教主義を主張する人々やその傾向を支持するジェントリーの連合がトーリー党と呼ばれるものである。このイデオロギーは、そうした国家の伝統の保守を支柱とし、現実に合わせて改革を志向するものである。われわれがここにおいて注目するのはウィッグ党の思想傾向である。それは、政治の源泉を民に求め、自らの宗教的・世俗的自由を議会において確保しようとするイデオロギーをもつ。このウィッグ党を構成する人々は、その硬直的な国教主義体制に不満をもつ人々を中心として、穏健な国教徒、非国教徒、あるいは清教徒革命期の議会派（共和主義者たち等も含む）と呼ばれた人々などの連合であった。いずれにせよ、そのイデオロギーは、自律的個人の自由に基づきその権利を擁護する国家論を展開する、近代初期的自由主義、あるいは近代初期の政治的自由主義などと称しうるものである。確かにその未熟な両党派は、今日におけるような強固な組織をもつ政党ではないが、政治的な主義や思想傾向の視野から意義あるものとなりうる(2)。従って本章でそのネヴィルについて、われわれは、彼がウィッグ的思想傾向をもつという視角からその重要性を確認するものである。

本章は、ネヴィルが混合君主制論を論じている主著の「第二の対話」の前半部を素材として整理し、かつ必ずしも従来十分に明確とされなかったその政体理論を、明らかにすることを目的とする。その「第二の対話」全体は、前章で示したように、彼が「イングランド国家論とその病理」について論じているが、その中において君主制論について最も多く紙幅を費やしている章でもある。しかしながらわれわれが目的とするのは、そこにおいてネヴィルが、共和主義的な混合君主政体論に重点を置いたのか、あるいは当時の状況にそれを適応させ、かつ以後の一八、九世紀に適合する自由主義的な「立憲君主制的混合政体ないし庶民院優位主義的議会主権論」を構想したのか、という問題を明確にするためである。さらにわれわれは、その分析によって彼の政体思想の基礎を捉えようと試みるものである。従ってそれは、以下におけるわれわれのその総合的分析においてその基盤を構成することも目指すものである。

（1）本書の第一章を参照されたい。
（2）J.R.Jones, *Country and Court,1658-1714*,Edward Arnold,1978; J.Tully, ed., *John Locke: A Letter concerning Toleration*,Hacket,1983;B.Worden,*Roundhead Reputations*, Penguin Press,2001,etc.

第二節　混合君主制思想

㈠　その主著における本論の問題設定

われわれは、ネヴィルの混合君主制論へと論を進める前に、まず前の諸章において論及してきた事項を手短に確認する必要がある。なぜならわれわれは、そこにおいて本章で論じようとするものの前提について措定してきたからである。われわれは、王位継承排斥法案危機期のネヴィルによるイングランド国家とその熱病（混乱）原因及びその改善策について、彼の主著の表題やその「第一の対話」分析などをもとに確認してきている。われわれは、引き続き本章においてその主著の「第二の対話」分析を通じてネヴィルのイングランド国家とその病理を整理する流れの中で、本節の論題へと移ることとなる。本章は、既にネヴィルがハリントン主義を基盤とするけれども、この上の類別においてその主たる理論構成仮説として初期ウィッグ的自由主義の系譜を一つの手掛りとすることを宣してきている。すなわち、それは、理性的なイングランド人たちを主たる起点とし、彼らが個人の自律的自由や財産権を第一次的諸価値とみなすものである。さらにそれは、人々の公共善を主たる目的としてその統治が行われるべきであり、統治者たちは、その人々の安全も重要な目的として統治せねばならぬと説く。その基本的統治政体は、国民代表的庶民院が担うべきであり、かつ統治者の権力の濫用を制限すべきであるというものである。

ネヴィルは、自らの国家論、並びにその国家に伴う問題、及びその病理の本質を彼の「第二の対話」において適切に描こうと試みる。最初に彼は、その熱病の本質を措定する。

「この全ての直接的原因」は、国民と統治者たちの「分裂」であり、「ジェントリー」の不満、並びに「庶民の混乱」にあるという。ここではまずイングランド政治を治者と被治者に二分し、その多数を占めるものを国民、ジェントリー、及び庶民に分けその客体として示す。続いてその国民が最も広範にしてそれらを包摂するものであり、次にジェントリーという自由人にして名望家的人々、及びその下の庶民へと具体化する。ここでのその対象設定において政治の主体と客体の分裂から発するものが最大原因であると描く。続いてネヴィルは、その統治者たちに近く、かつ多くの自由を本来享受すべきジェントリーの不平不満が露わとなり、一般の庶民が混乱状態に陥っているという。彼は、そうした状況にあるにもかかわらず、暴力ないし騒乱がないのは奇跡であるというのである（1）。

ネヴィルの因果関係的論理は、当時のイングランド政治を生物学的病気と治療に擬えることによって、政治における混乱とその改革関係として組み立てようとする。すなわち、当時のイングランド国家の混乱（熱病）が国民と統治者たちとの分離、ジェントリーの不満、及び庶民の混乱に原因があるとし、それを改革（治療）することによって、正常な状態（身体の健康回復）へと復活させようとする。

こうした問題設定からネヴィルは、過去二〇年間の内戦及び共和制期を次のような混乱状態にあったとまとめる。

「私たちのものが今ある以上に世界全体で自分たちの君主に多くの忠実にして信頼する人々などいないと私はただしく信じます。私たちは、ここ二〇年来あった次のような混乱状態へとより多く陥る恐れ」など当時にはないと説き起こす。すなわち、その混乱状態の全ては、財産面でも資質面でもともにこの「王国の最も卓越した人々からなる議会に対してばかりでなく、一般にこのブリテン島の住民全てに対しても、イングランド人たちの後の面倒において反王政派からなる人々（全てでないとしても、自らの間で相互理解関係をもつ多くの人々）に対してでさえ、これらの全ての人々にとってイングランド国家を（その当時私たちの崩壊へと脅かした）」あの危険と不安定なものへともたらすのに何でもなすとみなす、想像し得るうちで最悪の恐怖へと陥れるものであるという。「従って次のように熟慮する故に尚更恐ろしいのであります。すなわち、私が極めて大きかったと主張せねばならぬこれらの国務に関わった人々の知恵も、絶対的勝利をもって終えた彼らの闘いの成功も、この国に利を与えるように行き渡ることができず、このことは、いや、それが失った血、費やしたお金、及び陥った危険全ての償いや報復におけるいかなる解決もその「この国に利を与える」ように行き渡ることができないゆえに」(2)。

これらについて換言すれば、その二〇年間は、ネヴィルによれば、イングランド国家の混乱があり、熱病状態にあったという問題を設定する。そこに登場する人々は、全て善人であったり、優れた人間であるという楽観的人物像を描く。そこにはまず君主に対して忠誠的にして信頼感をもつ国民が存在する。さらにその主たる国政の中心機構は、資産上も能力上も最も顕著な人々から構成される議会であるという。しかし自らが関わった当時の反王政主義党派の人々でさえ、ある程度の数の信頼関係をもつものであるが、そうした国家の混乱へと陥れることは、最悪とみなされてしまうという。

従って、イングランド国家は、国民と当時の統治者の間の分裂や分離を招くことによって、不幸な面倒、危険や不確実性をもたらしてしまったという。さらに一方が勝利したと主張したところで、他方の者に甚大な人命や価値の損失をもたらしてしまい、いくらよき解決策を示そうとしても、手遅れ状態となってしまったと結論づける。故にイングランドの政体は、そうした内戦ないし混乱を招かぬ治療策ないし改善策を早い段階で講じる必要性を求めなければならぬというのである。

これに対しネヴィルは、その王位継承排斥法案危機期における混乱状態を次のように診断し始める。

「悪辣な顧問たち、年金議会、老獪な裁判官たち、媚び諂う聖職者たち、多忙にして腹黒いカトリック教徒たち、及びフランスの弁護士たちは、私たちの不幸の原因ではなく、（私たちにおける現在の混乱の如く）第一原因の結果であります。それは、私たちの統治違反にして統治の崩壊であります。すなわち、私たちの統治は、約二〇〇年間衰退してまいりましたし、苦しませて瀕死にさせるほどまでに私たちの時代にもたらされますし、もはや政治生活の機能を遂行し得ず、人間を秩序付けたり、保全したりする仕事を実行できません。故に私たちの官吏がある時代期内で使っている方策は、自らがより長期間全て立派なままに保とうと試みているほど数多くのトリックあるいは結果に過ぎないのであります。私たちの官吏は、今いる国王陛下自らの治世期間中と同様に、私たちの故人の国王においても、真の法の意味と逆に、庶民院を休会し閉会し解散することによって、議会を手玉にとる役割を（特に古き立憲制のうちから全体的に今残される唯一の部分である庶民院に対しても）演じています。実のところ、私たちの顧問たち（……その基礎の衰退を認識します）が、（真の医師である）議会を召集するように、かつそこでの熱病を公にするように国王に呼びかけるべきでありましたし、それが遅過ぎぬ前に（私が恐れるように、今そうであります）治療に努めるべきであったのです。故に私は、古き統治政体を継ぎ合わせるつもりです」(3)。

ネヴィルによれば、本来のイングランドの政体は、国王を頂点に抱く公共精神をもつ国民、及び優れた統治能力を備えた人々からなる最終的決定権をもつべき議会、さらにはより具体的に国家の熟練した医師ないし専門家である執行部的顧問から構成される。彼らによって適切に抑制と均衡が保たれ、公共善に沿って国の安全と国益が保たれたものが古来の立憲制であったという。

しかしこの会話において一転してその影の側面をこの政体につけ加えてくる。すなわち、当時のイングランド国家が熱病ないし混乱状態へと陥っているという問題を浮かび上がらせてくる。ネヴィルによれば、それを古き立憲制の衰退過程としてその起源を辿る。すなわち、それは、一四八五年頃のボズワース野の戦いをその開始と定める。それは、ヘンリー（七世）による戦争による権力奪取であり、その個人的支配が強調されるため、フォーテスキュー卿が言う、その「立憲制」の無視とみなす。彼は、ある意味で近代初期の立憲制において長所と欠点を見ている。従ってネヴィルは、その絶対主義の本質をそこに見出していたともいえよう。というのはそれは、ネヴィルが否認すべき政体でもあるからである。その延長線上にあくどい顧問たちや膨大な年金を受け取って理性を失う議会議員などによる腐敗し、かつ恣意的権力を濫用する状態を列挙する。

ネヴィルは、それを治療するため手遅れとならぬように早めにその病理の結果と原因を整理し、その症状に見合った打開策を見出さねばならぬという。例えば、彼は、その古来の立憲制（均衡のとれた議会）の残されたかけがえのない庶民院を軸とした古来の統治機構を本来の自然法的ルールに則して立て直す必要性を説いている。

さらにネヴィルは、その国家における熱病ないし混乱状態を人体との類似性から関連づける。

「神聖なマキャヴェッリが言うように、なるほど政体の病は、それを治癒できますが、発見することが極めて困難である自然的有機体において衰退するようであり、かつ識別し得ることが容易になる後において、治癒されることが困難（不可能でないとしても）であります。しかし顧問たちは、熟練した医師であり、あるいはそうしたものであるべきであり、かつ国家の熱病の種子を予知すべきであり、患者の死を阻止する必要な時間を予知すべきと思われます」(4)。

ここにおいてネヴィルは、ハリントン主義者といわれるごとく、近代初期の共和主義の元祖としてのマキャヴェッリ流に、その政体と生物学的身体との相似的関連で、自らの論理を明確にしようと努め始める。すなわち、政体における病の発見が身体の病のそれのごとく、測り知れぬ側面を認めるが、その結果として前面に病状が現れるものは明確であるという。ネヴィルは、統治政体の病の主要因が国王を含む権力核心にあるとみなす傾向を示す。従って彼らは、本来統治の専門家集団であるはずであり、その国政の病を予知し、かつその死へと至らぬようにする役割を果たすべきであるという。ネヴィルは、ここにおいて国王をかなり象徴的存在とみなす傾向（そこには立憲君主制的側面も読み取ることができる）を表し、その顧問たちに統治可能性を与える視角を導入し、それを説き進める。

「人体におけるようにはその長と全成員がよく秩序立っている時もあります。いや、その重要な諸部分［要素］が健全にして無傷である時もあります。しかし、その体液においてかなり腐敗がある場合、さらに多くの血液（それを聖書は生命と呼びます）が不純にして腐敗される場合、さらに大きな危険に到るまで止まらず、かつしばしばある熟練した医師なくして死んでしまいます。その合い間にその頭や全ての器官は、あたかもそれらが全てに影響されたかのように損ない、かつ混乱します。すなわち、その諸基礎が崩壊される時、それは、全ての点で政治体あるいは共和国も同様であります。それらの両方の場合においても患者（その熱病が彼ら自身の身体にありますが）は、自らが病むことを知ることができませんが、ある医師たちにとって患者にそのことを教えるのにある達人たちを差し向けざるを得ません。しかし彼らは、極端に不安にしてイライラが止まらないのであり、適合し得ぬ治療にしばしばとらえられますし、彼らの病気を誤りにして愚かな原因に帰します」(5)。

この文節においてネヴィルは、統治体について主として人体における熱病を患う患者とその治療の専門家との関係にたとえ、政治を明確に浮かび上がらせようとする。すなわち、彼は、政治的には熱病的混乱を被る国民とその統治の達人としてこの関係を描く。その長ないし頭にあたるものがその統治官であり、その諸器官にあたる部分が各国民であり、集合的に患者でもある。外見上よく政治が機能しているように思えたとしても、国家内部に病が進行しつつある場合に、その腐敗ないし権力の濫用が進みつつある段階を描く。これらは、その統治の専門家による処方がなければ、政治体ないし国家の崩壊あるいは国家の死へと導いてしまうという。従ってこの医師ないし統治者が直接的に患者である国民に説明せざるをえないのである。その医師ないし統治の専門家が適切に治療ないし改善策を施しえぬ場合には、とりあえずひどく損なわれない側面を除き、患者である国民は、それを誤った原因のせいにせしめるというのである。

ネヴィルは、以上のごとく政体の病を人体の病にたとえて論じる視角を確認する。次に彼は、より具体的なイングランドの統治政体の衰退の仕方、及びその衰退の理由を論じる方法をより客観的に示すために、「高貴な身分の」ヴェネツィア人にそれを問わせる。それに先立ち彼は、中世以来の安定的ヴェネツィア共和国モデルを次のように、その国家の「危機的衰退」問題へと関連づけるようと試みる。まずこのヴェネツィア人は、その危機的衰退を識別し得ぬという。これに対してネヴィルは通常の人にとって識別し得ぬが、ヴェネツィアの人々が他のものとは異なると指摘し、次のようにその理由を述べる。

「と申しますのはあなた方［ヴェネツイア］の政体は今日そうした医師たちをはぐくむ、世界における唯一の学校であるからであります。あなたは、そうした医師たちのうちで最も有能な者のうちの一人とみなされます。次のような真理に何らの異論もありませんが、その真理に必ず賛成する誰にとっても明らかでありましょう。すなわち、本当にあなた方の統治政体がもつ称賛すべき安定と耐久性について明らかでありましょうし、そのことは、一二〇〇年以上にわたり無傷にして完全なままに継続しております」(6)。

この最初の文は、その前の国家における統治の危機的崩壊状態をうけている。それは、このヴェネツィア人を通じて自らの理想的統治政体像との対比でその病理を明らかにしようとする。次のヴェネツィア共和制の中世以来の継続的成功と持続的安定性を、その指導者たちの医師的役割に帰そうとしている。それ以下の文を含めこれらは、後の文章で補完しているごとくかなり誇張したものである。しかしネヴィルは、それほどまでにその政体にかける想いが込められていると解しうる。

（1）H.Neville, *Plato Redivivus*,London,p.19,etc.
（2）H.Neville,*op. cit.*,pp.20-1.
（3）*Ibid.*,pp.22-3.
（4）*Ibid.*,p.24.
（5）*Ibid.*,p.25.
（6）*Ibid.*,p.26.

(二)　統治政体要論

1　社会契約的統治政体の起源論

ネヴィルは、その「第二の対話」の本論であるイングランド国家統治の衰退過程分析を行う前に、その統治政体の一般史と現況について論及する意図を明らかにする(1)。続いて彼は、まずその歴史的方法論について次のように語る。

「私がいわんとすることは、残存する物語も記録もないところのことです。と申しますのは、口頭の伝承についてそれが一時代しか継続できませんし、次に寓話へと堕落するからです。すなわち私は、著作（それによって以前の時代の文節ないし出来事の説明がわれわれの知識へと推論されます）におけるものを歴史と呼びます。しかしそれは、その著者をして才能を承認させるために、手順を踏んで書かれていません。私は、なしうる最も雄弁にして賢明な話よりもむしろある国の本物の記録を読んでいました。すなわち、私は、国家やその類のものの扱いについて彼らの法や手紙からなる集成を読んでおりました」(2)。

ネヴィルは、この文節の前の文において、全ての人々は、統治政体下において生まれる(3)という命題を前提に論を進める。というのは諸々の歴史的事実は、極めて古いからであるという。彼は、たとえ話や文書が存在する以前から政体があったからであるという。しかしながら口頭による伝承は、一時期しか存在できず、やがて風刺などを含むたとえ話となってしまおう。そうした話は、それなりの教訓などが得られるとしても、より確かな人々が書いた文章や公式文書の方がその事象に関して遥かに大きな重みをもつと説く。従って歴史は、書かれた文献や記録によって成り立つと主張する。それらがたとえ一貫していなくとも、こうした統治政体関連文書が重要性をもつ内容を含むという。従ってネヴィルは、そうしたものから発する法や書簡集成に重きをおいて読んできたとして自らの方法論的基礎を示す。

引き続きその統治政体一般についてネヴィルは、このヴェネツィア人の問いによって次のようにその重要事項を導入する。

「あなたの言説は、私たちが諸統治政体の開始について、少しの残存する説明ももたぬと含意するように思えます。

あなたはモーセの諸書についてどのように考えますか。それは、彼が神の命令によってその民を別な地へと導いたし、彼が途中で彼らを一統治とせしめた道筋を私たちに伝える目的で書かれると思います。その他にプルタルコスは、次のごとく、私たちに教えないのですか。すなわち、テセウスがアッティカの拡散された住民たちをまとめ、一つの都市国家へともたらし、かつ自らが形成したものを一政体下へともたらした方法を教えないのですか」(4)。

この会話においてその議論の共通認識は、古代の記録にない時代においても政体が存在し、かつこの事を確認するものである。これに対し客観的第三者としてのヴェネツィア人に、自ら歴史的事実と信じ、かつ語り継がれてきた有名な三事例について、ネヴィル自身の化身であるジェントルマンに問わせる論法を示す。すなわち、この三事例は、マキャヴェッリも示しているごとく、モーセ、テセウス、及びロムルスによる民衆政体形成の優れた政治指導例である。それは、その本論においても最も重要な政体モデルのうちの一つとして使われる。それをうけネヴィルは、次のようにその統治政体枠組みを展開し始める。

「私は、私たちが、特定の元々の統治政体について十分な知識をもたぬとは一度も言いませんでした。しかし明らかにこれらの偉大な立法者たちは、他の政体を知っておりましたし、他の政体下に生きておりましたし、(神の支援を得たモーセを除き)学識のある立法者や哲学者の助けを受けておりました。従って最初の人類の規則は、始まった方法がまだ発見されぬままでありました。それ故、私は、全ての政治家たちが次のように結論づけることを当然と考えます。すなわち、その必要が最初の政体を形成したと」(5)。

ネヴィルは、この会話において可能な限り客観的に話そうと構える。それは、ウィッグの頑なな主流派の人々との対比的立場であるとも解釈できる。こうした視点からネヴィルは、自らによるその特定の政体についての経験的知識の限界を措定する。それにもかかわらず彼は、上記の三事例についてその以前の統治政体経験の知識を想起し、かつ彼らの周囲にいた立法者や哲学的有識者の支援を受けている事を認める。そこから引き出す要点は、一方においてその人の最初の規則などにおける開始方法がまだ定まっていないというものである。しかし彼は、その統治政体が、その必要性から形成されたことがこの政治指導者たちの間で一致した、という結論を導き出す。これは、政府が理念よりもむしろ便益的目的で成り立つというネヴィルの自由主義的な制限的国家観に通じる。

ネヴィルは、次にその統治政体起源論を、当時の進歩的な人々の一般的傾向であった自然法的社会契約論を使って以下のように展開し始める。

「と申しますのは第一の自然法（人間にも動物にも共通である）によって各人は、牧場の動物のごとく万物に対して権利をもつからです。財産権がない場合、もし各人が強者であるならば、各人が他者が以前にもったものが何であれ、奪い取ってしまいましょうし、それは恒常的戦争状態となっていたことでしょう。そのことを治すため、かつ特定の人によって長く享受されるべき何ものもない（そうなってしまえばいかなる人の生命も安全でありません）のではないのかという恐れを治すために、各人は、万物に対するあの普遍的権利から締め出されることに同意しました。各人は、自ら割り当てられるように、そうした部分の平穏にして安全な享受にとどめようとすることに同意しました。そこから所有権あるいは財産権が生じました。すなわち、所有権あるいは財産権を維持するため、法と統治に同意しましたし、法を執行させる必要がありました。現在の諸統治政体のうちのいずれが最初であったこと、あるいは以前に存在しているものが最初であったということは、今知ることができません」(6)。

この対話文におけるネヴィルの基本思想は、合理的自然法論であり、それはロックらに代表される人間社会の安全な確保を支柱とし、かつ理性的人間の自己保存のための権利を第一義的規範とみなす。従って各人は、万物に対する自己保存のための権利を有すると説く。仮に前政治状態としての自然状態において財産権が存在せねば、ホッブズが言うごとく、弱肉強食的な恒常的戦争状態へと陥る可能性が高くなるという。そうなってしまえば本来的な自然状態である静穏にして安全な人間の社会状態が営めなくなる。ネヴィルは、こうした混乱的社会を改善する必要があると説く。その改善された社会は、無制限な財産権である非合理的権利の主張を規制する必要があり、合理的にその権利を配分する必要があるという。それが所有権ないし財産権の起源であり、かつ統治の必要性であると説く。ネヴィルは、こうした財産所有権設定及び合理的自然法を基盤として法並びに統治政府を設立し、かつその法の執行の必要性を主張する。それは、人々の同意によって成立すると定める。しかしながら、ネヴィルは、こうしたものの実証について自ら行うことができぬことを認める。従ってネヴィルは、ここでの社会契約説の規定は、歴史的事実というよりもむしろ論理的仮定とみなすべきである。

ネヴィルは、こうした財産所有権に基づいた統治政体の設立を規定した後、次のようにその統治機構の枠組みを構成する。

「私は、その枠組みないし立憲制が最初に存在したものが何であれ、それがある賢明にして有徳な人の説得と調停によってなされ、かつその人々の数全体によって同意されたことを当然とせねばならぬと考えます。次にそれはその被治者の善と保全のために設立されました。しかしこれは、統治するのに任命された一人物あるいは複数の人々の称賛や偉大さのために設立されたわけではありません。私が譲歩を請う理由は、次のようなことが（不可能でないにしても）きわめてありそうでもないように思えます。すなわち、膨大な数の人々が上述の諸目的以外に、自らを他者の権力下に置くことに同意させるべきであり、かつ故にいかなることにも自分たちに益することなく自分たちの自由を失ってしまうことなどありそうにもないように思えます。いかなる人（あるいは統治者や支配者たちのような数的に微々たる人々）も力ずくで支配を自らのものとすることは、全く不可能であります。私は、ある国民全体が強力な敵の侵略からかあるいは国内の混乱からかのいずれかから差し迫った危険状態において、ある期間に自分たちのうちの一人の顕著な人物の手に全体的にもたらしめていることを知らぬわけではありませんし、最善の統治政体形態下に、よき成功を収めていることを知らぬわけではありませんが、これは決して諸国家の元々のものでありません」(7)。

ネヴィルは、この会話においてその統治の立憲制の基本モデルを提示する。

第一に、このモデルが優れた賢人の説得及び調停によってなされ、その社会の人々全体によって同意されるべきことである。第二に、そうした統治政体枠組みが被治者の善と被治者の保存のために設立されることである。第三に、その立憲制は、大多数の人々の上記の目的のためにのみ、その統治者権力下に置くことに同意することである。

ネヴィルは、これらの三つの立憲制における基本事項に次の四点を補足する。

第一に、一人ないし少数の統治者の名誉や彼（ら）の偉大さのため設立されないことである。第二に、その多数者が被治者の善と保存という本義とさせぬ企図を阻止し、被治者の自由を失わせぬ事である。第三に、統治者が力ずくで自らの支配をなさぬ事である。第四に、強力な外敵の侵略や国内の混乱による危機状況故に、国民全体がその緊急的危険状態において全体的に独裁体制下に置くことは、特例に限定すべきことである。

従ってネヴィルの政体モデルは、多数の自由民擁護型立憲制統治政体理論を提示するものであろう。

2　家父長的統治政体の起源論

ネヴィルは、こうした統治政体の起源を社会契約説に求める点において、同じウィッグ派に属するロック、シドニー、ティレルらと一致する。しかしながらネヴィルは、彼らがその主著において論敵をフィルマー卿（家父長的君主神授権論者）とするけれども、それを次のように一蹴する程度であり、前出のウィッグ派の論者と比較すれば、かなり簡略的である。

「本当に私は、それ［家父長的君主神授権の開始］が注目するに値するとは思いませんでした。と申しますのは私は、否定を証明することが容易でありませんが、もし私たちが今存在し、あるいは世界が始まって以来の私たちの知識へと至った諸政体の全ての基盤を辿りうるならば、信じるからであります。しかし私たちは、それが誰も家父長権から発したと考えません」(8)。

ネヴィルは、最初にその家父長的君主神授権説の主張を重要でないと定める。次に彼は、この証明の必要性とその論駁が前記の論者たちのごとく、長い著書を要することを認める。それは、あたかもまだ当時出版されぬロックの『統治二論』やシドニーの『統治論』などの内容を既に知っているかのようである。しかし彼は、自ら自然法的社会契約論による統治起源説を規定しているため、これによってその論拠とすることである程度足りるという。最後にネヴィルは、その神授権的君主起源論の論駁を以下の会話によって締めくくる。

「私たちは、アダムのものがカインやセツにその支配を残したことなど何も知りません。ノアが自分の三人の息子にいかなる支配権ももたせることなど不可能でした。その三人の息子は、もし私たちの古代人たちが正しく判断するならば、三つの世界地域へと拡散されたでしょう。アブラハムにとって自分の息子のイサクも同様に、生存期間中にそうした彼らは、家族のうちの通常の父親でしかなかったのであり、全ての他の者のように、自分たちの世帯を疑いなく治めました。ヤコブは、自らの臨終の床で全能の神がヤコブを偉大な国民にしかつその子孫に実り豊かな土地を与えるように自らの祖先にした約束と関係づけた時、ヤコブは、自らの長子ルベンの支配について一言も言いませんが、子供たちには平等を想定しております。ゆえにそうしたことは、モーセが抽選によって部族たちに土地を分割した時、モーセ自らによってかつ神の命令によって部族たちを国民と解されました。それ故、私は、この空想がいかなる人の強固な判断によるものではなく、ある君主にお世辞を言うために始められたと信じ、より適切な議論不足故、君主神授権説を主張するために始められたと信じます」(9)。

ネヴィルは、旧約聖書におけるものを二つの時代に分け、その家父長的統治政体起源説に論駁を加える。

第一は、アダムからノアとその三人の息子までの人類創造開始期である。その最初の人類の祖先とみなすアダムが自らの二人の息子にその支配を継承させることを否認する。続いてその一〇代目にあたるユダヤ人の父祖とみなすノアがセム、ハム、ヤペテに対して何らの支配権も相続させていなかったと説く。それが世界の三大地域へと拡大することなどなお更不可能であるという。

第二は、それに続くアブラハムから三代目とされるまでの時代へと論を進める。『創世記』によれば、アブラハムは、自らの息子に対して生存中に特別な君主などではなく、普通の父親に過ぎず、通常通りの家庭生活を送り、その予定論的支配服従関係を論難する。アブラハムの息子ヤコブは、族長であったが、自らの死に際し、神がヤコブの祖父に、ヤコブをして偉大な人々からなる国民とさせるように、かつ肥沃な土地を与えるとした約束を自らの子供たちと関係づけた時、自らの長男のルベンの支配に少しも言及せず、その子供たちには全て分与することを想定したのである。従ってネヴィルは、ヤコブが、その長子に独占的に相続させていないと否定する。

結論的には『民数記』において示されるごとく、ヤコブらの事柄は、そのモーセが抽選手段で部族たちに分与した時、モーセによって、かつ神の命令によって彼らを国民と解されたと説く。故に、その権利が一人に独占的に相続されたというフィルマー卿らの君主神授権説は何らの根拠ももたぬ、とネヴィルによって軽く退けられる。

（1）H.Neville,*PlatoRedivivus*,1763,p.30.

（2）H.Neville,*op.cit.*,p.30.
（3）*Ibid*.,p.29.
（4）*Ibid*.,p.30.
（5）*Ibid*.,p.31.
（6）*Ibid*.,p.31-2.
（7）*Ibid*.,pp.32-3.
（8）*Ibid*.,pp.33.
（9）*Ibid*.,pp.33-34.

㈢　君主制要論

ネヴィルがその主著において主張する政体は、君主なき純粋な共和制ではない。さらに彼は純粋な君主制も主張していない。われわれは、彼が混合政体的君主制を主張していると想定する。換言すれば、ネヴィルは、イングランドの文脈からここでは立憲君主制に近いものを念頭に置いていると思われる。

ネヴィルは、前記のごとく、公共善ないし多数者の善を達成することを目的とし、かつその自由民を構成するイングランドのコモンズ優位型統治政体を唱える思想傾向を示している。彼は、当時のチャールズ二世をよき国王とみなし、彼を国政の限定的な行政長官的存在とし、かつ彼の下にある顧問たちなどによって政治的混乱がもたらされているという問題設定をする。従って彼は、こうした視角から国王・貴族・及び自由民［コモンズ］を含む議会主権論的混合（政体）君主論を前提として君主制一般から説き始める。それは、われわれが直近の引用部分における家父長的君主神授権の起源論の否認から続く部分である。

1　絶対君主制論

ネヴィルは、そのヴェネツィア人に「なぜ極めて多くの（君主の偉大さと権力以外に規定されるものなどないように思える）絶対君主制が存在し、今なお存在」するのかと問わせる。彼は、既に一人支配とは異なる多数者（を含む）に重きを置く政体を前提とすることに続ける形式で次のように答える。

「私は、こうした権力が永遠に、人々の同意によって決して与えられるものではないと考える私の理由を既にあなたに与えることを前提としております。と申しますのは、イスラエルの民がサムエルの意思に反して、かつ実のところ神御自身の意思に反して国王を求め、かつ後に国王を自分たちで選択しましたが、彼は、私たちが話すような国王でなかったからであります。私があなたに言及する私たちの国の学識あるジェントルマンたちによって優れて証明されているように、彼らの共和国、大サンヘドリン［最高会議］、民会、諸部族の長たちなどの全ての秩序立てがなお存在したからであります」(1)。

ネヴィルは、永遠に多数者の合意を獲得できるものではないとして絶対君主制の不当性をまず宣する。次に彼は、その根拠を自らの同僚にして親戚であるシドニーと同様に『サムエル記（上）』におけるイスラエルの民の国王要請記事から引き出す。すなわち、ネヴィルは、その共和主義的解釈に立ってそれを他山の石とみなし、その国王設立の正統性の根拠を批判する。彼は、その理由をイングランドの三位一体型混合政体と同様に、当時のイスラエルの非絶対主義的政体に求める。

さらにネヴィルは、その絶対主義的君主制の非を古代に遡って追究する。すなわち、「これらの君主制が最初に生じた仕方について調べることができます。私たちは、歴史が古代の諸公国についてこの点に沈黙する時、次のように推測します。すなわち、古代の諸公国のうちのいくつかは、風紀の堕落を必然的にもたらすに違いない、よりよき政体の腐敗から生じることが極めて当然であると。（私たちの国民が重大な結果をもたらす一例であったごとく、政治的欠陥が道徳的欠陥をはぐくむ以上に確かなものなどありませんように）この風紀の堕落は、大多数の者の理解に目を塞ぐかもしれず、他者の財産を破壊し、かつ彼らを怒らせるに違いありません。それは、ある大胆に鼓舞する人物の野心へと容易に入り込むように、（全ての定着した諸国できわめて尊重される）公共善に対する非常に多くの軽視と不注意へと吹き込むことによって支配に影響を与えるに違いありません」(2)。

ネヴィルは、まずこうした君主制が最初に発生した様態を問う。次に彼は、古代の君主制諸国について推測する論法を用いる。続いてネヴィルは、アリストテレス的形式によって正規の政体から腐敗形態へと風紀の堕落が移行するコースを辿ろうとする。ネヴィルは、イングランド史について前記のごとく、ボズワース野の戦いによって、マグナカルタに象徴される立憲制から衰退し始めたという歴史観を当てはめつつ、政治の衰退が精神的堕落を助長したという確信を示す。こうした政治指導部における風紀の堕落は、その下の多数者を惑わせ、かつ他者の財産をはじめとする価値あるものの崩壊を伴なって、彼らの激怒を招いてしまっているという。こうした恣意的にして強欲的な一支配者は、国家の公共善から大きく逸脱した専制をなす傾向があると斬る。その極端においてこうした一人支配者たちは、不法な個人的支配によって暴走し、かつその追随者たちを操縦して他国を武力によって征服したりし、諸々の手練手管を使って民を抑圧するものであるという。ネヴィルは、それをこの古代における典型的僭主としてここで提示する。

引き続き彼は、近代の絶対君主について次のように概括しようとする。

「近代の専制権力は、以下の二つの方法のうちの一つによって得られます。その始祖自らが神の使命をもち、故に追随者たちを得るばかりでなく、武力を用いずにある所における支配への容易なアクセスを得た後、大征服によって自分たちの権力を拡大した（かくしてマホメットやジンギスカーンは、サラセン帝国やタタール帝国を開始しかつ樹立しました）と言い張ることによって、あるいは一人の君主ないし混合君主制の統治長官及び彼の評議会における長い一連の知恵によってかのいずれかによるのであります。すなわち、後者のものは、民が活気を欠きかつ不適切であるという理由によって大貴族を根絶させ、あるいは彼らをなきものとし、かつ徐々にその民から守護者たちを連れ去ることによって彼らを奴隷とせしめます」(3)。

ネヴィルは、近代の専制権力取得様態の根拠を次の二つに分類する。

第一は、マホメットを始祖とするサラセン帝国、及びジンギスカーンを始祖とするタタール帝国の様態がそれであり、神授権的な専断的権力取得根拠によって示す。もう一方は、君主の専断的悪知恵によったり、あるいは混合君主制における統治長官並びにその権力核心にある者たちの悪知恵による専制的権力取得形態を提示する。それは、この後者における専断的権力体制が当時のイングランドのチャールズ二世体制のものであるという問題設定と連動する。こうした支配権力体制は、少数の独断的治者観と無能力的被治者観によって、その上位的指導層であるべき大貴族を抹殺し、かつその国民を隷属支配へと至らしめるものであるという。従ってその絶対君主制の典型であるフランスの君主制は、こうした貴族を含めた混合政体の諸要素による何らの権力制限も存在しないと解される。

さらにネヴィルは、絶対君主制を財産権と関連づけて理論化しようとするハリントン主義的論法を組み込む。

「財産権がなおその臣民たちに残るために、これらの統治政体は、変えることができますが、基礎づけえず、あるいは樹立し得ません。と申しますのはこれが政治にある（支配が財産権に基づく）以外にいかなる格言も無謬でありえませんし、いかなる学問も支えることができないからです。力も詐欺も政体を変えることができますが、政体を基礎づけかつ恒久化せねばならないのは、財産権であります。この否定し得ぬ金言に私たちは、私たちの後の推論の大部分を構築し得ます。すなわち、その合い間に、私たちは、次のように想定できます。この後にフランスの国王の強大な権力は自らの激怒しかつ抑圧された民に対して勇気がなく、知恵も軍事的徳ももたぬ君主によって支配されるようになる時、こうした国王が一国（全体的に彼の所有であるわけではない）を専制的に治めることが困難な時、より多く減じることができると」(4)。

ネヴィルにおいて最も重要な政体的基礎のうちの一つは、全ての支配が財産権に基礎づけられるべきというものである。これは、この「第二の対話」の中間部分におけるハリントン流の農地法原理と連動するものであり、それと関連して「自由」事項と重なり、公平な比例的財産権の均衡論となる。ここではネヴィルは、その被治者数と関連する財産権所有者数に比例した規準から悪しき具体例として、当時のフランスの絶対君主制を俎上に載せる。その支配を独占する君主は、この被治者の意思に沿わぬ支配であるという。従ってその臣民たちを無視した君主支配は、混乱の危険性をはらみ、耐久性を欠く可能性があると論じる。故にネヴィルは、財産権比例基盤型政体でなければ持続可能性をもたぬと繰り返す。

ネヴィルは、このフランスの絶対君主制と対照的と解する、イングランドの君主制との比較によってこの項目を締めくくる。

「フランスにおいて人々から得られる貴族の偉大さは、膨大な富と収入から構成するのではなく、人々が彼らに従うように義務付けられた大きな財産と管轄権からなったことを、あなたには快く知っていただけます。他方、以前の私たちの時代に私たちの大貴族たちは、領主直営地で同じ大きな属地をもつばかりでなく、他の非常に大きな収入を得ております。［中略］

しかしイングランドではその奉仕義務は、大部分使い古され、かつ重要でありませんが、遥か彼方にあるこの予見し得なかった昔の国王たちの先見及び政策の欠如のため、限嗣相続［被相続人を直系卑属のみに限定する事］が切断されています。故にその所有者たちの贅沢と愚さによって領主直営地と同様に荘園も、全てのそれらの膨大な財産のうちの一〇分の二は、小ジェントリーやコモンズによってこの二〇〇年以内に買い取られております。そのことは、それがこの国を君主制によってほとんど統治されぬくらいにまで、国王に利を与えていません」(5)。

この会話文は、やや込み入っているため、彼がその前の文節の問いに沿って二分法的にそれを示すこととしよう。ネヴィルは、その前の問いが「国王は、権力の付加部分を多くえているか否か」の理由を明らかにせよというものである(6)。それに対し、フランスの場合において国王が権力の付加部分を多く得ているため、国王・貴族・領臣といった封建制的階序制が強固であり、国王権力がきわめて強力であるというものである。これと対照的にイングランドにおいて国王がその権力の付加部分を多く得ていないため、国王・貴族・小ジェントリーやコモンズ以下の階序制的関係が緩やかであり、国王権力が前者と比較してあまり強力でなく、従ってイングランドの人々がより多くの自由を得ていると説く。

2　広義の混合君主制要論

ネヴィルによる統治政体理論は、混合君主制として組み立てられる。われわれは、彼のその論述に則してそうした混合政体的論理を構築することとする。彼は、その主著において最も長い紙幅を割いて読者にそれを説いている。われわれは、ここにこそネヴィルの言説における自信を示す部分が見出しうると考える。

(1) 絶対君主制における諸問題

ネヴィルは、以上のごとく絶対君主制と対照的な自らが主張する混合君主制を示唆した後、統治政体の原型を「君主制・貴族制・及び民衆政体」にあると宣する。引き続き彼は、その順序にそって論及し始める。ネヴィルは、それについて慣例に従ってアリストテレスの六政体論に言及し、次のように語り始める。すなわち、

「君主制について私は、絶対君主制には専制的な独裁であったもの以外に他のいかなる君主制も古い時代に存在したと確信させる古代からの視点ももっておりません。アジアにおけると同様にギリシャ〔中略〕でも全ての王国は、いかなる法、あるいは貴族ないし民からなる議会によっても全く制限されません。しかし私は、アリストテレス（彼がこれらの三政体の腐敗を総括する時）は、その君主制の腐敗を僭主政と呼ぶことを認めねばなりません。（他の二つの政体の腐敗のように）この腐敗についてもしアリストテレスが政体変化を含意するならば、その時この哲学者は、後に僭主政（すなわち恣意的権力）へと堕落した、ある他の君主制を最初に知ったに違いないと認めなければなりません」(7)。

ネヴィルは、まず古代と近代に分け、その君主制の枠組みを説こうとする。次に彼は、古代の君主制において専制的なものしか明確にしえぬと措定する。彼は、世界的規模においてアジア、及びギリシャ地域（一部の例外を除き）を視野に入れる。そうした絶対君主制は、全て法であれ諸々の議会であれ全く制限されず抑制されぬ権力行使的政体とみなす。

次にネヴィルは、当時の政治理論における標準的モデルとしてアリストテレスの六政体論を引照する。アリストテ

レスは、最初にその専制君主制を腐敗政体のうちの僭主政であると解する。ネヴィルは、その哲学者の説を批判的に再検討しようとする。ネヴィルは、それが君主による恣意的権力行使へと堕落したものとみなす。彼によれば、この「ティラニー」用語は、近代の語法では権力の誤った行使を一般に含意するという。その理由としてこの「恣意的君主政体」は、財産権全体が君主にある「僭主政《ティラニー》」と呼びえぬ故という。さらにその「ティラニー」は、この対話の相手であるヴェネツィア人が好き勝手に自分自身の家屋とその財産を支配することと異ならぬ故であると説く。そこでネヴィルは、それが極めて類似な用語法であるが、その微妙な差異（特に財産権からの）を確認させる。従ってアリストテレスのティラニーは、王国や家族の恣意的統治を含意させると批判的に述べられる。

ネヴィルは、引き続き財産権との関連によってエジプトの君主制を導入する。

「私たちは、政治家たちを当惑させる一例を有します。それは、ファラオが国王と呼ばれるエジプトであります。なお私たちは、ヨセフの時代まで彼が財産権全体をもったわけではないことを知っております。と申しますのはあの家父長の知恵は、次のように彼にその新しい飢餓を使う方法を自らの主人に教えたからです。すなわち、もし彼らが自らの生命を救ってもらい、かつ自分たちの財産を売るならば（彼らは、後にそうしたし、国王のパンによって自己保存するように）、彼らはファラオに仕えましょう。そのことは、支配が財産に基礎づけられることをヨセフがよく知ったことを示します。しかし近代の政体論者たちの大部分は、エジプトがその時以来君主制でなかった（君主が国王称号をもつに違いないが）という意見をもちます。ヘラクレイダイが国王の称号をスパルタでもち、かつロムルスと他の国王たちがローマでもったように、両方の国家は、設立された共和国でありました。彼らは、この彼らの意見においてここではあまりにも多過ぎて言及し得ませんが、適切な推測を与えます」(8)。

ネヴィルは、この会話文で従来古代の絶対的君主制とみなされた政体でも、完全な単独君主支配でなく、制限的でもあったという自説を展開する。というのはそれらは、財産権全てをもったわけではないからであるという。彼は、その事例としてエジプトのファラオ、スパルタのヘラクレイダイ、及びローマのロムルスらの時代について使う。ネヴィルは、既に政体を財産権との関連でそのことを最も重要な指標のうちの一つとして示している。

ネヴィルは、ファラオの君主制統治を『創世記』における記事によってその俎上に載せる。それは、ヨセフが奴隷（財産）として売られ、かつそのファラオから保護支援によって生命を確保してもらい、そのことでファラオにつきしたがうという解釈のものである。ネヴィルの主張は、その事例が財産に基づく支配例であるという。彼は、その君主が国王の称号をもつかもしれぬが、全くの絶対君主制であったわけではないとし、近代の政体理論家たちに納得させるものであると説く。

第二に、ネヴィルは、スパルタの初期の君主たちやローマのロムルスらの国王たちにおいても、彼らが設立された（広義の混合政体も含意する）共和国下にともにあったものという。すなわち、彼らは、そうした混合政体も含意する共和制的制限下にあるため、完全な絶対君主支配を行ったわけではないと表す。

最後に、ネヴィルは、第一義的に絶対君主制下にある諸国においても、何らかの自由もあったが、彼の重要な格言である「財産に基づく支配［統治政体］」によって説明可能であると再確認している。

ネヴィルは、この基礎に基づき、次のようにこの恣意的君主制を結論づける。すなわち、

「もし混合君主制が存在したならば、国王が全ての財産権をもったわけではありませんが、その主権執行にその国王と共有した人々は、自分たちの役割をもった（元老院であれ民会であれあるいはその両方であれ）でしょうし、あるいはもし彼がその主権力において同僚をもたなかったならば、彼は、土地支配ないし土地所有において少しの分有ももたなかったでしょう。と申しますのはそれは、私たちがこの全ての言説において財産権によって意味するだけであ

るからです。個人的財産についてその臣民は、この支配を侵すことなしに、その最大部分においてのみそれを享受できるからです。すなわち、その君主（好む時に）は、（軍隊なしに）自分の領臣や家臣たちによって自らの財を取り去ることができます。そうした彼らは、通常君主の力であり、私たちの州の力に対する答えです。しかし自分たちのお金をもつ臣民たちは、自分の国王を侵しえません。従って私たちがこの種のあるいはこの形態の政体を形成する必要がある全ての記述は、この国の所有物全体及びその権力全体が一人の手と胸にあるということです」(9)。

ネヴィルは、混合君主制と専制的絶対君主制と対比し、前の財産権との関連から、その後者を徹底して批判的に捉える。すなわち、前者は、国王が全財産をもつとは限らず、逆に主権の執行面で君主とそれを共有した人々（元老院との共有の場合もあれば民会との分有の場合もある）とともに相互の役割を分有し、君主の越権を抑制すると想定する。従って恣意的君主制は、その協力者たちをもたず、後者と対照的に土地支配ないし土地所有面で何らの共有もないというものである。その理由としてネヴィルは、自らが財産権を、第一義的に論を立てるためと再度主張する。続いて彼は、被治者である臣民たちの視角からそうした理由を示す。ネヴィルは、彼らがその個人的財産についてその主君の支配を全面的に侵しえぬ限りでしか、多くのその財産をもちえぬ故であるという。しかしながら、その国王は（気に入らぬ場合に）、（武力なしに）自分のナイトなどからなる領臣たちないし家臣たちなどを使うことによって臣民たちの財産を取り得る。故にこうした君主は、国王がもつこうした家来たちとともに財産を持つことによって国力の実在をなし、それとは逆に州の力しかもたずかつこうした国力をもたぬ臣民たちにとって極めて非対称的な存在となるという。

かくしてネヴィルは、権力と財力の両面にわたるこうした独裁的統治政体の形成を唱える全論述が、まさにその国の所有物ばかりでなく、軍隊を含む権力を一人物の心身に属してしまうと斬る。そうした専制的絶対君主制は、シドニーらが斬るごとく、法の支配を蹂躙するばかりでなく、あらゆる人々の権利や自由を徹底的に侵害しうるものであると批判する。

最後にネヴィルは、単一君主支配型政体における例外的なよき統治について以下のように論及する。

「プラトンは、その君主制が最善の政体と申しました。しかしこれは、その哲学者たちが支配したところにおいて、という制約付きであります。彼らは、ある少数のローマ皇帝たちにおいてその一例をもちましたが、共和政ローマの最も混乱した時代において、かつ貴族と平民との間の内紛において、マルクス・アウレリウスやアントニヌス・ピウスの下にあったよりも有徳的にして勇ましい市民たちでより一層多く溢れておりました。その判断をもつ近代人である彼らは、その大部分が神学者でありますが、政治家ではありません。彼らがそのよき宣教によって（神の力の空想をもつように既に思えます）、その空想的君主、全能神の正義、知恵、及び善も吹き込み得る時、彼らのためにいうことができます」(10)。

ネヴィルは、その会話文を二つに分け、その一つの文章において確かにプラトンが君主制を最善の政体と言ったことを認める。しかしそれは、哲人王が君臨するという条件付き統治である。ネヴィルは、ローマの共和制の混乱期において五賢帝期などにおいてよりも愛国心や公共心をもち、かつ勇敢な市民たちが多数存在したことを忘却すべきでなく、それが有効性をもつ主旨であると説く。

その第二の部分においてネヴィルは、近代の有識者たちにとってその哲人たちが神学者たちを含意するが、政治家たちを意味づけぬという。その神学者は、自らの宣教によって（既に神の典型をもつとみなす）、神の知恵、及び神の善へと鼓舞しうる場合、そうした神学者のために言うことができるものとなってしまうと斬る。

（1）H.Neville,*Plato Redivivus*,London,1763,p.35.
（2）H.Neville,*op.cit.*,pp.35-36.
（3）*Ibid.*,pp.36-7.
（4）*Ibid.*,pp.37-8.
（5）*Ibid.*,pp.38-39.
（6）*Ibid.*,p.38.
（7）*Ibid.*,pp.39-40.
（8）*Ibid.*,pp.40-1.
（9）*Ibid.*,p.42.
（10）*Ibid.*,p.44.

(2) 混合君主制要論

われわれは、前記においてネヴィルによる君主制の典型を考察してきた。引き続きわれわれは、それと対照的にして多様性を含む彼が唱える混合君主制論（すなわち、君主制的要素も包摂するいわゆる「混合政体論」）と取り組む。これは、その重点の強弱によって共和制的混合政体とも解釈しうるものである。それは、その論理的説明によって「古典的共和主義」者ネヴィルを具現するとも表現できるものである。とはいえわれわれは、それが「君主なき」イングランド共和制期の意味とは区別する必要があるとみなしたい。従ってわれわれは、彼が君主なき共和制の混乱を反省しかつ君主制に期待する王政復古期の状況から判断して、君主を内包させ、混合君主制を主張すると解釈するものである。従ってネヴィルは、そこでは君主が制限的なものとして政治に包摂することとなる。彼は最初に、古代における混合君主制の三要素を構成するうちの貴族制と民衆政体の典型事項から説き起こす。

(i)その三要素のうちの貴族制と民衆政体の典型

彼は、まずそのうちの貴族制的要素から語り始める（原文45頁、この二つの項に限り以下45と略記）。

ネヴィルは、古代の貴族制一般が共和制であるとし、その政体において一般市民から優越的にして富める人々が統治の支配的地位を占めるという。彼は、そうした中から主要な統治者をもつと説く。しかしながら、彼は、共和制とみなす限り、その最終的決定権を彼らが一般市民と共有するという。ネヴィルは、その具体例としてスパルタのリュクルゴス機構といわれるものを提示する。そこにおいて平民は、投票権をもつが、討議権をもたなかったと示す。その理由は、その伝説的な立法者であるリュクルゴスによるデルフォイ地域におけるアポロンへの神託によって決着されるためであるという。ここから彼は、ハリントン流の財産権基盤型議論を導入する。つまるところネヴィルは、そうしたリュクルゴス的土地分与における多数者よりも少数者が土地所有を占有したため、優れた歴史学者ツキジデスが「貴族制」（46）と称した理由でかくして示すという。従って彼は、財産権の貴族への過剰占有が存在し、故にそうした貴族たちにして支配者たちの統治政体をここで措定するものである。

ネヴィルは、それに続く文章において自らが選好する「民衆政体《デモクラシー》」的要素と絡ませる（47）。

ネヴィルは、ここにおいて自らの財産基盤型政体論に照らし、その民衆政体概念を使う。まず彼は、平民がその財産に最大の利益を有する場合に民衆支配型政体が本筋であると説く。その経験的適例がローマの共和制であり、最善の統治政体であると主張する。ネヴィルは、周知の事例を合理的に示した後、それを民衆政体と措定する。この概念の内容は、このローマ型共和制を含めるものであり、ロックやシドニーの民衆政体概念よりも広義であることを含意する。

ネヴィルは、その民衆政体を「主権力の主要部分並びに主権力行使が国民にある」と定義づける。それは、この限りにおいてその従来型政体論に従っている。とはいえその事例がローマの共和制（「そのスタイルが国民の命令の形式で元老院の権威によるものである」(47)）を典型とする主張は、マキャヴェッリ的解釈に沿うものであるが、その実体が貴族的性格を有する点において広すぎるものであることは否定できない。いずれにせよ、そのローマ型政体類型をより具体的に提示することによってネヴィルは、その広義の民衆政体概念を使用し続ける。彼によるとその概念が貴族制よりも優れている理由は、そのまた従弟にしてウィッグ派の共和主義者であるシドニーと同様に軍事的なものである。「この政府は、貴族制よりも遥かに強力です。と申しますのは貴族制は、平民が政府を奪取するのを恐れて、その平民を武装させることができない」(47) からであるという。つまりネヴィルは、その民衆政体（シドニーは民衆的政体《ポピュラーガバメント》として全て使用するが、ネヴィルがシドニーのそれも同意語として使用するため）が国防上数的に遥かに貴族制を凌ぐので、選好すると説く。

　とはいえ、ネヴィルは、ここで自らの理想的民衆政体論を論じようとしていない。むしろ彼は、近世の貴族制的政体の経験的モデルとしてのヴェネツィア共和国について整理しようとする。ネヴィルは、まずその政体と財産権との関連を問わせ、それを対話者としてのヴェネツィア人に答えさせる。彼は、そのヴェネツイアの成立史から説き起こし、その統治政体に言及させる (48)。

　彼は、その会話文を二つに分けて説明させる (49-50)。この第一の部分は、統治機構について語る。前述のごとく、彼はヴェネツィア共和国を、安定しかつ耐久性をもつ優れた政体と示している。ネヴィルは、まずイタリアや他の大抵の欧州諸国と同様な教区会議を有するという。彼は、それから着手した後、その共和制が法的手段などによって公的ルールをもち、その教区役員がそこで最も富裕にして厚い信頼をもつ有力者と協議する会合の必要から元老院を有し、かつ重要性をもつようになると示唆する。

その第二の部分は、こうした政治制度を彼らが形成しかつ安全を彼らが確保したため、他国人たちによるヴェネツィアへの流入をもたらし、かつその富国を達成したという。そうした強力にして富めるヴェネツィアは、征服などを伴ってその領土の多くを得たと表す。さらにこの海港都市国家は、通商を一層盛んにさせ、かつ欧州において屈指の強国としての名声を博したと示唆する。従ってヴェネツィア人は、そうした豊かな国民を十分に安定的に保つ政体を選好する知恵を絞ったというのである。

ネヴィルは、その前の文章に続き、その当時の会議に招集された有力者たちが自分たちの支配に及び彼らの子孫の支配に、いつまでも政体を保つべきと命じることによって、彼らが、民衆的政体《ポピュラーガバメント》［平等志向］型よりも、統治的能力をもつ貴族制を選好したと示す（50–1）。ヴェネツィア貴族制は、本来的に身分制的区別について緩やかである点においてイングランドに類似し、フランスに代表される他の欧州における厳格性をもつそれと異なっていた。しかしここではヴェネツィアのそれがあえて役割の根拠などから自由なジェントリーと一般人との差異をもたせたという。いずれにせよ、多様な出自をもつ大部分の人々は、共通の一体感をもつ島民的性格を有しかつ安全や安寧といった一般的利益しか望まぬため、そうした緩やかな階層への権力の移行に快諾したのである。従ってヴェネツィア貴族は、この国が数的に拡大したり、新たな大義を求めることとなることに呼応し、多様なルールや諸会議も形成していったというのである。

ネヴィルは、その拡大しつつある都市国家の征服をめぐる政体と財産権などとの関連について以下のように締めくくり始める（51）。そのヴェネツィア人は、まずここでのヴェネツィアが中世における地中海地域の征服を行ったことに焦点を合わせる。彼は、その都市国家がゴート帝国やサラセン帝国に挟まる壁となる例えを使う。それらの帝国の弱体化過程においてその間隙を縫ってヴェネツィアは、その両方のある地域をなんなく取り上げたという。次に彼は、その征服地域の政体に言及する。ヴェネツィア共和国は、その有限な本土自体を認識しているため、その羨望に関する逆作用を招かぬように、貴族による土地分割やヴェネツィア人たちによる植民地の統治を助言せぬと示唆する。従ってその植民地の統治は、その地元の人々に財産を委ねることを基盤としつつ、その税を課し、その民の保存をなし、属州運営を行うことが最善であると説かれる（1）。

（1）この項は、主として以下の文献に則して論及している。H.Neville,*Plato Redivivus*, Londn,1763,pp.45-57;C.Robbins,ed.,*Two English Republican Tracts*,Cambridge,1969,pp.88-96,etc.

(ii)三要素のうちの一つとしての民衆政体《デモクラシー》の優越

ネヴィルは、混合政体を包摂する自らの混合君主制を主張しているが、その概念枠組みにおいて民衆政体的《デモクラティカル》要素を強く取り入れている。彼は、この民衆政体的要素の優位性を主張する会話において、上記のごとく、アリストテレスの貴族制や民衆政体をその俎上に載せながら論じ始める（66-7）。

ネヴィルは、そこではアリストテレスの政体論を基準とし、かつそれを批判的に再検討する立場を既に明らかにしてきている。従ってわれわれは、後者のそれを再確認する必要が出てきた。周知のごとくアリストテレスは、正常にして強固な政体を支配者数によってそれぞれ君主制、貴族制、及び立憲制ないし民衆政体と分け、腐敗形態を僭主政、寡頭制、及び暴民制ないし「無政府制」（67）と示している。これに対しネヴィルは、前出の腐敗形態に問題があると問い始める。アリストテレスの基準が上述のごとく公平な財産権によって基礎づける指標から発していないからであるという。ネヴィルは、まずその哲学者らによる貴族制からの腐敗と取り組む。ネヴィルによれば、その一例としてこの寡頭制はきわめて少数の者が他の貴族のものを我がものにするというものであり、そうした財産基盤型統治といった事実を証明するものが見出しえぬためであるという。彼は、その腐敗形態が僭主政であると主張する。それは、簒奪によるものであり、この具体例としてアテナイの三〇人僭主などによって典型的に示されると説く。こうした僭主たちと称すべき人々は、正統な根拠によってなきものとされる運命を辿っており、まともな政体を構成するに至っていないと結論づける。

次にネヴィルは、自らが最も望ましいとみなす民衆政体的要素との関わりへと移る（67–8）。

彼は、そのアリストテレスの立憲制（その本来的意味の多数者支配としての民衆政体）を批判的に検討する会話において、暴民制論を自らの標的として論を展開する。彼は、まずその腐敗形態を無政府制と表現し、その場合に混合政体を含む広義の共和制諸国を想定し、かつ混乱状態を包摂するものと措定する。ネヴィルは、たとえそれが混乱状態を含むものであるとしても、多くが持続性を保ったと弁明する。彼は、純粋な政体論争というよりも共和制擁護論を展開する。彼は、そうした混乱状態をこの擁護論に立脚し、かつその主権的統治執行に対してその民が自らの関与に不満を多くもつ状況として想起させる。こうした状況を設定したネヴィルは、その民が次のように対応したという。すなわち、彼らは、意思決定などにおいて元老院の役割も含めてなし、かつその執行的役割を雄弁家たちに委ねていたという。ネヴィルは、たとえその民が不満状態にあるとしても、古代アテネや近代のヴェネツィアにおける諸国の具体例を提示し、その無政府制が極度に崩壊状態に陥っていないと示す。それどころか彼らは、その政体秩序の変更全てを行おうとしていたという。つまりそれらの両国は、民を率いる能力をもつ優れた指導者が民を結集させ、かつ民の同意をえて、その政体を変更させていると説く。ネヴィルは、更にその具体例としてフィレンツェのものを展開する。つまりその市民たちは、議会への参画を通じて統治政体の変革を要求し、かつその新しい統治機構などを含む新政府を構築せしめたというものである。

最後にネヴィルは、この無政府制の腐敗説にかなりな譲歩を示しつつ、それに対して以下のように自らの無政府制の擁護論を締めくくる（68－9）。彼は、そこでまずその腐敗ないし混乱状態の評価しえぬ部分を率直に認めることから論及し始める。こうした民は、その無政府制について卑しくして公共精神・深慮・慎重さなどをほとんどもち合わせていないものとして描く。さらにそうした民は、その国民の多数者を構成し、その大物たちの野心の手先とされる傾向を呈したという。従ってそれは、この国家における高貴な身分の人々の知恵がその平民によって役立たなくされていると示す。それにもかかわらずネヴィルは、そうした平等的共和国が長く存続し、かつ評価に値する優れた政体をなしていたと結ぶ。

ネヴィルの政体論における一貫した思想は、民衆政体的要素の優越である。しかしそれは、前記のごとく彼の主著において民衆政体形成の父祖がモーセ、テセウス、及びロムルスであると高らかに宣する。その学説のうちのテセウスやロムルスは、君主制に含む説も存在するが、それらを含めたより説得力のある説明を求める要請に対して以下で答える。

すなわち、ここでネヴィルは、その対話者のヴェネツィア人の意見に従って、とりあえずテセウスがギリシャの伝説上の国王とみなされるという。そこではネヴィルは、持論を極力控える旨を伝え、かつ次に、モーセについて旧約聖書におけるものを真実とみなす立場から自説を展開し始める（70－1）。

ネヴィルは、その『出エジプト記』（イスラエルの民をエジプトの隷属から救出し、約束の地に導き、かつその地における統治政体の設立をめぐる一連の記事とされるもの）において、民衆政体的要素を見出そうとする。それは、神の命令によるものであり、かつ合理的に行われていると解釈できる。われわれの関心は、その統治政体論にあるため、ネヴィルは、モーセがいう「エテロ的統治官制」(71) と呼ぶものから跡付けよう。例のごとくネヴィルは、モーセが財産に基礎付ける統治政体に言及した後、前記のごとき、ロビンズが説明するように、モーセの義父エテロが施政を助けるため、他の人々を統治官たちに任命しかつ使用するようにモーセに勧めたという。かくして形成された統治官制は、モーセによるイスラエルの民の単独支配と、大サンヘドリン［最高会議］（長老や祭司からなる）及び共和国の設立との間の一段階である。従ってその過渡期的段階から後者の設立へと至る中間過程の中で民衆政体段階をなすものがこの表現の終わりに配置されることとなる。その統治機構は、統治長官、元老院、及びその民を一堂に会させる民会からなるものである。ネヴィルは、それを他の民衆政体と同じものと解する。

彼は、もう一人の民衆政体的指導者としてのロムルスについて以下で論じる (71-2)。すなわち、ネヴィルによれば、ロムルスは、伝承上のローマ建国の父とされるが、当時の欧州世界における知識人の間では伝説通りの人物とされていた。従ってネヴィルは、それに従って彼が民衆政体的基礎を形成したと位置づける。故にロムルスが終身の選出統領としての国王であり、元老院や民会を含む混合政体的共和制にして民衆政体的要素を顕著にしていると措定する。このロムルス以来それが継続し、その最後の国王としてのタルクイニウス・スペルブスがその王位を簒奪した時、多数者の意思に反し、専制的に統治したため、その民がこの第七代目の国王を追放したという。ここから歴史上ローマの共和制が開始されることとなる。しかしネヴィルは、その統領的地位に二人の統治官が一年任期で民によってつけられたという。ここでは彼は、その体制変動よりもむしろその政体の持続性を強調し、かつ自説を展開している。ネヴィルは、その最後の会話の文章部分において第二代国王とされるヌマが官吏選出権限をもつという規定を除き、この二人の統治官が高位の司祭を務め、かつ民の宗教を擁護するように統治したというのである。

ネヴィルは、自らが以上において古代の民衆政体的要素を示す事例について論及してきたため、次に近代におけるものを論じることとなる（73–4）。

すなわち、彼は、まずドイツ帝国を近代に関わる事例として導入する。周知のごとくそれは、神聖ローマ帝国とも称される国家統治政体をなすが、諸自由都市や君主をもつ領邦国家などから構成される、国家連合的同盟（さらには連邦へと向かおうとするもの）を想定している。確かにその全体にわたる帝国の長は、皇帝としているが、それぞれが都市国家や領邦国家として独立的主権をもち、かつそれぞれがドイツ全般にわたる安寧と公益のため、それぞれがリューベック法とケルン法に二分されるルールに則して統治がなされているという。前出のロビンズによれば、ネヴィルは、リューベック法（一六一四年法は、有名であった）とケルン法とリンクされたハンザ同盟諸都市によって従われた商法典をここでは指すのであろう。いずれにせよ、ネヴィルは、これらがその古代の民衆政体諸国や貴族制諸国と正確には同一とみなす。従って彼の政体分類の支柱は、「絶対君主制」に抗する民衆政体的要素などを含む混合政体制となろう。

続いてネヴィルは、スイスやオランダの統治政体事例を導入する（74）。まず彼は、両国がオーストリアとスペインの圧政から独立を勝ち取ることによる近世の統治機構をもちこむ。彼によれば、そうした専制国家からの各州がまとまってそれに抵抗し、かつそれぞれの国家統一を目指し、かつ自衛のために形成されたという。その統一を両国民ともに武勇を発揮し、かつその目標を成功裡に達成したと説く。

ネヴィルは、それらの事例を古代ギリシャのものから得ているという（74–5）。

ネヴィルは、まずギリシャ人たち自らがアレクサンドロス大王の征服とその死によって、自分たちが低下し始めたことを認識する場合の対応について想起させる。その大王の直接的後継者たちが自分たちに強引な圧政を開始した時、自分たちは、自らの相互同盟を組まざるをえなかったという。ネヴィルは、その民がアイトリア同盟及びアカイア同盟などにおけるその結束によってこうした恣意的支配者としての僭主たちの圧政にうまく対処しえる模範と示す。

スイスは、そのオーストリアなどに抗して戦い、かつこうした諸都市国家間からなる国家連合的同盟（さらに連邦制へと向かおうとするもの）をモデルとし、一三の主権的諸州からなる連邦制的解決を遂行したという。ネヴィルによれば、それらが広義の民衆政体（混合政体的構成）をなし、かつ公平な財産権原理によって全土地所有者たちにより治められていると主張される。従って彼は、州裁判所という各地域の集会場におけるイングランドの自由土地保有者たちと同じく、スイス人たちがそれぞれの集会場で集まったと説く。そして彼らは、ドイツ帝国のそれらと同様に自分たちの州議会をもっているという。

ネヴィルは、もう一つの有名なオランダの同盟的解決をより詳細に導入する（75–6）。

彼は、前記のスイス事例と比較して三倍以上の紙幅を使ってそれを説く。まず彼は、この文節の冒頭でオランダ連邦共和国の統治政体形態についてそのユトレヒト同盟に焦点をあてる。ネヴィルによれば、それは、スペインのフェリペ二世によるカトリック強権支配に抗する自らの自由などを主張する道筋を通じてなされ、必ずしも一つの立憲制によったわけではないが、有事に徹底して備えたものであり、平時において実際的でないとみなされたという。

次にネヴィルは、その統治機構へと論を進める。その連邦会議は、「オランダ最高議会」（75）と称され、各々の七州から一人形式を送る七人から構成され、それは各々が拒否権をもつこととなる合議制である。次にネヴィルは、各七州がそれぞれの州議会をもち、そこから最高議会に代表を送り、かつ州が州の安寧に関する任務を担当するという。各州の議員たちは、その構成諸都市及び州の貴族によって構成される。

その会話文の後半部において彼は、次のようにその国家連合的統治機構などについて敷衍する（76-8）。すなわち、それは、オランダの地方制度における都市議会から論及し始める。彼は、その連盟諸州の地方統治の主たる基盤を諸都市に置く。それは、一つの主権を有する都市形式を取り、有力な市民たちからなり、統治形態は貴族制をなしているという。ネヴィルは、中世以来こうした都市議会による統治参画がなされており、たとえ君主主権時代が長く続いたとしても、その議会による統治関与が行われた伝統をもつと説く。周知のごとく、ネーデルランドの諸都市は、中世以来毛織物が隆盛しており、従って商業が他の地域よりも栄えていた。故にそれらの諸都市は、より自由な雰囲気を有し、都市自治の度合いも高い傾向があるという。例えば、その時代の州総督ないし副官の意思を無視するならば、忽ちのうちに混乱を招いただろうと推測する。

ネヴィルは、この民衆政体的要素をもつ次のような混合政体的共和国によって締めくくり始める（78-9）。そこでは彼は、前記の対話者であるヴェネツィア人に語らせる。この彼は、そのヴェネツィアの共和国統治を実体験した人物として示されている。そのヴェネツィア人は、この統治政体以外の人々によって高く観念的に評価されているという。第一に、その純粋理論として評価されるのは、ヴェネツィアの選挙制度論である。行き先ないし自らが取りかかる仕事を考慮することなく自らの道を知る馬に、フィレンツェの制度を所与のものとして使っている人々にたとえている。彼は、かくしてその国家組織制度がいかによくできているかについて、それによって適切に表現している。第二に、彼は、ヴェネツィアの統治制度を構成する諸評議会の優秀性をあげる。それらは、ヴェネツィアの人々にとって当然のものであり、地元の人々にとってこのヴェネツィアの統治機構を検討する利点は、その政体の設立状況などを探ることによって理解できるという。つまりヴェネツィアの貴族制型共和国は、その創設当時の目的や人々の系譜などを確認すれば、民衆政体的であったことを知ることは重要であったことになる。というのはそれも数多くの外国人がこのヴェネツィアに住み、分をわきまえて生活し、その国を拡大せず、一握りの統治集団によって秩序が保たれると思わせる条件付きであるからである。従ってヴェネツィア人たちは、決して帝国主義的拡張主義をとらず、かつこの都市国家領分を守ることに専心し、かつこの上に立つ貴族制統治を貫徹することに満足しているというものである。

ネヴィルは、それについて以下のように結論づける（79–80）。

すなわち、彼は、ヴェネツィアの共和制政体について、統領、貴族、一般市民、及び外国人からなる国民全体からそれを位置づけようとする。この政体の最高意思決定機関は、選挙区によって選出される議員からなる大会議であり、それが貴族となるため、その身分格差についてフランス型と比較すれば、その度合いが大きくはないとみなす。たとえ一般市民がその国政の管理運営に直接に関与しないとしても、彼らは満足感をもっているという。さらにローマ時代において住民対外国人の比率が一対五と偏っているとしても、彼らがその民衆政体を損ない得ぬという。とはいえ彼は、その政治を遂行する全ての問題点は、こうした任務を引き受ける貴族たちを規制し、かつ彼らの派閥争いや野心を抑制することにあると説く。これについてネヴィルの本来の対象である、イングランド国家と同様な論点と結び付ける。それは、統治機構の重大部分における病理を育む問題であるが、ヴェネツィアにおいて厳格な法制度とその執行によって解決すると説く。

しかしながら、そのヴェネツィアは、一四〇〇年代にこの都市国家からイタリア本土西部地域の侵略を開始し、かつ広範囲にわたる領土を得ていた。ネヴィルは、パドアにおける土地所有の関連についてそのヴェネツィア人に問い、かつ答えさせる（80–1）。

そのヴェネツィア人は、このパドアの支配地域においてその貴族たちが他の征服諸国のごとく財産を独占的に所有していないと答える。従ってヴェネツィアは、その属州地域においても、その住民の比例的財産権原理を極度に偏らせていないと弁明する(1)。

(1) ここまでは、主として以下の文献に則して論及している。H,Neville,*Plato Redivivus*,London,1763,pp.66-81; C.Robbins,ed.,*Two English Republican Tracts*,Cambridg,1969,pp.101-107,etc.

第三節　結論

われわれは、本章においてH・ネヴィルの混合君主制理論を『プラトン再生』「第二の対話」の前半部を素材として概括し、かつその基本的制度思想を捉えようとしてきた。彼の主著「第二日」（ないし「第二の対話」）は、当時のイングランド国家政体に関する自らの理論枠組み、及びその王位継承排斥法案危機期頃の混乱の病理について論じる章である。われわれは、その論理をまず捉えつつ、彼の混合君主制論を検討してきた。ネヴィルは、トーリー党が主に主張する家父長的にして君主神授権説的統治政体論を虚偽として軽く一蹴し、かつウィッグ党が主に主張する自然法的にして社会契約的統治政体起源論を当然のこととして措定する。そこにおいて彼は、純粋な君主制を絶対君主的なものとして徹底的に批判する。とはいえその当時の現実論的主張において彼は、君主なき政体を具体的には想定していない。さらに彼は、シドニーと異なりこの政府に対する反乱も主張していない。しかしながら彼は、その古典的共和主義や近世の共和制的混合政体を大いに称賛し、かつ財産基盤型政体論を主張する立場を明らかにしている。従ってわれわれは、こうした見地からネヴィルが、より具体的に共和主義も内包する、広義のウィッグにして混合政体論者とみなす。

われわれは、その政治理論において基本概念とみなす「混合君主制」及び「デモクラシー」について、ネヴィルが使う意味について確認してきている。すなわち、彼は、前者を従来の古典的混合政体及び古来の立憲制におけるものと同じ意味で使っている。混合政体もその意味内容について論者によって異なるが、政体の三要素によって統治が極端に陥らぬ抑制と均衡を基本的に含意するものである。さらにそれは、その強調点を置く程度によっても異なってくるものである。ネヴィルやシドニーらは、その民衆的政体《ポピュラーガバメント》に強調点を置く見地を採用する(1)。特にネヴィルは、その腐敗形態と呼ばれる無政府制に対しても擁護する見解を示している。彼の場合は、デモクラシーが国家の「主権力とその行使権を国民に置く政体」(2)であるというものでる。この定義の根本精神は、現代民主主義にも通じるものである。しかしながら現代の政治理論の支柱は、普通選挙制に基づくものであり、ネヴィルによるその定義のみではその要件に問題を残すこととなる。とはいえ、ネヴィルが自らの哲学においてデモクラシーを基本に置いていることは、疑いない。いずれにせよ、彼は、後者についても古典古代のアテナイのそれに象徴される直接民衆政体(狭義)を意味するばかりでなく、ローマの共和制期の政体なども含意するより広い「多数者の支配」的意味で使用する。

われわれの問題設定は、彼が古典的共和主義に基づく混合政体論を強調したのか、あるいはその後の世紀に行き渡った自由主義的立憲君主制を強調していたのか、というものである。われわれは、彼がその前者に堅固に基づきつつ、当時の混乱状況を実際的に改善しようとし、かつ可能な限りその公共善に則してそれを適用させようとし、故に後者のものを構想したと結論づける。すなわち、われわれは、ネヴィルがその統治者としての君主をヴェネツィアの「選出」統領ほどまでのきわみに高めていないとしても、その「選出」事項を除けば、それに近いもの(恣意的君主制の徹底した排除)を想定しているとみなすものである。つまり、まずネヴィルは、ハリントン主義(共和主義)的財産比例基盤型政体論を念頭に置き、自由民優位主義を基本に据える。彼は、次に政体の三要素を混合させ、かつその自由民の自由を確保するための政治的自由主義的な混合君主制ないし準立憲君主制をベースとしている。

（1）例えば、D.Wootton,ed.,*Republicanism,Liberty,and Commercial Society,1649-1776*,Stanford,1994,etc.

（2）H.Neville,*Plato Redivivus*,1763,p.47.

第三章　イングランド統治政体論

第一節　緒論

ネヴィルの『プラトン再生』の「第二の対話」は、その著書全体のうちの約六割を占める紙幅を費やしつつ、その著者によって政治理論が論じられる。われわれは、その第二章にあたる「第二の対話」の前半部について論究してきたので、その後半部分について引き続き、分析することとする。われわれは、その「対話」全体を「イングランド国家とその病理」と表現してきた。その前半部分は、「ネヴィルの混合君主制思想」などとして特徴づけた(1)。これは、彼が民衆政体優位主義的混合政体論を基礎として展開されるものである。そこにおいてネヴィルは、広義の共和主義も論じるが、ハリントンとは異なり、自然法的社会契約論を使って自らの国家論を構成している。

われわれは、彼がその後半部を二つに分け、そのうちの前半部分においてさらに踏み込んだ「自国の統治政体」について論じる内容を分析し、かつそれを概括しようと試みる。本章においてわれわれは、その本論を三つに分ける。このうちの「制限君主制と財産権」項は、その古来の立憲制に基づく混合政体と財産権との均衡問題について論じる。次の「反聖職者主義と政教分離」項は、ネヴィルの宗教思想を示すものであるが、それは国教と強く結びついたイングランド統治政体を批判するものである。ネヴィルは、シドニーの篤き信仰心とは異なり、その希薄さが特徴といわれている。とはいえ、われわれは、彼がその王政主義と結びついた国教主義的政教一致主義に抗して、自ら政教分離主義を主張するものを検証することとなる。ネヴィルは、ハリントン流の立憲制度的共和主義者といわれる。これは、彼がシドニーの観念的思想と異なり、古典的共和主義における制度的特徴を強く有している側面である。われわれは、彼がこうした傾向を示す部分を本章において確認することとなろう。これらは、いずれもわれわれが「第三項」におけるネヴィルのイングランド統治政体論へと続く論理を構成するものである(2)。

(1) 本書の第一章及び第二章を参照されたい。
(2) A・ケルソーは、歴史的制度論によってウェストミンスターモデルにそって政府執行部と議会との融合を重視する。彼女は、D・ジャッジやR・バットらの著作を引用しつつ、一三世紀の議会について政府とその社会の代表者たちとの「協議」機能を評価する（A.Kelso,*op.sit.*,p.15)。ネヴィルは、この議会についてその社会の代表的制度としての規範と価値を重視する論を展開する。

第二節　イングランド統治政体論
——主著の「第二の対話」の後半部を素材として——

(一) 制限君主制と財産権との関連

われわれは、前章においてネヴィルの「広義の混合君主制論」についてその主著を通じて概括してきた。われわれは、引き続き彼の主著における「第二の対話」の後半部を二つに分け、そのうちの前半部分を素材として彼のイングランド国家統治政体論を分析する段階にきている。彼は、前述の議論においてオスマントルコ皇帝とローマ皇帝の絶対君主制と財産権の関連について、その政体が民と君主との間の財産基盤制を十分に確立せぬままで、暴力的制度を強化すると批判していた。

ネヴィルは、その最初の文においてオスマントルコ帝国の一属州としてのエジプトをその例外として示している。それは、この属州の人々に土地財産権を委ね、かつその土地の生産物や果実の半分に課税する程、彼らの負担が少なく、かつその緩やかな配分を行っているという。この財産権支配が不均衡な絶対君主制としては、例外的といっている。これに対してフランスの君主制は、それをあたかも取り入れているように主張しようとしているが、実体は、土地の地代として半分も徴収する事によって自国の民を重税で苦しめている(1)と批判する。

ネヴィルは、その会話の流れから制限君主制における財産権の問題へと移行させる。

「そこでは財産権は、貴族やジェントリーにあります。彼らは、国王が自らの権力を国内外ともに扱う人々であるため、国王は、彼らの土地財産を取り去ることが容易でも安全でもなかったでしょう。……しかし私は、制限君主制にきております。そうした制限君主制は、最初にゴート人たち及び他の北方の人々によって（前述のように）移入されました。そこからその大群は、彼らの侵略時代に生き、かつそれらの問題の状況全てに関する勤勉な研究者であるプロコピオス自身には知られなかったように、（私たちにとってそれを調査する必要がほとんどないごとく）到来しました。かくしてきわめて明らかなごとく、彼らは、男女子供ともどもに到来し、世界のそうした地域全てを征服しかつ所有しました。そしてこの国の人々は、ローマ帝国に服しましたし、キリスト教が到来して以来、正直なジャン・カルヴァンが私たちも私たちの祖先も示し得なかった専制的くびきから自ら救済する方法を、私たちのうちのある者に教えるまで、ラテン教会にかくして服してきました。そこからこうした人々は、自分たちがその征服以後こうした諸地域において設立する政府をもちました。すなわち、彼らがそれを彼ら自身の国にもたらしたのか、あるいはそれを自分たちで形成したのかについてきっと不確かなように思われます。と申しますのは彼らの元々のものが全体的にそこに存在するものであるからです。しかしその時代における無知や学識の欠如は、私たちに大きな光を与えるものを残していません。しかし彼らの間にある優れた人々がいたということは、極めてありそうに思えます。と申しますのは明らかに彼らが確立させた政府は、正確な政治規則にも従っておりましたし、彼らがそのいくつかの諸領土からなるあの区分にはきわめて自然的にして適合し得たからです(2)」。

ネヴィルは、この会話文において混合政体的制限君主制下における財産権の比率事項から説き起こす。彼は、まずそのゲルマン系民族の大移動期頃における統治政体状態を想定する。その身分構成は、当然ながら君主・貴族・ジェントリー、及び農奴からなることを念頭に置く。彼によれば、そうした統治政体において財産権の主要な比率を君主・貴族やジェントリーが占めるという。従ってこうした主要統治に影響力をもつ諸階層は、たとえその君主が統治上上位にあったとしても、その下の貴族やジェントリーの財産比率を変えることが、不安定を招くと説く。ネヴィルは、こうした統治経済制度がまずゴート族や北方の欧州の民族によってもたらされたという。彼は、その起源をこうしたゲルマン系民族がもつ統治制度から辿る。その当時の有名にして優れた歴史研究者であるプロコピオスでさえ知ることがなくとも、その制度は瞬く間に彼らとともに根付いたという。

こうした民族は、大挙してイングランドをはじめとして欧州諸国を征服し、かつこうした地域を我がものとしたと説く。周知のごとく、イングランドは、その間にローマ帝国による属州を経験してきた。キリスト教がイングランドに広く伝播して以来長きにわたり、イングランド人はローマカトリック教会に服してきた。ネヴィルは、ここにおいて漸く自らの新教徒的立場を明確にし始める。というのはネヴィルは、それほどカトリック教会に対して今まで欠点を示さなかったからである。

次にネヴィルは、自らのイングランドをはじめとしてゲルマン系民族にその出自を辿る。そうした彼らが自らの統治制度を設立しているという。とはいえ国毎により長い時代にわたって今日まで経験しているため、必ずしも細部にまで辿りえぬとしてその限界も示す。しかしながら、その総体的視角から検討すれば、これらは、元々のものを構成しているとみなす。またゲルマン系の人々は、ローマ人によって主に文字が与えられているという視点から考察すれば、彼らが全てにおいて知性的であるとは言い難い。それにもかかわらず、そうした祖先の中には優れた知恵をもった人々も存在したに相違なかろう。これは、その当時までに継承された混合政体における政治や法規則に従う制度をもっていた根拠であり、かつ彼らがそうした法の精神を理解しているからであると説く。ここにおいてシドニーと同様に、イングランドにおけるゴート的な立憲制的伝統を唱えるネヴィルを読み取ることができよう。

彼は、ゴート的な立憲制的視野から以下のようにより詳細な財産所有論を展開する。

「次にこうした侵略者たちがいかなる属州も平穏にしたり、かつその民が追放され、あるいは征服される時が何時であれ、彼らはその土地を分割しました。またその君主に彼らは、通常十分の一程度を与えました。その貴族たち（すなわち、国王の伯爵たち《コミテス・レギス》（それがラテン語へと翻訳されたように））に各々は、（彼らが可能な限り近い位に）対等な分与を与えました。彼らは、国王が自らの役割及び王位においてなしたように、自らの土地財産の世襲権を享有しました。しかし国王も貴族もその同僚たちも彼らにそのように割り当てられた、土地の絶対的処理権をもちませんでした。しかし彼らは、自分たちの使用のために自分たちのある一部を保有しました。その残りの土地は、彼らとともに征服しに来た、自由人たちの間に分割されるように命じられました。彼らが自ら保有したものは、英語とフランス語では「領主直営地《デメーンズ》」と呼ばれましたし、イタリア語で beni allodiali と呼ばれました。彼らが自由人たちに与えた他の部分は、封土［領地］と呼ばれました。全てのこれらの土地財産は、そうした貴族に世襲的に保有されましたし、その領臣のみが毎年僅かな地代を支払い、かつ各々が死去したり、あるいは変化したりする時、お金による認知で済ませ、ある土地保有態様において他には最上の家畜で済ませました(3)」。

ネヴィルは、この会話文においてそのゲルマン系の侵入者たちがこのローマの属州地域を平定し、かつその土着民を追放したりするけれども、彼らがその土地財産を分割することから言及し始める。この征服者たちは、まずその君主に通常の一〇分の一程度を分け与える。この国王の伯爵たちには、できるだけ平等な分担を与える。従ってこのゴート的政治制度において、平等配分原理下で割り当てているという。それらは、この国王と同様に、その高位の人々もその財産権において世襲権も所有したと説く。これらにおいてネヴィルがその制度下でいかに君主が制限されているかについて説こうとしているかが分かる。

さらに彼は、この国王でさえ貴族らと同様に割り当てられた土地を絶対的には処理できぬという。とはいえ彼らは、その使用権の一部を保持している。その残りは、彼らとともに新しく移動し征服しに到来した、ジェントリーにして自由人である人々との間で公平に分割せよという命を受けたという。その貴族たちが自ら保有したものは、いわゆる領主直営地と称するものであり、ジェントリーに封土を与える制度をなしていると説く。ネヴィルによれば、そうした土地財産権は、貴族世襲権として保持させ、その領臣が毎年重荷とならぬような僅かな地代を取ることによって極度に負担をかけぬようになされているという。土地保有条件においても同様に領臣には負担させぬ原則を貫いていると主張する。

ネヴィルは、この会話文の最後の第三部分において以下のようにこの制度を締めくくる。

「封土ないし譲与の主な条件は、領臣が領主に幾つかの軍役を遂行することにありました。そのうちのある軍役は（自由人たちの全ての土地保有態様において）、君主に対して軍役と土地の防衛のため自ら戦争に備えて武装して従うことでした。自らの封土への許可時に、彼らは、自らの領主への真の家臣にして領臣であると誓いましたし、自分たちの地代を支払い、そして自らの軍役を遂行することを誓いました。彼らは、自分たちの土地財産を失なわぬことを誓いました。こうした領臣たちは、自らの居住に従って、いくつかの荘園へと分割されましたし、その領地に属する各々において一年に二回宮廷における滞在奉仕義務がありました。その宮殿において彼らは、全て現れ、かつ自らのある土地保有が許されるのであり、かつ前述のように誓いました。全てのこれらの貴族は、その君主に属する（全ての彼らの荘園のように）全ての彼らの領主直営地を保有しました。その君主に彼らは、忠誠と忠義を誓いました。そこではこの自由人ないし郷士の他に各領主に対する他の借地人たち（彼らは「農奴」と呼ばれました）が存在しました。彼らは、全ての卑しい義務を遂行し、かつ彼らの財産は、領主の好きな時に、領主の随意によりました。彼らは、破壊もされず追放もされなかったような、その諸国の以前の住民のようなものから主に構成していました。彼らは自らの諸国から出てくる前に、彼らの中での召使であった、たぶんそうした他の人々からなっていました。これらの領主、領臣、及び宮廷が、欧州の全ての諸王国になお多く現存しますが、ヴェネツィアのジェントルマンたちに対して（そこではそうしたこともゴート人たちも存在しません）、私に申し訳し得ることがあることを考慮すれば、多分かくして言う必要のないことが大いに存在したでありましょう(4)」。

ネヴィルは、ここにおいてまず封土及び譲与に関する主要条件から言及し始める。周知のごとく彼は、家臣制と恩貸地制からなる主従関係である封建制をここでは念頭に置く。ネヴィルは、その後者の制度に基づき論理立てることとなる。領主がその家臣に封土と引き換えにその軍務を遂行させるというものである。彼は、古典的共和主義の一条件としての武勇を前提として論を立てようとする。それは、その自由人などである領臣が自らのもつ土地保有態様においてその主君の武力防衛のために戦争に備えることとなる。その領臣である騎士たちは、その権利と引き換えに、自らの主君に忠義や軍務的遂行などを誓い、かつその封土を首尾よく取扱い、その地代分も負担することが義務とされる。

さらにネヴィルは、その荘園制に従ってこの制度を敷衍する。自らの居住地に沿って領臣たちは、その領地に分割され、この恩貸地制義務で年二度にわたり、それぞれが主君の宮殿に赴くことが義務付けられるために、その主従関係が確認されるという。さらに騎士たちの上にいる貴族も同様な関係を形成するということとなる。

ネヴィルは、その最下層の農奴身分について言及する。彼らは、同じ借地人形態をとるけれども、その賦役が重くなり、領主のいうがままとなり、自由などなきに等しいと位置づける。ここにおいてネヴィルは、平等原理の否定的側面を示している。彼は、その出自経過に言及した後、こうした状況が欧州諸国に共通してみられるという。その最後の会話文においてネヴィルは、ヴェネツィアがそれと異なることによって結んでいる。

いずれにせよ、ここで彼が主張したいものは、その混合政体的制限君主制において財産権が分散されており、君主権限が大きく制限されるイングランド的伝統をもつというものである。

(二)　反聖職者主義と政教分離

ネヴィルは、前記のごとく、反聖職者主義者として知られている。また彼は、比較的宗教色が薄い傾向をもつとも言われる。とはいえ彼は、前述のごとく、彼の基本原理におけるキリスト教思想を外すことができないものである。というのはネヴィルは、自らの重要な根拠を述べる場合に聖書に基づき立論する傾向をもち、かつ既に新教徒であることを宣しているからである。われわれは、ここでは当時のウィッグ党対トーリー党間のイデオロギー的対立軸を設定することによって、それを分析することとする。それは、宗教的には厳格な国教主義対その硬直主義に抗する反国教主義と大まかに対比することも可能である。さらにそれは、政体論的には王政主義対庶民院優位主義との対比も想定可能である。

ネヴィルは、こうした立場から次のように持論を展開し始める。

「キリスト教の純粋性は、世界における立派にして秩序だった統治政体のように、聖職者が存在することなくしてよりよく与えられておりました。それは、私たちが聖職者について何も伝えられぬ、使徒たちの時代があったようにであります。しかし私たちが聖職身分を省くことは、少しの怠慢でもありません。と申しますのは、私が順序よく聖職身分のところに来ていることを意味づけたからです。あなたがご存じのように北方の民は、キリスト教を自らの地域にもたらしませんでしたが、イングランドにおいてそれに出くわしましたし、やがてキリスト教に転向させられたからです。従って、最初に聖職者など存在しなかったでありましょう(5)」。

ネヴィルは、まずこの文において原始キリスト教期から説き起こす。彼は、それをこの宗教の「汚れなき時代」期と称する。彼は、それを「使徒たち」の時代と言い換え、そこでは聖職者など存在せぬと仮定する。従ってネヴィルは、彼らに言及されないことが当然とみなす。彼は、次の時代へと自らの話を移す。その欧州の北方の民であるゲルマン系の人々は、そのキリスト教をまだもっていなかった。しかしイングランドへと移動したアングロサクソン系の人々は、キリスト教に直面し、かつそれに転向されていったという。ここでも聖職者など初期の時代に存在しないと説く。

ネヴィルは、引き続きそれと財産権を関連づける。

「たとえ私がこの系譜について何も言わなかったとしても、私はその政治について少しの無礼もなかったでしょう。と申しますのは主教や高位の修道院長は、他の貴族がなすのと同じ根拠に基づき、イングランドでの諸階級に介入したからであります。すなわち、その根拠は、彼らの大きな財産、及び彼らの領臣や家臣が彼らになす従属故であるからです。しかし彼らは、不敬な俗人である私たちと同様に財産権を混合することを蔑む、あの偉大な高潔さと知識をもつ人々であり、故に宗教貴族と呼ばれるものであります。しかし彼らが自らをその統治の三分の一を主張させた、あの大きな財産によってえた方法を考慮するしかなかったならば、あなたは、聖職者たちについてきわめて尊敬する意見をもたれることでしょう。私の流儀ではそれは、本当いえば、不当でありません。と申しますのは私は、彼らがそれらの諸国の大部分においてその土地の三分の一（かつて）ほどももったと信じるからであります(6)」。

ネヴィルは、まずこの会話文においてアングロサクソン期イングランドへと至るキリスト教史におけるその聖職者による過剰な財産所有について言及し始める。すなわち、彼によれば、その時代以来中世期を通じてその高位の聖職者たちが指導的地位にもある貴族たちと同様に、その領臣たちである多数の者を従属せしめるほどの財産を蓄えつつあるという。しかしながら彼らがそうした世俗的財産所有に手を染めることを卑しいこととして知っているような高度な知識をもつため、宗教貴族と称され、かつ俗世間に必ずしも介入しないという。しかしその建前にもかかわらず、ネヴィルは、彼らがそうした財産所有に部分的に関わることによって、皮肉をまじえつつ他者への影響力は実際上大きくなってしまっていることを批判している。

ネヴィルは、カトリック教徒たちであるヴェネツィア人がその財産所有を認める教会に属し、かつその財産所有を認識し、かつその寛容を承知していることを示す。それにもかかわらず、ネヴィルは、聖職者たちが多くの欧州諸国でそうした所有が大きな問題を引き起こすことも認める。

ネヴィルは、その対話の相手によって、より具体的にそれがどのように問題であるのかを問わせ、次のように答える形式をとる。

「確かに［そうした信者たちは］きわめて敬虔な人々です。彼らのうちのあるものは、きわめて好意的な人々であったかもしれませんが、なお次のような信心家［聖職者］によって欺かれた人々であります。こうした信心家は、公私両面で恒常的に次のように人々に教えました。すなわち、『自分たちは、地上において神を示し、かつ地上での神の副王である彼から権威によって命じられたものであり、自分たちに与えられたものは、神によって与えられたものです。彼は、現世来世ともにそれに報います』と説くのであります。この誘惑は、新しくキリスト教信仰へと教え込まれた私たちの未開時代の先祖をして（もしこの宗教がそう呼ばれ、かつキリスト自身の教義より以上にこの愚かな教義を吸収しうるならば）、次のようにきわめてひた向きに悪人たちにさせたのであります。すなわち、彼らは、権力者たちが彼ら［人々］の目を毟り取って、自らに従わせる程であります。彼等が権力者に彼らの財産のうちで最も有益にして最上のものを授与させたごとく、彼らは、さらに多く授与させました。否、ある者を彼らは、説いてその職業を彼らに引き受けさせ、品位を叫び、かつ彼らに自らがもつ全てを与えるように勧めました。そして彼らは、権力者たちの間で彼らが現世に高潔を残さないと同様に高潔など見出さなかったと思います(7)」。

ネヴィルは、ここにおいて聖職者たちが敬虔な信者であることを必ずしも否定するものではない。しかし彼によれば、彼らがある局面で偏った方向へと進み過ぎるため、問題が発生し、かつそれを顧みぬゆえに、その問題を大きくしてしまっているという論法を展開する。これは、ある意味においてイングランド政体と国教会が一体化した形で、その宮廷による抑圧体制が成立している問題を批判している。ネヴィルは、こうした視野から彼らが一般信者に対し、自らが神の命を受け、その神の下の地上における権威者から命を受けていると説いているという。そこでは政教一致的論理によってその聖職者は、一般信徒に対してそれを説き、権力者たちに服従させ、かつ自らにも従わせるという。

次にネヴィルは、それを大胆な言葉によって斬りまくる。つまり、彼らは、神の名の下にその権力者とともに傾斜をかけて突進するあしき同盟者のごとき状態を描く。すなわち、ネヴィルによれば、そうした誘惑によって彼らは、ある点において粗野な民族をキリスト教の名の下にその権力への服従へとこの教義を植え付けるものであるという。具体的には彼らからその合理的視野を奪い取るくらいにまで、その体制側に財産を貢がせる程であるというものである。

従ってネヴィルによると、その聖職者たちは、自ら勝手に好む人を聖職につけたり、かつ所有物を権力者に貢がせるように説いて勧めているという。従って彼らには、本来あるべき品格など見出せないと彼は、批判する。

ネヴィルは、この会話文の三つ目において次のように敷衍する。

「この事は、彼らがなしたもう一つの策略の比ではありません。すなわち、そうした策略は、その時代が溢れる最もあくどくして忌むべき農奴たちへと入らせ、君主たち（及び他の貴族たち〈というのは彼らはともに働く手先きのようなものであったからです〉）が、彼らの最も近い親戚、父親、兄弟、妻を裏切って彼らを毒殺し、さもなければ殺害して、自分たちの土地財産を支配し、かつ享有することでした(8)」。

ここにおいてネヴィルが説き始めるごとく、前記のような卑劣な状況をもたらすよりもさらに悪辣なことは、人間が最もしてはならぬ策略なるものであるという。そうした策略とは、まずあしき君主たちや彼らの手先となった貴族たちが自らの近親者などを殺害することによってその支配欲や財産欲を満たすことであり、かつその状況を想定する。そうした支配者たちは、農奴でさえ利用し始めると言う。

次にネヴィルは、その聖職者たちがこの支配者たちと連携して底辺の人々を利用しつつ、その権力者とともに教会財産を増大しつつある関係を想定させる。従って前者は、自らの技能である信仰の祈り的行為によって底辺の人々に安心を与えるだけで、自分たちの教区や修道院にその財などを与えさせたというのである。ネヴィルによれば、こうした近世イングランドにおける聖職者たちによる膨大な財産所有など、他国には見出せず、かつそれ以前のサクソン時代に存在しないほどであると斬る。従ってネヴィルによるこの政治に対する徹底した聖職者主義の排除は、まさに政教分離論に値するものである。

(三)　イングランド統治政体論

われわれは、ネヴィルがきわめて広範にして多様な視角からイングランドの統治政体における問題の基礎固めをしてきたものを辿ってきている。すなわち、彼は、時系列的には古代から近代までに及び、かつ空間的には欧州ばかりでなく、アジアにまで拡大させて論及している。われわれは、漸くイングランド統治政体論に辿りついている。彼は、その説き起こしを主権力を構成する議会から開始する。

「次にイングランドの主権力は、国王・貴族・コモンズにあります。議会（今構成される［すなわち、選挙や選出方法や開票報告と同様に、そうしたきわめて数多くの［議会］選挙区に選択をあてること］ように）は、私が想定するように、ヘンリー三世の時代に登場しましたし、その時代に今私たちの制定法記録が始まります。私は、その時以前に私たちのヨーマンたちないし庶民が議会では公式に集まりませんでしたが、彼らが依存する貴族に事実上包摂されかつ代表されると信じる気でいたことを認めなければなりません。しかし私は、それがテンプルのプティット氏とグレイズインのアトウッド氏によって最近出版された学識のある言説によって別の形式でなされたこと（すなわち、私がコモンズについて名誉を与えるために言及する［コモンズが］ジェントルマンたちであったということについて）に十分に納得させられます（9）」。

ネヴィルは、まずここにおいて国王・貴族・及びコモンズから構成される議会主権概念を措定する。次にその議会を構成する根幹を、選挙及びその開票報告様態のように数的に多い議会の選挙区選択の割り当てであると示す。それから当時の議会法記録が始まるのは、一三世紀の初め頃のヘンリー三世期になっていると想定する。ここにおいて注目すべきは、ネヴィルが国民代表的要素をもつ議会を想定しようとすることである。これは、シドニーと同様に円頂党・地方党・ウィッグ党的な自由主義的系譜を表すものであろう。

ネヴィルは、それをうけてその「シモン・ド・モンフォール議会」を示し、かつ自営農民や一般人も貴族と関わったため、極めて広義な国民代表議会に包摂できると主張する。しかし、ネヴィルは、自らの友人であるプティットの『イングランドにおけるコモンズの古来の権利主張』（一六八〇年刊）やウィッグの立憲制論者のアトウッド著『Jani Anglorum Facies Nova すなわち、イングランド王国の大会議等に関する幾つかの古代の諸著作』（一六八〇年刊）が、ヘンリー三世期以前にコモンズがジェントルマンであったと主張したことに納得がいくという(10)。

そしてネヴィルは、これらの著者たちに次のような理由で名誉が与えられるべきであると説く。すなわち、彼らは、イングランドの公益をよく調べかつ研究し、またその国民の権利が極めて古くからの伝統をもつことを証明しようとしているという。従って彼らは、人々を助け、かつ彼らの良心を示す訴訟を担当することを本職とするにもかかわらず、かつそうした庶民院史を精巧に仕上げるというこの高度な仕事であるにもかかわらず、時も身も顧みず熱心にそれらを遂行するからであるという。

ネヴィルは、その主権的部分の機能について次のように整理する。

「政治家たちが言及します、法を制定し税を課しかつ戦争を行い平和を確保している、主権力といった三部門のうちで、その最初の二つは、明白に議会にあります。私が議会のことをいう時、私は、いつも国王とともにあることを意図します。その第三のものは、彼が自らのお金でそうなしうる場合、君主によって通常行使されております。しかしその場合においてさえ、これは、侵略にその王国をさらすことによってこの王国にとって破壊的でありうるため、多くの者は、その権力が（真正にして古来の自由なイングランド統治によって）、一人物の手に託されるとみなすことができないことを確認します。それ故、私たちは、多様な君主たちの治世において議会が協議され、かつ助言が戦争か同盟かのいずれかに関わることにおいて、そうしてなされる彼らの助言を知りますし、戦争ないし和平をなすための助言が省略されるならば、彼らが公に有益とみなされることに従い、議会によって国王に対して『勅語奉答文』がなされます。それ故、私は、私がそれを別の方法で形成する制定法も書かれた記録も知りませんが、その後こうした結果を引くあの権力が君主におけるわれわれの真なる法の意味によるのかよらないのかということを決定するつもりはありません。国王の権利ないし大権で確かにあることは、議会を召集し解散し議会を主宰し、議会形成法全てを承認し、かつコモンローのように彼らによって形成された法全て（議会休止期と議会開催中に）を至高な統治者ないし主権的統治者として彼が執行することです。国王は、この根拠故に法ないし憲章によって他の方法で選出しうることを除き、自らの下にある全ての下位の官吏及び大臣を指名する任命権、並びに刑事民事の両事件において与えられた判決に服させる、剣の権力を有します（11）」。

ネヴィルは、この会話文においてまずその統治機構の機能から説き起こす。彼は、それを法律の制定・課税・及び戦争と和平の遂行機能を提示する。次にネヴィルは、その前の二つが国王とともに議会にあるとする。その三つ目は、通常執行権ないし行政権に属するものであり、国王が担当するものとする。ネヴィルの統治機構論は、庶民院に立法権と課税承認権が主にあり、その行政執行権を君主が行使するというものである。ここまでは、それが、特に特徴的なものではない。ネヴィルによる国民代表議会的思想は、その権力の制限的なものである。ネヴィルは、その執行行政権が最も強力であることをまず確認する。この限りにおいて彼は、政府執行部と立法部の融合を念頭に置いている。彼は、イングランドの統治政体が正しく古来の自由民擁護型であるからであるという。その国王権力の抑制ルールは、議会によって果たされるという。具体的には過去の君主治世期において議会が国王たちによってその権力行使について協議されてきており、かつ戦争や同盟を行う重大な意思決定についても議会の助言をえてきている。もし戦争や和平をすることなどに関する助言が省かれれば、議会が公益基準に従って判断し、国王に対して文書を作成することによって具申するという。

ネヴィルは、そのように説くけれども、より詳細な実例や公的文書などによっていずれが本来的な国王の権力行使であり、かつそうでないのかについて主張するものでないと一歩退く。ネヴィルは、この最後の部分において国王権限を確認する。すなわち、国王権限は、議会召集権、議会主宰権、議会法案裁可権、及び最高にして主権的統治執行権である。国王は、公益に則り、立憲制規定における特定の場合を除き、官吏及び大臣任命権を有し、裁判における判決を執行する権力行使権を合わせもつ。これらは、当時の正規な統治制度をそのまま記す形となっている。

これに対しより急進的な自由主義的傾向をもつ、このイングランドの医師に向かって、その表面上の権力に対して他の制限を軽視することとなれば、絶対君主制となり、その自由人たちの権利がなくなってしまうのではないかと疑問を投じる。ネヴィルは、以下のように長い会話文でそれに答える。

「先生、この異論は、あなたの優れた能力が自然的有機体におけるものにとどまらず政治的有機体にまで拡大した（と私が言った）ことを立証します。と申しますのはより適切な質問がプラトンによってもアリストテレスによっても決してなされなかったためであります。そのことに次のように答えることであなたから快く理解していただけるかもしれません。すなわち、これらの立憲制が最初に形成された時、私たちの祖先は、宮廷の条件も計略もなく率直な精神をもち、善意の民でありました。彼らは、こうした種類の統治政体を選択し、かつそれを行わせるに足る、自分たちの手に権力をもちましたが、自分たちの権利を侵害するいかなる考えも君主の脳裏に入りうると予知せず、かつ想像しませんでした(12)」。

ネヴィルは、その説き起こし部分においてまずこの医師による疑問に対し、否と答え、かつ自説による民の自由と権力制限的な古来の立憲制論を立証しようとする意思表示をする。彼は、それをうけ、持論による統治術が政治体に駆使されているという。ネヴィルは、それがさらに自らの財産基盤型論的視角から二人の有名な古代の政治哲学者によってさえ詳細にわたってなされていないためであると答える。つまりネヴィルは、イングランドの自由主義的な立憲制がそのサクソン時代に成立したという論を立てる。その上に立って彼らは、きわめて純粋にその自由を第一義として制度化してきており、王政復古期の与党側のごとき、君主の意図や謀略など用いなかったと説く。ネヴィルによれば、故に彼らは、それに基づいた政体を選好し、この自由人たちが関与する混合政体的統治機構を有し、その君主が彼らの権利侵害の余地をなくしているとみなす。

ネヴィルは、続いてノルマン朝期へとその立憲制史を辿る。

「私は、ノルマン王朝が君臨するようになるまで、征服がなされたとは理解しておりません。その家系が条約によって登場した時、明らかにハロルド［二世］以外にいかなる者にも征服がなされませんでした。ハロルドの代わりにウィリアム一世が登場しました。彼は、ハロルドが享受したこと以上には、彼がその誤った権限を分かつその貴族たちから没収しうる（彼がなしたごとく）こと、及びフランス人たちが自分たちの諸階級へと入れられることを除き、自らの勝利後に主張しておりません。このことは、ノルマン人たちとサクソン人たちの混合をこの王国で形成させましたが、その統治政体にいかなる変革も革新も生み出しませんでした。ノルマン貴族たちは、サクソン族のように、自らの自由に頑強にして自らの自由の回復に積極的でした(13)」。

ここでは確かにネヴィルは、ノルマン人たちによる征服の事実を容認する。しかし彼は、シドニーらと同様に、ノルマン人の征服がイングランドにそれほどよい影響を与えていないとみなす傾向をもつ。従って前述のC・ロビンズがいうごとく、ネヴィルは、ノルマン人たちによってその統治政体に何らの革新も与えられていない⒁と解する。なるほどサクソン期以後の時代において行政組織などに関して連続性も存在するといわれる。とはいえ周知のごとく、ノルマン朝は、その土着の支配層を一掃し、王権を強化しており、当時のイングランドを大きく変えた局面など否定しがたいのである。われわれは、むしろここではその共和主義者たちがそれ以前からのよき伝統に立ち返って、その王政復古期においてそれを改めて主張しているとみなす。

ネヴィルは、引き続きウィリアム一世以後の憲政史を以下のごとく述べる。

「彼の死（及びたぶん彼の時代に）後まもなくこの王国（の人々）に対する権利侵害が始まりました。そのことは、不満をもたらし、後に苦情や不満の原因をもたらしました。それは、その時代の君主たち（最初にジョン王、次にヘンリー三世）が力を結集させましたが、さらに拡大して貴族たちが快く自らの権力を行使して、すなわち、彼らの領臣を武装させてその統治政体を防衛させる、極みに達しました。貴族たちは、ルイ王太子（その国王は自ら教皇に譲渡したように、サラセン人たちにこの王国を譲渡してしまっていたかもしれませんが）を招きましたし、彼ら自身の手先を武装させました。従って私たちの歴史において読み取りうるように、引き続きほとんど四〇年間にわたって流血戦が起こされました。貴族［ないし豪族］たちがその終わりに彼らの権利を確認するため二つの厳格な憲章ないし法を得たことがその成功でした。そのことによって彼らの生命・自由・あるいは財産は、君主のいかなる恣意的権力からもこれから以降は危険にさらしえないでしょう。故によきイングランド統治は、この時代以前には自然法のように人々の心に書かれただけでした。それは、これらの諸憲章が私たちの以前のものであったもの以外にもはや私たちに与えられませんでしたが、羊皮紙に明らかにされるようになり、文書記録のままに残っておりました。これらの諸憲章が形成された後、ある彼らに侵害が起こらざるをえませんでしたが、そうした貴族たちがその重要性を保つ限り、すぐに議会で仲裁されるもの以外の違反など存在しませんでした。彼らは、自らが集まった時がいつであれ、まずその諸憲章を確認しましたし、その民の利益のため諸憲章解釈を極めてしばしばなしました（例えば、'de Tallagio non concedendo'［一二九七年の追認〈25 Ed. I〉］〈これは、人々の徴税前に議会課税同意権を確保すると、人々の間ではみなされた〉である制定法及び他の多くが証明するように）(15)」。

ネヴィルは、ここにおいてこうした王政復古期において立憲制の支柱とされたマグナカルタの形成過程について論じている。つまりその大憲章は、貴族や自由人によって自分たちの自由擁護が古くから伝えられた伝統とみなされたのである。ネヴィルは、こうした視角から大憲章以前から貴族などがノルマン人の支配に不満をつのらせ、そのイングランド社会を流動化し始めているとみなす。それは、この流動化過程においてマグナカルタとウェストミンスター条例の形成期へと関連づけられる。それは、ノルマン人征服前後間の違いを明らかにしていると解しうる。これは、その豪族ないし貴族らが大憲章及びウェストミンスター条例の成立をもたらす背景として描かれる。

ネヴィルは、そのジョン王と対決するためルイ王太子を招く一方の貴族陣営が、この紛争として引き合いに出すという。彼によれば、もしそれが決定的な分裂へと至れば、イングランドをサラセン人たちに引き渡してしまっていただろうという。従ってそうした時期を流血の四〇年とも称すべきと解する。

とはいえネヴィルは、ここにおいて大憲章やウェストミンスター条例といった貴族ないし領主の権利や貴族制の存続を確認したものを成功と評価する。彼は、さらにそれを彼らの生命・自由・財産という権利と呼び、かついかなる君主権力によってもそれが侵しえぬという。ネヴィルは、古来の立憲制についてマグナカルタ以前期には理性の法と類似するものが人々の心に刻まれただけであったけれども、これらの文書などによって正式な立憲制が確立したと解する。特に彼は、マグナカルタなどによって貴族らがその存在を確保し、かつ議会を通じて保たれるため、自らの権利を確保できたという。この会話文においてネヴィルは、まさに議会においてその民のため諸憲章を解釈することが多くなってきており、特にその課税についての同意を得ることが重要となったと説くものである。

引き続き彼による立憲制と人々の不平不満の有無を絡め、次のように語る。

「そうした前述の諸憲章を形成した後まもなく、彼らによって予知されず、あるいは予め定められぬ不平不満など生じません。もしそれが秩序だった方法で修正されなかったならば、直ちにその統治機構に打撃を与えたのは、そうした苦情だったでしょう。これは、議会の中断でありましょう。議会は、その君主以外に召集できませんでした。彼がそうせぬ時、彼らはある時代の間において開催されませんでした。もしこれらが迅速に治されなかったならば、貴族は、自ら再び鎧を身につけたに違いありません。彼らの権利の活発な主張者たちがその統治機構の基礎を崩壊させる一つの除外（その基礎は国王・貴族・コモンズからなりますが、そのうちの一つの除外は、その時に三本足で五〇〇年近くも歩んできた後、一本足で飛び続けてしまっていたに違いありません）に黙従していただろうなどと誰が想像できますか。［中略］

私たちの貴族たちがその憲章の中にこの苦情に対するいかなる規定もなされていないことを不思議に思い得ませんでした。と申しますのはこの統治政体にきわめて多くの分有を占めた彼らの君主がそれを破壊しかつ自らにあの重荷を負わすようにするなどと想像することは、不可能であったからです。そうした事があったならば、この国は、私たちの立憲制によって、君主とその臣民との間に否定しえぬくらいにまで分断されていることでしょう(16)」。

ネヴィルは、この文においてまずマグナカルタなどからなる立憲制が存在し、かつ適切に運用される方法によって問題が処理されれば、不平不満など恐れる必要がないと説く。さらにその手続きによってこの問題を改善できなければ、そうした苦情や不平不満によって政府など崩壊の危機にさらされてしまっただろうという。もしそうした貴族らの不平不満によって混乱状態へと至れば、議会が休止へと追い込まれ、君主の権力によって議会召集が左右されることとなる。従ってイングランドは、議会が開催されぬ時代も経験している。次にその政府は、問題を適切に処理してきたため、貴族たちが武装反乱を起こす機会は多くなかったという前提を示す。従ってその統治政体の基礎である三者からなるものによって歩んできた憲政史について、国王の専制がまかりとおり、かつその貴族たちがその議会の除外に黙従してきたなど考えられなかろうという。

ネヴィルは、イングランドが伝統的に混合政体的にして財産権がうまく三要素の均衡をとっていたと解する。彼は、それをさらに文書規定によって確かにしたものがマグナカルタであるという憲政史を念頭に置く。従ってたとえ君主が財産において多く占めるようになったとしても、その貴族の権利に反するような規定など示されていないと説く。さらに君主が政体によって多くの権力を占めるようになったとしても、それを覆し、その緊張を高めることなどできぬという。これは、その古来の立憲制によって治者と被治者との相互の力の分有が遵守されているからであるというものである。

ネヴィルは、この会話文の後半でエドワード一世と三世期における憲政史を続ける。

「それ故、この時代の多様な貴族がその統治機構における優れた君主であるエドワード一世について語った時、彼（自らが古来の統治政体の変革を意図した全ての恐れと懸念を自らの民から払拭するため）は、迅速に議会を召集し、かつ議会においてその統治機構における王国の権利宣言に同意しました。このことを明らかにせねば、全ての私たちの法が役立たなくなりましょうし、その当時の統治政体自体も同様でありましょう。その統治機構に関して議会は（少なくとも）、君主と同様に不可欠な部分を構成します。従って年に一度議会が開催され、かつ必要があれば、その都度開催されることとする法を議会で可決していました(17)」。

ネヴィルは、まずそのエドワード一世期に言及し、かつ彼を優れた指導者として高く評価することによってその議会統治を措定する。C・ロビンズによれば、彼とその同時代人たちも同様であったという(18)。周知のごとく、彼は、議会及び貴族の権利を容認したが、ウェストミンスター条例をはじめとする数多くの立法によって王権を強化し、封建君主制の基礎を構築した君主としても知られる。ネヴィルは、ここではその両面の指導力を評価する視野から具体的には前の部分について確認していく。つまりその国王は、シモン・ド・モンフォールの反乱などによって示されるごとく、貴族が国政上強い影響力をもった状況下で、彼らの不安感を和らげ、かつ主張を取り入れつつ議会開催を通じて統治を行ったと説く。ネヴィルとその同時代人たちは、君主が立憲制的統治機構の枠組みの中で国家国民の権利宣言を認め、かつ年一回の議会開催を承認したという。

ネヴィルは、それをうけてエドワード三世期へと憲政史を拡大させる。

「その事は、もう一つのマグナカルタのように、あの栄光的君主であるエドワード三世の時代に形成された新法によって確認されました。またその時代には次のように証明する議論を使うことによって思い切って言い張る追従者も存在しませんでした。すなわち、議会が国王の議会召集権と解散権を侵害することは国王大権に反し、かつあたかも議会が集まるべきか否かを選択することが国王大権であったかのように証明する議論を使うことによって。私は、君主であったならば、自らを（オスマントルコ）皇帝にすることをもはや望みません。この最後の法以後すぐにその国王は、フランスやスコットランドと自国との戦争、及び他の大きな国務の理由によって拙速に自らの議会を終えざるをえぬ時もあり、かつ任務を果たさぬままにせざるをえぬ時もありました。（それは、その当時知られなかった宮廷の計略から外れていませんでした）。これは、以後間もなくもう一つの法を生み出し、その法によって規定されましたし、いかなる議会も諸請願全てが答えられるまで退けられるべきでないというものです。すなわち、この時代の言語においてその法案全て（それは、整えられた請願であった）が完成されるまでであります(19)」。

これは、その前の毎年議会開催制定法を受け、それをエドワード一世の孫であるエドワード三世によって初めて確証されただろうとC・ロビンズが示す(20)。これについてネヴィルは、もう一つの大憲章のごとく、栄えあるエドワード三世期の新法によって確認されたと説く。周知のごとく一七世紀の清教徒革命期にマグナカルタが国民の権利として主張されていた。その古来の立憲制による主張は、シドニーにおいてもなされる。ネヴィルによれば、その円頂党―地方党―ウィッグ党への民衆主義的系譜から、当時の国王支持者たちでさえも、王政復古期の王政主義的トーリー党のごとく、国王大権の過剰的拡大解釈によって言い張らなかったろうと嘆く。さらにネヴィルは、これをそうしたトーリーたちが専制君主のオスマントルコ皇帝を望むことと同然と斬り捨てる。

エドワード三世は、自らのスコットランドとの戦争、さらにはフランスとの百年戦争の開始などの厳しい状況へと陥ってしまってもいた。さらに彼は、貴族同士の対立などの難問も抱えることによって議会を止めざるを得なかった場合もあったという。その上、国王自身も知らぬ宮廷の陰謀に直面したこともあったという。とはいえエドワードがもう一つの法を規定することによって、いかなる議会請願にも回答を提示するまで退けるべきでないとしていると、ネヴィルは擁護する。加えてそれは、この請願が法案として形をなすまで退けるべきでないとも言っている。

ネヴィルは、次にそのヴェネツィア人に前の会話文における「最後の法」を説明するように請わせる。そのジェントルマンは、次のようにそれに答える。

「まさに私は、私たちの印刷された制定法記録集にその法を見出せぬことをあなた様に認めるつもりです。しかし最初にそのことの知識を私に与えたことは、リチャード二世の治世における記録を生み出すことを引き受けた、ある立派にして学識あるジェントルマンによって庶民院においておよそ三年前にいわれることでありました。以来私は、多くの顧問たちに以下のようにそれを問うております。すなわち、それが存在したと私に誰がいうのかと、そして彼らのうちの一人に、誰がその通りといった国王大権法律家とみなされるのかと。しかしその法は、その党派的争いを好む時代に形成されました。しかしながらその他に私は、ある期間後の間に（かつ特にヘンリー四世・五世・六世期において）、ある宣言が、各会期の終了前にウェストミンスターホールにおいてなされることが通常であったと認められると思います。議会に提示する事項を扱う全ては、そうした当日以前にそれを持ち込むべきでしょう。さもなければその当日に議会が決定すべきであるからです(21)」。

ネヴィルは、この文においてまずその毎年議会開催に関わる法について法律家たちが存在せぬといっているが、どう回答するのかということに対する返答形式をとっている。それは、公式的制定法記録には存在しないことを認めているという。しかしネヴィルは、ここでそれを調べる過程において大いなる知識を得ることとなったという。前述のごとく、古来の立憲制と主張されるのは、しばしば清教徒革命期と王政復古期であったといわれている。ここにおいてもその傾向を読み取ることとなる。従ってネヴィルは、当時の学識者たちからそのリチャード二世期まで遡ってその記録が調べられたという。その結果ネヴィルは、前に自らが提示した法が形成されたと解しうるという。さらにその後にこれを裏付けるものは、ある一定期の議会開催後にして特にその三人の国王期に、各会期終了前に議会議事堂においてそうした議会開催宣言が通常なされていたと説く。議事議題日程は、その開催前に決定しておくことが本筋である。そうでなければ、全て議会がそれを決定することとなろう。

ネヴィルは、その残りの語りにおいてこの後半部を以下のごとく、このジェントルマンに答えさせる。

「たとえこのこと全てについて何も存在せずかついかなる現存記録も存在しなかったとしても、なお私は、それが、この統治基本法によってその通りであると信じなければなりません。こうしたことは、この統治基本法がなければ不十分にして不完全に違いありません。と申しますのは君主が好む時以外に議会を開催しないことと、（中略）君主が望むとき議会を退ける権限を君主に認めることと同じこととなるからです。従ってもし議会制定法が存在しないとすれば、その統治のエッセンスと立憲制によってこれが規定される以外に、私たちの賢明な祖先が何ものも存在しなくともよいと確かにみなした故となりましょう。これを（あなたがむしろそのように主張しているならば）、私たちは、コモンロー（普通法）と呼ぶことができます。それは、いかなる制定法と同様な（それ以上ではないとしても）価値をもち、普通法がこうした価値をもつことについて全ての私たちのよき議会法及びマグナカルタ自体は単なる宣言に過ぎぬこととなりましょう。故にあなたの異論は、国王が自らの令状によってなされる、議会を召集し、かつ解散を告げることを公式的役割に託されますが、議会法（私たちと同様に国王も拘束する）は、国王がそうする方法と時を決定すると十分に答えられます。そのことは、主権（すなわち、議会）における国王の役割がその法により国王に対して控えさせられたり、また国王の随意のままに託されないと示すのに十分です(22)」。

ネヴィルは、その最後の議会開催に関する具体的な文書記録などなく、かつ十分でも完全でもないとしても、その統治基本制度によってその本来の規範があるという信念を明らかにしている。この理由としてその法の支配規範によるものによってネヴィルは、答える。それは、彼が君主権力の制限的主張によって議会開催権を恣意的に行使させぬことを説くものである。ネヴィルによれば、このことは議会によって君主の恣意性を排除できるという。

ネヴィルは、議会制定法を抜きにした統治的世界を仮定しようとする。そうなれば、統治政体の立憲制とエッセンスによって規定されるもので秩序を維持した古代のイングランドの民のような世界を想像することとなってしまおう。彼によれば、これはネヴィルが書いている時代に置き換えると、普通法（コモンロー）の世界となるという。さらにそうした世界においてコモンローが制定法と同様な価値をもつようになり、議会開催に関する全てのイングランドの議会法や大憲章そのものが宣言同然となってしまおうという。従ってネヴィルは、その議会開催法が存在せぬという疑問に対して次のように十分な回答をなしうると説く。すなわち、国王は、自らの令状によってなされる議会召集及び解散告知を公式的役割とさせるけれども、国王も国民も拘束する議会法は、それをなす手続きと日時を予め決定することにより、それを抑制しうるものであるためと答える。従って主権的議会の中の国王の役割が予め議会法によって彼を定めることで国王を法の支配に従わせ、かつ国王の専断にまかせぬことが可能であると主張させる。

（1）Henry Neville, *Plato Redivivus*, London, 1763, pp. 89-91.
（2）H. Neville, *op. cit.*, pp. 91-92.
（3）*Ibid.*, pp. 92-93.
（4）*Ibid.*, pp. 93-95.
（5）*Ibid.*, p. 97.
（6）*Ibid.*, pp. 97-98.
（7）*Ibid.*, pp. 98-99.
（8）*Ibid.*, pp. 99-100.
（9）*Ibid.*, pp. 107-109.
（10）C. Robbins, ed., *Two English Republican Tracts*, 1969, p. 120.
（11）H. Neville, *Plato Redivivus*, 1763, pp. 109-110.
（12）H. Neville, *op. cit.*, pp. 110-111.
（13）*Ibid.*, p. 111.
（14）C. Robbins, ed., *Two English Republican Tracts*, 1969, p. 121.
（15）H. Neville, *Plato Redivivus*, 1763, pp. 111-113; C. Robbins, *op. cit.*, p. 122.

（16）H. Neville, *Plato Redivivus*, 1763, pp. 113-114.
（17）H. Neville, *op. cit.*, pp. 114-115.
（18）C. Robbins, ed., *Two English Republican Tracts*, 1969, p. 123.
（19）Neville, 1763, *op. cit.*, pp. 115-116.
（20）C. Robbins, ed., *Two English Republican Tracts*, 1969, p. 123.
（21）H. Neville, 1763, *op. cit.*, pp. 116-117.
（22）*Ibid.*, pp. 117-118.

ネヴィルは、ここでその医師に対してそれが自らに君主絶対主義的ではないのかと問うたことに答えていた。しかしまたそのヴェネツィア人が自国において選出される統領同然ではないのか、と問い質すことについて他の国王大権事項と合わせて答えようとする。すなわち、

「あなたのいう君主が公収入を扱い、王国の信用と利益をもつ教会及び世俗の官吏〔役員〕全てを任命し、かつ海陸民兵に全体的に絶対的権限をもつ時、私たちは、その権限全てをもつ彼が我が国のものであることを認めることとなります（1）」。

ここにおいてネヴィルは、イングランドにおける他の国王大権について論じようとする。われわれは、ネヴィルがその主権におけるこの大権を徹底的に制限する主張をなしていることに言及してきた。従ってわれわれは、一般的な用語法をここにおいて確認する必要が出てきた。

周知のごとく国王大権は、君主の裁量権限に適用された言葉である。それは、議会とコモンローを通じて行使される「通常大権ないし法的大権」、及び公共善を保護するため法を補完しうる（が、法を犯し得ぬ）「特別大権ないし絶

対的大権」に分けられる場合もあるという(2)。彼は、前述において前者について主に論じてきている。ここで特に問題とするのは、後者のものである。すなわち、公共善のために絶対的国王大権をもつという場合のことをこの引用で示す。これに対しその急進的ウィッグである医師は、「その膨大な大権(3)」を君主に置くことが、「私たちの自由と矛盾」するとさらに問い詰める。

そのジェントルマンは、その医師に次のように答え始める。

「私は、あなたが民兵の権限を意味すると思いますし、その権限は先の制定法がそれを国王にあったと宣する以前には疑わしいことを認めなければなりません(4)」。

ロビンズによればネヴィルは、これが民兵統制権を国王にあると宣する法であり、それはその執行を規定する二つの法が続くものによって語る（13 Car. II. c. 6; 14 Car. II. c. 3 and 15 Car. II. c. 4）(5)。つまり彼は、その宣言によってこの国の民兵統制権が妥当とされるものであると説く。続いてネヴィルは、この理由に言及しつつその回答を続ける。

「と申しますのは私たちの統治政体は、当然であるもの以外に民兵の他の扱いをなしていないからです。すなわち、自らのいくつかの州（すなわち法域）における貴族は、その家臣の召集権限をもちました。すなわち、それは、家臣たちを戦争のために武装させるか、あるいは法が令状を満たすことによって執行をもたらすためのみかのいずれかの形によります。抵抗がある場合には財産を与えることによります。その領主は、自らがもつ領臣の中で州統監と州執政長官といった二つの任務を遂行しました。この州執政長官《シェリフ》は、『伯爵代理（子爵）』というその称号によって現れるように、伯爵の代理でしかありませんでした。しかし州執政長官は日常的に必要であり、かつ裁判自体（すなわち、その州における人々全ての生命・自由・財産に関するもの）は、そのシェリフに依存します。貴族の重要性が衰退した時、（その事について私たちは、この後に話す機会をもつこととします）州執政長官選出は、『州《カウンティ》コート』に付託されました。ここにおいてそれは、制定法によって存在するところに置かれるまで継続しました。他の民兵部分は、（すなわち、戦争に備え人を武装させること）についてそれが州統監（自然的領主のイメージとして）及び他の副州統監へと国王からの委託によって事実上行使されました。これは、陛下の幸福な王政復古まで、制定法によって決して解決されませんでしたが、（私が前に述べたように）暗黙のうちに同意されました（6）」。

　民兵統制について制定法によってこの統治機構が扱うことに限定されるために法の支配が行き渡るという。そうした君主の指導的部分を担う領主でもある貴族は、ある州においてその領臣を兵として集めさせる権限を有するという。さらに彼らは、戦争に備え軍隊を構成させるか、あるいは国王の令状に従って執行するためのみかのどちらかの手段を講じることとなる。それに彼らが抵抗を示せば、財産を彼らに与えることによって執行すると答える。その貴族ないし領主は、自らの領臣の中で二つの役割を果たすものである。そのシェリフは、その公式名では伯爵代理のみであるが、一般に一年に一度国王によって任命される。その任務は、王室収入を集め、かつ公的秩序を守ることである。ここではネヴィルは、それが恒常的に必要な任務であり、州における人々の基本的権利を裁くものであるという。時代が移行するにつれてそのシェリフの選出は、「州裁判所」に付託されるようになったという。ネヴィルによれば、そうした役割は、制定法に規定されるまで存続したと説く。

　次に前者の州統監の役割を同様に説明する。すなわち、軍事事項は、これと副州統監への国王の命令により実際上行われたという。それは、王政復古によって制定法的に解決されたと説く。ここにおいても他の文においても、急進的共和主義者であるシドニーは、それを望む統治が待望された時期（『宮廷の格言』）と解するものに対応して「幸福な王政復古」とネヴィルがしばしば示す。これは、ニュアンスの違いであり、その二者は、これがその後混乱状態へと陥ると認識する点において共通しているといえよう。

ネヴィルは、このジェントルマンの語りにおける第二の文節を次のように続ける。

「私は、あなたに答えるために次のように申し上げたつもりです。すなわち、諸権限が国王にあるものが何であれ制定法であれ古き規定によろうが、その諸権限は、統治政体の保全及び民の安全と利益のため君主に託されると解されますし、解されねばなりません。法の執行及び支持のため君主に与えられる民兵が、それを覆すため君主によって用いられるつもりか（船舶税の場合にあったように）、あるいはその財産が不正に使用されるかのいずれかである時、かつ（エドワード二世時のように）ご機嫌取りたちや追従者たちを伴うことによって収入をえるのか、あるいは（リチャード二世時のように）役立たず者たち、ないし悪辣な者が最高の地位に就く場合に（この場合に君主はこのことを問題とすることができず、［国王がスパルタに存在し、かつあなた方の統領がそうであると私は信じますように］）、これは、その統治によって君主に置かれた信頼の重大な侵害であり、その（法によって彼に与えられる）権力をその執行において不法とせしめることです。

国王権力を濫用することで、その国王の大臣たちに議会で負わされた頻繁な裁判事例は、次のように明らかに示しました。すなわち、君主が好きなように行使する権威のごとくには彼の手に委ねられないのです。いいえ、その臣民に損害を与えてこの権力を濫用する、君主たち自身のうちのある者には哀れな面倒と危険をもたらしております。そのことは、彼らが決して正当化できませんが、君主たちへの教示に役立ちえますし、君主たちに対して破壊的助言を聞かぬ事例に役立ちます。と申しますのは人々は、激怒させられる場合、君主たちが正義ないし宗教をいつも考慮しないからであり、こうした感情は、理性や有徳と同様人間には当然のことであるからです。それは、神聖なマキャヴェッリの意見であったからです（7）」。

　ここにおいてネヴィルは、まず君主権力がこの統治政体の保全及び国民の安全と利益のためのさまざまな法の支配形式にあることを措定する。次に彼は、それが行われない政治状況を列挙する。これは、船舶税問題にあったような、チャールズ一世によるルール違反から始める。ロビンズによれば、ネヴィルは、一六三七年にその支払を拒否することから生じた有名な事件を想起する(8)。さらにエドワード二世期における指導部を担う人々（狭い心性しかもたぬという）が理にそわぬやり方などによって示される（これは、シドニーの見解と同様である）リチャード二世下におけるその指導力を欠く状況などである。ネヴィルは、それらを法の支配への信頼を失墜させる「人の支配」であり、その法の支配違反に陥るものであるという。

　ネヴィルは、この会話文の後半部において君主とその指導部における人の支配の影の側面を抉る。まず彼は、統治権の執行権限である裁判権（ネヴィルは、それが議会を通じてのものとみなす）が君主の恣意的権力行使を認めるものでないという。さらにこうした権力の濫用がその臣民に大きな打撃を与えるものは、チャールズ一世の処刑例に至るごとき、君主の指導部に悲惨な結末をもたらすものであると警告する。ネヴィルは、この文節の最後に多くのウィッグたちと同様に、君主よりもその取り巻きを構成する助言者たちに批判を集中させる。またマキャヴェッリが主張するごとく、彼らが正義や宗教を蔑ろにするあしき方向へと向かった場合に、我に返って合理的な方向を求める声を大切にすべきであると説く。

　ネヴィルは、この会話文の第三部が前の二つの文節と同じ紙幅から構成するものによって語る。

「それであなたに答えるために私は、次のように言います。すなわち、私たちが国王にそうした諸権限を認めますが、その諸権限が破壊のためでなく、教化のために国王に与えられ、自らの大臣たち及び自身に対してでさえ、大きな危険なしに濫用しえぬため、私たちは、諸権限が破壊された統治政体における場合を除き濫用しえぬことを望むことができます。もし私たちのものがそうであるならば（私たちがまもなく示すように）、（私たちが前にいったように）大臣がその枠組み（それについてこれから多く話します）の修正に同意することを正しく君主に助言せぬことを処罰され得る場合を除き、私たちの法執行の欠陥は、君主にも大臣にも帰すべきでありません。しかしその一方で私は、（全ての君主自身がもつ大権があるような）他の国王大権にきております。それは、最初にお金が国王に支払われるべき場合において他の債権者よりも先に君主に役立てられます。この大権は、国王の負債や土地収益などを埋め合わせるため、国王の臣民よりも彼に対して迅速にして容易になし得ます。しかし一言で全てを言うならば、ある事が国王大権であるかどうかについて疑義が生ずる時、次のことがそれを決定する方法です。すなわち、その民の善と民の擁護のために国王がそうした権力をもつかどうかを考慮する方法であります。と申しますのは大権の定義は、コモンローの重要部分であり、それによって権力が君主の国民の保全のため君主に置かれたからです。もしそれが君主の臣民の善でなければ、それは、大権でも法でもありません。と申しますのは私たちの君主は、彼が長である政府によって最初に自らに託されたものの権威以外に自らの権威をもたぬからです。また臣民たちが自らを統治することが必要であったものより以上に多くの権力を君主に与えると想像すべきでありません(9)」。

ネヴィルは、まず君主がこの法の支配政体において確かに国内にその民兵を行使する権限などを認める。しかしながら、それは、その指導部を構成する大臣とともに行使するものであるが、その政体を破壊することに対応する以外に濫用しえぬほどに限定的なものであると措定する。ネヴィルによれば、その立憲制自体凡そにおいて妥当性を有するが、さまざまな状況変化によってその法執行制度を修正することが妥当である場合に、大臣がその修正を助言せぬことを処罰できることを除き、こうした法執行制度上の欠陥は、君主にもその助言者集団にも責任を負わすべきでないという。われわれは、ここに制度に重きを置くネヴィルの傾向を確認できる。

ネヴィルは、引き続き他の国王大権と取り組む。それは、まず国王に支払うこととなる金銭について他の債権者のものよりも君主を優先してなされる。この大権は、国王の財政を埋め合わせるため臣民のものよりも国王の執行が素早くして円滑になされるようになっている。手短にいえば、それは、大権事項に属するか否かの問題が発生する場合、その民の共通善と民の保全を第一次的目的とし、この大権執行が妥当かどうかを決定する筋道であると説く。その目的故に、大権規定が君主にあることとなり、普通法《コモンロー》の主要部分を構成するからであるという。そうでなければ、その問題は、大権にも法にも属さぬ。これはその目的によって、君主が長である政府に託された権威をもつ故であるという。従って君主にそれ以上の権力を与えるものなどないと主張している。前述のごとく、ここにネヴィルにおける民衆政体の優越主義を読み取ることができる。というのはその大権の制限が民の保全と共通善という大義に基づくからである。

ネヴィルは、この事例を述べつつその事項について次のように語る。

「例えば、有罪判決をうける罪人の恩赦権は、それなくして多くが不当に死にさらされるような、民の生命と財産にはこうした有用性をもちます。最近のある哀れなジェントルマンが騒々しい［話好きな］法律家の演説手段によって、自分が決して殺さなかった人のことで、殺人容疑で有罪判決をうけましたし、あるいはたとえ彼が殺したとしても、その事実は故殺のみであったとされ、かつ彼は、〈同様に自らが決して発しない言葉を話すということで有罪判決にされた、あるジェントルマンに〈あるいはたとえ彼がその言葉を話したとしても、愚かであるが悪意では話さなかったのでしょう〉親切に恩赦したようには〉陛下がその彼にまで快く陛下の慈悲を拡張しなかったならば、必然的に彼自身殺害されていたでしょう(10)」。

ネヴィルは、まずその大権行使事例として有罪判決者に対する恩赦権を導入する。その不当判決に対する恩赦権は、その市民の生命や財産の保全に有効であると説く。ネヴィルは、そこであるジェントルマンが法律家の虚言によって殺人を犯さないにもかかわらず、有罪判決を受けた事例を示す。その彼は、以前にこの恩赦の大権によって赦免された例がある（国王に反する犯罪の恩赦大権は、しばしば行使されたが、ロビンズは、それがネヴィルによって示されていないという(11)）とし、受けられなかった場合を想像しつつ推測する。

続いてネヴィルは、庶民院議長の選択事例を導入する。

「他方、論争が庶民院議長の選択について庶民院と大権法律家との間における最近の議会開始に生じたように、論争が生じたならば、その大権法律家たちはその論争について自らの陛下に関心をもたせ、その結果その当初には、陛下には極めて忠実にしてきわめて価値ある議会に対して、彼をして逆らわせてしまいましょう。そうするとそれは、何のためですか。と申しますのはあなた方が正しく決定すれば、その問題がなくなるからです。国王が最初に議長選出になにがしかの役割を言い張る時（この議論は当時の学識ある愛国者のうちのある者によってきわめて適切に扱われました）、その前例、及びその歴史を退けることについて、私は、次のように問いたいのです。すなわち、もしその政府が国王の土地管理人、彼の事務弁護士、あるいは仲裁における彼の仲裁人の指名権を国王に与えたならば、国王の利益に反して考えぬいかなる特定の人も彼の王国全体に存在しない場合に、人はどんなことを示すことができますか、そしてどんな理由を申し立てることができますか、なぜ民の擁護と幸福は、庶民院の発言手段を選ぶある大権を君主に置くべき必要があるのですか(12)」。

庶民院議長の選出について周知のごとく、その代表議院たるものがそれを選び、かつ君主がそれを任命することとなっている。これに対してネヴィルは、その議院と君主大権法学者との論争の事実に言及し、議長の選出に君主の意見を優先してしまえば、伝統的法の支配制度が崩壊しかねぬという認識をもつ。彼は、どうしてもそうせねばならないとすれば、どんな大義がそれにあるのかとその対話者に迫る。ネヴィルは、この問題点について以下において論じる。

ネヴィルは、その君主が当初には議長選出などの自らの主導権を主張した時、自らの伝統的仕組みを前例ないし歴史として措定し、かつそれに異論を唱えるものに関連する諸問題を引き起こす事項を列挙する。ネヴィルは、その反論についてこの文節の最後において自らが第一義とする自由民の擁護と福利事項に関して、庶民院の発言手段の選択であるものを君主大権に託す大義を示さねばならぬと迫っている。

ネヴィルは、その会話文の最後において国王大権事項を以下のように締めくくる。

「確かにその議長たる人物（彼の任務は、彼らの審議へと適切にある用語に変換することであり、かつその陛下に全ての要請を明らかにすることにあります）が、（庶民院による）彼ら自身の選任及び任命について全体的にこの議院にあるべきでないということには、その主権者にも主権者の臣民たちにも何らの利点もありえません。その彼ら自身の選任及び任命は、なお以下のような大いなる理由があります。と申しますのは過去の多年にわたりその議長は、宮廷から指示を受けているからです。また彼らは、議員たちの討議を暴露することによって庶民院の特権を侵し、かつ投票せずに議会を休会にしかつ多くの軽罪を犯しているからです。その議長たちは、自らが陛下の状況とその民の両方に測り知れぬ損害を与えて、国王とその庶民院との間のあしき理解をもたらしているからです。私は、国王大権を判断するこの規則を与えているため、その事についてもはやいわぬつもりです(13)」。

この文節は、君主に対して議長選出に意見を挟むべきでないという主張をうける。これは、庶民院が共に関与するものであり、それに対してこの主権者にも臣民にも少しの利ももたらさぬという。つまり議長は、その議事を機械のようにそのまま手続きに従って取り仕切り、かつそれを国王へと要請する任務をもつ。従ってこのことについてその権限が全面的に国王にあるとすべきでないと説く。さらにネヴィルは、その選出と任命を君主に委ねるべきではないとする重大な理由を述べる。つまり歴代の議長は、まずその政府の核心的機構を占める宮廷から指示を仰いでいるからであるという。加えて議長は、その本来の審議及びその意思決定手続きを軽視することによってそれらを延期させているいると断じる。彼らは、国王の問題及び国民の双方に大きな打撃を与え、かつその両者の良好な関係を誤って認識しているという。ここでわれわれが注意すべきことは、ネヴィルが国王の役割を政治的なものよりも法の支配制度に従う行政的なものに限定しようとしていることである。これは、その王政主義派が主張する統治と大きな差異がある。ネヴィルは、ここで全ての国王権力が議会法や戴冠式の制約などのためコモンローによって国王自身にあり、大権法律家の著作におけるようにそれが「理性」自体（理性的な人々に書かれている(14)）と同様であり、基本的抑制のうちの一つであると説く。これに対しそのヴェネツィア人は、その国王権力と比較しつつ、次のように懸念を示す。「私は、議会における国王の拒否権についての話を大いに聞いております。それは、私の意見では国王が好む時、自らの民の全ての努力や骨折りを挫き、かつ議会開催権をもつことによってこの王国に生じるいかなる善も同様に阻止する程の権限をもつのであります。と申しますのは確かに、私たちがヴェネツィアの私たちの公爵あるいは私たちの統治官にそうした大権を置いたならば、私たちは自由な民とは呼べなくなるからです(15)」。

ネヴィルは、ここにおいてイングランドの議会開催権に関する国王権力の拡張が客観的な視野から判断しても異常であることを異国人の見解によって浮き彫りにしようとする。このヴェネツィア人は、自らの国政の長にそうした大権をもたせたならば、殆んど自由な国民にはなりえぬと迫る。これは、ネヴィルの主著の執筆目的と符合する。つまりその王位継承排斥法案危機議会の状況は、議会開催がチャールズ二世の意思によって左右される可能性をもったからである。従ってその状況は、まだ国王優位型統治であって、庶民院優位型統治でないことを示唆する。

この異国人による指摘に対し、そのジェントルマンは、次のように自らの持論を展開する。

「私たちの国王がその権力をもつならば、それはこの統治政体の真正にして本当の意図に従って行使されるべきです。すなわち、この意図は、その民の保全と民の利益のためであって、苦情を改善する議会の助言を失望させかつ将来の法執行規定を形成するためではありません。それがこの諸目的を挫くためにあてはめられる時がいつであれ、それは正義違反であり、かつ国王による戴冠式の誓約の侵害であります。その誓約において国王が法（それは、その時代のラテン語でこの民が選択することとする法であります）を確認することとするという条項があります。私は、法律家よりもむしろ文法家である批判者が elegerim と elegero との間の区別をなしていることを知っています。彼らは、次のように主張することでしょう。すなわち、国王は、民が『選択したこととする』法の遵守を誓ったのであって、彼らが『［これから］選択することとする』法の遵守を誓ったわけではありません。しかし私の意見では、もしこの条項は、国王が既に形成された法の執行を義務付けることのみ意図されるならば、それは、国王が法全てを執行すると宣せられた同じ宣言におけるもう一つの条項によってある他に、『法（即ち慣習）の確認』によるよりも『法を保全する』ということによってよりよく明らかにされていたかもしれません。しかし私は、この論争を未決のままにしておきます。そのことについてもっと多く知りたい願望をもつ人々は、私たちの不幸な内戦に先立った、この問題について賛否両論の宣誓を争う人々を調べることができます(16)」。

ネヴィルによれば、前述のごとく強力な国王大権は、ある意味で近代国家における強大な権力状況において必要悪であることを想定する。それにもかかわらず、こうした権力執行が当時において議会が妥当とみなす国民の要求を取り上げる助言を無視し、かつ将来の国家の在るべき方向に反する権力行使規定によってその民の福利と民益を蹂躙してはならぬと確認している。さらにネヴィルは、誤った意図によってその将来の目的へと踏み込んでいくと、本来の目的を逸脱させ、かつその本来果たすべきことを裏切ることとなり、国王が自らの就任式の誓約にある法の遵守義務の不履行となってしまうという。

さらにネヴィルは、その誓約を仔細に読み解こうとする。彼によれば、その成立期におけるラテン語によると、その民が選択するものとする法を含意するという。ネヴィルは、次にそれを文法学的に解明しようとする。文法学者たちは、既に人々が選択したことをこれからも同様に引き続きその通りに法を遵守すると誓うものであり、将来の法とすることを誓ったわけでないと解する。これに対しネヴィルによれば、その項目は、君主が確立済みの法執行遵守の義務規定のみを目指したならば、その君主が法の執行遵守全てについての誓約の一条項の他に法の保全をなすこととする規定によってより明瞭となっただろうという。ここではネヴィルは、その論議について結論を差し控えるとし、あえて解決しようとしない。いずれにせよ、この批判者のような意見との論争は、（彼によれば、不幸な内戦期以前の）論者たちのものに任せるという。ネヴィルによれば、そこにおいて十分な賛否両論が展開されているとみなす。彼は、清教徒革命期前後におけるその議論的長所を確認する。

ネヴィルは、ここにおいてチャールズ二世に言及するが、例のごとく彼個人に対する批判を控えている。彼は、これは、ネヴィルが述べるごとく法制上国王を正義の源泉とみなすゆえである。その後半部を次のように続ける。

「確かに、これは、陛下にあるいは彼によって委任されたある者に示されることなく、可決しているいかなる制定法も見出しえません。［中略］かくしてのみ私たちは、国王に示されかつ彼によって拒否される、国民に大いに関わったいかなる議会の要請もなかったことを肯定できます。しかし私たちの古代史や近代史に見出しうるような否定は、きわめて惨めな結果を生み出しました。貴族《バロンズ》の戦争も私たちのもっとも最近のみじめな騒動もともにこの王国の諸階級の願望に同意することに対して、当時支配する君主たちの否定以外に他の原因が発生しなかったことは、確かです。以下のことは、私たちの現在の寛大な君主の知恵と優秀性なのであります。

すなわち、二〇年間及び幾分より長く（その期間に私たちは、チャールズ二世の幸福な王政復古以来、彼を共有しております）彼は、一つの一般法案しか彼の拒否権を行使しておりません。（たとえその民兵法案が法へと可決していたとしても）そのことも六週間のみ効力を継続していただけでしょう。単なる恩赦事項である個別法案について、各イングランド人が享受するあの権利を陛下によって拒否されることは、非合理です。各々が享受するその権利は、各イングランド人が好むところにおける以外に国王の支持を執行することを義務づけるものではありません。しかしこの否決権の論点について、私たちが私たちの政治的熱病の治癒を述べる時、あなた方のうちのある者がこの問題について、及び国王権力と民の権利に関わりうる他の全てについて解決と説明を提案することは可能です(17)」。

ネヴィルはここではまず、今まで国王や彼が任せた人々に提示されずに議会で可決されたものなど存在せぬと説く。次に彼は、国家国民の重大事項についてその君主が提示したり拒否したりする議会による要請も存在しないことも確認する。これは、一方において国王側にもその手続き上の適法性を是認すると同時に、議会（この場合は、残りの二要素を含意する）の最終的意思決定をもつことを是認する。それにもかかわらず、過去の歴史におけるその君主による否定は、悲劇的な結果をもたらしたと説かれる。ネヴィルは、過去のその悲惨な結果について、薔薇戦争における豪族ないし貴族たちによる内戦、及び清教徒革命期における悲惨な動乱なども、その勃興する諸階級の人々の要求をその支配者たちが否定したことが最大の要因のうちの一つとみなす。次にネヴィルは、それと比較して王政復古期のチャールズ二世自身のものを逆に称賛する。すなわち、一六七八年に出された一般法案（国民全体に関わる）を、その国王は一つしか二〇年間程度の治世において拒否しておらず、それが寛容的なチャールズの知恵と優秀性のお陰とまで言っている。

その拒否された一般法案は、本来きわめて長期にわたって兵を集めるものであったという。しかしたとえそれが法として可決したとしても、六週間のみ実効性をもつだけである。これは、国防などの理由で重要な問題であるが、彼はこれについてあえて深入りしていない。いずれにせよ、チャールズはこれのみしか拒否していないことが強調されている。ネヴィルは、次に個人などに関する国王の恩赦問題に関わる個別法案へと移る。ロビンズがいうごとく、彼が人々の権利にあまり特記せぬ傾向があり、これは数少ない言及(18)であるという。すなわち、ネヴィルは、国王といえども各イングランド人の人権に関する法案など拒否すべきでなく、かつ君主への忠誠を強制すべきでないと主張する。つまるところその議会における否決権問題について、この国家の病理とその治療と関わる場合に、君権と民権との関連を十分に確認することによって解決策も論理立ても定立可能であると説かれる。

ネヴィルは、このイングランドにおける統治政体論の最後の会話において貴族院がこうした全ての法案否決権をもたぬ理由及びその公共善事項について答えようとする。

「確かに貴族院も庶民院もそうした否決権をもちません。しかし貴族院が自らの否決権によってもつ審議投票と、審議なくして全てを激しく攻撃するため王位にあるものとの間には大きな相違があります。貴族たちは、法案を提出し、かつ案出する際にコモンズと協調します。彼らは、人々が課税される事項を除き、コモンズからいかなる法案も受け入れると同様にコモンズにその法案を送ることができます。ここにおいて私たちの統治政体は、今まで実在したうちで最善にして完全な諸共和国を模倣します。その共和国において元老院が法形成では支援し、彼らの知恵と巧妙さによってより人数の多い議会のため事項を準備し、彼らの真剣さと穏健さによって時にはその人々をより静穏な状態へと定着させ、かつ彼らの権威と信用によってその時流の大きな動揺を抑え、かつ雰囲気を静穏にし、その人々に来る機会を与えました。故に、もし私たちが古来の立憲制の上に今何らそうした貴族の地位ももたなかったならば、私たちは、その貴族の代わりに、貴族の爵位ないし元老院を形成することが必要とされましょう。そのことは、次のような現在の私たちの貴族を確かにするかもしれません。すなわち、たとえ彼らの依存と権限がなくされるとしても、私たちは、彼らなくしてありえませんし、彼らが最近の狂気の時代に被ったように、私たちの改革による消滅を恐れるに及ばないことを。しかし私は、その人々の権利に一言いうつもりですし、次にこの勇敢にして優れたイングランドの統治政体が衰退した仕方を示すつもりです(19)」。

ネヴィルは、まず議会両院がそうした全法案の否決権をもっていないことから切り出す。とはいえ、貴族院において貴族自らの否決権によってなす討議上の投票権と、討議をせずにその法案全てを拒否するための国王制度にある拒否権とは大きな差異があるという。それにもかかわらず貴族院は、今日におけると同様に下院優越の第一の機能である財政事項決議の側面を除き、当時において両院は対等的であったが、両院の法案審議の協同性、及び開放性などを評価する。彼は、そうした両院制議会制度を、自らが高く評価するヴェネツィア共和国などと類似するものであると説く。すなわち、その共和制は、上院が法形成を助け、その優れた知恵と技術によって下院である大会議のための議事が磨かれ、合理的にまとめ、かつその議事に備え、その真面目さと健全性によってその市民たちをより平穏状態へと落ち着かせている。その元老院は、自らが得ている権利と信頼によってその極端な浮沈による不安定性を抑制し、かつその雰囲気を和らげ、そこに来る人々に機会を与えているという。従ってネヴィルは、前述のごとく、自らの根拠として古来の立憲制を置くため、その貴族の主体性精神と地位を適切に位置づけようとする。故にネヴィルは、イングランドに両院制が必要であると説く。その適例がヴェネツィア共和国の元老院であるという。とはいえネヴィルは、そのイングランド人たちの権利に言及し、次にこの勇ましくて果断であり、かつ秀でたイングランド政体が衰退を招いた方途を説明したいという。

ネヴィルは、以下でそれを説き始める。

「イングランド国民は、この基本法（すなわち、イングランドの統治の立憲制）によってその生命・自由・及びその身体における全体的自由をもちます。既に形成され、あるいは以後議会で形成されかつ公表される法による以外に少なくともそのいずれも被りえません。こうしたよき法（それは、私たちの生得権です）の執行において生じるかもしれぬいかなる抑圧も防止するため、全ての裁判［事実審理］は、私たちの平等者たちからなりかつ私たちの近隣の者からなる一二人によってなさなければなりません。［中略］

彼らは、被告人が犯罪事実をおかしているのか否かのように、犯された事実が犯罪であるのか、かつどれくらいの犯罪なのかと同様に、調査し、かつ判決することを明らかに示します。しかしそうした時代の腐敗（崩壊した政体枠組みの間違いなき結果）によってこの陪審任務とイングランド人たちの権利が最近問われます。しかしそれ［その権利］は、最近の学識ある著者によって強力にして効果的に擁護されています。私は、この事項の多くについてあなたにそうした著者を引照するように申し上げます(20)」。

ネヴィルは、まずこの第二文節においてイングランド政体の立憲制を基本法とみなしている。これは、現代における制度理解とほぼ同じ解釈を示す。彼は、その基本的人権を含むものをそれに根拠づける。それらは、さらに議会において法に基づき擁護され、かつ正しく示されるという。その基本法に基づく法は、イングランド人たちの生得権と呼び、その法の実施におけるいかなる妨害も阻止する目的をもつ。全ての事実審理の裁判は、陪審制を人権擁護機構とみなす傾向を示し、かつ一般の人から構成する一二人からなると説く。彼は、その陪審裁判が、民事事件において完全に行われていたという。いうまでもなく、その裁判は、法律に関わる事実認否などについて審理し決定するものである。

当時において一般的にその地域の事情に通じている人々が陪審員になったといわれる。ネヴィルによれば、その法事項に関する事実認定をこの一二人が拒否すると、それに基づき判決を下す裁判官がこれをなしえなくなるというものである。いずれにせよ、その陪審の評決は、記録として残さねばならぬという。ネヴィルは、他者に対し法律的構成要件をなさねばならぬ故での訴答不十分抗弁、あるべき法律上の性質をもたぬ理由によって、その是正を要請して誤審令状を求めるもの、及び正式な裁判記録上の明確な誤謬故による判決抑止などのごとく、これらの諸事項を以前にその外国人にいったという。また、ネヴィルは、自国の国内法の執行に特化するものでないため、それらをこの会話には含まぬと断る。それにもかかわらず、より多く統治事項に関わるものには論及する旨を伝える。より重要な全刑事裁判についてその陪審は、訴答不十分性の抗弁の抗弁当事者が事実認否を認め、かつそれを自分たちの手から取り去ることを除き、法事項の事実認否についても絶対的権限を有することに注意を払うべきであるという。この一二人からなる小陪審員がその陪審を行うためにこの裁判所に現れる時、その宮廷吏がこの陪審員長に問うことは、その被告人自らが告発される方式によって有罪か無罪であるのか、ということなのである。

従ってこの一二人の陪審員は、その被告がその事実を偽っているのか、犯罪事実であるのか、あるいは犯罪規模などを勘案し、かつ整理した結果、最終的な判決を下すことを明確にするという。とはいえ、ネヴィルは、自らの本論の核心事項へと戻り、政体の崩壊をもたらす確かな結果としてその時代の腐敗ないし混乱によって、この陪審の役割及び国民の権利が問われているという。われわれは、ここにおいてその主著の本題である、政体の熱病の結果がその陪審と人々の権利にもたらすものを問うているとみなす。それは、学識ある論者によって堅固にして有効に主張され、それを引照するように勧める。前述のロビンズは、彼をペンシルバニア植民地を開き、クエーカー教徒にして政治家であるウィリアム・ペンと推定する(21)。

ネヴィルは、その最後の文節においてこの政体論を次のように結論付ける。

「私は、次の一つのこと以外にその国民の権利についてもはや申しあげません。すなわち、国王もかつ国王からの権威によるいかなる者も法が彼らに与えること以外に、いかなるイングランド人に対しても少しも権力も管轄権ももちません。そして全ての命令《コミッションズ》や令状《リッツ》が国王の名において出されますが、陛下は自らの宮廷から発するものを除き、いかなる令状も（彼の枢密院ないし他のものによる助言によって）発する権利ももちませんし、令状のいかなる条項も変更する権利ももちませんし、令状にいかなるものも付け加える権利ももちません。もしいかなる者も君主の私的命によってイングランド人の生命・自由・ないし財産に対し不正をなすほど悪辣であるならば、権利侵害を被った人、あるいは（彼が暗殺されるならば）彼の親族の次位の人は、そうして与えられた命令がなかったとしても、彼がこの国のよき法によってなすべきであったように、その侵害者に抗する同じ治療策をなすこととなりましょう。すなわち、そうした不正は、絶対に無効でありましょうし、裁判執行と彼の国民の擁護のため、陛下にある国王権力にして合法的権力から発しないと解されましょう(22)」。

ネヴィルは、ここでまず国民の権利に関して君主であれ王政上の権威によって託されたものであれ、法による以外にその人々に少しの支配権をもたぬことを基本に据える。この基本があれば、その民権について多言を要せぬという。さらにネヴィルは、その王位制度上の制限的側面へと踏み込む。君主の名によって発せられた命令や令状は、その国王が自らの指導部的拠点から発する以外に、国王の枢密部などによる助言であれいかなる令状もそれを発する権限もないという。さらにその令状の内容を少しも変更する権限もいかなる付加的権限もあり得ぬと説く。

仮にこの国における人々の三つの馴染みの人権を侵害することによって権力を濫用すれば、そうした加害者に対し、その被害者自身が本来回復する手立てを有せぬとしても、この国のよき法によってそうした指導的地位にある人々も被害者も改善手段をもつことができると主張される。換言すれば、そうした濫用が必ずそれを違法とされ、かつ適正な裁定の実施、及び君主による臣民の保全といった本来の目的から判断して、君主のもつ王権からも法的権限にも出ていないと解釈できるという。ここではネヴィルは、その裁判部を大いに評価している。それは、共和主義論者に共通した傾向であると言われる。しかしながら、ネヴィルにおいてこの傾向は、堅固である特徴を示す。

（1）H. Neville, *Plato Redivivus*, p. 118.

（2）例えば、J.H. Baker, *An Introduction to English Legal History*, Oxford, 2007; G. Smith, *A Constitutional and Legal History of England*, 1990, etc.

（3）H. Neville, *op. cit.*, p. 119.

（4）*Ibid.*

（5）C. Robbins, ed., *Two English Republican Tracts*, 1969, p. 125, etc.

（6）H. Neville, *Plato Redivivus*, 1763, pp. 119-120.

（7）H. Neville, *op. cit.*, pp. 120-121.

（8）C. Robbins, ed., *Two English Republican Tracts*, 1969, p. 126.

（9）H. Neville, *Plato Redivivus*, 1763, pp. 121-123.

（10）H. Neville, *op. cit.*, p. 123.

（11）C. Robbins, ed., *Two English Republican Tracts*, 1969, p. 127.

（12）H. Neville, *Plato Redivivus*, 1763, pp. 123-124.

（13）H. Neville, *op. cit.*, pp. 124-125.

（14）*Ibid.*, pp. 125-126.

（15）*Ibid*., pp. 126.

（16）*Ibid*., pp. 126-127.

（17）*Ibid*., pp. 127-129.

（18）C. Robbins, ed., *Two English Republican Tracts*, 1969, p. 129.

（19）H. Neville, *Plato Redivivus*, 1763, pp. 129-130.

（20）H. Neville, *op. cit.*, pp. 130-132.

（21）C. Robbins, ed., *Two English Republican Tracts*, 1969, p. 131.

（22）H. Neville, *Plato Redivivus*, 1763, pp. 132-133.

　この節は、イングランドの法制度史的側面を含む部分でもあるため、以下の文献なども参照している。例えば、G. Smith, *A Constitutional and Legal History of England*, 1990; J.H. Baker, *An Introduction to English Legal History*, 2007; 田中英夫『英米法総論（上）』東京大学出版会、一九八〇年、など。

第三節　結び

われわれは、本章においてネヴィルの主著「第二の対話」後半部を二つに分け、そのうちの前半部分を素材として、このイングランドの統治政体論を概括してきた。われわれは、その本論節を三つの項目に分けた。その前の二項目は、さらに本主題へと至る前提的な内容となっている。その「制限君主制と財産権との関連」の項は、ネヴィルの古来の立憲制とも称される混合政体的にして権力抑制的かつ均衡的である性格を帯びていることを示す。さらにその中世における政体は、確かに、君主・貴族・ジェントリー、及び農奴からなる社会でもあると表現している。しかしながらその財産権において貴族がより多く所有する社会であると彼はいう。加えて君主もそれほど多く財産を所有しておらず、その君主権力も抑制されていたという。彼の問題設定は、近代になってジェントリー階級などの勃興により、その中世制度がその社会変動に対応して十分に変革されていないと論理立てる傾向を示す。

続く「反聖職者主義と政教分離」の項は、その原始キリスト教期から論を開始する。彼は、まずその当時において職業的聖職者といったものなど存在しなかったと主張し始める。ネヴィルは、さらにゲルマン系民族の大移動期からアングロサクソン期まで、さらにその後の中世期へとその近世の聖職者体制と異なる状態を辿っている。こうした前提のもとに、近世における修道院の解体に伴い、その聖職者による財産所有が過剰に多くなっていることに論及し始める。さらに彼らは、そうした教会聖職階序制と王政主義制度が一体化した硬直的国教体制状況がイングランドの自由人たちの宗教的権利と世俗的権利を侵害しているという問題を一方において設定している。ネヴィルの反聖職者主義は、徹底しているため、世俗的市民宗教論に基づく政教分離論を構成する。

ネヴィルによる「イングランドの統治政体論」における根本原理は、当時においても馴染みの三位［国王・貴族・コモンズからなる］一体的議会主権論に基づくものである。それは、混合政体的権力抑制と均衡的な統治政体論であるが、中世以来の古来の立憲制論に沿うものである。これは、ネヴィルのそれが王政復古期の後期に主張する点に特徴がある。すなわち、それは、前述のごとく、王政が崩壊し、共和制の成立と崩壊を経験した後、王政、貴族院、及び国教会体制が復活し、さらに王位継承権までも議会が決定しようとする問題状況において主張されたものである。それは、ある意味ではウィッグたちの主流派の主張が国王に対するさらなる庶民院の権利を強めようとする背景であった。それに対してネヴィルは、王政や貴族院の廃止など唱えないが、より冷静な立場からその王政主義派に抗し、かつ理性などをもった自由人たちの立場に基づく庶民院優越型議会主権の内容を示している。

ネヴィルは、そこにおいてマグナカルタなどの古来の立憲制に遡って冷静に辿りながら、その国王親政的政治［顧問たちの助言も含む］から国王を行政の長レベルにまで制限させ、かつ法の支配を貫徹させようとするより実際的な主張をしていた。具体的な事例として議会開催権、恩赦権などを含む国王大権、及び陪審など多くのものをあげつつ、ネヴィルは、自由人たちの権利などにより重点を置き、そして国王権限を制限しようとしている。彼は、その病理や混乱が主に国治術の専門家としての国王の顧問たちに大きな原因があるとみなす傾向も示すけれども、その議会主権論を基本とし、自由人たちからなる国民擁護型統治政体理論を構成する。

第四章　イングランド統治政体の病理

第一節　緒論

われわれは、ヘンリー・ネヴィルの主著「統治に関する対話」における「第二の対話」を「イングランド国家論とその病理分析」と示してきている。われわれは、本書の第一部においてまず彼の思想的・時代的背景を概観した。ネヴィルは、イングランドの動乱の二〇年間の半ばにおいて自ら国政に携わり、かつ自らの共和主義的理論を形成してきた。その時代において彼は、二つの対照的な政治的局面を経験してきた。それは、一方において国民代表制的議会主権の主張や革新的政体思想の噴出、といった清教徒革命における光の局面であった。他方でそれは、チャールズの個人支配ないし専制政治の結果として、古来の立憲制の破壊及びクロムウェル的軍事独裁政治、といった影なる局面であった。それ以後イングランドは、王政復古によって王政主義的統治と未成熟であるが近代議会政治に向かう過渡期的成長段階も経てきた。しかしネヴィルは、再度体制の君主専制主義の脅威を背景とする王位継承排斥法案危機期において、その動乱期の理論を和らげつつ、自説を訴える機会を得たのである。

われわれは、次に彼の政体思想を「民衆政体の優越的特徴を有する」と示すことによってその「第二の対話」の前半部に沿って確認してきている(1)。それは、極めて多面的にして歴史的に自らの共和主義や社会契約的国家論を組み立てている。さらにわれわれは、前章においてネヴィルが「第二の対話」の後半部分で、政体の三要素間の権力の抑制と均衡を構成する古来の立憲制史を論じていることを確認した。われわれは、それを通じて彼のイングランドの国民擁護型的統治機構理論を概括してきた(2)。従って本章は、その「第二の対話」における結びの部分を分析する段階にきている。われわれは、その内容を「イングランド統治政体の病理」と表現することとする。その『プラトン再生』は、前記のごとく、王政復古後期の王位継承排斥法案危機期における議会（特にウィッグ党の主流派）に訴えるために書かれた。しかしその結論章である「第三の対話」に至る、本体を占めるイングランド政体の現状とその理論提示が「第二の対話」である。故にわれわれは、その主著第二章にあたる長い論理展開の最終的部分を素材として、その政体の病理ないし混乱分析を概括しようと努めるものである。特にわれわれは、ネヴィルがその会話で自らの国民代表的庶民院優位主義を示す側面を随所に読み取ることができる。われわれは、そのイデオロギー的側面についてもその病理分析とあわせて検証することとなろう。

（1）本書の第一、二章を参照されたい。
（2）本書の第三章を参照されたい。

第二節　イングランド統治政体の病理

われわれは、本章では、ネヴィルがその「第二の対話」においてその終結部分を分析する前にイングランドの統治論と財産権との関連について述べる文節に論及する。それは、ネヴィルの理論において自らの財産所有階級主導的政治理論を支柱として主張するため、かつその論理的関連においても無視しえぬ故に、それと取り組むこととする。

㈠　イングランドの統治政体と財産権

われわれは、既にネヴィルが自らの政治制度論を財産論に基づかせていると措定してきている。すなわち、彼は、統治者権力が財産権所有者階級に比例すべきであり、その君主・貴族・及び民衆からなる三身分ないし政体要素もそれに従うべきであるという。われわれは、本節において彼がそれを諸々の統治制度との関連から財産権問題を論じようと試みるため、これを概括せねばならない。

ネヴィルは、まず前の会話文の進行過程から問題となる国家権力を制限する立場にたって、清教徒革命期において議会陣営から徹底的に批判された大法官裁判所について次のようにその医師［対話者］に問わせる。

「あなたには、自由な人々の中でこうした大法官裁判所《チャンセリィ》をもつことが政治における不作法と信じるか否かについて考えるところを尋ねさせていただきます。マグナカルタ、権利請願、あるいは聖エドワードの法は、不適切な人物ないし有害な人物《パーソン》があなた方に抗して法案を提出するときが何時であれ、それが一人物の恣意的随意に全体的に服さねばならぬとすれば、私たちの財産権を擁護するために私たちにどんな利益をもたらしますか。この法廷《トライビューナル》は、私たちの財産権を擁護するために言われている、あるいは言いうる全てのこととどのように矛盾しますか。あの重大な裁判部《ジュディシャリィ》に強欲的人物ないし報復的人物《パーソン》を置くほど、君主が自身の名誉と彼の民《ピープル》の利益をほとんど尊重しえぬことを、来るべき時に想定しましょう。私たちは、登記官《レジスターズ》たちが気に入る秩序を形成する彼らの腐敗に抗して、あるいは悪辣な書記官《クラークス》たちの階序制全体に抗してどんな治療策をもちますか。他方、軽罪を処罰し、かつ改善することが彼（彼は、勝手放題によって最も自ら有罪でありうる）に依拠するばかりでなく、イングランド法全ては、彼の前に告訴されるし、彼が気に入る時、非難もできます。世界でそうした法廷《トライビューナル》などいかなる国に存在するのですか、あるいはかつて以前に存在しましたか（1）」。

一七世紀前半のイングランドにおいて一般的に、大法官は元々国王の令状の発令を担当する。その彼が担当するものは、個別的にして恩恵的に救済する役割を果たす衡平裁判所にして大法官裁判所となっているといわれる。さらにその大法官は、既に貴族院議長であり、司法上も重要な役割を担うことになっていた。従ってここではその大法官的人物を問題視することから説き起こされる。次にネヴィルは、前述のごとき清教徒革命前後の時代によく使われた古来の立憲制論によって自らの論を立てる。すなわち、大憲章、権利の請願、及び懺悔王の法といったものによって自由人たち（すなわち、ネヴィルによれば、ジェントルマンや自由土地保有者たちであり、コモンズでもある）の財産権を主張する立場を示す。その第一の問いは、その人物として問題がある場合、その自由人たちに反する法案を提出する時、その大法官の歪んだ意図に従わざるをえなければ、その自由人たちの自由と権利を守れるのか、とそのジェントルマンに迫るものである。

さらにネヴィルは、この大法官裁判所法廷が本来その自由人たちの自由と権利を守るために存在するが、それとどのように矛盾するのかと問う。既にわれわれが示したようにこの医師は、ウィッグ党では自由主義的思想をもつと考えられる。その彼は、君主がこの強大な大法官裁判所に極めて有害な人物をつけるとし、彼によって君主自体とその国民的利益がほとんど重視しえなくなると仮定する。その医師は、自らの急進性を示す問題設定によってそれを問う。すなわち、前の仮定をうけ、本来の秩序を形成すべきものを歪めるとして登記官たちの腐敗、及び共和主義者たちが批判する悪意をもつ書記官たちからなる階序制秩序の腐敗に対する改善策があるのかと迫る。またその大法官は、軽い犯罪の処罰やその矯正がこの責めを負うべき人物に頼るだけでなく、この国法全てが彼の前に提訴され、自らの好むごとく、非難もできてしまうという。その医師は、このような裁判所など現在も過去にも存在するのかと、そのジェントルマン［ネヴィル自身］に迫る。

これに対してネヴィルは、次のように答える。

「私は、あなた方が大法官裁判所で訴訟していることを認めます。しかし私は、この点におけるあなたの正説的熱意と対立したりあるいは非難したりすることを意図しておりません。この裁判所は、修復しえぬ建造物のうちの一つでありますが、取り壊されるに違いありません。私は、優れて衡平事項が他の諸国において扱われている方法をあなたに伝えることができましょう。そしてこの立派なジェントルマンは、ヴェネツィア都市国家における次のような由緒ある四十人司法部についてあなたに話すことができましょう。すなわち、その司法部において事実と同様に法が裁かれ、かつその裁判官に服しており、かつなおいかなる不平不満もなされませんし、あるいは苦情も出されません。しかしこれは、そうしたことをなす場でありません。これは上部構造に過ぎません。私たちは、その基礎を第一に定めねばなりません。それ以外の全てのことは、次のようなことと同様に不適切です。すなわち、貿易がなくなり、訴訟が際限なく、かつ私たちの間には何ものも調和的でないことと同様に不適切です。しかし全ては、私たちの統治政体が修復されるとき、正しくなりましょうし、たとえ私たちの裁判官が全て守り神のようであったとして、以前には存在しないことのようになりましょう。これは、第一の問題であり、かつあなたはその問題があるという場合、他の万事が、あなたには増幅されることとなりましょう。そうしたことになれば、大法官裁判所（私たちの祖先の時代以来これほどまでに増大されています）も宗教裁判所も、貿易における不正利得も、他のいかなる濫用も、いや、巨大なカトリック教自体も、議会の前にもちこみえぬこととなりましょう(2)」。

ネヴィルは、まずここではその医師がこの大法官裁判所に求めていることを是認してうける。彼は、その医師の警告に同感であるという。ネヴィルは、さらにこの裁判所が改善することができぬものであるため、いずれ消滅する可能性が高いと予示する。彼は、自国のその不十分性について、他国でうまくそうした衡平問題が処理されている事例によって指摘しようとする。それは、ヴェネツィア共和国の対話者が以下のごとく教える四〇人の裁判官を構成する四〇人司法部（四〇人委員会）である。すなわち、その司法部において事実の認否や法に基づいて裁判が行われ、かつこの裁判官に従い、かつその判決について少しの不平も不満も言われておらず、かつ苦情も示されることもないという。とはいえそこはこうしたことをなす場所でなく、法の支配原理を仕切るところであるという。しかしネヴィルは、それ以外にイングランドにおいてその第一の基礎とせねばならぬことがあると説く。従ってネヴィルは、最も肝要な第一原理があると言う。すなわちそれがないとすれば次のようになってしまうと戒める。つまり国家において諸々の裁判所問題であれ貿易における不正利得行為問題であれ、権力の濫用問題であれ、巨大なカトリック教問題であれ、最も信頼すべき議会の前に提示されなくなってしまうと(3)。

ネヴィルが第一原理と想定するものは、その下部構造である財産所有階級に比例した権力論である。故に彼は、そうすることによって、イングランドの統治政体が合理化され、整理され、本来の制度的機能が回復されれば、それがその妥当性をもつようになり、裁判官が信頼を回復し、以前にもまして調和がとれるようになるという。

ネヴィルは、そのヴェネツィア人に、間もなく幸福になると期待される王政復古へと至りうるまでのイングランドの統治政体の衰退を説明するように問わせる。これに対しそのジェントルマンは、最も長い会話文のうちの一つによって答えることとなる。その説き起こしは、以下のようになる。

「このイングランドの調和的統治政体が、財産権に（いわれるように）基礎づけられるとき、財産が置かれるところにそれが残る限り動揺させることは、不可能でした。と申しますのは古代ブリトン人たちである［土地］所有者たちがその山々に逃れたとき、かつその侵略者たちへと自らの土地を委ねるとき（上記で関連づけられるように土地を分割しました）、彼らの財産権を固定するため、農地法を形成していたならば、私たちの統治政体及びその結果私たちの幸福は、多分不死身であったからでしょう。私たちの立憲制についてそれが、現実的にその三つ（いわれているように君主制・貴族制・民衆政体である）の混合でありましたように、その重点及びその優位は、貴族制《オプティマシー》にありました。彼ら［貴族］は、土地の一〇割のうちの九割を所有しましたし、その君主は、一〇分の一程度をもっただけです。ここにおいて私は、貴族たちに民全ての分与を入れるため、どれくらいの割合で民に割り当てられるのかと問うことについて面倒となりません。と申しますのはその民は、自らの土地の世襲権をもちましたが、彼らが公的事項について、全体的に彼らの領主に依存する程に、土地保有条件と軍役によって妨げられていたからです。貴族たちは、そうした民を介して国王の戦争において国王に仕えましょうし、平時に自らが気に入ることにその民を導くことによって、その負うべき範囲内で君権を保ちえましょうし、その国民が王権を侵害することを阻止し、かつ予防しえましょう。

従って貴族たちは、統治政体の砦でありましたし、その結果、その政体は、君主制ないし民衆政体のいずれよりも貴族制でありました。財産が混合される全ての統治政体においてその施政もそうでありました。その土地においてより大きな分与をもつあの貴族部分は、管轄権ももつこととなりました(4)」。

ここにおいてネヴィルが論じるもののうちで最もよくその特徴を示すものを含んでいる。それは、この節の表題のごとく統治政体と財産権に関わる混合政体的な権力の抑制と均衡を最も明確に論じているからである。まず彼は、イングランドがそうした傾向をもった古来の立憲制に基づくという想定から説き起こす。ネヴィルは、この文節のごとく、イングランドにおけるアングロサクソン族の大移動期から言及し始める。ただしここでは彼は、あくまでも希望的仮定であると示唆するものである。従ってその財産権が明確に基礎づけられれば、その政体がオセアナ共和国のそれのごとく最も強固であっただろうと推定する。ネヴィルは、その大移動期に旧来のブリトン人がサクソン人らによって背後に追いやられ、かつ土地を手放したとき、さらに農地法によって分割されかつ固定されたならば、その政体も国民的利益もより盤石となったであろうと推測する。

ネヴィルは、そのイングランド期において形式上三つの身分的ないし政体要素的混合立憲制をとっていたけれども、実態上貴族制優位型混合政体であったと規定する。そのネヴィルが強調しているのは、土地財産所有比率において貴族が九割を占め、君主がその一割しかもたぬため、君主権力が抑制されているというものである。

ネヴィルは、次に三つ目の混合政体的構成要素である民の部分を述べる。彼は、その権力の抑制理由について、その人々が、土地の世襲権を有するとしても、自らの公的問題に関し全面的にその貴族たる領主に依拠するくらいにまで、土地保有義務やサーヴィスによって抑制されるためであるという。従って君主と統治権を共有するこうした貴族は、その人々とともに、君主間戦争において共に戦うこととなる。また通常時において貴族たちは、その国民を指導することで、自らに与えられた権限の範囲内でその君主権力を保持でき、その君主の権力濫用を抑制し、かつそれを未然に防ぐことを果たせると説く。つまりここでは貴族的要素が他の二要素よりも優越しており、その理由は彼らが国家統治の最後の要石であるからであるという。貴族がこれを財政的視野から判断すれば、それらが混合政体であるため、その執行も同様であり、その土地の配分率からもこの支配権を併せもつと説く。

彼は、その会話文の第二文節においてイングランドの問題に戻る。

「イングランドのここでの所有においてなされている、その変化の特定原因を調べることで私自身もあなたも面倒にさせていませんが、次のことは、明らかです。すなわち、貴族と教会の所有下に当初あった土地の四〇分の一は、今ではそこにありません。その他に、全ての農奴制が以来長く廃止されるばかりでなく、ヨーマンたちを領主に依拠させる方向へとは何も意味づけぬ程に、他の土地保有条件は変更され、かつ要件づけられます。その結果は、権力にある私たちの統治政体の自然的部分が、その国民の所有下にある財産権を用いるのであります。他方、人為的部分（すなわち、統治政体形態が成文とされる文書）は、その枠組みのままであります。さて人為が自然に極めて役立ち、かつ自然には助けとなりますが、女性が女性に反対し、かつ女性と闘う時、極めて弱く、かつ取るに足りませんし、文書と権力との間に極めて不均衡な競争となりましょう。これだけは、あなたがイングランドにおいて聞き、かつ今みる混乱全ての原因であります。そのことについて各人は、正しい原因をあてるものが極めて少ない一方で、自らの幻想による言い訳を招きます。全てを貿易の衰退に帰す人もあり、ローマカトリック教徒の増大に帰す人もいます。それらは、ともに大きな災難ですが、結果であって原因ではありません。もし個々の家族に同じ原因が存在したならば、同じ結果が存在することとなりましょう。さてあなたが年間五千ポンドないし六千ポンドの収入を得ており（恐らく得ているように）、故に四〇人の召使たちを雇っていることを想定してください。せいぜいあなたの怠慢によって、かつあなたの使用人たちの勤勉と倹約によってあなたは、全てがなくなるまで、あなたの執事に一千ポンドを渡して［その役務を］納得させ、かつあなたの料理人たちに一千ポンドを渡し、あなたの土地管理人に一千ポンドを渡して納得させることを想定してください。あなたは、そうした使用人たちが、自分自身で極めて多くの資産をもち、かつあなたが彼らに与えるものが何もなかったならば、あなたとともに生活し続け、かつ以前のように自分たちの役務をなし続けるなどと信じることができますか(5)」。

この会話文においてロビンズがいうように、ネヴィルは、イングランドの立憲制の均衡が財産権の変化によって、かつ一六六〇年の後見裁判所の廃止によって画された、効果的封建制度の消滅によって覆されていたという(6)。彼は、ハリントンらによって構成された財産権と権力の比例的関連理論を繰り返す。周知のごとく、ハリントンはその古来の立憲制に連なるものを好ましくないとみなす。これに対しネヴィルは、それが好ましいものとみなす傾向を表す。

ネヴィルは、ここにおいてその独立自営農民の土地所有の増大を含めた成長を示す。それは、ある意味においてブルジョア階級の勢力拡大も含意するものである。ネヴィルは、それを市民社会的側面とみなし、権力においても財産においてもともに大きくその国家が変化していると解する。この状況に対し彼は、その立憲制的法制度が変化している部分もあるが、依然として従来のままに残っている側面も見抜いている。このことは、イングランドの社会経済変動と基本法制が乖離するイングランド国家の特徴を鮮明にするものである。ここではネヴィルは、その人為的部分が実態的な自然的部分にとって大いに都合がよく、かつその部分に役立つのは確かであるという。しかし形式的な人為的部分を女性にたとえ両者同士で反目し合い、かつ両者が闘ったとしても、それだけでは取るに足らぬものであり、従って自然と人為の両面における不均衡な競合のごとくなってしまうところに問題があるという。故にそうなれば、その統治の実態と建前の不均衡が混乱全ての原因となってしまうという。

ネヴィルは、ここではその市民階級の人々の台頭と古来の立憲制的諸制度との大きな齟齬がイングランドにおける混乱の原因のうちの一つとみなす。しかしながら、その原因を正しく認識する者が極めて少ないため、多くの人々が勝手に幻想を抱きがちであるという。ネヴィルによれば、その混乱の原因が貿易の低下にあるとみなす者もいれば、ローマカトリック教徒の増大に帰す者もいると示す。これに対して彼は、それらが大きな禍であることを認めるけれども、結果であって原因でないと説く。従ってネヴィルは、個々の家族におけるものにたとえ、かつそこでも原因があれば、同時に同様な結果が必然的に成立するという。ここではネヴィルは、当時において一年に五千ポンドから六千ポンドの所得を得、かつ四〇人もの召使を雇用する家族を具体例として取り上げる。その家族がその雇用と役務で自らの家計を使い果たし、かつそれと反比例して召使たちが財産を蓄積して成長を遂げる場合を想定させる。そうした以前の主従関係がこの両者においてその時代に成り立つはずがなかろうというものである。

その会話文の第三段落は、それを次のようにうけ、説き始められる。

「一王国全体もまさしくその通りであります。私たちの祖先の時代に、庶民院議員の大部分は、ある大貴族の家臣であることを名誉とみなし、かつ自らのブルーコートを着用することを名誉とみなしました。彼らは、自分たちの貴族の随行を形成し、かつ自分たちの家からこの貴族の家へとその貴族を待ち、かつ彼が入る路地《レイン》をつくり、かつそれが当時（かつ極めて当然ながら）称せられるように、議会下院に自ら出席するために出かけた時、あなたは、その貴族に命じられなかったような議会に、万事が可決しうると考えることができますか。その他にこれらの貴族たちは、議会の休止期に国王の大評議会《グレイト・カウンシル》［を構成したもの］でありましたし、平和と戦争について助言するために召集されました。その戦争は、この主要部分［国民］の同意なくしてほとんどなされませんでした。もしその同意がなかったならば、彼らは、彼らの領臣たちを送らなかったでしょう。その主要部分は、国王の一〇分の一の兵士に加え、イングランドの民兵全てなのです。［中略］ある程度その時貴族たち自身が全ての彼らの領臣［すなわち国民全て《ピープル》］を代表したからである以外の理由は何ですか。庶民院がその苦情を提示するために集まりましたが、その統治の大いなる重要性をもつ全ての大問題は、貴族によって扱われたのです。その政府を保全するためになされた戦争は、貴族《バロンズ》の戦争と呼ばれましたが、両院の戦争と呼ばれませんでした。と申しますのは古い時代にバロンという言葉が広義に解され、かつ郷士たちないし自由人たちを含意しましたが、その戦史を読むものは、そうした人々の会議の発生のいかなる言及もなされるとみなさないからです。しかしあのシモン・ド・モンフォール（レスター伯）、及び他の大貴族らは、自分たちの権力と利益によって論争を扱いました(7)」。

ネヴィルは、そうした勢力の実際と法制度との齟齬がイングランド全体にわたるとうける。彼によれば、中世において庶民院議員である大抵の者が自らの大貴族の臣下であることを誇りとし、かつその制服の着用も名誉とみなしたという。ここで注意せねばならぬことは、その中世期に国王の大評議会が十全たる貴族会議に与えられた名称といわれることである。それには州や自治都市の代表が同様に含まれた。概ねネヴィルは、このように解するが、ロビンズがいう如く、貴族院を大評議会とみなし、かつ貴族が直属受封者としての直臣であるゆえに、土地を保持していたため、真に代表的とみなしたという(8)。

こうした視角からネヴィルは、国王の大評議会が戦争と平和という最も国家にとって重要な問題のうちの一つを助言するために召集されたという。彼は、その大評議会が多数の同意によって是認を必要としたと説く。ネヴィルによれば、具体的にその是認がなければ、イングランドの領臣を戦争に派遣しえなくなってしまうという。その問題は、国王の兵士がその一割であるが、残りは、全イングランドの民兵が占めるものであると説く。

次にネヴィルは、さらに貴族が全てその領臣である人々全てを代表している議会という理由があるにもかかわらず、その根拠はどういうことになってしまうのかと迫る。ネヴィルによれば、中世後半の時代において庶民院は不平不満や苦情を明確にするために開催し、貴族会議が統治の基本的事項を扱うものであったと説く。彼は、国家の政府を守る戦争が、貴族ないし豪族の戦争と呼ばれたが、議会両院戦争とは言われないと説く。その理由は、古い時代において「バロン」という用語がジェントリーないし自由人たちも含意したために、戦史上そうした人々による会議の開催に論及したものなど存在しなかった結果であるというものである。とはいえ一三世紀におけるシモン・ド・モンフォールや大貴族たちは、その貴族と市民を巻き込んで、自らの権限や利益の問題として論争を扱った例も存在すると譲歩する。

この長い会話文における第四にして最後の部分は、その主著の主要概念のうちの一つである財産権と関係づける。「さてヨセフの時代にその国王がエジプトでなしたように、コモンズへと貴族から手放されるこの財産権がイングランド国王の手へと渡ったとしても、以前にいわれたごとくその君主は、自らの家臣に対して極めて容易にして平和裡の支配をなしていたでしょう。また彼は、もはや議会を開催することを当然に拒否していたか、あるいは自らが快く開催を認めたとしても、自らが適当とみなすようにそれをいつも扱ったかのいずれかであったでしょう。しかし私たちの君主たちは、ヨセフのような人物（すなわち、賢明な顧問官）を欲しております。君主たちの収入（極めて多い）及びその支出（少なかった）を節約する代わりに、かつ（貴族の膨大な支出と贅沢が彼らのために準備された）あの購入する獲得物の代わりに、彼らは自分たちの相続財産を譲渡しています。従って国王の土地（すなわち、公的世襲財産）は、コモンズの利益を形成するようになっています。他方、国王は、国民の財布から当てにならぬ収入をえなければなりませんし、平時に自らのパンのために議会に恩義を感じなければなりません。他方、国王の前任者たちは、戦時及び侵略時以外に決して自らの臣民に支援を請いませんでした。このことだけでも（これ以外に政府のいかなる低下もありませんでしたが）、国王をその国民に依拠させるに足ります。しかしそのことは、君主制にそれほどよい状態ではありません(9)」。

ネヴィルは、まず『創世記』（41: 33-49）のエジプトにおけるヨセフの助言と執行によって国王がなすこととなる善政を想起させる。すなわち、長期的視野から食糧の貯蔵と分配を行った国政の成功例である。当時のイングランドについて言えば、コモンズへと貴族から手放される財産権が国王へと移ったとしても、その国王がその臣民に無理強いせず、かつ混乱させずに自らの統治をなすものであるという。また国王が議会開催権を拒否する場合、公正に彼が判断する時もあり得、自らが妥当と判断してその開催権を行使している時もあり得ると想定する。

とはいえネヴィルは、そうしたヨセフの時代状況において民衆の側の短絡的傾向に対処する必要があると想定する。つまり将来に備える部分と、現在収穫し、かつ消費する部分について民を説いて実行させる賢明な顧問官ないし高官を必要とするという。ネヴィルによれば、具体的には、君主が極めて多くの収入と少ない支出に無頓着で、かつ貴族たちの巨額な経費を贅沢に備えるために買うつもりのものを買わずに、自らの相続財産を切り売りしているという。故に国王の公的世襲財産である土地はコモンズがそれを買い取り、彼らが利を得る状況にある。他方、その君主がその膨大な支出を補うため国民から税を得る必要があり、日常において自らの生計のためにも議会に頼らねばならぬ状態にあるという。また国王の前任者たちが有事以外に自らの臣民の支援を求めなかった。従ってまさにこの有事の支援問題こそが統治の衰退の原因であり、かつ自らの民に頼らねばならぬ十分な根拠である。故にそうした状態は、君主制にとって好適条件でないと説く。従ってそれは、イングランドにおいてそうした状態をうまく乗り切るには、長期的視野にたって、節約すべきものは節約し、必要なものをうまく消費し、かつ分配することを適切に助言する賢明な顧問官が必要であるというものである。従ってネヴィルは、自国の問題により則してよき顧問官論的立場から、次のようにその統治の長期的筋道を結論付ける。即ち、当時のイングランドにおいて勃興しつつある財産所有階級に比例してその権力が移行すれば、この国は長期的に安定しかつ強固な統治政体となりうると説く。

（1）Henry Neville, *Plato Redivivus*, London, 1763, pp. 133-134.
（2）H. Neville, *op. cit.*, pp. 134-135.
（3）こうしたイングランドの法制度史について、われわれは、以下の文献などを参照している。G. Smith, *A Constitutional and Legal History of England*, 1990; J. H. Baker, *An Introduction to English Legal History*, Oxford, 2007; 田中英夫『英米法総論（上）』（東京大学出版会、一九八〇年）、など。
（4）H. Neville, 1763, *op.cit.*, pp. 135-137.
（5）*Ibid.*, pp. 137-139.
（6）C. Robbins, ed., *Two English Republican Tracts*, Cambridge, 1969, p. 132.
（7）N. Neville, 1763, *op. cit.*, pp. 139-140.
（8）C. Robbins, *op. cit.*, 1969, p. 134.
（9）H. Neville, 1763, *op.cit.*, pp. 140-142.

(二)　イングランド統治政体の病理

ネヴィルは、引き続きフランスやスペインなどの近隣諸国における同様の事例を数多く取り上げつつ、イングランド統治に論究している。彼によればこれからイングランドの本題を論ずる場合、それらの諸国と比較することで論理的に明確となるという。とはいえわれわれの本章における主題は、イングランドに特化するものである。従ってわれわれは、かなり周辺的事例を取り上げてきたため、この「第二の対話」の最後に当たるその政体の混乱ないし病理問題へと移る段階に来ている。

われわれは、これまでに当時のイングランドの病理について大まかに論及してきているため、さっそくネヴィルによる最終的諸文節のその特化的説き起こし部分と取り組むこととする。

「イングランドにおいて財政権が少数者から多数者へと徐々に移行するようになったように、その統治が君主と平民の両方にとってより重大となり、かつより不安全となっていることに注目していただきたいのです。この不平不満が、議会により多くなっており、法がより多くなっており、かつ退屈にしてくどくどしています。それは、人々のトリックや悪意に対処するためであり、あまりしまりのない統治において作動します。と申しますのは貴族たちが法の執行を今強いうる時、法をくどくどする必要がなかったからです。頻繁に開催する議会のためのエドワード一世の法は、『議会は毎年開催することとする』以上の言葉などなかったのです。しかしチャールズ一世期における私たちの三年議会法は、その法執行の失敗に抗して規定するため、何枚かの文書を含みました。もしその権限が貴族に残っていたならば、そのことは必要がなくなっていたでしょう。と申しますのは彼らのうちの幾人かは、議会開催の中断の場合、国王に対して彼らの不平不満をいい、かつ請願をさせたでしょうし、その議事妨害をすぐに除いたからでしょう。そのことは、当時当然にして容易な仕方であったのです。しかし貴族たちの多く（教皇たちがローマにおいてなすことを、主教たちが異教の地でなすように）が完全に貴族という名ばかりとなされており、自分たちの妻のために地位を得る以外に何も得ぬため、それは、その国王が彼らの請願を軽視し、かつその宮廷の寄生者たちが自国の安全目的のための、彼らの名誉ある請負を嘲笑う場合に不思議に思いません（1）」。

ネヴィルは、まず当時のイングランドの国家状況について中世的な安定的混合政体状態から近代的国家への社会構造上の変化を念頭に置く。彼は、ハリントン流に財産権を基盤としてこの国が少数の貴族的階級から幅広い市民たちへの勢力における優位性の移行過程を描く。続いてネヴィルは、政府自体も徐々に強大となり、従来の安定的な均衡的統治機構が変化し、かつそれが動揺する状況を示す。彼は、その動揺的側面についてこうした変化した状況に政府当局が即応しえぬ状態に関して不平不満が噴出し、それが議会に多くもち込まれるという。しかしその対策の法案が急増し、詳細に対応しているように見えるが、根本的な対策となっていないという。それが長期的公共善の視野をもたぬ人々によってこれらと取り組まれるため、収拾がつかぬ状況に陥っていると斬る。ネヴィルは、故にこうした混乱状況についてその明確な根本的指針を簡潔にし、これに沿って問題の解決にあたるべきであると説く。

具体的には彼は、ヘンリー三世を継承し、その統治において貴族の権利及び王権を確保しつつ安定的にして強固な統治を樹立した、エドワード一世の「毎年開催議会法」を取り上げる。彼によれば、それは、単純明快である。ところが一六四一年の長期議会における三年議会法［Triennial acts: 16 Car. I. c. 1., 16 Car. II.c.l.］は、周知のごとくいくつかの項目が加えられる。すなわち、議会が九月三日以前に召集されず、かつ開催されなければ、次の一一月の第二月曜日に開催すると規定している。ネヴィルは、それが法執行の失敗防止を規定する故数枚に及ぶ文書まで付されてしまっていると斬る。彼は、それを貴族権限としている場合にそうした余計なものなど必要なかったと嘆く。その理由についてネヴィルによれば、数人の貴族たちがたとえ議会の中断へと至ったとしても、強力な指導力をもつ人々が国王に素早く不満や苦情を告げ、交渉するなどして臨機応変に処理でき、その煩雑を省けるからであるという。ネヴィルは、こうしたものが中世の議会における本来の議事過程であったと説く。彼によれば、残念なことに、こうした古来の貴族がその実体においてそのよき地位を失うにつれて、国王との円滑な連絡協議が実効性を果たし得なくなってしまっているという。ロビンスによれば、主教たちは、海外で、称号のために任命される（主教管区のためではなく）し、称号を得る貴族たちは、任務のためではなく、家族に利する地位のために任命されるという(2)。従ってネヴィルは、その宮廷に安逸に巣くう側近たちがこの国家の重要な安全事項を軽視する状態へと陥っていると斬る。

ネヴィルは、さらに次のように説き続ける。

「コモンズは、言われたように、貴族や教会の財産権を［得ること］に成功しました。（その教会の土地の六分の五が手放され、大部分、国王と貴族への所有とともに、同じコモンズへの所有に帰します）。同様にコモンズは、当然の成り行きによってそれらの権限を継承します。しかし、既存の政府によってその権限が守られるために、（いかなる合法的な国法によっても変えられませんし、公式的になお存在しております。しかし事実上それは廃止されています）、その国民は、外見的地位や規定の欠如故に、自然法によって彼らにもたらされる、あの権限行使が守られます。自然法によって彼らがもった分与を偽りえぬ人々は、もはや存在しない原因の当然の結果でしかなかったように、今停止されるあの権利によってそれをなお享受します。その原因が除かれる時、あなたは、この結果がなくなることを知るのでありま す(3)」。

ネヴィルは、まずこの文脈において財産権の主要部を所有する人々によってうける。周知のごとく彼は、シドニーや当時の議員たちと同様に、コモンズをジェントルマンや自由土地保有者らとほぼ同意語的に使う。ネヴィルは、その近代国家においてこうした有産市民階級が貴族や教会の財産を自らのものとすることに成功した状況を描く。さらに彼は、その教会の土地の六分の五もの割合で、土地が教会所有から離れ国王及び貴族、並びにコモンズへと移動しているという。ネヴィルによれば、こうした階級は、その比例的財産原理に従ってそうした財産権も掌握すると説く。それにもかかわらず、コモンズの権利は、体制的政府によって留め置かれるため、その公式的国法によって変更されず、かつ事実上その内実をもたぬが、形式的に存在することとなる。従ってシドニーと同様にネヴィルが表現するコモンズを国民と示すけれども、彼らは、それに見合った形式を欠くため、自然法によって当然もつ権限によるしかない状況にまで陥っているという。

逆説的であるが、そうした本来もつべき分与を偽って装う事ができぬ原因の当然の帰結でしかないごとく、制止されたその権利は、なお矛盾した状態となっているという。従ってその原因が明確化されれば、合理論的筋道が開かれるという。

ネヴィルは、この会話文を次のように敷衍する。

「国民のより多くのものは、このことが自分たちの状態であるとわかるなどと私にはいうことができません。しかし彼らは、自分たちがもつべき大切なことを欲すると極めて明瞭に理解します。このことは、彼らをしてその不安さの責めを間違った原因にしばしば帰します。しかし彼らは、議会の休止期には全て不穏にして不安定であります。国王が快く議会を開催する時、法の不履行、膨大な数の苦情の多岐化、誤った公金支出、私たちの宗教が恣意的権力をもたらす企図によって実際上その宗教や国家を損なう危険、及びこうした濫用の原因並びにそれを助長するものとして国家の高官たちを問うことについての不満にずうっと時を費やします。従ってそれは、各議会が、完全な戦争状態のように思えるほどです。そこではコモンズは、完全ではありませんが、極めて正当にかつ栄誉的に自分たちの権利のために懸命に闘い、かつ争いつつあります。故に、その宮廷は、彼らの陣営に抱き込み議員を送り、かつ空席状態でますます悪く統治し、かつ議会で善をなすことに絶望を余儀なくさせられます。故に宮廷陣営は、恐ろしい策略を使って議会なしに存続せざるを得ず、かつ議会を寄せ付けなくせざるを得ないのであります」(4)。

ネヴィルは、ここにおいてまず自らが理解するジェントルマンや自由土地保有者を中心とする、国民のうちの多数が上記の権利ないしその力に見合った権限を発揮できぬ状況を十分に認識していないと切り出す。それにもかかわらず、彼らは、そこから発する不安定さの理由を適切でない原因に帰しがちであるという。さらに議会開催時にそれなりに彼らの声が多少なりとも議会に伝わるため、まだましである。しかしそれは、議会間在時に極めて動揺している状態を呈しているという。

従ってこの議会がひとたび開催されると、その鬱積が吐き出すごとく、法執行の不履行、極めて多くの苦情の多岐化の進行、公金の不適切な費消、国民の自由を支える宗教がその恐れる恣意的権力行使によって侵害される危うさ、及びその原因などを、その執行担当者に迫ることに多くの時が費やされてしまっている程悲惨であると斬る。ネヴィルによれば、この議会状況は、全くの戦闘状態の様相を呈してしまっているという。従って庶民院において彼らは、必ずしも直接的に論理立てるものでないとしても、それなりに可能な限り自らが公共善のために論争を挑むものであるという。これは、まさにチャールズ一世の個人的支配から短期・長期議会開催時の混乱状況を想起させる。

ネヴィルは、この会話の後半部を一文章として構成している。周知のごとく、当時の文章が今日のものと比して極めて長いため、われわれは、論理的明確性を図るためにそれを上下の順序を入れ替えて確認する作業を要する。前述のごとく、ネヴィルは、その国王に非を負わせるのではなく、その顧問たちにそれを負わせる傾向をもつ（一七世紀前半の論者たちやシャフツベリ初代伯のように）、そうした視点からここでは考察してみよう。彼は、こうした国王の顧問たちが自らの任務をよく認識すれば、その混乱を修復し得るとみなす。従ってイングランド政体を船にたとえ、仮にそれが壊れたとしても、修繕できる議会内での国王と国民との関係へと至らしめ、かつ国民の平和と安寧、経済的繁栄、国王の栄誉や立派さなどを保ち得るという。さらに国民は、自らとその子孫にまでもそうした混乱の危険から免れなければ、次のようなこととなってしまうと説く。すなわち、その国王をはじめとする政府陣営は、そのコモンズに「自陣営抱き込み議員団」を送り、故に議会を空席状態とし、かつますます事態を悪化させていると説かれる。彼らは、議会に善をなすことに絶望してしまっており、悪辣な策略まで使って闘おうとしているという。従ってネヴィルは、彼らが、与野党の敵対に拍車をかけ、混乱の極みにまで陥っていると診断する。

引き続きネヴィルは、その対話者のヴェネツイア人に国王もこの顧問たちもこの統治における混乱の本質とその治療策を提示し得ていないことを確認させるように語らせる。これに対してそのジェントルマンは、次のように答える形式をとる。

「私は、あなたのその質問に答える方法をまだ思いつくことができません。しかし彼らは、たぶんその病気を知るかもしれませんが、決して治癒に努めないことは確かです。既に言われましたように、［それは］治療効果が国王と国民、及び彼ら自身にとって極めて有益ですが、なおたぶんそうした改革は、彼らがその君主の支持を得る取引と一致し得ず、彼らが自分たちの前の全事項の素早い処理を通常なすような買収、贈与、及び心付けと一致しないのではないかと恐れる故であります。故に私たちの顧問たちは、『請負議会』と呼ばれるジェームズの当初の議会における幾人かの議員たちによって価値ある提案を形成したような種類の全ての試みに、彼らが反対しかつその事を砕いているために彼らの主人に対してそうした［価値ある］提案などしていないのであります(5)」。

ネヴィルは、ここにおいてジェームズ一世治世期の一六一〇年代前半頃の問題状況を念頭においている。つまり彼は当時の国王財政の収入が極めて低下している状況を想定している。この問題に対して宮廷側は、賦課金などの増税によって賄おうという動きを示そうとする。これは、その他の陣営などにとって大きな負担や自由が失われるという懸念を生じさせる。ネヴィルは、こうした問題状況を想定し、まずそうした国王や顧問官たちにそれに気づかせる方法などを今すぐには見いだせぬと答える。故に彼は、その病理（混乱）的状況が存在することを認める。さらにこの事は、顧問たちがその治療ないし改善策を真剣に打ち出そうとしていないという問題点を指摘する。ネヴィルによれば、その改善策を施せば、君主、国民、及び顧問たちには便益をもたらすこととなると説く。確かにソールズベリの改革案（例えば、封建的後見権や食料徴発権を廃止し、かつ国王に二〇万ポンドを与えること）は、有意義である。ところがその顧問たちが駆使する、国王の意向を無理に実行しようとして裏取引や、恥ずべき手練手管によってあるべき討議をないがしろにして行う（公共善を無視する）手法などでは本来の改善策などとなり得ないと斬る。従って一六一四年の「制定法を形成せぬ［空虚な］議会」において請負議員たちによって立派な提案がなされたことを考慮すれば、そうした顧問たちは、国王に提示する改革派議員たちの提案に対してそうした類の手練手管によって反対し、かつこれを粉砕していることなど評価に値しないと批判している。

ネヴィルは、引き続きその議会における合理的筋道に論及し始める。

「私たちが論じつつあること（すなわち、私たちの古き統治が終わっている事）を考慮するこうしたジェントルマンたちは、次のようにいくつかの論点を枠づけていました。すなわち、もしこれらが国王にあの議会によって提案されるならば、かつ彼によって同意されたならば、彼らの意見において和解させたでありましょう。もし国王が自らの役割を遂行するならば、その庶民院は、その国民の服従を引き受けるでありましょう。彼らが信じたように、もしこれは、国王がその事を知る前に、議会に提議されるならば、それを挫くことを証明しましょう。従って、［改革派議員たちは、］その議員たちの中から次のような三人を陛下に派遣するのでしょう。すなわち、ジェームズ・クロフト卿、［中略］ヘレフォードシャーにおけるその名称の名誉ある家族の祖先であった、Ｔｈ・ハーリー、及びエリザベス女王の命によるフランス大使であった、ヘンリー・ネヴィル卿であります。彼らは、国王に対してその問題の詳細な審議を開始し、かつそれが議会で提案しうるための彼の許可を得ることになっていました。そのことは、極めて長い意見聴取と討議後、賢明な君主が同意したことであり、その間に彼らが謹んで陛下に請うた秘密の約束によりました(6)」。

ネヴィルは、前の会話文をうけ、古きイングランド統治が終焉しつつあり、それが変化しつつあると認識する。彼は、そのよき請負議員たちの行動を合理的とみなす立場の流れに沿いつつ、前記のソールズベリの改革を基本的に推進する視野を確認させる。ネヴィルは、この立場からそれを議会に提出し、国王が納得すれば、その賦課金問題などもうまく和解できたという。彼によれば、国王がその和解に従って実施すれば、庶民院が国民に説得する役割を果たせるというものである。

ネヴィルは、この合理的筋道によって議会にそれが提案されるならば、国王の賦課金課税の強行を抑制できるという。彼によれば、そうした役割を果たすため、議会が「請負議員団」と噂されるこのネヴィルの祖父らの三人を介して審議を始め、かつそれを提出するためジェームズ一世の許可を得ることになっていたという。こうしたことは、慎重審議や議論といった合理的方法を通じて行われた後、君主が同意したものであって、その三人が国王に密に請うた約束を行ったものだという。確かにネヴィルが言うように、自らの祖父による君主への助言や請願文書などによって、国王陣営と議会陣営との橋渡しが試みられる証拠も残っていると述べられるが、現実には実行されなかった(7)。ここではネヴィルが国王の善意と自らの祖父をあまりにも高く評価し過ぎる側面を表しているように思える。特にC・ラッセルやD・ハーストらの修正主義史観論者たちによれば、後者等が少しの重要な役割も果たせず、かつ国王もなんらの妥協もしようとしていなかったと斬る(8)。その事はさておき、ネヴィルは、続いてそれ以後、国王の主導的指導者たちをその打開過程と関連づける。

「これは、出口へと至りました。そのことを知ったハワード家のノースハンプトン伯（彼は当時支配しました）は、R・ウェストン（後の財務卿にしてポートランド伯）を雇って、彼ら［請負議員団］がその事柄を提示する前に、議会でそうした請負議員たちを告発させました。そのことを彼は、まさに同日になしました。彼は、次のように極めて雄弁な罵りによって自らの攻撃（それは、［請負議員団が］既成のイングランド統治政体を変更しようと努めつつあったというものです）を伴いました。すなわち、もし彼らのうちの一人も反乱しなかったならば、かつ全体的な一連の事情を庶民院によく知らせなかったならば、彼ら［請負議員団］は、庶民院によって弾劾される危険へと貶められたに違いない程のもの［罵り］です。しかしそれは、ノースハンプトンとウェストンが望む全てであるその意図を破壊させました。［故に］それはこうした改革の詳細のいかなることも知らせることを子孫に阻止させましたし、何ものも提議されなかったため、何ものもその議事録に残すことができなかったのでしょう(9)」。

ネヴィルは、ここに一六一四年の混乱した議会の実際へと目を向け直す。この「制定法を形成せぬ（空虚な）議会」といわれるものに対して、ジェームズ一世の財務卿にして国王の首位大臣であるノースハンプトン（ソールズベリ亡き後、彼に代わる地位にあったといわれる）による強引な打開策を跡付ける。彼は、後に財務卿に就任する若きロバート・ウェストン（隠れカトリックにして親スペイン派ともいわれる）を使い、その議案を提出する前に、その改革派的請負議員たちを告発させたという。ノースハンプトン（ハワード初代伯）は、それらを同じ日に行ったと説く。従って彼は、彼らがイングランド統治を改悪しつつあったとして攻撃したという。逆にそれが辛辣すぎなければ、その財務卿陣営の誰も反旗を翻さず、庶民院に十分に伝えなければ、そうした彼らは、下院に弾劾されてしまっていただろうという。幸い彼らの中にそれに反旗を翻した者がいたためノースハンプトン財務卿やその手先であるウェストン（ポートランド初代伯）の目論みは砕かれた。しかしこうした本来の改革の詳細にわたる枠組みは、後の子孫に伝えることができなくなってしまっており、結局のところ何も提出されぬこととなった。故にその後世に残すべき議事録に何も書かれなかったという。つまりネヴィル卿の改革プログラムは、公式的には消去させられたというものである。確かにわれわれは、その「請負議員団」、及び「改革派対反改革派」などといった語彙についてその証拠などないという説もあることも認める。しかしわれわれは、ネヴィルがそれを信じたという、議会派的思想をもつ点に注目するものである。というのはネヴィルは、議会によって合理性が貫徹できるという思想傾向を示すからである。

ネヴィルは、これを受けて次のように論を進める。

「従ってあなたがご存じのように私たちの前任者たちは、私たちの状態について全て無知であるわけではありません。しかし以来、この貧しき王国を毒させている面倒は、それをより一層明らかとさせております。と申しますのは、この議会の決定以来、（ジェームズ一世の治世においてもその息子の治世においても、またそれ以降でも）急に解散されていないものなど宣せられていないからです。他方、その主要な議事や国民にとって最も関わる議事は、未決のままにされており、決定されませんでした。この間に流血戦が起こっております。これは、その終わり頃、イングランド統治の秩序と基礎を変えましたし、神をして君主の幸福な復帰によってその王政を復古させることを再度快くさせました。故に古き統治政体が再び存在しておりますが、極めて明らかに瀕死の傷が癒されておりません。しかし私たちは、今日まで同じ困難と闘いつつあり、議会における同じ討議を扱っており、かつ宮廷に同じ反感を与えかつ私たちの祖先が一六四〇年の前に抵抗した、この国に希望を与えつつありました。他方、現国王は、明らかな彼自身の利益と国民の利益に反して次のように、彼の最初の二つの議会に解散という同じ解決策を適用せざるを得ないでおります。すなわち、彼の父が、自らの四つの議会における最初のもの、及びジェームズ王が自らの三つにおける最後の議会に対して使ったもののように。これは、彼の統治政体の病と、その治療策を発見するのに足る能力と高潔をもつ国王の周囲にいる顧問官たちの欠如故でありました(10)」。

この会話文の後段は、まずこの国王の顧問たちが一六一四年頃の現状について全く知識をもたぬわけがないという譲歩によって説き起こす。とはいえその「制定法を形成せぬ議会」解散以来イングランド国家が混乱へと陥っているという認識を示す。イングランドのジェントルマンとしてのネヴィルは、その理由を次のように語る。つまりこの議会による賦課金の課税拒否以来、ジェームズ一世とチャールズ一世の統治期においてあるいはそれ以来、解散が予測しにくい状態となっているという。またその主要な重要事項や人々にとって最も関連する事項は、懸案のままに残されてきていると懸念を表す。その後半期における一六四〇年代には周知の内戦を被ってしまってもいる。ネヴィルによれば、そのチャールズ一世の晩年時には継続もしてきたイングランド憲政の秩序も基礎も大きな変化を被ってしまったという。従って天は、チャールズ二世の王政復古を讃えたし、とりあえず王国が病ないし混乱から回復したという。

とはいえその共和主義的観点からすれば、古来の立憲制への反動とも解しうるが、その傷が完全に回復したとは言えないと説く。さらに円頂党的観念から彼は、議会を自由の砦とみなすものであり、そうした自由主義者の立場からその抑圧的状況が完全に消滅したわけでないという。従ってそうした人々は、議会を通じて議論によって権力にある人々との緊張関係もあったし、議会派の望みもその議会にあったという。しかしながら、その国王も、解散という手段をしばしば行使すべきでないが、彼は、結局のところのその君主が使ってしまってもいると譲歩する。またその二人の前任者たちは、その打開策としてこの解散手段を行使しているという。

ネヴィルは、その最後の部分において前述のごとく、あるいは多くのスチュアート朝研究者たちが指摘するごとく、その解決策について彼らの顧問たちに注目する。つまりそうした統治における混乱ないし熱病を適切に診断し、かつその改善策を実行する君主の顧問たちの力量不足にその混乱の原因を帰している。

ネヴィルは、そのイングランド史観を継続し、そのヴェネツィア人［対話相手］に、どのようにして議会派の人々が国王に抗して戦争へと至ったのかを問わせ、それに対して次のように答える。

「イングランド史についてそれは、忘れられません。一六四〇年から一六六〇年までに［統治関連のため］雇用されたもののうちの一人は、そうした二〇年間の歴史を書いており、よき学識をもちよき語りをする人物が彼でありました。彼は、今没しておりますが、彼の遺産相続人たちは、それを極めて早く出版すること、及びまだ癒されぬ傷に触ることを潔よしとしません。しかしその所説は、重要な真実と公平性をもって書かれております。しかしその著者は、議会陣営のために、諸会議と軍の両方に関与されました。しかしあなたの要求の残りについてあなたは、私たちの議会が、彼らが主張したように、国王に抗する戦争をなしていないと快く理解できます。というのは国王は、法によって何らの誤謬も犯すことができませんし、故に争うことができないからです。彼ら［議会派］が宣した戦争は、国王自らの議会から国王を導いた人々からその国王たる人物を救済することが引き受けられたのであり、かつ彼らに抗する戦争を行うのに国王の名が利用されました(11)」。

ネヴィルは、まずその内戦の重大性を認識する言葉によって答える。これについて優れた歴史記述家によって自らの妥当性を裏付けようと試みる。まずネヴィルは、それを清教徒革命の二〇年間期に特化し、ロビンズが推定するように、B・ホワイトロック（一六〇五―一六七五）の『回想録』によって読者に納得させようとする。しかしそのネヴィルにとって、それが事実に忠実な文献であるとしても、当時の不穏な時代に刊行することは、その遺産相続人たちにとって好ましくなかったため、直接的に資料として使えない旨を伝える。そのホワイトロックについてネヴィルは、紹介する必要があり、議会側にあってその主要な会議や軍の両方に関与したため、その事実認識において正確であると示す(12)。

ネヴィルは、こうした前置きを示しつつ、自らが議会派運営に立脚するため、国王に対して直接的に戦争をなしていないと反論する。つまり彼は、その戦争が王政主義派の人々との戦争であって、その彼らが国王の名を悪用したために、あたかも国王に抗して内戦がなされたかのごとく、結果として伝わってしまったというのである。すなわち、その議会派は、自らの精神においてあるべき国王に忠実であると弁明する。これは当時の遵法の表明とも言い得る。ネヴィルは、次にその対話者であるヴェネツィア人に、「その両陣営のうちのいずれかが他方に抗して武力を行使しうる」ことをイングランドの政府が認めるのかと問わせる。

これについてその現地人であるジェントルマンは、次のように答え始める。

「（政府が存在している間）政府が安全と保全を与えること以上に進めることは、不可能であります。故に政府自体が終わりにある時、なされるべきことを決して方向づけることができません。そこに私たちの自然的身（有機）体と政治体との間の次の相異があります。すなわち、自然的有機体としてのものは、自らの死後の物事を処理することを証明できますが、政治体は証明できません。確かに、対等な二権力者が、意見を異にし、かつその二者間を他の方法で調整する権力者がなく、審判者も存在しないところがどこであれ、彼らは、実のところ争いを始めます。この場合に合法的になしうることは、あなたの国の人である、マキャヴェッリやグロティウスを注意深く調べることです。グロティウスは、自らの『戦争と平和の法』において私たちの内戦のずうっと以前にそうした問題を扱いました。昔の政治家たちの方は、自らの中に混合政体をもたないごとく、その論点に必ず沈黙するに違いありません。私の方は、極めて不安定な地位に安んじていないつもりです。内戦前の議会宣言においてそれ［混合政体］について大きな論争があり、それは、彼らに対する国王の回答においてはかなり重要なことであります。私が私たちの内戦が始まり得る仕方についてあなたに納得している時、すぐにそのことを特定しています。それは、次のようであります(13)」。

それに応えてネヴィルは、まず政治体である国家と生物的有機体としての身体との差異による比喩論的視点から切り出す。すなわち、上述のごとく彼は、自らの明確性を重視する見地を採用する。彼によれば、政府というものが現実に存続している期間に、何よりも自らの安全と保全を第一義として前進することが当然であるという。そして人間の集合体としてのものは、それ以上のものが不可能であるというものである。次にその自然界における生物としてのものは、死という形によって終止符が打たれるため、証明可能であるという。ところが国家という政治体は、通常よりも長く存続したり、修正しつつ遥かに長く存続することを想定するため、証明できないという。例えば、二つの対等な権力をもつものが存在する時もあれば、その意見が異なり、かつ両者とも他に調停しうる権力体が存在しない場合もあり、かつそれを裁く裁判官が存在しない場合などを想定させる。故に当然ながら、そこには争いが発生するという。

ネヴィルによれば、そうした場合には、当時において古典的評価を得ているマキャヴェッリやグロティウスの文献から、その解決策を人々は探るべきであるという。特に後者は、一六二五年において近代国家における戦争と平和の問題について自然法的視野から適切に記述していると説く。昔の政治家たちは、そうした問題を解決しようとする適切な身分的権力の抑制と均衡を保つ混合政体論を示していないと指摘する。しかしネヴィル自身は、その不安定な状態を無視できないという。具体的には周知のごとく、内戦直前期における議会宣言には、その混合政体における国王と議会側との意見の相違論争を読み取ることができる。例えば、周知のごとく中世において国王を三身分に含まず、それに代えて聖職ないし宗教身分が主張され、かつそれを主張する王政派と、議会派のそれとの論争があった。さらにその『一九カ条の提案への回答』には王政主義派にとって重要な主張が含まれているという。ネヴィルは、その両者の戦争がどのように開始するかの道筋について自らが確信することを以下において特定する。

「長期議会は、［制定］法によって解散されるまで自分たちが出席することについて国王の裁可を国王から得ておりました。長期議会は、スコットランド軍にお金を支払い、かつその軍を派遣させておりましたし、わが軍を解隊させていました。この議会は、私たちの統治を定着させ、かつ修復するために自分たちの討議を続けました。国王が、それを支持する彼らに不快と感じ、かつ議会を解散する自らの権限を除くことについて自身で不快と感じられたけれども、彼らがその恒常化を言い張った議事がすっかり終えられるとすぐ、［議会は］、国王が庶民院の主要な五議員と貴族院のうちの一人を反逆罪として告発する不幸な決議をなすのであります。そのことを彼は、武装した人とともに議会の庶民院へと入れることによって、その議員たちを要求させる聞いたこともない新しい方法で起訴しました。しかしその五人の欠席事由によって、何もなされませんでしたし、不満をもった市民たちがホワイトホールやウェストミンスターに群がることによって騒動となり、この国王は、その機会に乗じて自らの議会に欠席しました。そのことは、庶民院を勧めて『この王国の諫議書』に自らの陛下に注目させるため、ハンプトン宮殿へと委員たちを派遣させましたし、その諫議書において特記された不満と取り組むため、国王に議会を再開させる控え目な要請に注目させるべく、委員たちを派遣させました。しかし他の方法で助言された国王は、ウィンザーへと出かけ、かつ彼がヨークに到着するまで、そこから北部地方へと出かけました。ヨークにおいて彼は民兵（すなわち、その州の訓練された軍部隊）を求め、その他にジェントリー全てを求めるのであります。［中略］国王は、優勢な議会派に抗する不満をもつジェントリーに話しかけました。そうした優勢な議会党派は、国王から王冠をとることを意図しました。国王は、彼ら（彼の愛する臣民たち）のところへ擁護を求めに来たのです。つまり国王は、彼らが武力によって国王自身を擁護するためお金とともに国王を支援するように望みました。これらのジェントルマンのうちの幾人かは、陛下に議会に戻るように請願しました。残りのものは、国王の要求に関する討議に取り掛かりました。その間に彼は、そこで軍需品を確保するため、ハルへと出かけました。しかし彼は、下院がそれを奪取することを阻止するために派遣した一人のジェントルマンによって入ることを拒否されました。そのジェントルマンは、すぐに反逆者と宣せられました。故に国王は、軍隊を召集するに至ったのです。この下院がそれを知るに至る時、彼らは、次のような決議をなしました。すなわち『あしき助言によって唆された国王は、自らの議会や国民に抗して戦争を始め、イングランドの基本法と自由を破壊し、かつ恣意的統治を導入しようと意図したなど』と。これは、彼らが最初にして最後の国王と呼ぶものであります。と申しますのは他の彼らの文書全てにおいて、かつ彼らの擁護のために武装する彼らの宣言において（それはこの決議を伴いました）彼らは、悪辣な顧問たち以外の何ものも名をあげないからです(14)」。

ネヴィルによれば、一六四〇年一一月三日開催のいわゆる長期議会は、そのチャールズ一世治世第一六年制定法によって解散されるまでその開催の裁可を得ていたと切り出す。チャールズ側は、元々スコットランドの攻撃に備え、財政を賄うために開催するつもりであった。ところがネヴィルは、こうした長期議会がまずスコットランドとの戦争を解決する方向にそってその政治過程を示そうとし始める。つまりその議会は、この戦争を解決するためスコットランドにお金を支払い、かつその軍を撤退してもらい、かつイングランドの軍の武装解除過程を承認したというものである。さらにこの議会は、イングランドの統治を安定させかつ定着させ、更にその乱れた統治に必要な治療策を施そうとし、討議を続けたと説く。

こうした方向に対し国王は、その議会に反発を感じ、かつ自らの解散権を制約する彼らに不快感を示したという。従って議会がそうした改革に向けた討議を終えるとすぐに、国王は五人の庶民院議員と一人の貴族院議員を反逆罪として告発する、悪しき決断をなしているという。チャールズは、そうした自らの法を彼らに命じるため、武装部隊を庶民院へと導入することによって前代未聞の新方式で起訴してしまったと斬る。

　しかしながらこの国王の手法の結果、その五人が逃れ、彼らをロンドン市議会がかくまい、国会において欠席したため、君主は何もなし得ぬ状況に陥っているという。こうした彼の振舞いに対してロンドンの群衆が国会周辺などへと押寄せたため、それを恐れて国王は議会を欠席してしまった状況に言及する。次に日付順では重なってしまうが、「大諫議書」に言及することとなる。D・L・スミスによれば、当時において多様な庶民院委員会によって草案された文書から出てきているものである[15]。それは、チャールズ一世の君主陣営に対して「基本法及び統治原理（その上にこの王国と正義が固く確立される）を転覆させる悪辣にして有害な意図」をもつ全ての「諸悪」と非難するものであるという。ネヴィルによれば、庶民院がさらにこの諫議書を国王に注目させることを強調したかったのであろう。そして庶民院は、君主とその家族がロンドン近郊のハンプトン宮殿に退避しているけれども、国会の再開をチャールズに迫る状況を描いている。

　それにもかかわらず別の陣営から助言されたチャールズは、本来の居城であるウィンザー城へと赴き、かつイングランド北部の枢密院議長職が置かれるヨークへと出かけた。そうした北部での国王の拠点において彼は、まず州における訓練された軍部隊（民兵隊）を集め、その他にその地主階級である州におけるジェントリー全てにも召集をかけていたという[16]。周知のごとく、ネヴィルは、シドニーと同様に、ジェントリーたちを自由民階級とみなし、かつ本来あるべき政体における主体を構成するとも示す傾向をもつ。いずれにせよ、そのチャールズは、支配的な議会派を主導する人々に不満をもつこうしたジェントリーたちに向かって、そうした議会の指導者たちが王位を奪う意図をもつと自ら考えを吐露したという。チャールズ一世は、自らの当時の軍事的失敗を認識したため、自らの味方である臣民のところに防衛に来るように求めるためにはるばるヨークまでやってきたのである。従ってその君主は、豊かなジェントリーたちにその資金とともに、その武力によって守ってくれるように要請したという。これに対して心あるジェントルマンたちは、チャールズにロンドンの議会に戻り、そこで問題の解決を図るように要請したのである。その他のジェントルマンたちは、国王の意向にそってこの要請について討議し始めた。そうこうしているうちに、チャールズは、戦闘を可能にするため軍需品を確保しようとし、ハルにある兵器廠へと向かった。ところがチャールズは、その対立する庶民院が王政派の軍需品を占有することを阻止するために派遣した一人のジェントルマンによって入場を断られたという。これに対しチャールズは、そのジェントルマンを反逆者と宣してしまった。故にその国王は、軍隊を結集せざるをえなかったと弁明する。ネヴィルによれば、議会陣営がこうした国王陣営による庶民院に抗する行動を徹底的に批判し、その敵対的方針を明確にする決定をなすに至ったという。すなわち、国王自身を標的とするよりもその側近的指導者たちや顧問たちによって歪められることによって、そうした彼らが自ら国民を代表することを強調して、その国家の基本法とその自由を覆すことを意図するものと斬り、かつ専制政治を行なおうとするものとして一刀両断にする。

ネヴィルは、それに庶民院が国王と正しく称する最初にして一回限りのものであると注釈を加える。以後国王陣営と議会陣営の内戦へと突入することになるが、下院側は一貫してその敵に対して悪辣な顧問たちと称することとなるというのである。

ネヴィルは、第二の対話における最後の会話文節を次のように示す。

「そうした決議やこうした宣言に対する国王の回答は、私が次のように言及したことです。すなわち、そこにおいて陛下は、たとえ他の方法によったとしても、国王自身とその子孫への大いなる呪いによって、統治政体をおかすいかなる意図も否定します。国王は、彼らがその法や統治を維持する権利をもつことを認めます。このことは、現存文書全体において見ることができます。寛大な君主は、自らの権力が神から生じ（ある神学者が彼のためになしているように）、かつその臣民がそれを論じ得ず、かつ彼が彼以外のいかなる者にも（たとえ彼が、私たち全てを隷属させようとも）、彼の行為にいかなる説明も与えるべきでないなどとは決して言い張っておりませんでした。従って私たちの内戦は、正義の故に始めたのではなく、実際問題の故に始めました。と申しますのは解決されるべく、法律家や決議論者のところへと行くことなく、国王が私たちの自由を破壊することを意図すると信じた人々からなるものは、議会に加わったからであります。議会において優越する党派が国王を破壊し、あるいは国王を廃位することを意図するという意見をもった人々は、彼らの生命や運命をかけて本来の陛下を精力的に支援したからです。あなたが快く訊ねた質問は、決して到来しませんでした。と申しますのは両党派はともに自分たちが正しいと言い張り、かつ信じたし、かつその政府のために闘い、かつその政府を擁護したからです(17)」。

ネヴィルは、ここではチャールズ一世自身を批判しない立場を明確にする形を採用する。まずネヴィルは、議会陣営の決議や宣言に対するその君主の解答においてそれを示そうとし始める。国王は、そのイングランドの統治政体を損なおうなどといった悪しき意図をもたないという。他の形でたとえなされたとしても、彼は国王たる地位や後代の人々に対しても何ら悪しきものなど残そうと意図しておらず、かつ議員たちや国民にその基本法制度や統治政体を持続的に維持させることも当然ながら承認していると弁明する。

ネヴィルは、前に言及しているごとく、信頼できる史料に基づいて歴史的論理を構成する立場によって、そうしたことを当時存在している文献により確認できるという。チャールズ一世は、トーリー党の主流派が主張するごとき、君主神授権説によって論じていないと説く。逆に彼は、自ら以外の偏った者の説によって全て論ずべしなどとも述べていない、極めて寛容力をもつ陛下であるという。故にネヴィルによれば、イングランドの内戦は、正義といった大それた理由によって開始されたのではなく、より実際上の理由によって起こされたと弁明する。具体的には両者の意思の疎通の行違いが発端であると解される。本来そうした紛争の解決は、法律家などの合理的な論理を必要とするが、議会において合理的討議を欠く大袈裟な対立によって頑なに権力者に抵抗を表した議会運営の方法にもその一部の責めがあるという。他方、この議会の主流派が君主をなきものとし、かつその廃位を強硬に推進しようとしているという意見をもつ人々は、自らの生命をかけて国王を内面的に支持している集団であると説く。従ってこうした理由により、その両者の激突と結果的になってしまっているとネヴィルは、弁明する。故に、相互にその信頼関係が築かれずに至ってしまっているという。それは、両方とも自らの政府の確立を目指して戦闘を開始し、かつその政府を擁護するというものである。われわれは、ここにおいて政治における国王親政主義よりもその顧問たち、ないし君主以外の議員たちなどによる政府執行部を含む統治機構論ないし広義の共和主義論を主張する傾向を読み取ることができる。

（1）Henry Neville, *Plato Redivivus*, 1763, pp. 162-163.
（2）C. Robbins, ed., *Two English Republican Tracts*, 1969, p. 145.
（3）H. Neville, *Plato Redivivus*, 1763, pp. 163-164.
（4）H. Neville, *op.cit.*, pp. 164-165.
（5）*Ibid.*, pp. 165-166.
（6）*Ibid.*, pp. 166-167.
（7）C. Roberts and O. Duncan, 'The parliamentary undertaking of 1614', *English Historical Review*, 93, (1978), pp. 481-498.
（8）D. Hirst, *England in Conflict, 1603-1660*, E. Arnold, 1999; C. Russell, *Unrevolutionary England, 1603-1642*,

Oxford, 1990; S. Clucas et al., eds., *The Crisis of 1614 and The Addled Parliament*, Ashgate, 2003, etc.

(9) H. Neville, *Plato Redivivus*, 1763, pp. 167-168.

(10) H. Neville, *op.cit.*, pp. 168-169.

(11) *Ibid*., p. 170.

(12) C. Robbins, ed., *Two English Republican Tracts*, 1969, p. 148.

(13) H. Neville, *Plato Redivivus*, 1763, pp. 170-171.

(14) H. Neville, *op.cit.*, pp. 171-174.

(15) D. L. Smith, *The Stuart Parliaments, 1603-1689*, E. Arnold, 1999, p. 127.

(16) R. Ashton, *The English Civil War*, London, 1978, p. 61.

(17) H. Neville, *Plato Redivivus*, 1763, pp. 174-175.

第三節　結び

われわれは、本章においてネヴィルの主著『プラトン再生』「第二の対話」の最終部分を素材として、当時のイングランド国家の病理ないし混乱について整理してきた。まずわれわれは、その前提的部分である第一項において「統治政体と財産権との関連」について論究した。すなわち、彼は、ハリントン流に統治権力が財産所有階級の割合と正比例すべきであるという理論を唱えてきている。ところがこの国においてそれは、当時において徐々に貴族身分から自由民身分へと財産が移行しつつあった。これは、ネヴィルがその当時の経済社会における変動状況を鋭く観察していることを示す。しかしながら、それにこの統治政体制度が対応できていないところに問題を残すという問題意識があった。より具体的にはイングランドにおいて旧来の貴族階級などが権力の中枢を担いつつあったが、その時代にはそのジェントリーや自由土地保有者らからなる庶民院がそれに比して十分な地位を占めていないというものである。

われわれの本章の主題である第二項においてネヴィルは、こうした財産権の原理に基づいて当時の統治政体の病理を抉り出そうとしている。こうした視野からその財産権を多く所有しつつある階層は、ジェントリーなどのそれであり、制度的には十分に彼らにその権力を委譲できていないとみなされる。換言すれば、中世の均衡のとれた混合政体的立憲制が、その変化によってその権力の抑制と均衡が崩れつつあったと解する。ネヴィルは、ここにおいて旧来の立憲制がその新しい社会経済状況に即応し得ないという問題を設定している。それは、一七世紀における統治政体の病（一六一四年の「空虚な議会」、長期議会、及び王位継承排斥法案危機などの）の元であるという。ネヴィルによれば、そうした混乱ないし病理は、国王個人に帰す場合もあるが、その国王の顧問たちによる指導力の不足や腐敗、及び両陣営がお互いの信頼関係を失いかつ後戻りできない状況などに大きな原因があると論じる。さらに国王たちが本来限定された権力に留まるべきであり、その限りにおいて彼らが、存在理由を有するという立場を明確にしている。われわれは、ネヴィルがその清教徒革命期論において外見上国王批判を避けているけれども、随所に専制的王政体制の権力の濫用を批判する自らの議会派的心性を示していることも確認してきた。例えば、ネヴィルは、その長期議会から内戦に至る混乱をもたらす状況説明の中で、王政主義派陣営に抗する議会派陣営におけるその権利の主張を妥当とみなす思想傾向のうちの一端を展開しているからである。

第三部　イングランドの統治政体の改革と庶民院優位主義的議会主権論

――『プラトン再生』「第三の対話」を中心に――

第五章　ローマカトリック教の増大論

第一節　緒論

われわれは、上述のごとくヘンリー・ネヴィルが穏健な共和主義者であると規定してきている。確かにネヴィルは、隠された急進主義を秘めながら穏健な理論の外見を示している。彼は一方において、国王自身を批判せずに（それは、ネヴィルの遵法の表明でもある）その顧問たちにその混乱ないし病理に責任を負わせている。さらにネヴィルは、均衡のとれた古来の立憲制によって自らのイングランド統治史を合理化している。他方、彼は、新しい時代に対応した新興市民階級への権力の担い手の移行を主張し、新しい統治機構の必要を主張している。とはいえわれわれは、彼の結論において暴君放伐論による反乱を否定し、当時の君主制を存続させかつ従来の王位継承順位も認めるなどの論理から判断して、ネヴィルを穏健な共和主義者とみなすものである。われわれは、さらに彼が「国民代表的庶民院優位主義型議会主権論者」ないし国民擁護主義的統治機構論者とも規定している。なぜならネヴィルは、表面上、自らの議会派的概念の使用を控えているが、内容上その国民代表的庶民院ないしデモクラシーの優位を表現しているからである。それは、彼の主著である『プラトン再生』の「第二の対話」においてその合理性が論じられているものである。さらにネヴィルは、そこにおいて自らのイングランド国家論とその病理を論じている(1)が、これは、自らの台頭する新興財産所有階級基盤型政治理論枠組みを示し、かつイングランドにおける当時の混乱状況を診断するものでもある。従ってわれわれは、それを踏まえつつ、彼の主著における「第三の対話」を読み解く段階に来ている。それは、第一、及び第二の対話に続く結論章でもある。これは、彼による「イングランドの統治機構改革」論が主たる内容を示すものである。換言すれば、それは、ネヴィルが当時のイングランドの混乱ないし熱病に対する改善ないし治療策を提示するものである。

本章は、その「第三の対話」における全五節のうちの第一節を分析することによって、その最初の問題であるローマカトリック教の増大の脅威に関する彼の論理を捉えようと試みるものである。前述のごとく、イングランドの王政復古期後期における主要な問題は、地方党（後のウィッグ党へと発展するもの）にとって厳格な国教主義の強制であると同時に、「恣意的統治とローマカトリック教の増大の脅威」でもあったとされる。故にわれわれは、ここでそのうちの後者の問題を一つの論点として論じようとするものである。本章は、「恣意的統治」がそのより上位の問題であるとみなす。それにもかかわらずネヴィルは、当時においてそれをこのカトリック教の増大と関連づけることに問題を残すと言う。故に本章は、その関連からこの国の「ローマカトリック教の増大」を主題とするものである。

（1）本書の第二部を参照されたい。

第二節　「イングランド統治機構の改革」意図

われわれは、本節においてネヴィルの『プラトン再生』「第三の対話」における全五部のうちの最初の部分をさらに二つに分ける。これは、その最初がネヴィルによる当時の「イングランド国家の統治機構の改革」意図を示す序論節である。

その説き起こし部分は、例のごとくネヴィル自身の化身的ジェントルマンによって次のように、彼自身の歴史観から語らせる。すなわち、

「あなたは、今あるそうした主題［熱病の治癒］に私たちが根拠をもたぬとお考えですか。人は、躊躇うことなく、ほぼ二〇〇年間（私たちの統治政体が狂気である極めて長い間）誰もその熱病の治癒に思い切って着手していない点に自らの意見を出す程、自信をもつとどのように想定できますか（1）」。

ネヴィルは、ここにおいてまず、「第二の対話」の最後における熱病の治癒問題をうける。彼は、それについて周知の重大さによって問いかける。ネヴィルは、その原因についてヘンリー（七世）によるボズワース野の戦いに発する、その均衡と抑制的な古来の立憲制の破壊以来のイングランド政治史から言及する。彼は、それ以来の立憲制史を狂気の過程と批判する。彼は、こうした問題設定を嚆矢としてその絶対主義的側面を糾弾し始める。彼は、そうした古来の立憲制の破壊によってさまざまな病理が起こっていると説く。ネヴィルは、こうした大局的見地からイングラ

ンドの立憲政治を論じる必要を示す。彼は、こうした厄介な熱病の治癒と誰も危険を冒して取り組んで来ないという。こうした観点から彼は、その熱病の治癒問題に根拠がないと言い得るのであろうか、と逆に問い詰める論法を採用する。

続いて彼は、自らの対話相手であるヴェネツィア人に次のようにその論点の重要性を確認させる。

「今日の私たちの仕事は、それらの面倒すべてがそうした原因（健全な統治政体の欠如）を除去することによって将来予防できる方策を示そうと努めることです(2)」。

ここではネヴィルは、そうした古来の立憲制の衰退といった前提に立ち、その病気の原因が変化する国家に見合った適合的統治機構の欠如を示し、かつそうした視野からこの治療策を組み立てる観点を述べさせている。

「もしあなたがその病とその原因に納得されるならば、その治癒はおのずとついてきます。と申しますのはもしあなたは、私たちの統治機構が破壊され、かつそれが財産権に基礎づけられるため破壊され、そして今この基礎が変えられることに合意されるならば、明らかにあなたがあなたの古き政府へと財産権を移し、かつ国王と貴族に彼らの土地を与えねばならないか、さもなければ現状のように、その財産権へとこの政府を導かねばならないかしなければならないからであります(3)」。

ネヴィルは、この会話において近代市民階級の台頭的局面から、イングランドにおける以前の統治政体の面倒ないし病理、及び適切な統治機構の欠如という原因が論理的に推論されれば、その解決策ないし治療策が明瞭となると説く。換言すれば、イングランドの統治政体が大きなダメージを受け、従ってそれが財産権に基づく理由であるため、この政体が破壊され、かつその財産基礎が変化することが明確化されることに納得することとなるという。その結果、明確に変化する社会に適切なイングランドの統治政体の必要性に沿って財産権の基礎を立て直し、かつ以前と異なる国王と貴族にジェントリーらの土地を配分することもあり得るという。さもなければ、それは、一七世紀半ば頃のごとく、この統治政体をその財産基盤に沿って導く必要性が出てくると説く。

ネヴィルは、そのジェントルマンの話に続き、もう一人の対話者にしてより自由主義的でもある医師に次のように語らせる。

「私は、あなたの諸根拠に大いに満足しています。しかしこの基本的真理には、私たちの人々の間で理解されていない理由があります。全ての会話において人々は、議会が自分たちの会議でなすべきことについての意見を申し出ているでしょうから、彼らが提案する便法のうちのいくつかを検討することは誤りではありません。そして彼らのうちのある人々ないしその全ての人々が、私たちの統治政体を新たにつくることが必要なほど大きな変革や変更を思い切ってなすことよりもむしろ、ある程度の解決へと私たちをもたらす方向に効果的であるかどうかを知ることは、誤りではありません(4)」。

ここにおいてネヴィルは、そのよりラディカルな論者に対して、このジェントルマンの問題設定とその対策についてより具体的な論旨を語らせることによって是認させようとする。すなわち、その医師は、まずこの論理を妥当として認める。とはいえそうした論理的筋道は、一般人には必ずしも理解されていないという。さらに議会審議においてあるべき内容についてさまざまに意見を強硬に主張し合っていることにも問題があるが、彼らの便法の提案を精査することは、必ずしも誤りとはいえないという。さらに彼らの便法の一部にせよ全体にせよ、イングランドの統治政体を革命的に変革することよりもむしろ、漸進的な解決策によってこの国の統治機構を改革することが有効性をもつか否かを検討することは、誤っていないと追認する。

その急進的な医師にさえ、改革的方途をとることも容認させつつ、ネヴィルは、この会話文の結語部分で次のようにその論理を確認する。

「私は、多くの時と面倒を費やし、国王と貴族とともに法案を承認させる困難に出くわし、かつ統治政体の大きな変革と思えるよりもむしろ、真の治療策が現れる、議会に提案された便法など存在しえないと信じます。少なくとも私は、提案せねばならないことについて話します。しかしながら、私は、あなたの方式を是認します。そしてもしあなたがそうしたことのなにがしかのものを提案するのに気に入ってもらえるならば、私は、快くそうしたことを受け入れるか、あるいはそれらが私たちの国家を安定させるのにほとんど実をもたない理由を示そうと努めるか、のいずれかを行います(5)」。

このジェントルマンは、まずその前段においてそうした面倒や混乱に対する改善策が多くの時間を使い、かつ苦心し、国王と貴族と一緒になって協力して法案を可決成立させる労をなし、かつ統治政体の思い切った変革を図る議会提案方式によってはじめてその真なる対策が生み出されると宣する。ネヴィルは、こうした改革提案がここでは主題であることを最低限度述べるという。とはいえこの後段ではこのジェントルマンは、前記の医師の漸進的改革方途を肯定すると説く。従ってネヴィルは、その議会にイングランド社会を安定させるのに適切な改革提案が提出されれば、自らそれを是認するものであるという。そうでなければ、彼は、その理由を提示するように努力するというものである。

（1）Henry Neville, *Plato Redivivus*, London, 1763, p. 177.
（2）H. Nevill, *op. cit.*
（3）*Ibid.*, pp. 177-178.
（4）*Ibid.*, p. 178.
（5）*Ibid.*, pp. 178-179.

第三節　イングランドにおける「ローマカトリック教の増大」論

われわれは、前節でその結論章にあたるネヴィルによる主著の「第三の対話」の冒頭で、彼の近代初期のイングランドにおける適切な統治政体の欠如ないし病理とその原因、並びにその治療策への行程意図について確認してきている。引き続きわれわれは、本節において彼の「ローマカトリック教の増大」の論及部分を分析し、かつ概括しようとするものである。ネヴィルは、この問題について本章が主題とするものとの関連で次のようにその医師に問わせる。「私は、（いつも理解される、恣意的権力を締め出すための適切な法形成の他に）次のような二つの主題にそれらを絞ります。すなわち、カトリック教の増大の阻止、及びその結果としてローマカトリック教徒である人物の王位継承権に反対することの規定であります。次にモンマス公の王位継承権が議会で検討されかつ合意される後、モンマス公の王位継承権を宣することとです(1)」。

ここにおいてこの医師は、例のごとくウイッグ党の主流派が主張する論点を述べる。すなわち、これは、王位継承排斥法案危機期において、その最も大きな争点である「恣意的統治」の排除を支柱とするけれども、第一にカトリック教の増大を食い止めること、及び彼らが王弟のヨーク公をその王位継承から排斥することである。第二にチャールズ国王の庶子であるモンマス公をその王位に就けることの法制化である。

これに対してネヴィルは、次のように答える。

「その新法形成について私は、それが絶対に必要ないと考えます。私たちは、もしそれが遂行されるならば、既にもつ［ものに加え］恣意的権力に抗する法を極めて過剰にもつこととなりましょう。しかしある変革が形成されるまで、（私たちが示すように）それが不可能となれば、私は、この論点を延期させます。あなたの他の二つのうちの最初のものについて私は、ローマカトリック教の増大の考察を王位継承の考察から分け、かつ分離することとします。私がこの議論の遂行において、この立派なジェントルマンにあまり気に入ってもらえないと言わざるを得ないのは残念です。私たちは、彼が告白するあの宗教の偏りによって述べることが必要とされる故であります。しかしそのことは、私ができる限り悪しき温床をなくし、かつ感情も罵りもなくしてともにあることとなりましょう（2）」。

このネヴィルの主張は、二つに分類できる。その前段は、ヨーク公を標的とした王位継承排斥法案を成立させることに断固として反対するものである。その理由は、自らが主張する「権力からの自由」からそれる、硬直的法をつくることとなるからである。逆にネヴィルは、法によるその自由民の権利を侵害する危険性を示し、かつその統治政体を変革するために新法が不可能となれば、とりあえずこの法案を棚上げにすると説く。

その後段においてネヴィルは、ローマカトリック教の問題と王位継承の問題とを分け、かつ切り離して検討し、この医師をはじめとするウィッグ党の主流派の主張を冷静に分析しようと努める。従って彼は、その主流派の主張が優勢であるため、自説について大方の人々に理解してもらうには極めて困難を伴うという。故にそのウィッグ党の少数派の立場に立つネヴィルにとってそうしたヨーク公が認める、急進的宗教に言及することによって説く必要があるというものである。とはいえネヴィルらの少数派は、可能な限り悪しき温床をなくし、かつ極端に感情を露わにして論じるのではなくウィッグ党が一致協力してなすべきことを実現せねばならぬと説く。ネヴィルは、これに対しそのヴェネツィア人であるもう一人の対話者に次のように、自らの反聖職者主義の客観性に対する同意を確保させる。

「私があなたを何か背きつつあるのではないかとして疑うことは、極めて困難でしょう。しかしどうかあなたの政治論をお続け下さい。と申しますのは私は、国教の保存（中略）が国家をよく秩序付けるのに必要なことを知らぬほど私自身、無知でないからです。私たちの国家における教義事項は、イングランドで認められることと極めて異なりますが、国家統治について私は、あなたが次のように知ると信じます。すなわち、教皇ないしその司祭たちは、あなたの聖職者たちがイングランドに、あるいは世界のどの地域においてでもあるように、統治にはほとんど影響力をもたぬと（3）」。

宗教上一般に当時のヴェネツィア人は、ローマカトリック教徒であると考えられ、故にネヴィルもそうした人物に合わせて会話環境を整える。こうした視野から彼は、そのヴェネツィア人にも妥当する反聖職者主義論を展開することに無理などないという状況を設定している。ここではまずネヴィルは、その前段において国家宗教（すなわち、国教）の最小限度の保守を知らぬわけではないという。従って彼はそれを検討するのは当然であるという。ここでもネヴィルは、最小限度の国教の保全を認める故、市民宗教的立場に立っていることが分かる。

後段ではヴェネツィアのカトリックの教義問題は、彼によってイングランドと極めて異なることを承認させている。しかしヴェネツィアであろうが世界のまともな国家ならばどこであれ、その聖職者たちによる政治への影響力をイングランドほどもつものではないことを大抵の人は、知っているという。

ネヴィルは、このイングランドにおける政治への聖職者たちの過剰な介入を糾弾する形で、古代に遡ってその変遷を辿ろうとする。

「私はこのことを十分に公言しますし、あなたが与える好意によって進めます。昔、カトリック教がイングランド統治に対して極めて無知であり、聖職者と教皇がともに貴族と歩調を合わせることによってマグナカルタの手段によって私たちの自由宣言をなすくらいに、私たちの自由に反対しなかったことなど、否定せざるをえません。なるほどまた、たとえ私たちが全てカトリック教徒であり、かつ私たちの国家が四〇〇年前にあるような財産権と支配の両方で同じであったとしても、イングランドにおいて元の状態でその国家宗教をもつことが本当に一つの不都合となりましょう。すなわち、聖職者がその政教一致的であるものである故にその主権において分与をもち、かつこれからもつということであり、そしてそれ自体のもつ権力において教会制的統治と呼ばれる、下位の裁判所をもつこととなりましょう。これは、私たちの救い主であるキリスト（彼は、彼の王国が現世にないと私たちに教えます）の言葉と明らかに矛盾である他に、統治政体において不適当であり、いつも違反となりましょう。その真理は、もしあなたが聖書を調べるならば、あなたが次のようであることに気づくことでありましょう。すなわち、使徒たちが植え付ける宗教は、いかなる国においても国教となるべきとみなされませんでした。故に神の信仰と崇拝事項にその統治事項をその統治官が介入させる何らの格言も与えておりません。しかし使徒たちは、キリスト教徒たちが全ての合法的事柄において彼ら［世俗の統治者たち］に服従すべきと説きました。聖書において次のように明らかに宣する多くの文節があります。すなわち、真の信者と聖人が一握りにすぎず、かつそうした人々は、神が彼らを現世から分離した者であり、いわば現世から連れ出した者であると。たとえ彼らは全体的に諸国民ないし人々がキリストとその群れの真なる追随者たちであったはずであると信じたとしても、そのことは、そうした人々によっていわれなかったでしょう。と申しますのは確かに彼らのうちの誰も咎められるべきでありませんが、なおキリスト自身は救われる人が極めて少ないと私たちに教え、かつその狭き門から入るように努めることを命じるからであります（4）」。

このイングランドのジェントルマンは、ここではまず原始キリスト教の成立期に言及する前に、その宗教と聖職者との関係をその一三世紀頃における中世の立憲制期に沿って論及し始める。これは、まさにマグナカルタの世紀と呼ばれるその成立期であり、前記のごとく一七世紀前半にその議会派と呼ばれる人々による絶対主義批判における共通の論理である。すなわち、議会派の人々は、現実の為政者たちの強引な統治に対して過去に遡って、その均衡のとれた混合政体的立憲制下の人々の自由を示しつつ、その絶対主義ないし恣意的統治を批判するものであった。それは、内戦期や共和政期における政治家としてのネヴィルやシドニーらが古来の立憲制論者として示される側面でもある。ここではこのネヴィルは、マグナカルタを中心とする古来の立憲制を基礎として、その三政体要素的混合政体論によって自由民の自由を確保し、かつその政体の安定を説く論理に続くものであった。

すなわち、彼は、その時代は、宗教改革がまだ行われぬ時代であり、カトリック教がゆきわたった時期であり、近世におけるような国家宗教についてそれほど大きな争点でなかったと言う。それとは逆に王政復古期の厳格な国教会制体制といった政治への強力な介入主義は、単なる不都合として見過ごせぬ状態にあったと説く。

このジェントルマンは、前述のごとくその後段で聖書において聖職者による政治への強力な介入など存在しないとし、その古代に遡って辿り始める。すなわち、イエス・キリストは、聖書において神の王国が、現世のものと異なるというものであり、現世のそれについて何らの聖職者の役割を述べていないと主張する。彼は、さらに国教などその民に対して全体的に統制する統治政体も認めていないという。従って使徒たちはその統治者による少しの信仰事項への介入も述べるものでなく、合法的なものへの服従のみを述べていると説く。聖書においてそれは、当然ながらその宗教を普及することを一握りの使徒たちなどに命じるけれども、現世とは切り離すものであって、政治と結びつけるものではないという。確かにキリストは、結果的に民全体の救いを信じることとなり、また一部の少数のものに個別に命じられることがあるとしても、国民全体に彼らを通じて一度に命じることなどないというものである。つまりキリストは、聖職者を通じて政治を仕向けることなどいっていないことを強調する。

ネヴィルは、ここではその反聖職主義の論理的関連からローマカトリックの増大問題を論じる形式を採用している。さらに彼は、聖書におけるキリストの言葉を辿りながら持論を展開し続ける。

「それ故私は、キリストかあるいは彼の使徒たちのいずれかが次のようにいつも説明すると想定すべきでないと思います。すなわち、この真の宗教が、その開始に適合すべき進歩を有すべきという以外に、法・教理問答・あるいは信条の枠づけによって、あなたが彼らを宗教的と呼ぼうと世俗的と呼ぼうとも、主権力と統治官によって世界に埋め込まれるべきなどと。と申しますのはこの宗教が神の力と精神からその起源をもち、かつそうした流れに［彼らが］反してきていることは明らかであるからです。［中略］ネロの時代（それはまさに初期でありました）においてキリスト教徒たちには、ローマ及び自分たちが気に入る他のどの都市国家でも、イエスキリストに捧げて建立される寺院提案がありましたし、ローマ人たちが自らの神々の数にイエスを受け入れるべきという提案がありました。しかし、私たちの宗教は、当時その純粋な状態にあった時、これは全面的に拒絶されました。と申しますのはそうした神は、仲間をもたず、かつ寺院も必要なかったに違いありませんが、精神と真理において崇拝せねばならないからです。これらのよきキリスト教徒の継承者たちは、それほど実直でありませんでした。と申しますのは幾つかの時代後において、富と権力を得る司祭たち、及び帝国を得かつ保つ皇帝（というのはこの時までキリスト教徒たちは、数多くなりかつ強力となったからです）は、合体して私たちの神聖な宗教を損ない、現世の統治にそれを適合させ、かつ異教徒の儀式的愚や迷信の全て、及び（さらに悪いのは）人々の身体と良心を支配して、司祭たちの権限をそれ［この宗教］へと導入させたからです(5)」。

ネヴィルは、まずこの会話においてキリストやその使徒たちの時代を想定させようとする。彼は、前述のごとく聖職者たちによる政治介入に反対する立場をとっており、そのイエスらを真なる宗教の具現者という視野からそれに論及し始める。この宗教は、そのあるべき宗教流儀などに則って主権者や為政者が強制せよなどと考えるべきでないと説かれる。ネヴィルによれば、このキリスト教は、その創始期に適切な進化過程を本来もつべきという。その理由は、神の力と霊にその宗教が根差しているためと説く。さらにその理由は、ネヴィルによれば、この本来の傾向に反する方向によって欧州世界が進んできたからであるという。

ネヴィルは、キリスト教史におけるその弾圧について周知のネロ皇帝期を通じて言及する。すなわち、その初期のキリスト教徒たちに対しては、あたかもイエスを奉るために建立されるごとく、ローマにおいてかつそのキリスト教徒たちが好む他の諸都市においても寺院建築が提案された。しかしながらそのローマ人たちが後にキリストという神を彼らの宗教に受容することになるが、当時のキリスト教は、その強固な信仰が全体的に拒まれる運命を辿ったという。その一つの理由は、こうした純粋なキリスト教徒たちが一神教であり、そのローマの神々とは相容れぬものであり、故にそうした寺院などローマ人にとって必ずしも必要としなかったことであると説く。さらにより重要でもあるのは、こうしたキリスト教徒たちが極めて堅固に信心深いため、ローマの既存の宗教とは共存し得なかったからであるという。これに対してそれ以後のキリスト教徒たちは、その初期の信仰者とは異なり、こうした純粋無垢な信者でなくなってしまっていると説く。つまりその後のキリスト教徒たちは、世俗的富と権勢を手にする司祭たちがこの世を謳歌する時代を経験している。彼らとともにその支配権力を拡張する皇帝たちが多数派を支配し、かつ帝国的支配領域を有する程までにその影響力を持つに至ってしまっているという。そうした彼らは、本来の純粋なキリスト教のよさにダメージを与えてしまっていると斬る。さらに彼らは、世俗的支配にキリスト教を適応させ、かつ悪しき異教的要素を加え、さらによき信者の心身両面にわたってその聖職者たちの権勢を導入する形をとって、悪しき聖俗一体的支配を貫徹させてしまっているというものである。従ってそれは、この原始キリスト教とは似て非なるものであると説いている。ここにおいてネヴィルは、近代初期にいたるキリスト教史を辿りつつ、宗教による政治への過剰な介入を徹底的に批判し、自らの政教分離論を内包させている。

この会話部分の最後にあたる第三段落は、次のようになっている。

「私は、このことについてもはや言わないつもりです。しかし私は、この主題を扱っている数多くの著者たちをあなたに注目させます。特に『ヌマ・ポンピリウスによって基礎づけられた使徒的カトリック教』と題された著書を書いているフランスの聖職者、及びマキャヴェッリの著作の翻訳によって私たちの言語において最近印刷され、彼の死後出版として出された書簡における比類なきマキャヴェッリをあなたに注目させます。しかし私は、長い脱線をしています。再度戻ってみれば私は、古代のカトリック教がこの王国において何らの不便もなかったという時、あなたに注目してもらいたいのみですし、その政府がその時存続しているごとく私は、政治的にのみ意味づけます。［中略］私が以前に述べたように、カトリック教が私たちの古き立憲制と十分に適合していたにもかかわらず、民衆へと傾斜する現在の状態について、それは、世界におけるいかなる君主の専制や恣意的権力と全体的に矛盾すると同様にそれ［その立憲制］と矛盾し、かつその重要人物たちの権力及び司祭たちの支配（特にそこではこの場合に外国の管轄権がある）と矛盾しましょう。私は、私たちがローマカトリック教の増加を阻止すべきであるという、この先生の主張を肯定することをかくして大いに付け加えるつもりです。と申しますのはそれは、この国家に抗してここでの危険な党派として今増加されるからです（6）」。

ネヴィルは、まずこの前の悪しき聖俗一体的支配体制についてあえて言及しないという。とはいえここではローマカトリック教が古代ローマのヌマの儀式を使ったことについて少し述べようとする。ネヴィルは、その題名に示されたフランスの聖職者による著作、及び自らが高く評価しかつ翻訳したマキャヴェッリの書簡を代表例として列挙する。ネヴィルは、再び政治への聖職者たちの介入を批判する主張に沿ってカトリック教に論及する意図を明らかにする。従って彼は、元々キリストが説く真の福音によってのみ宗教的に正しいとみなし、それ以外の迷信や偶像崇拝による信仰を肯定する意図などなく、ここでそれを論じるつもりがないという。故にそうした論及は、自らの統治政体という主要な論点に関して適切でないと説く。

ネヴィルは、前述のようにかつてカトリック教がイングランドの古き立憲制によって十分に抑制されていたという立場をここで再確認する。それにもかかわらずネヴィルは、当時の一七世紀後半のイングランドにおいて財産状況が徐々に市民へと勢力が上昇的に移行する状態についていえば、古き立憲制との齟齬が生じ、その君主絶対主義や恣意的統治と一致しないばかりでなく、その要人及び聖職者たちの支配体制とも全面的に一致しないと説く。従ってネヴィルは、そのウィッグの主流派的医師によるローマ教会支配型のカトリック教の増大を阻む主張に同意する立場を宣する。その理由は、ローマカトリック教徒たちがそのイングランド国家を敵対視する脅威となる党派となって増大する可能性があるためであると説く。

次にネヴィルは、そのヴェネツィア人にこの「ローマカトリック教の増大（特にその破壊的一派）の阻止」がどのようになしうるのかの仕方を問わせ、かつこれに対してそのイングランドのジェントルマンは次のように答え始める。

「私は、あなた自身にそのことの審判官となってもらいます。私は、反対意見があるとすれば、君主と国家を破壊する合法性について［ジュアン・］マリアナとエマヌエル・サらによって主張されている、そうした愚かな著作について何も言わないでしょう。と申しますのは全ての良心的にして実直なカトリック教徒たち（そのような彼らについて私は、世界の大多数が存在することを知っています）は、そうした呪われた主義を奉じぬばかりでなく、それに嫌悪さえ感じるからです。そして彼らは、次のように信じます。すなわち、その教皇が破門によって教会の聖餐式から君主を断っている時、その君主は、もはや成功できません。そしてその君主からその王位を奪う権力を言い張るべきでありませんし、君主の臣民にはその宣誓や服従を免じるべきではありません。しかし私は、わが国のローマカトリック教徒たちの現状に限定することとします。あなたは、王国ないし共和国がカトリック教徒の間で、数多くして富裕で繁栄する［君主と国家に抗する破壊主義的］党派をもつことがいかに危険であるかをご存じであり、彼らの利益は彼らが生きる国の政体や統治を破壊することにあります。故にもし私たちのカトリック教徒たちがこの党派を証明するならば、この国の人々が彼らを極めて熱烈に弱めさす理由についてあなたは、不思議に思わないでしょう。

これは、私たちの主張です。と申しますのはエリザベス女王の治世の開始において、我が国の宗教の変更があったからです。このことは、そのよき牛がもはやミルクを絞り出さぬことを知るのに十分にローマの聖父［教皇］を怒らせたからです。その聖父は、エリザベス女王を異端にして庶子であると宣し［中略］、かつ後に私たちの女王を破門し、かつその王国を、［中略］彼女から奪いました。あの［国家と君主に抗する破壊主義的］党派の熱狂者たちのうちの幾人かは（こうした輩は、多くの者が今もつ恐怖［と私は信じる］よりもそうした彼らの突然激しく行動する人々にとって大きな恐怖となります）、エリザベス女王に抗して謀略し始めました。そしてその陰謀は、女王陛下の臣民を自分たちで信じなかったような、人々に抗する厳格な法を形成させることによって女王をして確保せしめることが、（その議会がその時考えたように）必要とするほど頻繁にして極めて危険と遂になりました。しかし逆にそうして敵視された形となったものの多くは、彼女に反対し、かつ彼女を破壊するように良心上自ら義務づけられると考えました（7）」。

ネヴィルは、ここにおいてまずイングランドについて第三者的立場をとらせる、ヴェネツィア人を公平な判定者と位置付けることを宣する。続いてネヴィルは、一六世紀後半から一七世紀初頭のイエズス会士にして君主放伐や国家転覆を正統化しようとした、論者たちの著作を愚にして呪われた主義として批判する。周知のごとくこのエリザベス朝時代は、新旧キリスト教徒の対立が背景にあり、イングランドの君主たちは、その敵としてのカトリック教徒を標的とする過酷な刑法をつくっていた。また彼らは、そうした信者たちを取り締まろうとしていた。いずれにせよ、その会士たちは、シドニーらの見解と共通性をもつが、ネヴィルはその反乱主義を明確に否定する。これに対して大多数のローマカトリック教徒たちは、よき信徒であると称える。さらにこうしたよき信徒たちが信じるごとく、彼らの宗教的頂点にある教皇が破門によりその君主に対してその教会の聖餐式への列席を承認しない場合、その君主が、その統治を遂行しえなくなると説く。従って教皇にはその王位を奪う権限を唱えるべきでないとみなし、この理由でその臣民に対して宣誓や服従を免じてはならないという。この立場は、国家権力に服する最小限度の国教を容認する、世俗主義的な市民宗教の思想を含むものである。

ネヴィルによれば、これは、その総論部分であって、イングランドにおけるローマカトリック教徒の当時の状態に限定する旨を述べる。数的に一定の割合を占め、富裕にして繁栄する（国王と君主を破壊しようとする）特定党派をもつことがそうした国家内での脅威ないし危険であることは明確であり、彼らの利害はその国家の統治政体を破壊するものであると説く。従って一般のカトリック教徒たちの中にこうした特定の党派を容認すれば、他の諸国の人々を徹底的に弱体化させる大きな根拠となり得ると警告する。ネヴィルのこうした主張について自らより具体的に言及することとなる。つまりエリザベス一世期の初めに周知の首長法や礼拝方式統一法などによる宗教上の変更があったことに言及し始める。これについてそのローマ教会の教皇は、自らにとって牛乳などを生み出すよき牛である者が、それをもたらさぬことを自覚させたという。従ってこの教皇は、その女王を徹底的に貶める形で破門と宣したというものである。つまりその父であるヘンリー八世のそれとは異なる形で、その娘の王権を剥奪する形によったという。

ネヴィルは、ここでは極めて強力な影響力をもつその教皇の名の下に熱狂的に行動する党派の脅威と危険に論及しつつ、それが自らがよき議会の育成者と認める女王に反対して謀略を開始したことを標的とする。ネヴィルは、その陰謀を悪しき極みにあるものとみなす。そうした陰謀は、その女王の臣民に抗してさらに厳格な刑法形成によって女王を防御へと差し向けるため、極めて危険にして脅威であると断じるものである。さらに、逆にそうした党派は、女王に反旗を翻し、かつエリザベス女王を破壊することが良心的義務とみなすに至ったというものである。従ってその厳格な刑法は、事態を悪化させるものであり、一般の人々に対しても抑圧的となってしまうと批判する。

ネヴィルは、引き続きエリザベス一世の治世からジェームズへの変わり目へとその議論を移し始める。

「その言い張られた権限の疑わしさのように、この破門があの周知の女王とともになくなりましたが、彼女の後継者である国王及びその議会全体に抗する全く見込みのない新謀略は、彼女の死後長く続きませんでした。しかしその厳格な法は、極めて多くのもの（及びさらに厳格なもの）が以来形成され、かつなお効力をもつほどまでになっており、廃止されていません。さてそうした諸法は、次のようなプロテスタントたちとカトリックたちの間に極めて大きな差異を形成します。すなわち、プロテスタントたちが私たちの統治と法によって最も自由であり、カトリックたちは奴隷同然であり、後者の自宅が一定の距離を置いたところに制限され、その宮廷の近くに来られません。しかし（彼らは、その首都に保たれますが、自らの必要時に彼らから主に参会する権利を奪います）彼らは、その国王に毎年自らの土地収入のうちから三分の二を支払わねばなりません。彼らの司祭たちは裏切り者とされ、彼らはその聖職者たちを匿う故に、重罪人とされます。［中略］こうした人々［通常のカトリック教徒たち］がそうした失望下にあるまで、変化を望みかつ変化に努めることがこうした人々の利益でないのかどうかを、あなたに判断してもらいましょう。そして君主が自らの権力の増大のためにかつ彼の議会を弱めるために万事を引き受ける時がいつであれ、彼らがその君主（その彼によるそうした法の不履行の黙認が彼らの唯一の手段にして希望であります）に」(8) 加わらないかどうかを判断するように迫る。

ネヴィルは、ここではローマ教皇の権限が伴う疑念のごとく、その破門は、エリザベス女王の死とともに、消滅したという。しかしながら、彼女の後継者であるジェームズ一世の時代とそれとともに続くその議会に抗して新たなスペイン国王に忠義を尽くす、ガイ・フォークスらの火薬謀略［一六〇五］など長く継続し得るものでなかったという。とはいえそうした厳格すぎる刑法は、一般の人々に対してそれ以後も脅威をもたらし、かつその法的効力をもち続けることになってしまったと説く。従ってそうした厳格すぎる刑法は、プロテスタント教徒対カトリック教徒などといった両極へと分断させるものとなりつつあるという。つまり前者は、統治と法によって極めて自由であるのとは逆に、後者が従属者同然とされ、彼らの家々にまで明確に距離をおかせ、かつその宮廷に近づけぬようにしてしまっているという。とはいえ後者は、ロンドンに留め置かれるが、有事には自由に行動することが認められなくなっている。さらに彼らは、その国王に年間で土地収入の六割以上も支払わされている。また彼らの聖職者たちが反逆者とみなされ、その司祭たちを密にかくまうことが重罪とされてしまうという。

この会話文の最後についてその客観的第三者であるヴェネツィア人にそうしたものについてどうするのかと問い詰める。ここではネヴィルは、そのカトリックに対する過酷な刑法の欠点を徹底的に批判する論理を展開する。

彼は、それほどまでに追いつめられたカトリック教徒たちに対して、もしその君主が権力亡者であったならば、大きな悲劇をもたらしかねず、かつ双方にとって悲惨な結果となり得る懸念を示し、それについてこの対話者が迫る。

ネヴィルは、この会話の主張をその対話者に次のように換言させる。

「あなたがおっしゃることは、否定などできません。しかしその解決策は、そうした残虐な法を除去することであり、まさに正当にして栄誉的であると同様に極めて容易にして明らかであります。もしそのことがなされたならば、彼らは、あなたと共にある国民でありましょうし、少しの困窮もないでありましょうし、その結果、彼らの国益と自由に抗して国王を弱める望みなどもたないでありましょう（9）」。

ここにおいてそのヴェネツィア人は、健全な統治のための解決策がカトリック大国であるスペインの絶対君主に忠義を尽くす危険な人物による陰謀に抗するための残酷すぎる刑「法の廃止」にあることを確認する。この法は、善良なカトリック教徒なども不安に陥れるものである。これを廃止すれば、そこから発する不安が除かれ、国王権力に反抗するものがなくなると、ネヴィルは主張する。そうすれば、この国の国民に抗する君権を緩和することによって、国民の自由と財産が守られ、かつその政体がよき統治に貢献すると語らせる。従ってネヴィルは、法を支える社会の公共心や倫理感の重要性をより強調するものである。

この国のジェントルマンは、それをうけ、次のようにこれをさらに敷衍する。

「あなたは、非常にうまくお話になられます。私が確立された統治によって全ての私たちの面倒の鎮静を望まなければならぬ、多くの中における諸理由のうちの一つは、次のことであります。すなわち、私は、これらの人々（彼らのうちの多くの者が財産・生まれ・及び育ちのことで、非常に重要です）が、私たちの健全な法下で静穏に生きており、かつ国内での自分たちの支出によって私たちの貿易と富を増大させることを知り得ます。他方、今彼らに抗する私たちの法の厳格さは、彼らに彼らの海外におけるその収入を費やさせ、かつイングランドの蓄えによって他の諸国民を富ませます。しかし今のイングランド国家がそうであるごとく、現状の統治がそれほど確立されていない限り、私たちの議会は、次のような一党派を支持することに決して同意しないでしょう。すなわち、そうした一党派は、ほとんど好意も寛容ももたずして自分たちの宗教を国教とせしめることを可能にすることができ、かつ故に私たちの政体と自由を崩壊し得るのであります(10)」。

ネヴィルのイングランド統治観について、それは、元々安定しかつ抑制と均衡を有する混合政体を従来からもっており、かつその限りで自由人たちの自由と豊かさが擁護されてきたというものである。この会話は、こうした文脈から発する、元々安定しかつ均衡のとれた統治制度の確立がまず措定される。それが乱されなくするという諸々の理由には多くのものがあるという。多くの自由人たちは、財産を持ち、恵まれた生まれと教育をうけてきており、国内で重要な地位も占めている。さらによき法律の下で平和裏に生き、かつ国内で自らのお金によって国富を構成し、貿易を増加させてきたという。これに対してその硬直的刑法の残酷さは、国際的費用を過剰に費やさせ、自国の蓄えによって他国民を逆に富ませているという。国民全体にわたって安定した統治制度がうまく機能することこそ、大切である。従ってイングランド議会は、こうした不安定な状態にあるイングランド人たちの自由などを犠牲にしてカトリックの君主に忠義を尽す一派を許すわけにいかないという。しかしそれは、この硬直的刑法にも問題があり、その除去によってかなり解決できるというものである。

このジェントルマンの主張に対してその対話者は、「その［混乱をもたらす］ことを可能にする」ことが疑問であると問う。それについてネヴィルは、以下で三つの段落［第四段落は省く］からなる長い会話において答え始める。そのうちの第一の段落は、次の二つの理由で答え始める。

「第一に、私たちが最初に与えた理由（すなわち統治政体の狂気）について極めて病んだ期間中に、起こる不吉な偶発事件が自然的有機体と政治的有機体の両方において、その患者に危険な変更をもたらし得ることより以上に確かなものなどございません。強欲な人が私たちの諸戦争において極めて浅い傷が彼の墓へともたらすことを、私が、知っておりますように、衰退した政府における反乱（さもなければそれほど重要でないことである）は、極めて致命的であることを証明しております。と申しますのはその彼がフランス病に極端に感染されることが決して口を封じえぬ故です。故に私たちの宗教を変更するための国内外におけるその意図が、確かな根拠を有する政府にとってほとんど取るに足らないとしても、私たちがもつ政府のようなもの［不安定な統治］においてそうした策略を逸らすため、全ての私たちの配慮を必要とします。

もう一つの理由は、通常のプロテスタントたちの間に抱かれる熱意の欠如であります。その熱意は、エリザベス女王の時代にイングランドに存在したように、体制宗教を保全する大きな手段とするために利用します。私は、イングランド教会がその国民の間にほとんど信頼されないことを付け加えます。大抵の人々は、自らが廃止される他のものの教義に怒るように、私たちの間に残されたあのカトリック教（とめどもなく数多くの無用にして根拠なき迷信的儀式、並びに聖職者一般の無知と悪意の他に、短白衣・外套・祭壇・卑屈な挨拶・主教・教会裁判所・及びその階序制全体において）におおむね怒るのであります。従ってローマカトリック教が次のような熱狂的信者たちと呼ばれた一団からなる貧しき人たち［のようになること］による以外に締め出し得る希望など存在しません。すなわち、そうした一団からなる貧しき人たちは、キリストとその使徒によって植え付けられかつ聖書に含まれるごとく、最初のキリスト教徒たちがあったように、片隅に追いやられ、かつ真理においてのみキリスト教の純粋性を保全します。

そしてこれは、その国教会の聖職者たちが、全ての彼らの立派な性質の他に以下の主張も有すると、ほぼ全ての真面目な人々を信じさせます。すなわち、カトリック教徒たちは、ローマカトリック教を導入することによる以外に、かつ次のような外国の長や支持者をうることによる以外に、聖書・人間の憤慨・及びこの国民の利益に抗してその階序制を長く存続させることを望むことができないと。すなわち、彼らは、彼らのえこひいきや彼らのために時々国王と議会に挑み、かつこうした彼らに横柄に振舞うつもりです。しかしそうした彼らは、もし私たちがあなたがヴェネツィアでもつような堅固にして賢明な政府をもったならば、自分たちにはほとんど利をもたなくなりましょう(11)」。

ネヴィルは、ここにおいてまず統治政体の狂気ないし混乱がその最初に示した理由であり、こうした病を被るある時期において、患者にあたるものに介在する不気味な突発事件を生命体的にも政体的にも損傷をもたらす、変化へと至らしめることが確実であると説く。こうした病気を被った退廃的統治体の逆機能は、破壊へと至ることを実証するものであるという。換言すれば、ネヴィルによると、猛烈な欲望を持つ人物がイングランドにおける諸々の戦争や内戦の中で政体を破砕へと至らしめる。しかし、フランス病がまだその浅傷である段階といえども、絶対君主制下の専制をもたらす故に、隠し得ぬ理由であると説く。従ってこの著者によれば、イングランドの宗教を変えさせるといった、その国内並びに国外でのこうした意図は、明確な論拠に基づくものに関してそうした陰謀を挫く、この国のあらゆる人々の十分な根拠に根差した対策が求められるというものである。

統治政体に混乱をもたらす第二の理由についてネヴィルは、引き続き言及する。それは、彼によれば、一般のプロテスタント教徒の間でその改革宗教を求める情熱を失っていることによるという。ネヴィルは、シドニーと同様に自らの祖先がその時代に重要な地位に就いていたことなども含めてエリザベス朝に一定の評価を与える傾向を示す。例えば、その時代に庶民院が一定の成長をなしたとみなすものなどがそれを示す。本題に戻すならば、彼は、そうした時代にその情熱は存在し、故に体制国教会を擁護しようとする手段として使うことができたと信じられる。ところがその後のイングランド国教会は、必ずしも広く信頼されたわけでないという。ネヴィルは、自らの反聖職者主義的立場から例えば、多くのイングランド人たちがローマカトリック教の形式主義、大げさな外観や階序制などを忌み嫌っていると説く。すなわち、その多くがこの国で廃止され、かつ好ましいものとみなされないというものである。冷静さを第一義的に考えると宣しているネヴィルは、ここでは皮肉にも新教徒の熱狂者たちを支持する論法を導入する。彼らは、貧しくして、原始キリスト教徒たちのごとく迫害されるけれども、その初期における真理の純粋さを保ち、聖書に記される人々のごとく行動するという。

ネヴィルは、必ずしもそうした熱狂的信者を支持する立場をとるものではなく、ここでは逆説的にそれを使うこととなる。すなわち、国教会の聖職者たちは、以前にはこうした原始的キリスト教徒事例を示しつつ、自分たちがそうした性質をもち合わせていたし、それを使うことによって、極端に偏向するカトリック教徒を批判していた。かくしてネヴィルは、国教会の聖職者たちが自ら適切な諸資質をもつばかりでなく、ローマカトリック教が増大してしまうとしてその外国の君主やその支持者が導入され、聖書に反するばかりでなく、人々の当然の怒りや国民の利益にも反するものがもたらされてしまうという。故に彼らは、そのカトリック教を除外する意思をもつとして、真面目な国民全体を信じ込ませるものであるというのである。いずれにせよ、ネヴィルは、そうした硬直的国教会における聖職者主義が均衡のとれた議会中心主義的混合政体にそぐわぬと斬る。

この第二の混乱へと至らしめる理由に続く第三の理由についてネヴィルは、次のように論及する。

「ローマカトリック教が今回に備えて極めて警戒して規定されるべき、もう一つにして最大の理由は、以下のようであります。すなわち、もし陛下が正統的世継ぎなくして死すとすれば、その王位に合法的にして確かな相続者は、あの信仰を抱くことがより多く疑われます。その信仰は、（もし私たちの混乱した国家に適用された改善策が存在する前に、神が国王と快く呼ぶならば）議会の休止期に私たちの聖職者の支援、及び他のイングランドと外国のものの手助けによってあの［カトリック式］宣誓をすぐに導入せねばならぬ、［中略］権力によって一大機会を与えるでありましょう。

これは、彼が極めて熱狂的にして偏屈なローマカトリック教徒であるとみなされるため、なおさら恐ろしいものです。従って彼は、それが彼自身の利益と静穏とは逆であるように明らかに思えますが、その目的で全て行うとみなし得るからです。故にそれは、司祭たちに自らの信仰及び生命の導きを譲り渡す（そうした誤謬的にして野心的空想によって信じらされる）人々に極めてありがちであります。（こうした司祭たちは、もし自らがその聖母高揚のため、生命・富・及び希望を犠牲にし、かつまだ誕生せぬ無数の魂を有する仲間からの破壊を予防するならば、彼らに支配を得させるために天においてそうした人々に最高位を約束します）。スペインのフェリペ二世、フランスのギーズ家の公爵たち、及び他の大政治家たちが、彼ら自身の偉大さを彼らの第一目的にいつもせしめており、かつ彼ら［司祭たち］の情熱をその手段として使う一方で、こうした大政治家たちは、司祭たちによって欺かれる代わりに、彼らを騙していましたし、世界支配へと人々に説教するように努めさせております(12)」。

ネヴィルの「統治についての対話」（その主著の副題）における最も大きな時代背景の一つは、前述のごとく、ローマカトリック教徒が次期王位を継承すべきか否かという問題であった。このことは、その王位継承排斥法案が重大な争点であり、かつそれが慎重に規定されるべきにして最大の執筆理由であることも認められる。つまりチャールズ二世の正妻にはその子が存在せず、王弟であるヨーク公が王位継承権をもつことに伴う問題である。ネヴィルは、第一、第二の混乱へと至らしめ得る理由を改善する前に、それを解決せねばならぬが、ここではその抱かれる理由に言及する。この問題についてネヴィルは、多くのイングランド人たちがカトリック教に脅威を抱いていることも認める。従って、その信者であるヨーク公に対する不安感がキリスト教全体において当然と認められる故に、そのカトリック信仰に則って政治が行われれば、その混乱に拍車がかかってしまうという。

故にネヴィルは、ここではそうした国教会体制における問題及びその欠点を引き継いで別の方向へと向かう問題の両方を標的とすることとなる。ネヴィルは、そのヨーク公がこうした排他的なカトリックであり、かつ熱狂的なその信者とみなされるため、その脅威を感じることが当然とみなす。たとえ彼が正しく行動したとしても、その一途な性格は、強力な国際的影響力の流れを形成するカトリック的専制大国と連動するものと想定しうる。従ってそうしたカトリックの司祭たちに自らの信仰や生命の導きまでも委ねてしまい、強欲的な幻想などによって誤信させる権力者たちに随伴する傾向が描かれる。またそうした聖職者たちは、自らが召命されたという立場から聖マリアの高揚と称し、神が命ずる最も重要な事項を遂行するために自らを犠牲にして、まだ現世に現れぬ世代の破壊を予防するという建前の下で、彼ら自身に支配を得させ、かつ天国においてそうした人々に最高の地位を予定させてしまうものであるという。それと関連する権力者たちの具体的事例としてネヴィルは、スペインのフェリペ二世、フランスのギーズ家の公爵たち、並びに他の大きな影響力をもつ政治家たちを列挙する。つまり彼らは、自らのローマカトリックの重要性を自らの最も大切な目的とし、かつその司祭たちの情熱をその手段として利用する。ネヴィルによれば、そうした権力者たちは、逆にその聖職者たちを欺き、世界全体の支配にまで自らが支配することを彼らに説教するようにせしめていると斬る。

ネヴィルの主著の初版におけるこの会話部分の最終段落が以下で述べられる。

「従って私は、ローマカトリック教の増大を扱い終えております。そして私は、次にように結論づけねばなりません。すなわち、もしイングランドにおいて一カトリック教徒に任せえぬような、かつこの国を今苦しめるのと同一の混乱に私たちの政体を任せ得ぬような方法で、その宗教を止められるならば、私たちがそのためにかえってよい人を躊躇すべきでなく、静穏にしてますますいい人を躊躇うべきでありません。すなわち、カトリック教の増大と危険は、私たちの現在の混乱［熱病］の原因でなくその熱病の結果であります。しかし健全にして確立した統治政体はローマカトリック教の破壊へと何ら近くならないごとく、ローマカトリック教及びその危険と不都合は、そうした改革から判断して、さらに止むばかりでなく、全体的になくなるでありましょう。従って私たちが私たちの仲違を直す前に宗教を開始する時、私たちは、誤った目的で開始します。

私は、私たちの先生の好意によってその職業からより多く一つの類推を借りることとします。不治の悪液質についてその医師たちによって治療が施された人物をかつて知りました。すなわち、その不治の悪液質は、（彼らがいいますように）血液全体の悪しき性質から、極度な乾き感覚状態から、及び身体全体の悪しき習慣から生じました。そうした患者は、彼らが言うごとく、その病気を引き起こす体液から発する激しい痛みから生じた、疝痛による極めて頻繁な痛みをもつ発作を引き起こしました。そしてその患者は、特に彼がそれを生き延びるとは期待されぬ程度にまで彼を苦しめる発作を被りました。しかしその医師たちは、その後すぐにそれから彼を救いました。それ［疝痛］にもかかわらずこの人は、その最初の熱病で死にました。他方、もし彼らの技術が他のものの原因となるものを治したならば、その疝痛はそれ自体で消えていたでありましょうし、この患者は回復していたことでしょう。

私は、何らの適用をなす必要もないでしょうし、私が既にいっている以外に、王位継承（それは、私の今度の領域です）について多く言う必要などないでしょう。もしあなたがあなたの統治政体を修正するならば、カトリック教徒の王位継承者に抗するいかなる規定もつくる必要はないでしょう。たとえあなたがそれを修正しないとしても、その詳細において使いうる全ての配慮と範囲は、役立たないでしょうし、いかなる効果ももたないでありましょう。そして（もしこの混乱が容易に除去し得ず、かつ次期継承者は、最もあり得るように、特にその民の情熱と根気が終わるまで現国王が生きているとするならば、平穏のうちに継承するようになりましょう）どうにかその王位権限をめぐる内戦のうちに多分終わるだけでありましょう。そうなれば次にその王位権限を奪われた人物は、自らの手に剣をもって到来するかもしれません。［これに抗してその継承者は、］ローマカトリック教と恣意的権力の両方をその統治へ正にもたらすかもしれません。そのことについて私は彼（申し立てられる以前の諸理由故）が長く主張し得ぬと信じます。しかしそれは、この世代を悲惨にして不幸にせしめ得るのです(13)」。

ネヴィルは、この会話がその「ローマカトリック教の増大」の結語部分であることを示す。つまりここでの結語は、カトリック教の増加と脅威がイングランドにおける王位継承排斥法案危機期の混乱ないし熱病の原因ではなく、その混乱の結果であるという、前述のマキャヴェッリ的論法である。ネヴィルが主張するのは、聖職者を十分に整理する解決が不可能な方式でその危険を防止すべきでもなく、かつ従来のイングランド政体を混乱へと陥れるようなものによっても解決すべきではないという。それよりもむしろそうした混乱を招かぬ改善策、及び沈着冷静にして適切な方向を展望しうる権力制限的統治改革などによるべきであると説くものである。

とはいえ適切にして安定的に確立された統治や政体形成は、カトリック教の破壊を直接的により近くにもたらすことにならないものである。それは、カトリック教の脅威と不都合が、そうした改革目標の遂行によって停止するだけでなく、全体的に消滅することになるというものである。故にイングランド人たちが自らの不和を改善するよりも先に、その宗教の破壊を開始すべきでない。もしそうするならば、不適切な目的で開始することとなってしまうと説かれる。なぜならその問題は、宗教的な問題である故でなく、政治的問題である故であるというものである。ネヴィルは、このイングランド人たちの政治的混乱を改善するために、宗教がらみでのみの結果に着目するのではなく、政治的な行き違いの側面から再考するために、医学上の病とその治療に例える、前述の類推を使用して明確にその因果関係によって捉えようと試みる。

ネヴィルは、それを不治の病である悪液質に治療を施す事例を使って論じようとする。その治癒が困難とされる悪液質の発症原因は、血液全体を占める悪しき性質、極度な乾き状態、及び人体全体の悪しき習慣から生じるという。これにかかった人物は、それを引き起こす体液の激流から発した、疝痛に起因する極度に多く繰り返す痛みを随伴する発作を引き起こすものであるという。こうした病を患った人物は、自らが生きることが望めぬほどまでにその人に苦痛やダメージを与える発作をもたらしたという。それにもかかわらずこの担当医師は、その後まもなく彼の疝痛を治した。しかし患者は、その最初の熱病がもとで死亡したという。別の観点からこれを振り返ると、その医師による技能が異なるものの原因を悟り、かつこれを治癒していた場合に、その疝痛がなくなり、その病人が回復していただろうというものである。またネヴィルは、こうした形で首尾よく治療が成功したならば、その統治の改革者としての自らが何もする必要がなくなると説く。従ってネヴィルが自らの専門領域（統治術）のうちの一つである「王位継承問題」についてこの統治の混乱にに関する因果関係を適切に解きほぐした後に、その方策によって改善すれば、多言を要せぬという。ネヴィルは、一般の人々が自国の統治機構改革を果たす場合に当然ながらその王位継承法のような規定を新たに設定する必要などないと説く。たとえそれらを改革せずとも、こうした王位継承について詳細にわたる深慮やその範囲の確定といったものなど新たに行う必要もなく、逆に混乱を招く場合もあると説く。またもっともあるように思えるごとく、その混乱が容易に収まらずあるいはその病が容易に癒えないにもかかわらず、次の相続者が円滑に王位を継承する場合、特にその国王は、その国民の熱気や勇気が収まるまで生存する場合、しばらくその王位継承権を得ようとする戦いの真只中にあるままの状態となってしまうという。さらにそのタイトルを奪取された王位継承候補者は、自らの武装勢力を率いてやって来、これに抗する継承者は、それによってカトリック教及び恣意的権力をともにもちこむことが可能となってしまう。ネヴィルは、そうしたことなどその合法的王位継承候補者が、それを多数の国民になさぬと主張し、かつモンマスが正統な根拠をもたぬ理由から、長期的に主張できるものではないとみなす。故にこうした悪しき争いは、この時代の人々に苦痛を与えるので、なしてはならないと説く。従ってネヴィルは、王位継承問題が政治問題であるが複雑にして根深いことである故、その王位継承史を綿密に整理する必要があると暗に示唆する。

（1）Henry Neville, *Plato Redivivus*, P. 179,
（2）H. Neville, *op. cit.*, pp. 179-180.
（3）*Ibid.*, p. 180.
（4）*Ibid.*, pp. 180-182.
（5）*Ibid.*, pp. 182-183.
（6）*Ibid.*, pp. 183-185.
（7）*Ibid.*, pp. 185-187.
（8）*Ibid.*, pp. 187-188.
（9）*Ibid.*, p. 188.
（10）*Ibid.*, pp. 188-189.
（11）*Ibid.*, pp. 189-191.
（12）*Ibid.*, pp. 191-193.
（13）*Ibid.*, pp. 193-195.

第四節　結び

われわれは、ネヴィルの主著『プラトン再生』における「第二の対話」を分析することによって、彼の国家論やイングランド統治政体の病理ないし混乱などに関する歴史的視野などを含む、広範な理論枠組みを検証してきた。われわれは、本章においてそれに引き続き、ネヴィルの「第三の対話」序論部分について分析してきた。本章の第二節においてわれわれは、ネヴィルのイングランド国家における統治機構改革の意図を探ってきた。それは、「第二の対話」における理論を前提とした当時の「イングランド国家の統治機構」を、徹底的に改革することを論理的に提示しようとするものであった。すなわち、そのネヴィルの理論は、台頭する自由土地保有者やジェントリーらが優越すべき国民代表的庶民院優位主義論に基づくものである。ネヴィルは、そうした彼らの合理的な政治的知恵によって、その混乱ないし熱病状態にあるイングランド統治政体を手順を踏んで治療しかつ再構築することを目指すものである。さらに彼によれば、その意図は、王位継承排斥法案危機期における混乱ないし病理の原因がその社会経済変動（財産権の変動を中心とした）に伴う適切な統治政体の欠如にあり、それをさまざまな結果と識別し、かつその原因を辿りつつ、その適切な統治政体へとそれを改革するものである。

本章は、その第三節においてネヴィルが、その混乱の結果のうちの一つが「ローマカトリック教の増大」であるという論理を分析してきた。ここではネヴィルは、自らの反聖職者主義論との関連でそれを捉えようとする。それは、ネヴィルが王政主義と一体化された国教会制度の硬直性を批判するものである。その論理的帰結としてのローマカトリック教会体制もそれに類似するものとしてその批判の対象となる。いずれにせよ、ネヴィルは、その硬直性を減じることによって、清教徒革命前後期に行き渡った、宗教事項について国家当局が最高権をもつべきというエラストゥス主義に基づく、市民宗教論の立場から政教分離を主張することとなる。ネヴィル自身は、そのローマカトリック教徒一般を必ずしも悪しきものとはみなさないが、そのプロテスタントに敵意をもつ、その前者の勢力も大きな脅威であり、それに絶対的忠誠を誓う党派も痛烈に批判する。さらにそれに抗する過酷な刑法形成もその脅威や混乱を煽るものと彼はみなす。しかしながら、カトリック教の増大は、政体の混乱ないし病理の結果であって原因ではなく、故に「王位継承排斥法案」を真正面から分析する必要が説かれる。従ってネヴィルは、イングランド国家の病理について、カトリック教の増大の脅威が宗教問題である故、むしろその問題の本質が、王位継承という政治にあり、かつそれが統治機構の病理ないし混乱問題と関わるため、国家統治論として扱うべきであると主張する。故にその統治機構を改革することが最も重要となるとネヴィルによって説かれる。

第六章　王位継承排斥法案危機論

第一節　緒論

われわれは、前章においてヘンリー・ネヴィルの『プラトン再生』「第三の対話」における全五節のうちの第一節にあたる「ローマカトリック教の増大」論について分析してきた(1)。彼は、そこにおいて当時のイングランドのプロテスタントたちをカトリック教の敵とみなし、自分たちを破壊しようとする危険な集団の増大の脅威がその危機であると示した。さらに彼は、そのイングランド国家の病理が宗教問題として捉えるよりもむしろ政治問題と捉えなければならないという。従って彼は、新しい時代にそぐわない統治制度を改革する必要があると説いていたのである。われわれは、引き続き本章においてその第二節にあたる「王位継承排斥法案危機」論を解明する段階に達している。われわれが既に論じているごとく、ネヴィルの主著の執筆目的は、この一六八〇年から一六八一年の二回にわたる議会（特に自らのウィッグ党議員たち）に自説を訴えるために書かれた、という仮説(2)を立ててきている。本章は、ネヴィルがこの主著の「第三の対話」において直接的にそれを訴える排斥法案危機論を概括することを目的とする。

従ってわれわれは、この「危機期」について既に手短に言及してきたが、さらにそれを補わなければならない。というのはこの排斥法案問題は、たんに議会のそれにとどまらず、より広範な政治的問題への広がりをもったからである。前述のその期間（一六七九―八一）は、狭義のものであり、この問題がより長期的視点を必要とする故、それよりも広義の「王位継承排斥法案危機」の期間を確認する必要が出てきた。すなわち、その危機期は、一般にカトリック教徒の政府の公職保持などを禁じる「第二次審査法」が成立した一六七八年頃から、国王殺害を企てる「ライハウス陰謀事件」の発覚期の一六八三年頃までを指すものである。この後期は、ウィッグ党の急進派が、その王政復古体制に対する反乱ないし抵抗などを強める状況を包摂する時代区分を示す。われわれは、その後期にネヴィルと同様に共和主義者であるシドニーらを含むこととなる。というのはネヴィルの主著は、当時数多くの反論（特にその共和主義的傾向について）をもたらしたからである。さらにわれわれは、一七世紀におけるウィッグ主義的自由主義史観とマルクス主義的史観に共通する、革新的思想を重視する革命史観ないし進歩史観の長所も受け入れるものである（3）。ただしそれらは、ともにその修正主義史観によってその実証性が批判されているため、この実証主義的研究の利点も共に評価するものである。つまりわれわれは、それらの長所を認める融合的仮説（4）に沿うものである。それを踏まえて、われわれは、ウィッグ派リーダーのうちの一人であるシャフツベリ初代伯らによる、カトリック教徒にして次期王位継承者であるヨーク公をその王位から排斥する議会権限の主張が、広義のジェントリーや自由土地保有者たちによる財産権や政治参加権などの要求の一環とみなすものである。つまり、その要求は、現代において君主の王位継承権までも議会で決定しようとするものとも解釈できる、極めてラディカルなものを含むからである。とはいえ今日でも議会においてそれを実現することは、かなり広範な合意を必要とするものであり、その状況にもよるが、困難を伴う課題でもあろう。

われわれは、既にネヴィルを共和主義者と措定してきている。しかしながらわれわれは、彼を王政復古期における混合君主思想家としても示してきている。確かにそのネヴィルについてこの論理性に疑問がもたれることは、当然であろう。これに対してわれわれは、彼の「君主なき共和主義」がその背後において「遥か彼方にある理想」（例えば、M・ゴルディらの表現）として存在すると示してきている。B・ウォーデンらによれば、ネヴィルのそれが「隠された意図」を内包するという表現とも重なるものでもあろう。われわれは、上記でネヴィルの君主制論が絶対君主制と典型的に描くことを示している。彼のそれが混合政体〈古典的共和制表現による〉近代的表現では、準立憲君主制）論、及びハリントン的立憲制論としての内容などをもつため、われわれは、彼を共和主義者とみなすものである。さらにこのネヴィル型共和主義論は、狭義の「直接的君主なき共和制」ではなく、広義の共和主義［その市民の有徳、自治及び公共精神要件も含む］とも言い得る。故に本書は、ネヴィルが可能な限り君主における政治的無力化を図ろうとすることによって、本来の共和主義原理に沿う傾向があるとみなす。またわれわれは、ネヴィルやシドニーらを自由主義者としての要素も兼備していることについて、必ずしも「共和主義」と「自由主義」が相容れぬとはいえぬことをここで確認するものである(5)。というのはイングランドの清教徒革命期の共和主義と王政復古後期の共和主義とを比較すればわかるように、時代がすすむにつれて徐々に自由主義的要素を帯びてきているという仮説をわれわれは、立てているからである。例えば、本書は、この王政復古後期において財産権を初めとする自然権を守るために政府を人々の同意によって設立するという、社会契約論に基づく共和主義思想が浸透しつつあったとみなすものである。従ってわれわれは、彼らをウィッグ主義的イデオロギーに包摂させる。というのはウィッグのそれは、上昇しつつある市民階級の主張によって世俗的自由や財産権の自由などを強調するものであるからである。

（1）本書の第一章を参照。
（2）本書の第五章を参照。
（3）周知のごとくウィッグ史観は、前期の革命期について「議会による権利主張」ないし権力奪取などを強調し、マルクス主義史観が市民的「社会経済革命」を強調する。修正主義は、多様であるが、その有力な学説のうちの一つによれば、君主の能力不足及び「国民の統治能力」などを強調する。いずれにせよこの革命について今日でも激しい論争が起こっていることをここで確認しておきたい。

例えば、C. Brown, *Whitehall*, CBC, 2009; J. Adamson, *The Noble Revolt*, London, 2007, etc. ただし王政復古期について、その三つの史観を踏まえた研究も蓄積されてきている。それについてわれわれは、この項では示し得ぬが、その前期の革命期における遺産の評価をめぐって生じる政治が起点となっているとみなす。

（4）例えば、D.L. Smith, *The Stuart Parliaments: 1603-1689*, Edward Arnold, 1999, etc.

（5）例えば、G. Mahlberg, *H. Neville and English republican culture in the seventeenth century*, Manchester U.P., 2009, etc. われわれは、ネヴィルの総合的政治思想研究を目指すため、最近ゲイビー・マールバーグによる本格的なネヴィル研究が出版されたことに鑑み、それに論及する必要が出てきた。われわれは、ここにおける関連（注）の形でそれに論及してみよう。

われわれは、この研究のエッセンスを示すその結論部分に言及することとしたい。それは、次のように説き起こされる。

「本書は、ネヴィルの生涯の再検討と著作の再読及び方法論的革新の両方を提示している。本書は、ネヴィルが広範に多様なジャンルを使って自らの政治的メッセージを伝える方法を示している。本書は、故にわれわれが『政治的なるもの』の狭義を放棄すべきであり、かつ共和主義的基準観念を再考すべきと論じている。というのはネヴィルによる多様なジャンル、修辞的・小説的技術、及び政治言語の使用にもかかわらず、ネヴィルの諸原理は、半世紀以上にわたって著しく一貫性を残したからである。ネヴィルの政治思想の二つの特有な特徴（すなわち、『反家父長主義とハリントン主義』）は、顕著である」(G. Mahlberg, *op. cit.*, p.226)。

われわれは、この表現によってかなりこのネヴィル研究の論点をつかめる。すなわち、この著者によれば、この著書が従来あまりまとめて論及されることが少ない彼の数多くの文芸的短編を含めたものについて、総合的視野からネヴィルを再検討しようとするものである。さらにこの研究は、方法論的にも広義の「政治概念的枠組み」によってネヴィルをトータルに捉えようとするものである。すなわち、彼女は、最近の政治学的「政治」概念（例えば、私的なものも政治的であるという公私両面を包含する「政治」［さらには高等政治論と大衆〈低俗〉問題論も含む」概念、及び「政治参加」や「自治」概念など）も使ってネヴィルの生涯にわたる諸著作を総括しようと試みるものである。われわれが特に注目するのは、その政治思想［彼女の言語によれば『プラトン再生』に象徴される高等政治論］である。われわれは、この部分についてやや不満が残る。というのは彼女が必ずしもネヴィルによる王位継承排斥法案危機期を背景とした政治思想的論点（例えば、そのイングランド議会政治論、政教分離論等）などについて十分に展開しているとは言えないからである。それにもかかわらずこの研究は、一冊規模での論説が皆無に等しい研究状況において、初めて新たな方法論的視野からそれを試みた点などに関して評価すべきものである。

第二節　王位継承排斥法案危機論

(一)　ネヴィルによる王位継承論とヨーク公の王位継承問題

われわれは、上述のごとくネヴィル自らがその王位継承排斥法案を可決し成立させるべきでないという主張を示してきている。従って本節は、彼の「王位継承理論」を解明することとなるが、その大枠から判断すれば、それがその排斥法案危機問題の中に包摂されるものである。故にわれわれは、それを本節の表題とした次第である。ネヴィルは、まずここでのウィッグ党における主流派を占める論者にしてこの対話者である医師によって、なぜ排斥法案を採用しないのかという趣旨を問わせる。

これに対してネヴィルの化身であるそのジェントルマンは、次のように答える。

「私は、第一にその真の改善策を陛下に提供することが最善であると考えます。もし議会は陛下がそれを嫌うとみなすならば、次に私はその王位継承に関わる残りの改善策を追求することが最善と考えます。と申しますのはその国民（彼らはその主役であり、かつ議会にその権力を与えます）は、この時には議会からある特別なものを期待します。そして彼らのうちの大部分は、この後者の改善策がカトリック教から自分たちを救う現存の唯一の手段であると信じるからであります。それによって、彼らは、議会が統治政体の変革をもたらすと（極めて正しく）判断するものです。しかし私たちが想像するように、彼らは、第一に真の治癒を提案するように刺激し得るのです。と申しますのは証明されますように、それが絶対的に正しいからばかりでなく、同様に恐らく陛下は、その王位から彼の唯一の弟を奪うことに賛成するよりも統治政体改革の合理的要求に同意し、かつその筋道をわれわれに確保させることにより早く同意するためです。そして多分これ（私が前に言いましたように）は、議会が有効であることを証明すると望み得る唯一の筋道であるかもしれません。と申しますのはもしあなたが快く一時代のみに戻って私たちの話の筋道を検討し得るならば、あなたは、ヘンリー八世がその遺言書によって王位を扱う権限を彼に与えた、議会法を生み出したことに気付きましょう。そしてヘンリー八世が自ら述べられた遺言に従ってなしたことにあなたは、気づきましょう。これによって彼は、第一に自らの息子のエドワード六世、並びに彼自身の相続者たちへの王位継承、及び彼の相続者なしの状態時では彼の娘であるメアリー及び彼女自身の相続者たちに、かつその相続者なしの状態ではエリザベス（古くして幸せな記憶をもつ私たちのかつての主権者）に、そして彼女の相続者たちに、かつそうした全ての子孫がいない時にはヘンリー八世の妹の正しき相続者たちへと王位継承を工夫したことに気づきましょう。彼女は、彼がこの遺言を形成する前にチャールズ・ブランドンであるサフォーク公と結婚されましたし、その彼によって子孫とされました（1）」。

われわれは、この会話文を長文ゆえ二分割にしている。ネヴィルは、この説き起こしでは自らの王位継承排斥法案危機問題を解決するために、統治制度改革という真の治療策をチャールズ二世に与えることが何にもまして大切であると措定する。もしその君主がその改善策を選好しなければ、王位継承事項に関わるもう一つの解決策（カトリック教徒が王位継承をなし得ぬ法を形成すること）を求めることも重要であると説く。ネヴィルによれば、その国家の主役を担うべき国民がその権力を議会に付与するものである故に、国民との関連でその問題の解決にあたるべきであるという。ここにおいてわれわれは、ネヴィルのデモクラシー原理及び国民代表的議会主権思想を読み取り得る。従って、その国民の大部分は、カトリックから自分たちを救う唯一の手段として「特別なもの」を議会に要求するものであり、それが自分たちに統治機構の変革をもたらすものとみなし、かつ合理的に判断するという。

とはいえ、その民の大部分こそ、最善の合理的改善策を提案する原動力となり得ると一般に想像できるという。その理由は、既に証拠が示されるごとく、こうした統治機構の大きな変動方式こそが理性的な国民の判断に訴えられるほどの完全に妥当性をもつからであるという。さらにそれは、チャールズ二世からヨーク公の王位継承排斥よりもむしろその合理的な統治機構の変革ばかりでなく、その実施への行程計画にも迅速に同意してもらえるからであると説く。ネヴィルは、まずその排斥論者である医師に冷静にして理性的になってもらいたいと諭す。このジェントルマンは、その理由としてヘンリー八世における遺言書による王位継承権の議会法［35 Hen.Ⅷ.c.1.］に沿ってその陛下に従いつつ、再考することが唯一の合理的論理であるという。ここにおいても彼の国王への忠誠が存在する。

その遺言書によれば、ヘンリー八世の息子であるエドワード（六世）への王位継承が第一順位である。その彼の相続者を欠く場合に、ヘンリー八世の娘である、メアリー（一世）が次の王位継承者である。さらにその継承者を欠く状態において、次の娘であるエリザベス（一世）が次の王位継承者となる。ネヴィルは、この女王の時代がその同僚であるシドニーと同様に古きよき議会の成長期とみなす傾向をもつ。引き続きそのヘンリー八世の遺言書によれば、エリザベスらの以後のその継承者を欠く状態では、ヘンリーの妹であるメアリー・チューダー（［一四九六―一五三三］）の跡継ぎたちへと王位継承権が示されていたというものである。最後の継承権者には、その遺言が形成される前に、メアリーがその兄の合意を得ずしてサフォーク公［一五四五年没］と結婚してしまうこととなり、少し問題を残すこととなるが、およそ後代に問題を残さずにうまく収まっているとみなす。

ネヴィルは、さらにヘンリー八世の遺言書について次のように辿りつつ、以後の王位継承過程について整理する。「この遺言によって彼は、自らの姉を継承されなくしました。その彼女は、スコットランドで結婚されました。彼は、この手段によって……、彼の父と祖父のように、自らの陛下を［継承から］排斥しました（……）。そしてその主張をより強めるため、議会でエリザベス女王の生存期中に反逆法（及び後に教皇尊信罪）を可決・成立させました。［中略］しかしこの女王の死後、幸福な記憶をもつジェームズ一世国王の平和裡な受容と承認になされた重大な反対など存在しませんでした。コバム卿、W・ローリー卿、及び他の少数の人々のように、他の王位［継承］権について僅かしか問題を起さなかった人々［でさえ］、法に従って逮捕され、かつ非難されました。その後チャールズ一世治世下で流血の内戦が存在した（しかしそこでは人々の心は、極めて苛立たされました）にもかかわらず、全てその中においてその元々の王位［継承］権の欠如は、故人のチャールズの権威に抗して反対されませんでした。私は、国王の同意によって議会がこうしたこと［王位継承排斥］やあるいは他の大きな問題を合法的になし得ぬ（それは、法の処罰をもたらすこととなり、かつ政治上の誤りとなりましょう）と断言するようにはこれを主張しません(2)」。

ネヴィルは、ここにおいてまず、引き続きヘンリー八世の遺言によって自らの姉であるマーガレット・チューダー〈一四八九―一五四一〉から彼女の相続権を喪失させていることを示す。彼は、その姉が一五〇三年にスコットランドのジェームズ四世と結婚したことをその主たる理由にしているという。

さらにヘンリー八世は、自らのそうした手法により、自らの父ヘンリー七世や自らの祖父リッチモンド伯がそのライバルを排除したごとく、自らの陛下であり、姉の夫であるスコットランドのジェームズ四世を王位継承から排除していたという。

そうしたヘンリー八世の意思を引き継ぐエリザベス女王は、自らの在位中に、イングランドの王位継承や王位権を脅かす犯罪を阻止するために、「幾つかの犯罪を反逆罪とすることとする法」という「第二次反逆法」（後にカトリック教徒対策としてローマ教皇を尊信することを処罰する刑法）［13 Elizabeth I .c.1.］を制定するに至ったと説く。さらにネヴィルは、ジェームズ一世期へとその王位継承問題に論及する。ネヴィルらが支持するエリザベス女王治世から彼へと至るものも比較的平和裏に推移してきたとみなす。確かにコバム卿［第八代男爵〈一六一九年没〉であるH・ブルック］は、その王位に前出のマーガレット・チューダーの孫の娘であるアラベラ・スチュアート〈一五七五―一六一五〉をつけようとする陰謀者として一六〇三年に逮捕された。彼の証言は、W・ローリー卿を巻き込んだ。ただし、いずれも一六一八年まで極刑をうけなかった(3)。故にネヴィルによれば、それほど大きな問題となっていないと結論付ける。

最後にネヴィルは、チャールズ一世期に論及する。周知のごとく彼は、シドニーと同様に議会の大義、すなわち、共和制ないし庶民院優越型政体の擁護者ともいわれる。従ってそれとは逆な雰囲気にある王政復古期においてそのチャールズの内戦期に言及することは、彼にとって極めて慎重な配慮を要する。いずれにせよ、ネヴィルは、自らの専門領域であるここでの論点は王位継承法に関するものであり、それに対する王位権限には特に反対などないと説く。ネヴィルは、自らが議会による全ての王位継承提案を否定するものでないが、この最終文節においてそれに関する法などたやすく成功するものではなく、かつ自らの解決策も容易に実施されるものでないという。

こうしたネヴィルによる王位継承ルールを改訂したりもてあそんだりすることには問題を引き起こしがちであり、かつその現状のままでも問題にはならない場合が多いという論に対して、その主流派的論者に次のように反論させる。

「もしあなたがおっしゃることが真実であるならば、最近の議会にある種の欠陥があったように思えます。と申しますのは私が想起しますように、大法官閣下は、陛下の名においてその開会中にかつて、彼らが助言し得るいかなる方法であれ、自分たちの宗教や自由を確保するように彼らに申し出たからであります。従って彼らは、王位継承に干渉するばかりでなく、かつ彼らにその目的に必要とみなす諸提案をなすように頼みました(4)」。

そうしたネヴィルによる継承法反対論に沿ってみても、その医師は、第一次王位継承排斥法案議会には特に重要な問題があったという。すなわち、その当時のノッティンガム［卿］大法官（一六七五—八二）は、チャールズ二世の名の下でその議会に出席中に自分たちが助言可能な方式によってプロテスタント宗教やそのプロテスタントの自由を確保するために、次の三つの詳細を提示したからであるという。すなわち、「第一に、その［カトリックの］陰謀の告発。第二に、その［常備］軍隊の解体。第三に、我々の安全保障のために艦隊を提供すること(5)」。このうちの第二のものは、この数年前に、シャフツベリらが主張していたものとも一致する。いずれにせよ、これらは、当時の重要事項であったのである。問題を主題に戻せば、この医師は、高官たちがその王位継承に既に介入しようとし、かつ彼らがその目的に必要な提案を要請している理由であるというものである。

これに対してそのジェントルマンは、次のように応える。

「だからこうした分裂が存在するのです。もしこれがそれだけであったならば、私たちはこの時幸せであったかもしれません。しかしこの慈悲深き申し出は、その当初、これが彼らを困惑させ、かつ分裂させる結果しかもたらさぬと、議会に推測させるような諸条件を伴いました。そしてこの申し出は、彼らにその実体にその影を受け入れさせるため、（顧問たち、及び多分フランス人たちによって影響された人々による）ある新しい空想のでっち上げとしてそれをみなしました。彼ら［こうした顧問たち］がお金を与えることを自らの通常の任務とみなす、この外見に自ら満足することになり、そうすると彼らの思い通りにこの王国の国務が勝手に任されてしまいましょう。と申しますのはそれは、私たちが受け取った安全の保証が何であれ、条件付きにして覆し得ると、提案されたからです。すなわち、第一に、私たちは、現陛下の死後までこの新憲章（それが意図するものが何であれ）を手に入れるべきでありません。他方、こうした規定は、私たちにとって望ましく、実のところこの唯一の［陛下の死までという］理由によって必要であります。その不幸なときが来る場合、私たちは、カトリック教を締め出す法的方式と同様に静穏で定着され、かつ秩序だった方式（その混乱において）には正当な理由がないわけではないかもしれません。他方、さもなければたとえ私たちがその覚書を手に入れたとしても、そうしたことは、失敗するかあるいは戦争によって見逃されるに違いありません。もしその新憲章の取得が他の場合における法の九点であることが本当ならば、この場合におけるそれ［この取得］は、一〇点全体であります。そして私は、そうした混乱においてそれが巻物に保たれた一枚の羊皮紙（それは、それがつくられた、人の損害時に、その人の権限と所有における他の諸利点と同様にそれをもつべきです）以外には逃れる場をもつことを潔しとすべきでありません。このことは、あの議会が追放される法案のように、カトリックを締め出すと同様にほとんど便法であります。それは、カトリック教徒である国王の治世において主教たちが相互に空席と決めるべきという条件下のものなのです。大法官閣下にこれを提案させるこうした顧問官たちは、自身で極めて存在感の薄い政治家であったか、さもなければこの議会もそのように存在感が薄いとみなしたかのいずれかであります。もしマグナカルタや権利請願が、これらを肯定するような君主たちの死後まで行われなかったならば、貴族たちはまさしくよき目的に彼らの血を流さなかったでしょう。チャールズ［一世］治世第三年議会における議員たちも、それ［彼の治世］が終えられた後では、まさしく栄誉的な投獄に値しなかったでしょう（6）」。

既述のごとく、その政党の起源は、一六八〇年頃といわれるけれども、われわれは、既にその思想的系統が地方党対宮廷党という形で連続するとみなしている。例えば、M・ナイツが論証しているごとく、一六七八年には「カトリック教徒陰謀事件」などの騒動において知られるように、声高にカトリックの脅威を煽り、かつプロテスタントの大義を掲げるシャフツベリ伯らの反体制的「地方党」による強引な手法に対して、その政権を主に担う「宮廷党」を支持する世論も形成されつつあった(7)という。こうした世論の対立ないし分裂を背景として王位継承排斥法案危機が続いてもいたのである。そうした視角からわれわれは、その議会に論及することとなる。その宮廷党を担う陣営の重職に就く、大法官がその野党の主張する自由などを確保するということは、両陣営の思惑が異なる故に分裂を確認できると説く。ネヴィルによれば、それが外見上のままであれば、双方とも満足であろう。ところが彼は、現実にはそうではないことを見抜く。というのはその申し出は、結局のところ、その基本的主張において対立が存在し、両陣営が混乱し、かつ分裂させるだけであるという。それは、議会が推論するような諸条件がもたらされるからであると説く。つまり、この申し出は、その野党に飴に鞭を内包させるために、ある幻想を抱かせるものである。それは、宮廷の顧問たち、及びそのカトリック大国の人々によって吹き込まれた策略であるという。それは、お金を与えかつそれによって彼らを懐柔する一方で、この国の使命から離れさせる、体裁によって自己満足させられるものとみなされる。というのはイングランドが享受する安全の保証が何であろうとも、そうした条件をつけ、かつ本来のことを全く転換させる方式で申し出されるからであるという。

ネヴィルは、ここでは逆説的に述べている。すなわち、そうした三つの提案自体は、その通りに実現されれば、新憲章なり何なりといった立派なものとなろう。とはいえチャールズ二世が死去した場合までといった条件付きでは信頼に値しないという。いずれにせよ、そうした提案は、望ましいし、悪しきカトリックを排斥するための方式であるから、是非実現すべきと説く。ネヴィルによれば、憲章を得ることが全体の九割であるならば、この場合にはその取得自体が一〇割に相当するとみなす。ネヴィルは、こうした混乱状態にあるその提案は、その一文書となるものが最も重要であり、その他の条件に惑わされてはならないと警告する（ネヴィルは、ここでも自らの文書的規範の重要性を唱える立場を明らかにする）。つまりネヴィルは、それが議会を無視するごとく、カトリックを排斥することを含め、その体制側の悪しき意図を覆い隠そうとするものであると批判する。悪しき条件とはカトリック教徒の国王が継承した時、その主教議席を空席とすべしであるという。これは、極めて内容なき条件であるとみなす。それをノッティンガム大法官に申し出る顧問官など本来あるべきものと極めて異なると批判する。

これをネヴィルは、「大憲章」や権利請願事例を導入してそれを扱き下ろす。すなわち、こうしたイングランドの立憲制の基本がその国王たちの死後まで実現されなければ、それを自らの血を賭して戦いとったいわゆる議会派の勇敢な貴族など存在しないこととなってしまうという。例えばネヴィルは、それを一六二八年と一六二九年を通じてその犠牲となった人物のその事後では彼らが浮かぶ瀬もなかっただろうと戒める。

ロビンズは、その人物がネヴィル自ら共有する議会派として有名なエリオットであるという注釈を付ける。すなわち、一六二八年の（非議会課税などにおけるチャールズによる権利侵害からの）「権利（擁護の確認）請願」の議会提出において主導的な役割を果たしたジョン・エリオット卿は、一六二九年議会でも国教会からカトリック的なものを除去することにも加わった。その議会解散後、彼は、そうしたことの処罰のために捕えられた、囚人たちの中にもいたのである(8)。われわれは、エリオットらが改革主義的であるかどうかについて論争があることを認める。しかしわれわれは、そうした証拠があろうがなかろうが、ネヴィルがそのように考えたという、思想傾向に注目するものである。

その後半の会話文は、次のようである。

「この有名な提案の残りの条件は、以下の通りです。すなわち、私たちの宗教を保全するため、私たちに与えられる全ての規定と安全の保証は、この［カトリックの］君主がその目的［自らの宗教］のために書かれる確かな宣誓をなす時がいつであれ、すぐに止めることとなります。そうとしますと、私たちが次の王位継承者である現在の彼のごとく、自らの宗教への情熱をもたぬと、私たちに対して国王に宣誓させる時、私は、人々が全て我々に役立たせることを決定するものとみなします。しかし彼は、彼の宣誓の疑念よりも後見権《ウォードシップ》から得る、彼の野心及び彼の願望を多分選好することでしょう。なお後に彼は、こうした宣誓や法令遵守のため免罪を得、そうしてそれらからの法律適用免除を得ることによって、彼自身で得る権力及び彼が私たちから奪う安全を用いることによって、自らが好むいかなる崇拝や信仰も強引に導入することになるかもしれません。この慈悲深い申し出は、今まで開催しかつ最も忠実であったもののうちで最善の議会のなかに嫌悪を抱かせる宿命をもちました。従って議会は、それを除く時、その王位継承（その時議会が残した唯一の事柄）を思いあたりましたし、その後まもなく解散されました。そして議会は、自分たちが考えた時よりも混乱した状況にこの王国を置きました。これは、その政体を修復することによる以外に、決して構成できません。［それを修復すれば］国王である者が誰であれ、それによってカトリック教を導入し得ませんし（彼が決してカトリック教にそれ程傾斜しないとしても）、あるいはどんな宗教が樹立されようがそれを破壊できません。あなたがハノーファー公爵事例において知るように、その君主（ほぼ一四年在位）はローマ教会へと転向されましたし、ローマへと出かけ、異教を捨てると誓い［中略］帰国（そこにおいて彼は、以前のごとく生きかつ統治しました）しました。彼は、彼の転向について、彼の臣民の少しの敵対もなく、あるいは彼の統治にもその民にいかなるものにも導入するためのいかなる試みもなく行いました。彼は、この春に死去し、かつ次の王位継承者（彼の兄弟にしてオスナブリュックの主教であり、プロテスタントである）に平和裏にして混乱なくして自らの臣民の支配を残しました。

あの公国の政体故にこれは、多年にわたって完全に保全されており、かつ正しい基盤で存在します。そしてもし私たちの場合がそうであったならば、私たちは、国王が誰であれ（私が言ったように）、私たちの宗教を変えさせる危険から免れるばかりでなく、他の事柄においても、幸福にして繁栄する状態にあることとなりましょう(9)」。

ネヴィルによれば、ここにおいて俎上に載せるその条件は、やや回りくどくなるけれども、プロテスタント宗教の保全というものであるという。すなわち、イングランド人たちに与えられるその規定と安全の保証は、その君主がこの宗教を擁護する目的と異なる時がいつであれ、その君主がこの異なる宗教へと確実な文書に書かれる宣誓をなす場合には何時であれ、素早く停止するというものである。これは、当然ながらその王位排斥法案を主張するシャフツベリらの主張に一部には応えつつ、他方ではヨーク公の王位継承を認めさせようとする方針に沿うものである。つまり、それは、カトリック教徒であるヨーク公が王位に就いたとしても、そのプロテスタントを保全せず、かつそのカトリック教を国教的地位に文書化した場合にそれを廃止するという条件つきである。

ネヴィルは、これを批判的に検討し始める。このヨーク公という次期王位継承者が、この国のカトリックに使命感をもたぬと誓わされた状態で、実際に王位に就任する場合、ネヴィル自身にとって全ては、そのことがイングランド人たちを利用させるものと思わせるという。つまり、ネヴィルによれば、このことは、表面上、従来と異なった形でイングランド人の判断に任せることとなる。とはいえ、そのヨーク公自らの信仰告白に関する疑問よりもむしろその後見的立場から得る、そのカトリック教徒の野心並びに彼の望むところを恐らく選択することとなろうという。しかしなおその後に、そのヨーク公は、そうした自らに課せられた誓いやその遵守から解き放ち、かつこうした拘束ないし制約から逃れることによって、かつ自らが得た管轄権並びに彼自身が信奉する宗教を直接的に強制することによって、イングランド人たちからその安全の保証を剥奪しかねない余地を残してしまうという。引き続きネヴィルは、こうしたヨーク公への大いなる疑念からその本来のチャールズ二世による好意的な提案が、この宮廷党の中枢を占める人々によって歪曲されたというものである。ネヴィルは、議会の自由人たちによってその自由や秩序が確保できるという立場から、彼らがそうした人々によって憤慨させられてしまったという。その結果、一六七九年議会は、その宮廷党などによる提案を否認し、かつその王位継承排斥法案が考案され、その後その議会が解散されてしまったというものである。この論争過程のため、議会は、地方党陣営がイングランドをして想定したよりも極めて混乱した状態へともたらしたという。従ってネヴィルは、この国の政体を精緻に構築し直さねばならないと説く。ネヴィルは、その排斥法案を成立させるよりもむしろこの統治改革を優先する立場から揺るぎなき統治制度を確立すれば、誰が国王となろうが、カトリック教を大いに導入しようなどということになるはずもないし、プロテスタントが全く破壊されるはずもないという。

たとえハノーファー公爵のごとくなろうとも、そうした心配など無用であるという。このハノーファー公は、A・W・ウォードによれば、ハノーファーのジョン・フレデリック〈在位一六六五―一六七九年〉であり、カトリック主義への転向者である。彼は、一六六二年以降オスナブリュック主教にして四人兄弟の末っ子であるエルネスト・アウグストゥス（一六二二―一六九八）〈ハノーファー選帝侯〉によって継承された。彼は、一六五八年以降ボヘミアのエリザベス〈一五九六―一六六二〉の娘にしてジェームズ一世の孫娘である、ソフィア〈一六三〇―一七一四〉の夫であったという(10)。

こうしたハノーファー公を適例としてネヴィルは、たとえその君主がカトリック教に転向したとしても、安定しかつその臣民たちに従われる統治が不可能ではないという。さらに彼は、この例で明らかなごとく、その脅威など必ずしも恐れる必要などないと説く。彼は、ここではその公爵の王位継承事例として、プロテスタントにしてジェームズ一世の孫にあたるソフィアと結婚した選帝侯への円滑な継承に言及している。

ネヴィルは、かくしてこのハノーファー公からアウグストゥス選帝侯までの公国政体をモデルとしている。さらに彼は、その国において臣民たちが幸福を享受しかつ繁栄した社会が確保されていると称える。従ってネヴィルは、こうした確立された政体をもつべきであり、イングランドにおけるカトリック教徒の王位継承を過度に恐れてはならぬとしてウィッグ党の主流派に訴えている。

その最後の文は、ネヴィルがこの医師に医学的視野からその病理の改善策を提示してくれるよう問いかけるものである。

(二)　ネヴィルによる王位継承論とモンマス公の王位継承問題

これに対し、この医師はそのウィッグ党主流派が王位に就けようとする「モンマス公」についてどう考えるのかと逆に、ネヴィルに問いただす。

このイングランドのジェントルマンは、さらにそれに次のように反論する。

「私は、あなたがそれ［ハノーファー公国例］を願うとは思いません。［中略］と申しますのは私が信じますように、あなたは、今回の議会（それは、陛下の慈悲深き宣言によって今迅速に開催します）が、そこで討議されると同様にそうしたこと［モンマス公の王位継承］をいつも認め得ると考えることができないからです(11)」。

ネヴィルは、このいわゆる「王位継承排斥法案議会」が定石通りに進行する過程にあるけれども、その医師に、このモンマスの次期王位継承を可能にする法案が成立することなど考えられぬと逆に迫っている。これに対してそのシャフツベリ派的対話者は、次のように答える。

「あなたは、次のように知る場合にそれを当然のこととする理由がありません。すなわち、何という諸々の著作が印刷されることか、何という重要にして名誉ある人々が個人的に彼を訪れかつ公に彼を支持することか、中流的人々の何という多数が、彼が大都市に来る前に彼の行列において今夏彼に出会っていることか、そして彼が宿泊するところで何という歓呼や祝火がなされていることかを［知る場合に］(12)」。

この医師は、当時の国会においてモンマス公の次期王位への就任に道を開くことが必要な根拠をここで畳みかける。すなわち、

第一に、当時のイングランドにおいて数多くの書籍やパンフレットが出版される状態が存在すること、第二に、当時において極めて重大な影響力をもつ人々がこのモンマス公を親しく訪問する事実、第三に、イングランドにおいて合理的な多数を占める市民階級がロンドンのような大都市に遥々彼に会うことを目的として、一六七九年夏に行列をつくっている状態、そしてモンマス公が宿としている所に、大喝采をなしている程大衆に人気を博している事実によって、このジェントルマンに再考を求めるものである。

これに対してネヴィルは、次のようにたしなめる。

「私が認めねばならぬように、こうしたことは、その人々が重度の熱病にある状態を示し、私たちが議会における幸福な一致によってそれを終えるよう、神の加護を祈らねばならぬ大きな理由を示します。しかし確かにこれは、彼らが次の王位継承者や彼の宗教に対してもつ憤慨からのみ発しますし、彼らがモンマス公（彼は、彼らが想定するごとく、彼の場合、宮廷において追放をうけかつ不興を買っています）に対してもつ情念からのみ発し、かつ議会がその王位継承へと彼のためになし得るいかなる主張も支持するような希望からも、あるいは期待からも発していません(13)」。

前述のようなウィッグ党の主流派の主張を代弁するモンマス公の王位継承要請論に対して、ネヴィルはまずそれを冷静に「重度の熱病」であると批判する。次に彼は、こうした熱病によって影響されかつ混乱をもたらすよりもむしろ、議会において合理的な一致を目指すべきであると彼らに訴える。その後半の文章は、両陣営における問題点を示す。ウィッグ陣営のそれは、王弟及びそのカトリック信仰に抗する憎悪のみから生じるという。他方、議会において宮廷派によるモンマス公の王位継承に抗する反対は、彼個人に抗する嫌悪の感情から生じているという。従って、それは、ネヴィルによれば、モンマス公の王位継承によってなし得る、積極的な支持への希望からも期待感からも出ていないと批判するものである。

その医師は、これに応えて次のように反論する。

「なお敵を見くびることより以上に戦争に危険なことがないように、私たちが私たちの自由を確保するのに使うこの議論において、私たちはそれ（特に、私たちの自由を肯定しかつ強化するとあえて言われる、モンマス公の主張）を邪魔するかもしれないことには答えられぬままにしてはなりません。と申しますのは（ある人々が言うように）もしあなたが彼を擁立するならば、彼は、人々の安全や利益に関わる全ての法案をさし当たって可決するつもりであるからです。故に［そうなれば］私たちは、いつも安心することとなりましょう(14)」。

まずこのシャフツベリ主義者によれば、そのウィッグ党主流派の敵たちを利する論理に警戒せねばならぬと説く。従って彼は、イングランド人たちの自由の擁護と保全を主張する、モンマス公の論理を妨害する敵に反論する必要があるという。その理由としてこの医師によれば、このプロテスタントの次期王位継承候補者は、民の治安とこの国の安全保障、並びにその民益を扱う法案全てをとりあえず成立させ、かつ絶えずその民を安心させるために、彼を擁護せねばならぬというものである。

これに対してネヴィルは、最後に次の全三段落からなる程の長文によって自説を結論づける。その第一のものは、次のように述べられる。

「第一に、あなたが話すこれらの推論は、私の理解では私が恐怖なくして言及し得ぬことと思います。そのことは、この人をして王位の保有へと認めることによって、それらの全ての立派なことをなすべきであるというものです。そうでなければ、もし彼が今、君臨する私たちの主権者の死まで、そのままにとどまらなければならぬとすれば（そのことが多年にわたるように私は、望みかつ祈ります）、そうしたデリケートな諸法案は、決して可決し得ないでしょう。そして将来彼は、国民がその逆転を認める程のよき雰囲気にあることなど見出し得ないでしょう。たとえそれを得ることができた（私が、それを政治的に不可能とみなすように）としても、その王位の保有が常備軍によって保たれなければなりません。［中略］そして私たちは、数年間にそれを伴う戦争や悲惨によって脅かされる時、あなたは、この新君主を追い求めるその立派な人々全てにはこの君主に困らさせられるでしょう。私は、極めて高位に生まれ、かつ極めて早期に能力をもつ人物をおとしめることなど言わぬつもりです。しかし私は、たとえ合法的王位権が彼に有利なように置かれ、かつ千人ものオランダ人の主催者たちが結婚を誓うとしても、なお偏向に目を覆われぬいかなる真面目な人も、次のように信じないと言い得るのです。すなわち、私たちの国王（誰も彼が優れた悟性をもつことを否定しません）が、この偉大な人物の母と同じように自分の下位のものの女性と結婚することを。そしてこれは、彼の諸事情が極めて低調な時であったし、彼が、ある重要な外国の同盟手段によって彼に与えたかもしれぬ支援による以外に、自らの王国所有に復帰される何らの明らかにして合理的な希望ももたなかった時です(15)」。

この説き起こしにおいてネヴィルは、前記のごとき自らの論理に従い、新教徒の君主擁立によって民の自由の擁護と安全の保証を確保できる法案を成立させようとする医師にその反論を続ける。このジェントルマンは、まず自説がある程度饒舌っぽくなっていることについて詫びる。次にその医師による推論は、極めて恐ろしいことであると責め立てる。つまり、この医師の主張は、モンマス公の擁立があらゆる重要な決定をなすためその次期王位につけるべし、とネヴィルによって解される。従ってこのジェントルマンによれば、それほどまで無理をしてこの新教徒の君主が誕生するならば、万事がうまくゆくなどと説くことは、楽観的過ぎ、かつ割り切り過ぎて恐ろしくなるというものである。

そうでなければ、モンマス公は、この国家権力の頂点にあるチャールズ二世がたぶん長く存在する可能性が高いため、この国王の庶子が現状のままとどまることとなり、その極めて配慮を要する諸法案など現国王の死まで可決して成立しなくなってしまおうと皮肉る。

従ってこの新教徒の次期王位候補者は、そのヨーク公から自らへの継承順位の異動などを国民が容認できる雰囲気にないと説かれる。万が一彼がその王位を得たとしても、ネヴィルはそれを可能とはみなさぬが、それに抗する常備軍を設置し、かつ保つ必要が出てきてしまおうという。故にイングランド人たちが一桁の諸年間にわたって新旧両教徒陣営の敵対に随伴する惨事や戦闘に訴えると脅される場合、こうした医師が、その新たな君主を擁立しようとすることは、その新教徒の君主を求める、立派な人々でさえ、困惑させてしまうとして一刀両断にされる。

ネヴィルは、この第一の段落の会話文をその最後の文章によって締めくくる。すなわち、彼はまず、その王室の頂点にある人々に対してその生まれ及び人生の初期に備わった能力を有するため、彼らを非難する不敬をなさぬと宣する。とはいえこのジェントルマンは、この次期君主候補に有利な法的要件を備えた王位権が発効し、かつ千人にも及ぶオランダ人の結婚式の主催者たちによって結婚が誓われたとしても、いかなる公平無私にして誠実な人でも以下のようには信じないと説く。すなわち、その彼は、優れた理解力を有するチャールズ二世がモンマスの母親と同様に自らよりも身分の低い彼の母と結婚するなどと信じるはずがないと主張する。さらにこうした事態は、チャールズ二世と彼女との交際がそれほど正常でない時に生じたものであるという。またこの人物は、当時自らが王位に復帰するといった少しの可視的にして理にかなった望みもない状況下での出来事であったとみなす。しかしそうしたチャールズ二世は、フランスという大国との同盟提携方式によって自らに利をもたらす支援により、助けられたと説かれる。従ってネヴィルによれば、チャールズとモンマスの母親との交際など本来の結婚に値せぬと暗に示すものである。

その第二段落は、以下で話される。

「このこと全てをその通りになることとなれば、こうした人々は、モンマス公が国王の同意によってあるいはそれなしに、議会においてその王位継承者と宣せられると言い張るのですか。もし国王の同意がなければ、あなたはそのことのために戦争をしなければなりません。そして世界の全ての政治家たちや道徳家たちによって、かつ全ての宗教の決疑論者たちによっても、その主張者たちや請負人たちが責められぬような［極端な］点においていかなる大義も述べ得ぬことを私は、確信します。故にその結果それは、極めて不成功裏の戦争になりそうであります。

もしあなたは国王の同意によってそれが宣されるならば、あなたは、国王がその裁可を与えるかあるいは与えぬかの権限をもつ時、国王の裁可が国王事項に崩壊ないし危害なくして議会を解散させるか、あるいは解散させないかのいずれかに国王の裁可が与えられると想定することとなりましょう。第一の場合に、明らかに彼は、自らがそのモンマス公の母と国王との結婚を認めなければそうできぬため、認めないでしょう。そのことを国王は、極めて厳格な方式で既に反対と宣しておりましたし、大法官庁でそれが記録されるに至っております。そのことは、信じる以外にいかなるよき臣民も選択し得ぬばかりでなく、いかなる合理的な人物によっても疑い得ません(16)」。

ネヴィルは、まずここでは一転してウィッグの主流派の主張通りにそれをそのまま実行するとすれば、そのシャフツベリ派がモンマス公を王位に就けるために、チャールズ二世の同意を得る手段を使うのか使わないのかと迫る。その同意が得られなければ、彼らは政府陣営と戦争をせねばならなくなってしまうという。彼は、そうなってしまうと世界のあらゆる政治家や道徳家たち、並びにあらゆる宗教的決疑論者によって、そのモンマス公の次期王位主張者及び請負議員などによって責められぬような極端な点においてさえもいかなる使命や根拠もいえぬこととなると説かれる。従ってネヴィルによれば、そうなった結果、ひどい失敗となってしまって戦争を引き起こすこととなりかねないという。

さらにネヴィルは、モンマス公を次期王位へと進める場合を想定しつつ論を続ける。ネヴィルは、ウィッグの主流派の王位継承推進派がモンマスの王位継承をチャールズ二世によって宣言させる場合、当然のこととして現国王がこの裁可の決定権限を有するけれども、この国王を破壊させずかつ危険にもさらさないことを前提条件とする仮定を設定する。その仮定下でネヴィルは、議会解散の有無といった、二つの選択肢を提示する。

しかしネヴィルは、この議会を解散させるか否かの選択論よりもむしろ、モンマス公の継承について国王の是認を得ることが可能かどうかを検討し始める。この場合、チャールズは、自らがモンマスの母親であるルーシー・ウォルターとの結婚を承認せねばならない理由から、是認できなかろうという。というのはチャールズは、周知のごとくポルトガル国王の娘である、カサリンを正式な王妃（この夫婦間に子供がいない）としているからである。従って当時の国王は、公式にも自らとそのルーシーとの結婚を否定している。ネヴィルは、この事実について一般国民であれ理性的にして教養豊かな人々であれ当然のこととみなされると説く。ネヴィルは、こうしたモンマスを王位に就ける不当な理由をまとめ、それを逆説的に批判する。

ネヴィルは、この会話文の最後の段落においてそれをすぐに続ける。

「私たちは、次に国王が自身と王国にそれほど重大な災難や不便がなければ何ものも議会を拒みえぬような状況で、国王の事情があったと想定せねばなりません。次に私が申し上げるように私は、議会の知恵が、今まで述べたことより以上に、陛下の民のために大いなる利益及びより多くの必要な利益を、陛下になす多様な要求や要請を見出すと信じております。そのこと［王位継承問題］は、証明されているように現在未決着であるばかりでなく、たぶんこれから多年にわたって悲惨と破壊のありうる危険をその後にもたらしましょう。

従って一方で議会は、こうした理由のため以上に多く正当化し得ない戦争をなすことができないように、その人々があまり不満と怒りを示さない時、解散できません。そしてそのこと［解散］について宮廷官吏は、こうした現在の議員たちによる失政の継続企図により合致するそうした議員たちの選挙で、自分たちの技と努力をしてより成功裏にさせるように次の選択において努めるよりよき言い訳をすることなど望まないでしょう。と申しますのは、もしこの議会が、進み得ぬあの破滅をもたらすことに、今高まる人々の熱意を浪費するならば、彼らはそれを冷やさせることを期待せねばなりません。故に彼らが気に入るならば、安全な港へと入る航路に今ありうる、この国家という船は、再度嵐の海原へと突き進められるでしょうし、彼らを救う別の順風を望み、かつ期待せねばなりません。神は、それが来る時をご存じであります(17)」。

このジェントルマンは、前記のごとくそのシャフツベリ主義者に対して譲歩文的形態で全体的に示しており、その王弟顧問たちの陰謀の疑念を残したままであった。しかしながらこのネヴィルは、すかさず議会の大義ないし正義をここでは再度導入する。すなわち、イングランド人たちは、よほどの有事がなければ、国王事項についてこの議会をその君主によって拒み得ない状態にあったという。引き続きこのジェントルマンが信じるごとく、この民の正義を具現すべき議会の高邁な知恵や博識などは、その当時に有るよりもより重要な利益やその国民の善により必要性の高いことを見つけ出すものであるという。とはいえ、その王位継承関連問題は、当時まだ解決されたとは言い難く、かつ恐らく近い将来にわたって悲劇や混乱を孕む危うさを内包するというものである。

故にネヴィルによれば、一方において議会たるものは、そうした重要性に関わると同様に、正統性をもたない戦争などさせないように、その民が必ずしも不平不満をいうものでもなく憤慨するわけでもない場合、解散をしてはならないという。さらにこのジェントルマンによれば、そうした正当化できない戦争についてチャールズ二世政府の一翼を担う官吏たちは、たとえ彼らがもつ技術や日常的任務遂行においてそのような誤った執行を継続すべく自らの策略に見合った、議会議員選挙にさらに成功を収める程の選択を試みようとしても、その口実など望みようがないと説く。

その理由についてネヴィルによれば、国家の重要事項をめぐってこの議会が進んではならない崩壊へと突き進む時、当時の上昇する市民の勇ましい情念を誤って費やすならば、人々はその熱気ないし熱病を冷却することを望まねばならないからであるという。従ってそうした人々が望むごとく、混乱なしに頑強な港に通じる航海可能な海路を進むイングランド国家という船は、もう一度自らを海原に嵐を受けて突進することとなろうし、その国民ないし乗客や乗務員たちを救うべく別の自らが好む嵐を求め、かつそれを待望せねばならないという。故にその国家統治は、その安全航行のためにそれを見通す洞察力やその優れた操縦術、並びにそれを駆動させるものを必要とするばかりでなく、それを支えてくれる天の力も要するというものである。つまり、ネヴィルは、国民が自由と安全を確保するために状況に応じた適切な判断ないし先見性をもつ指導部を必要とすると示唆する。

（1）Henry Neville, *Plato Redivivus*, London, 1763, pp.196-198.

（2）H. Neville, *op. cit.*, pp.198-199.
（3）C. Robbins, ed., *Two English Republican Tracts*, Cambridge, 1969, p.162.
（4）H. Neville, *op. cit.*, p.199.
（5）A. Grey, ed., *Debates of the House of Commons from the Year 1667 to the Year 1694*, vol.7, 1763, pp.158-165.
（6）H. Neville, *op. cit.*, pp.200-201.
（7）M. Knights, *Politics and Opinion in Crisis, 1678-1681*, Cambridge, 1994, pp.193-226.
（8）C. Robbins, *op. cit.*, p.163.
（9）H. Neville, *op. cit.*, pp.201-203.
（10）A.W. Ward, *Great Britain and Hanover*, Oxford, 1899, pp.20-3.
（11）H. Neville, *op. cit.*, p.204.
（12）*Ibid.*
（13）*Ibid.*, pp.204-205.
（14）*Ibid.*, p.205.
（15）*Ibid.*, pp.205-207.
（16）*Ibid.*, pp.207-208.
（17）*Ibid.*, pp.209-210.

第三節　結論

われわれは、本章においてH・ネヴィル自身の政治思想の中核をなす『プラトン再生（統治に関する対話）』における「第三の対話」（すなわち第三章）の全五節中の第二節を占める王位継承排斥法案危機論を分析してきた。ネヴィルによるこの論述は、前記のごとくまさにその危機期議会の真只中において正式に出版された。同じ危機期中に構成されたと言われるシドニーやロックのそれは、内容的にはその後期において構成され、かついずれも反乱ないし抵抗などを主張するものであり、かなりラディカルな内容を示す。恐らくそれらは、その執筆時期や著者の性質などによってその性格が表れているのであろう。すなわち、特に急進主義的共和主義者のシドニーらの『統治論』などは、この排斥法案危機が次の展開へと移る一六八一年から一六八三年にかけて書かれたように思えるからである。これに対してネヴィルのそれは、彼らと同じウィッグ党のイデオロギーをもつとしても、一六八〇年というその初版刊行時期が示すごとく、その論戦の危機期のより前半期にむしろ構成されたものであるからである。故にその論調が冷静さをまだ保っている傾向を示し、シャフツベリらの主流派の熱気ないし熱病を冷まし、かつ合理的に国王権限を徹底的に制限させようとするものであったからである。

われわれは、こうした視野を前提として本書の「序論」章において既に論及したわれわれの仮説等に補足を加えつつ、本章の目的（である彼の王位継承論と二人の次期王位継承問題を概括すること）などを示してきた。

われわれは、その「本論」においてネヴィルによる王位継承理論を中核としてその継承排斥法案を念頭に置きつつ、彼の原文を分析してきた。われわれは、その本論を二つに分割し、前者を「ヨーク公の王位継承排斥論」に抗するネヴィルの説得理論を構成するものとみなし、整理してきた。ネヴィルは、この王位継承問題が、自らの統治術の専門領域とするものであるが、君主制において混乱も招く要素をもつため、慎重にして堅固にそれを整合させておかねばならないと説く。従って十分に先を見据え、かつその王位継承順位について例えば、ヘンリー八世のように遺言において現職の国王が記しておく必要などがあるという。ネヴィルは、次期王位継承者である王弟ヨーク公がカトリック教徒であるため、その継承に問題を残しているという。とはいえそのヨーク公は、国王によるその正式な承認を得ている。従ってネヴィルは、実のところヨークによる恣意的支配の可能性もあったけれども、それを過度に恐れる側にも問題があると説く。またたとえその新教徒の君主がその宗派を変えたとしても、その国の安全を脅かすものでない事例も示しつつ、ネヴィルは自説をそのウィッグの主流派に訴えてもいる。つまるところ、ネヴィルは、この王位継承排斥法案の成立などが政治と宗教問題とを連動させるものであり、事態を混乱させるものであると主張する。

われわれは、後者の「項」において「モンマス公の次期王位継承」の主張に対するネヴィルの論駁の筋道を整理してきた。これも同じウィッグの論者であるシドニーなどと異なり、ネヴィルは、この危機問題について彼らが王位に就けようとするモンマス公の疑問点なども明確にしている。例えば、彼は、当時の国王の正妻やこのモンマス公の誕生の由来を含むその母親とチャールズとの関係の制度的問題点などを全体的に判断して、この庶子を王位につけることを否定している。

このように総合すれば、ネヴィルは、前二者の論述とは大いに異なり、当時の具体的問題である王位継承排斥法案について明確に自らの態度を明らかにしている。

第七章　イングランド統治政体の混乱問題とその改革論の前提

第一節　緒論

本章は、ネヴィルによって「王位継承排斥法案危機」が直接的に論じられる節に関する章に続くものである。われわれは、そこにおいてこの排斥法案危機期が広くその前後の諸年とかかわる内容を含むものとみなしてきている。その時代には、既述のごとくカトリック教の増大及び恣意的権力の脅威が大きな政治問題となっていたことをその背景とする。それは、単に議会における問題であるばかりでなく、社会的問題でもあったからである。つまりそれは、狭い議会政治問題であると同時に経済的宗教的問題なども絡んだ争点でもあった故である。従ってわれわれは、この問題が表面化してきた一六七八年から、国王による議会なしの支配がオックスフォード議会以後実際になされ、かつその反乱が及んだ一六八三年までに拡大する、広義の「危機期」を容認するものである。さらに付け加えるならば、特にその後期における君主による議会なしの支配を強めたことにより、ウイッグの急進派は、ロックやシドニーらの政治思想史上の古典的著作が示すごとく、より反乱的抵抗的理論を展開している故である。さらにこの危機期に関連して重要となるのは、この国の政治が、この議会解散以後にその恣意的権力の脅威が現実となったジェームズ二世の支配における混乱状況を招き、かつ名誉革命の引き金となったことにある。とはいえわれわれは、ネヴィルの主著が、それ以前の危機期議会の真直中に書かれかつ出版されたために、本書において当然ながらそれ以後の展開について詳細に論じる立場にはない。というのはわれわれの基本的立場は、その古典的主著が書かれた背景を含めてそれを徹底的に再検討し、かつこれを思想史上に妥当な位置づけを与えることに限定する故である。

前章においてわれわれは、まずネヴィルが自らの王位継承論を中心に論をたて、彼がこの危機問題に関して慎重な配慮を要すると論じたことを確認してきた。さらにわれわれは、彼が具体的にヨーク公の王位継承を認め、かつそれに代わるモンマス公の継承の否定論を展開するものとそれを解してきた。それは、特にロックやシドニーとは異なり、この問題を真正面から取りあげるものである。最近の研究によっても明らかなように、ネヴィルの主著の共和主義理論は、「ハリントン主義（機能しうる限りの統治において、その権力の抑制と均衡を図り、かつその社会階級間での新興階級に財産の移行がなされることに比例して政治権力も変化させ、その市民の自由とその主体的参加権を擁護すべしといった主要な原理）」を継承する。それにもかかわらず彼は、前二者と同じく、理性的個人の自由を前提とし、その権利を守るために各人が同意によって政府を設立すると社会契約といった自然法を自らの理論的基礎としている。これは、ハリントンとの相違点であり、ロックらの自由主義思想的要素も含意するもの(1)と解釈できる。引き続きわれわれは、本章においてネヴィルが「イングランドにおける統治政体の混乱問題と彼の改革論の前提」と取り組むこととなる。われわれは、彼の『プラトン再生』における「第三の対話」の全五部のうちの前の二部について分析してきた。従ってわれわれは、引き続きその第三部を素材とし、かつそれを分析することとする。

この部分は、その主著における第三章に相当する最終部分におけるイングランド統治政体改革提案と対をなす結論部にもなっている。本章の目的は、ネヴィルがイングランド国民の自由の確保（特に、国王大権の制限などを通じて）のために自らの統治機構改革を訴える根拠ないし前提を仔細に検討することである。

（1）G.Mahlberg,*H.Neville and English republican culture in the seventeenth century*,Manchester U.P.,2009,etc.

第二節　イングランド統治政体の混乱問題とその改革の前提

われわれは、本緒論において王位継承排斥法案危機期における国家統治の混乱問題とその改革論の前提について論じる方向性を示した。それ故われわれは、本節において彼の主著における「第三の対話」の全五節のうちの第三節を中心として、その主要な論点とその思想的根拠を分析し、かつそれを整理することとなろう。換言すれば、われわれはそれらをこの国の国王と議会並びに国王と国民との乖離論、統治権力の移行に関する国王と議会との関連、監督官論、枢密院論、国王大権論の順で概括することとする。

(一)　イングランドの統治における国王と国民との乖離問題

われわれは、前章末において長いネヴィルによる会話文を通じてその国家政体における混乱の具体例として王位継承問題を論じてきた。従ってわれわれは、それに続くイングランドのその混乱の原因を論じる会話文と取り組む段階にきている。

まず例のごとくネヴィルは、その対話者のうちの一人であるウィッグ派的医師によって、この国における統治の混乱により深く切り込むよう、そのジェントルマンに要請させる。ネヴィルの化身であるこの共和主義者は、次のように問題を設定する。

「私は、第一に、あなたが次のようにいずれも信じるかどうかについて、私を助けかつ私に教えてください。すなわち、全ての私たちの混乱の主原因は、（証明されているように）私たちの統治の違反でありますように、その直接的原因も二つです。

第一に、国王とその国民、並びに国王と議会との間における両陣営での大きな不信であります。前者は、国王権力が遂に王位を彼の頭上に保ちえぬほど、徐々に減じられるのではないかと恐れるものです。後者は、全てのことが混乱状態にあるとみなし、かつ法が執行されず（つまりそれは、この二つの原因のうちの第二のものであり）、国王がその統治を変えかつ恣意的となることを意図するものではないのか、と恐れるものです」(1)。

ネヴィルは、その当時のイングランドにおける最大の混乱要素がこの国において本来あるべき国民の自由擁護に関する統治の違反ないし不履行であるという。このジェントルマンは、その統治違反をもたらす原因として二つを示す。すなわち、まず彼は、国王との関連から二項目からなるその原因をあげる。これらは、その君主と国民との間の不信、及び君主と議会との間にある不信である。換言すれば、その第一の不信は、当時の君主制が維持しえないほどにまで増幅するくらいに懸念されるものであるという。その第二の不信は、議会と国王とにおけるそれである。ネヴィルは、上述のごとく、それが全面的に両者の信頼関係をなくしてしまい、その国民の自由を守るべき政策が実施しえなくしまっている状況を描く。従ってこの国の統治政体が別な専制政形態へと堕落し、かつ恣意的統治が現実のものとなってしまうのではないかという不信関係を生んでいるというものである。これは、まさに前述のごとき「恣意的権力とカトリック教の増大の脅威」説に対応するものである。ネヴィルは、この論理立てを医師ともう一人の対話者に提示する形式をとっている。これに対してその第三者的ヴェネツイア人は、次のように対応する。

「私は、今までこれらの二つの原因がこの王国の不安定の原因であるとみなしました。私は、それが国王とその国民との間の羨望感覚を意味し、かつ議会を毎年召集し彼らの国務を処理するために議会を開催させる重要な法の不履行を意味します。私は、陛下の治世よりもむしろ、陛下の祖父と父の時代におけるものとこれを解します」(2)。

この教養のある外国人は、この問題設定に同意することを示す。次に彼は、その国民と国王との関係問題が権力にあるものに対する羨望もあるという。第二の不信について彼は、毎年の議会審議が国事の政策実現を可能にするものであるから当然であり、従ってそれを行わないのは法執行違反と断じるものである。故にこの外国人は、チャールズ二世における状態より以上にそうした混乱が、ジェームズ一世とチャールズ一世の治世期に存在したと解釈する。これは、ネヴィルによる上述の絶対君主制批判に呼応するものである。

これに対してこの国のジェントルマンは、さらに自らの問題設定を次のように続ける。

「次にこれらの二つの原因をいつも全く鎮めることができるものが誰であれ、完全な治癒に達するでしょう。私は、国王が権力をより多くもつか、あるいはあまりもたぬかのいずれか以外に、そのこと［治癒］を為さぬとみなします。そしてあなたは、国王から発することが国民へと行き、故に逆へと行くことを知ります。その国民がより多く権力をもち、あるいは少なくしかもたないに違いない限りにおいてであります。さてそれらの二つのいずれかが、それらの権力を減じるよりもむしろ増大すること以外に問題ありません。従って、もしこれがこの時代の知恵によって形成しえぬとすれば、私たちは、国王が、議会なしに全てであるよう努めること、及び議会が国王なしに全てであるように努めることを知りうることとなります」(3)。

まずネヴィルは、こうした統治の混乱ないし不信の二原因をなくすことができれば、この国家が常に完璧に正常に戻ることを確信する。このジェントルマンは、ロックが『統治二論』において論じるごとく、この世で最大の問題が、「誰が権力をもつべきか否かである」(4)という記述を想起させる。すなわち、この時代において国王が一般的に権力を掌握する場合が多かった。ネヴィルは、それを肯定的に論じている。彼は、以下でその否定的部分について注釈を加えている。政治問題は国王権力にあるという観念が、その当時における共通の認識であったであろう。故にこの混乱の原因を治癒する焦点が国王権力にあると考え、かつ問題はその多寡にあることとなる。さらに、その権力の過程が国王から国民へと伝わる場合と、逆の場合を想定させる。

ここで注意せねばならぬことは、ウィッグ党（その中にハリントン主義も含む）の思想の中核にある国民に最高決定権を置く論理も包摂していることである。従ってネヴィルは、この両者の権力に関して双方を不可欠の要素としている。ネヴィルは、前述のごとく、政治の専門家としての顧問の重要性を説く立場から、その知恵をもってしても解決策を見出せぬ場合を想定する。それは、後者の不信関係である。すなわち、国王と議会がそれぞれにおいて他方をなくしてことを運ぶ場合（権力が均衡されずかつ抑制されぬ場合）を想定させる。

このジェントルマンとの会話に対して、その医師は、次のような議論の可能性に言及する。

「私は、あなたが少しずつその気があるそぶりをしようとすること、即ち、陛下の王政復古以前に、共和制ないし民衆政体をもったという者がいるという主張を感じ始めます」(5)。

ネヴィルは、この医師によってチャーズ二世の王位復帰前の政体を俎上にのせようとすることを確認している。彼は、それが共和制であり、さらに民衆政体《デモクラシー》とも言い換えている。これは、前出のごとく緩やかにして広義のデモクラシー（最終的決定権が国民にあるという）概念を想定している。しかし彼は、それが空位期において民衆政体であり、ゆえに君主なしの共和制でもあるという主張者の気配を感じるという。

まずこれに対してこのジェントルマンは、次のように答える。

「いいえ、私は、私たちが今ある（すなわち、合法的国王への服従の誓約下にある）状況期中にそうしたことを望む考えを嫌いますし、ましてやそうしたことなど努めません。

本当に、たとえテミストクレスがそうした提案を私に為すとしても、私は、アリスティデスがそうした場合になすことについて同じ判断を与えるでしょう。その話の筋は、簡潔です。ギリシャとペルシャとの戦争が終結され、かつクセルクセスがギリシャから追い出された後、ギリシャ同盟諸国連合艦隊全体（帰国させられたアテナイ艦隊を除き）は、アッティカの海岸に面した大きな軍港（その時使用されたようなもの）にありましたし、そこにおいて彼ら［兵士たち］は滞在中でありました。テミストクレスは、アテナイの人々にある日熱弁をふるい（当時そうした慣習であったように）、次のように言います。すなわち、その共和国に測り知れない便益と効用をもつ、意図を自らの脳裏に抱きましたが、人々の命令と権威なくして執行できませんし、同様に秘密を必要とすると。もしそれが市場において宣言されたならば、（市民たちと同様に外国人たちもそこにいたかもしれぬ所で）、それは、隠すことができないでしょう。故に彼は、この提案においてなされるべきことを彼らに合わせて考慮し、提案すべきでありましょう。［中略］アリスティデスが翌日その民に判断を与えた時、彼は、その民に次のように言いました。すなわち、テミストクレスによって提案された任務は、なるほどアテナイ人にとって極めて好都合にして有益でありましたが、それにもかかわらずそれは、なおかつて引き受けられたうちで最も悪辣にして悪意をもつ企図であると。これは、この理由で全体的に放棄されました。

先生、私は、今あなたの［いう］民衆政体《デモクラシー》について同じ判断を与えます。

しかし私がいたところへと戻るため、私は、この差異が極めて正当に容易におさめることができ、私たちの家が打ち壊す必要がないし、新しい家を建てる必要もありませんが、幾百年も継続しうるため、極めて容易にそれを修復しうると信じます」(6)。

まずここでネヴィルは、この混合君主制下においてその両極端の政体を肯定するものでないことを前置きする。とはいえここではネヴィルは、より恒久的な安定的政体を志向する立場から君主と国民との融和を図ろうとする。ここでは彼は、紀元前五世紀ごろの有名なアテナイの戦略的テミストクレスや誠実なアリスティデスという政治指導者と国民の判断のかかわりを導入する。

つまりそれは、海軍力強化論を抱きかつ先見性をもつ戦争指導者である前者に対して国民の目線に立ちかつ陸軍力の維持を主張し、国民の判断を重視する後者との指導事例である。彼は、それを次のように手短に説明する。周知のごとく、紀元前四八〇年のギリシャとペルシャとの戦争事例を彼は導入する。そのペルシャ戦争の結果、その敗者であるクセルクセス一世らを追放した後に、アテナイやスパルタを中心とする(帰国させられた艦隊を除き)、ギリシャ国家連合艦隊全体は、アッティカ海岸の軍港に碇泊し、その兵士たちなどが、その近くに宿泊中であったという。

ここではネヴィルは、その環境状況を設定し、次にその政治指導者たちと国民との関係に話を移す。つまり彼は、その民その軍の指導者であるテミストクレスが一般のアテナイ人たちに向かって自らの戦略を訴えた。まず慣習通りに対して自らがこの共和国に膨大な実益をもたらすことを心に描いたが、人々の意思と正当化された是認権限がなければ、それを実行できないし、同じく秘密にせねばならないと訴えた。これに対してネヴィルは、マキャヴェッリのごとく、指導者たる者にはその力の源泉にして合理的な民の意思を優先して論じる立場から、テミストクレスによるそうした大勢の人々の信頼を損なうようなことを言ってはならない［『リヴィウス論』］(7)というものである。つまり彼は、市民たちや外国人たちもいるに違いない公の場において、ある意味で人を欺くようなことを言うことが誤りであるという。すなわち、その指導者は、そこで策略に関わることを公言したならば、平気で自らの悪しき意図を暴露するようなものであるという。

マキャヴェッリが周知の『リヴィウス論』において論じる(8)ように、かつわれわれも前述のごとく、これに対して慎重なアリスティデスが次の日にその民にその判断を与えにきた時、この指導者がその民に教示したごとく、テミストクレスが提案した戦略任務に関する話に移る。それは、実際に後者のそれがギリシャの人々にまさしく有用性をもたらし、かつ利益も与えるというものであった。とはいえ問題は、その手法にあった。その後者の戦術や企図は、極めて悪辣にして当時の人々を欺くものであった。従って前者とその民は、それを破棄してしまったという。

この会話文の最後の文節にわれわれは漸く辿りつく。上述のごとくネヴィルは、長期的視点をもつ国民に理解された政策が安定した統治をもたらし、かつ統治術における要であるという。従ってこのジェントルマンは、民衆政体においてその指導者が、そうした視野に立って自らの政策について、十分に手順を踏んで国民に是認を求めれば、不信感など解消可能であり、かつそれが重要であると説く。

これに対してそのヴェネツイア人は、その論理の橋渡しをする。

「私は、あなたが次のように目指すことを認識し始めます。すなわち、国王は、ヘンリー三世とジョン王が与えたように、その国民により多くの権限を与えねばならず、あるいは議会は、ルイ一一世の時代にフランスで議会が与えるとあなたがいったように、国王により多く与えねばなりません。さもなければ議会は、再度戦争へと時には到ってしまいます」(9)。

ネヴィルによれば、前の話における民衆政体議論《デモクラシー》に続く、国王とその国民との不信関係へとその会話を移行させる。換言すれば、この外国人は、国王がその事例として一三世紀における貴族らと混乱を引き起こす問題を導入する。それがマグナカルタに象徴される彼らへの権限などの移行であるという。続いて議会側が国王に譲歩せざるをえない事例は、一五世紀後半におけるルイ一一世期の混乱の収拾例である。ここでは特権身分による過剰権力議会例がそれである。それは、特権身分階級と市民階級との対立を収拾するために国王に権限を与えることによらねばならないものである。

この移行議論に対してネヴィルは、次のように答える。

「あなたは、これまであらゆる時に、議会が、この王国の国益と統治に関わる所で、(恩赦法を除き)国王には彼らが自分たちの権利に自分たちの要求を基礎づけられるもの以外に、何も求めなかったことを快く知ることができます。議会にとって国王自らがもったものを国王に熱望して議会へと与えることとは、非合理なように思えるかもしれない故ばかりでなく、次のようである故であります。すなわち、

彼らは、国王に基本的にして合法的にある全ての権力が、その君主にその民を統治させかつ擁護させる権限を与えるため、私たちの第一の統治制度がそこに置かれたことを知らざるを得ないからです。従って議会にとってそうした権威を彼から取るように努めることは、私たちが自己破壊者と呼ぶようにfelo de se［自殺者］となることでした。

しかしその身体のある熱病を患っている場合にその頭脳が身体の部分と同様に蒙るように、この脳の働きが必要とするごとくには、それ［頭脳］が身体全体を命じ、指導し、かつそのために必要なものを与えることなど可能でありません。と申しますのはそこに置かれる知恵と力は、神によってその目的に与えられるからです。その場合に身体の熱病は、ある他の部分の病から、あるいは血の固まりからあるいは他の体液の腐敗から始まるかもしれません。しかしその高尚な部分は、理性と言説が失敗する程それによって影響される理由で、これを再度回復するために、治療が、その頭脳自体に適用されねばならず、かつたぶん体液や発散気がその頭脳自体から引かねばなりません。そうすれば頭脳は、身体に対して治め、かつ以前に頭脳がそれをなしたように、支配することができるかもしれません。さ

もなければ、奴隷のように、その人全体は、すなわち、外部からある保護者によって支配せねばならず導かれねばなりません。従って私たちの政治的病の中に、それは今私たち［その政体］にあります。政治的病において熱病が首長から発症しないが、他の諸部分の腐敗から発症するとしても（あなたが気に入るならば）、その治癒の適用は、もし私たちは哀れなイングランドがそれ以前の完全な健康を回復することを意味するならば、その成員に対してと同様にその首長に施さねばなりません。故に何に対して国王がなお権利をもち得るのかを問うこと（自分たちが今ある状態で）は、たぶん私たちの存在にとって不可欠とみなされましょう。それと国王が快くその権利を分有しなければ、この統治現象は、救い得ません。即ち、私たちの法が執行しえずかつマグナカルタ自体が実行し得ません。故に、君主も国民も（すなわち、イングランド政体）は、この病気で死するに違いありませんし、あるいはこの精神錯乱状態では、外部から統治されるに違いありませんし、ある外国の権力の運命に下るに違いありません」(10)。

ネヴィルは、ここでの論理が、前述のごとく合法的混合君主制（すなわち君主制的・貴族制的・民衆政体的三要素の混合）とその当時の統治を当然のこととしていると考える。それにもかかわらずネヴィルは、ある意味でこの国が過去に遡って議会が国王よりも権力を多くもちすぎる側面に言及する。従ってネヴィルは、議会ないし議員たちがこの王国の利益と統治に関係するところにおいて、その君主に彼による恩赦法などを除きあまり大きな要求をなしていなかった事実に言及する。とはいえ、それは、議会が、その議員たちの要求を自らの権利に基づかせるためである。

さらにそれには次のごとき二つの理由があると説く。すなわち、第一に、議員たちが国王自らの有するものを議員に与えさせることについて不均衡をもたらすため、合理的でないように思える故である。第二に、そうした議員たちが国王に正統的政治権力を与えるのは、その国民を治めかつ支えることを目的とするその主権的統治制度に基づく理由であるという。つまりそうした政治権力を議会が国王から除去するように努めることは、議会の自壊にして自殺行為であるとみなすと説く。ここにおいてネヴィルは、君主・貴族・コモンズからなる三位一体型議会主権制度を念頭に置いて説いている。

ネヴィルは、こうした当時の混合君主制において、その議会と国王、さらには国民との関係に医学的観点を導入して国家の混乱を分析しようとする。それは、前述のごとく、政治的混乱を熱病に例えるものである。まずこのジェントルマンは、人が重度の熱病におかされている状態を想起させる。その熱病患者は、脳の働きが必要であるごとく、その脳がその人の身体と同様に連動して影響を既に受けているものであるという。従ってそうした場合においてこの人は、そうした熱病におかされた脳によってすべてその身体全体を操縦できず、その熱病を自ら治しえない状態にあるというものである。

われわれが示したごとく、ネヴィルは、重病患者が出た場合にその専門家である医師の手によらなければその回復が困難となるという見解をもつ。われわれは、そうした論理に沿って、この会話を読み解いていきたい。ネヴィルによれば、人智と力は、天の計画（あるいは、合理的論理）によってその行くべきところが決定されるという。従って、その脳によって身体全体が連動し得ると限らぬが、その人の病気は、身体の他の部分の病因から、または他の体液の腐敗から発症しうると説く。この場合、その気高き頭脳部分は、人間理性や言説が正常でなくなるくらいにまで、その熱病によっておかされる根拠が存在する。故にその医師による治療策がそれをもう一度正常に戻すために、しっかりと施さねばならない。またそれは、この治療過程において体液が元に戻り、かつその人の体を支配可能なごとくに今までなされてきたという。そのように専門家による統治術ないし政治指導による解決策がこの統治に施されなければ、隷属者たちのごとくなり、かつ全くの白紙状態からその保護者の手によって直接的支配従属過程を経、かつ強引になされてしまうと説く。ネヴィルは、既にそれを政治問題へと具体的に移行させている。

このジェントルマンは、たとえ当時の政治的熱病ないし混乱がその国王から発するものではなく、他の諸々の政治的諸要素（すなわち議会や国民など）の腐敗から起こるとしても、その改善策ないし治療策過程におけるその適用は、国王と国民になさねばならぬという。すなわち、その適用は、この国の国民が以前の時期であった、完璧な政治的安定への復帰を含意するとすれば、その国民と同様にその国王にも処置を施さねばならないという。故にネヴィルは、イングランド国家がこうした重病にあるにもかかわらず、その首長が何に対して権利をもつのかと問うことがこの国民にとって不可欠と説く。故にこの重病状態において君主が議会とその権限を共有しなければ、この統治体は、法が実施されずかつ権利擁護制度自体も効力をもたなくなるという。

従って君主や国民から成るこの国の混合君主制体制は、この熱病ないし混乱によって破綻してしまい、またはこの狂乱状況においてこの政体が全くの原初状態から統治を開始せねばならず、かつ他国の軍門に下ってしまう恐れが大いにあると説かれる。われわれは、この部分においてネヴィルが統治術と医学との対比によって統治政体の混乱ないし熱病を最も明確に診断しようとする試みを確認することができる。

これに対してもう一人の対話者であるヴェネツイア人は、さらに次のようにこの手詰まり問題を問いかける。

「（その務めがこのディレンマへと至るため）、なぜ国王は、自らについて議員たちと同様に、より多くの議会権限を問うことができないのですか」(11)。

このヴェネツイア人対話者は、国王が自ら権限について議会によってあまり問われず、かつ議会の権限について国王が問わない理由を述べるよう要請する。これに対しその統治術ないし政治指導の専門家であるジェントルマンは、次のように答える。

「もし私たちの顧問と官吏がその投票［議決］のために年金を得るもう一つの議会をもつとすれば、問題なく現在の私たちの顧問と官吏がその餌に再度飛びつくでありましょう。しかしその国民から新たに発し、かつ国民の感覚と苦情を十分に理解する議会において、私は、議員たちがそれを試みることなどほとんど信じません。と申しますのは枢密院も議会もともに以下のことをきっちりとこの時まで必ず知らねばならないからです。すなわち、全ての私たちの分裂の原因は、現在の財産状態が、混同や混乱なくして認め得る以上に国王が大きな権力をもつことから生じる（一〇〇回も言われているように）ために、彼らが同時に彼らの財産及びその土地の権利を彼に渡しかつ当然にして政治的に彼の奴隷となること以外に、彼らには彼により多くの権力を与える諸問題を改善しそうに［ないことを］」(12)。

ネヴィルは、ここにおいて自らのより根本的な問題設定を繰り返す。すなわち、このジェントルマンは、いわゆる「年金議会」としてその騎士議会を既に批判していた。従って彼は、国王を支持する顧問や官僚を中心とした政権陣営をここで攻撃する。彼によれば、そうした非合理的で狭小な利益に惑わされない新選出議員たちは、国民の目線を大切にし、彼らの苦情や不平不満などを真剣に考慮する民の重要性に自らの信念を基礎づけるという。従ってウィッグ的議会の大義をここでは確認することとなる。ネヴィルは、自らこの国の最重要課題の一つであるという財産所有に比例した権力配分を既に論じてきている。これもハリントン主義に基づくものである。このジェントルマンは、それに比例した権力の移動をその解決策としているけれども、いまだ実現していないと批判するものである。最後に彼は、君主に大きな財産を譲渡し、かつその彼に従属することなど市民自治思想からして問題外として一蹴している。

引き続きネヴィルは、ヴェネツイア人によって権力の自発的断念例をその国における有名な宣教者にして社会悪の批判者であるウーディネのベルナルディーノ托針修道士による事例について、その異論として示している。そこではその修道士は、自ら一般世間に宗教的善をもたらそうとして説教を為す。それは、現世の権力をめぐる悪魔的側面と権力に執着せずに抗する自らの実践との葛藤を描いている(13)。しかしそれは、このネヴィルによる博識も読み取れるが、われわれの主題とやや離れている。従ってここではわれわれは、手短に言及するにとどめたい。

これに続いてこの医師は、その権力に執着せぬ事例を称えながら、イングランドにおけるこご六〇年の議会の問題事例も提示する。彼は、その間に、議会においても邪悪性と意気地無の競合状態が存在したことも認めている。

ネヴィルは、これをうけて宗教用語を用いつつ、それと連繋する事例を導入する。

「なるほど私たちは、サタンを追放し、かつ自らの権力へと真の神なるものを戻している、私たちの時代におけるここでのミカエルをもっております。しかし全能性が欠けているところ（それは、あの托鉢修道士［世俗の権力悪に対して説教によって敢然と立ち向かおうとする］の場合と異なります）で、内戦及び混乱の悪は、もしその彼が知恵と有徳によって目論まれず、かつ私たちがなお宮廷でもつよりもよい優れた策士によって目論まれないならば、再度起こりえます」(14)。

この国のジェントルマンは、ここにおいて有名なミルトンの『失楽園』における主要な群像たちを導入し、かつ一七世紀の政治的混乱を論じる。すなわち、一方で彼は、悪魔のサタンを追放し、かつ天使のミカエルを使って後者の権力に神聖なものを回復させている表現を使って、当時の時代を想起させる(15)。他方で、ネヴィルは、この世界のあるべき計画を実施する存在が欠如している現世において、その内戦と混乱の悪しき状態は、その首長が知恵も徳ももたず、かつ宮廷における必要悪にして巧妙な議会管理者たちよりも優れた人々によって対策が工夫されなければ、もう一度それらの悪夢が発生しうると警告する。

(二) イングランド統治権力の移行に関する国王と議会との関連

本項は、前項末の「国王と議会との権力移行」議論をうける。とはいえネヴィルによる以下の議論は、徐々に重要事項に関してより強い主張を伴う。故にわれわれは、この項を新たに設定した次第である。前項の終わりの引用部分に対してこのヴェネツイア人は、次のように答える。

「少し真面目になって言えば、あなたが国王を説いてあなたの展開に役立ちうるほどに彼［国王］の権利を放棄する仕方を私にお教えくださいませんか。あなたは、議会に国王と再度戦争をさせるのでしょうか」(16)。

最初にこのヴェネツイア人は、自らもう一段より真剣になるので、このジェントルマンの主張に沿う形で、国王の権利の放棄方法を提示するように迫る。さらにそれは、ネヴィルに内戦期に戦争にまで到った、議会とチャールズとの戦争を再現することとなってしまうのか、と問い詰める。

これに対してこのジェントルマンは、次のように自らの論理を展開する。

「陛下の自由な同意による以外にいかなる変化もありえず、かつあるべきでありません。と申しますのは戦争が彼らの国を愛する全ての人々によって嫌悪される他に、この場合にその種のいかなる争いも（すなわち、最小の国王の権利も取り去ることも）、いかなる生ける人によっても正当化できないからです。

私は、その他に、国民自身の権利擁護に（少なくとも言い張って）基礎づけられた内戦が、私たちの時代において誤ってなしていると申し上げます。彼ら［議会派］は、内戦において世間で争いがあったように、結局明らかな勝利をえましたが、それによってこの世で少しの利も手にすることができなかったでしょう。しかし彼らは、一方の専制から他方の専制へと、ベアボーン議会からクロムウェルの支配へと、かつそれから安全委員会（committee of safety）へと移行しました。当初に国務を管理した、こうした厳めしい人々にそれを委ねることは、新しい人々や新しい諸原理がイングランドを統治するのをみて、一般の人々をして驚かせました。これは、人々を説いてまさに彼らが内戦前にあったところに事態を戻すために、協力させせました。

それ故、この治療策は、何にもならないか、あるいはその病気よりも悪くなりましょう。そうした自らの家臣たちを連れ出す、その領主が彼らをして彼が気に入る時に再度戻させ、かつその合間に、彼らを支配しうるバロンズの時代にあったようでは現在ありません。しかし今それ程の信頼をもつ人などいません。しかし自らの戦争において自ら勇敢に振舞った人は、彼［国王］を負かすつもりです。彼は、たぶんその軍隊とその政府によって自らが好む事を扱うことができます。この腐敗した時代において、彼が得る権力によって善をなすよりもむしろ危害をなすというとが十中八、九あります。しかし、と申しますのはあなたは、私たちが国王にこれをどのように説くか、と訊ねるからであります。私は、彼の臣民の分裂に終止符を打つことが彼自身の利益、保全、及び静穏にして真なる偉大さであり、かつそれが他の方式ではなしえないと、陛下に議会が謙虚に勧告することによると答えます」(17)。

この会話文は、二分割されている。これが上記のほぼ前半にあたる。ジェントルマンは、まず国王による議会への権力放棄問題について語る。つまりネヴィルは、ここでは国王自身の自由意思にもとづく同意以外にそれをなし得ず、かつそれ以外のことを行うべきでないという。このジェントルマンは、その理由としてあげるものによれば、先の内戦がこの国の愛国者全てにとってよくないと理解しているからであるという。さらにネヴィルは、両者による行き過ぎた国王の権利の除去をめぐる争いが理性的人間に対して何ら納得させるものでないからであると説く。自らが民衆優位主義を唱えるネヴィルは、国民の権利の擁護を否定するものではない。ここではそのジェントルマンは、それが上述のごとく、実際的現場において対立しかつ戦いとなってしまったと述べていることに留意せねばならない。それにもかかわらず彼は、歴史上領土の争奪や土地をめぐる戦いがあったことに鑑み、そうした目的による勝利などとそれをみなすべきでないと戒めている。これは、その時代において周知のごとく、内戦、革命、残部議会、ベアボーン議会、さらには護国卿制の専制までもたらしてしまってきたからであるという。それは、その専制後、軍隊が二三人からなる安全委員会を設立し、それは「人間とキリスト教徒としての民の自由を確保し、法を改革し、宗教宣教省を備え、かつ単一人物や貴族院なしで立憲制を定着するため」のものであるという。D・L・スミスによれば、D・フリートウッド少将によって率いられたこの委員会は、軍が闘った「大義」を奉ろうとする最後の必死の試みであった(18)という。しかしそれは、この全軍隊の忠誠を全体的に確保できなかったのである。人々には、最初に国務を武骨な者たちに委ね、かつ新任者たちや新原理によって統治するのを目の当たりにして驚かされたという。王政復古を企図する人々は、こうした情景を見、かつそれを反省する人々を説いて自らの方向へと協力させたというものである。このネヴィルの論調とこれからの議論を解釈すれば、彼は、前出のG・マールバーグが指摘するごとく、必ずしも貴族を優越させようとしていないことに気づかせる。ここにおいてわれわれは、既に共和制から王政復古への移行過程にきている。従って、こうした内戦と共和制期の熱病ないし混乱などにおいて、その国王から議会への権力の移動、あるいは貴族から市民への優位性の移動といった治療策によってまだ回復していなかったと彼は説く。すなわち、彼によれば、貴族ないし豪族が自らの家臣を命じて自らの好きな時にいつであれ再び元に戻し、かつその間に、彼らを支配できるバロンズ時代と当時とでは状況が異なるという。とはいえネヴィルは、そのいずれからもある意味で信頼を得ている人物など当時の段階で存在しないと説く。しかしその内戦期に勇敢にそれを指導したオリバーのような人物は、現在の指導者を負かしてしまうだろうと推論する。さらにこうしたオリバーは、恐らくその軍隊及びその政府を行使し、自らが意識することを管理できる。とはいえ彼は、王政復古中期の腐敗した時期において権力を維持することよりもさらにそれを害する可能性が遥かに高いと説く。

というのはこのジェントルマンがこう説明するのは、国王がその移譲の意思を示すことが肝要であるため、その対話者がこのことを如何にして、この国王を説得すればいいのかと自らに迫るからであると弁明する。

さらにこの問いにネヴィルは、満を持して答えることとなる。このジェントルマンによれば、チャールズ二世に議会が冷静にして控えめに忠告することによって、この王国の民における対立を終息させることがこの君主の利益となり、自らの保全を確保し、かつ自らの本当の意味での威信を形成し、他の手段によって形成しえないと回答するという。このジェントルマンは、議会の国王への勧告によってと同様に、彼らがその分裂状態を調停するように申し出する以外に方法があるのかどうかを確認するために、議会によって是認されたある人々を討議に加えるように要請すべきであると説く。そうした彼らが他の手段の存在可能性を知ることとなれば、それを包含すべきであるという。そうでなければ、彼らは、自分たちの提案を主張すべきであると説く。結局のところ、彼らが自国を保全する唯一の本来的方法とみなす、諸要求を見出さねば、それらを撤回すべきという。それ故彼らは、そこにもはやとどまりえず、その国の破壊支持者たちとなりうると戒める。従ってネヴィルは、かなり思い切った国王に対する議会での勧告を提示するものである。

さらにそのジェントルマンは、このヴェネツイア人に次のように答え続ける。

「さて国王がそれを徹底して論じる後に、これを快く認める私の理由は、二つであります。第一に、全ての偉大な君主は、窮地に陥ることなくしてそうした争いについてその臣民たちと事態を調整しているからです。私たちの君主のうちで二人の最も偉大にして最も勇敢なものは、エドワード一世と彼の孫のエドワード三世です。これらの君主は、議会によって彼らに極めて大きな要求を突きつけられましたし、あなたが制定法集で見ることができますように、それら全てを認めました。逆にエドワード二世とリチャード二世は、自分たちが窮地に追い込まれるまで全てのことを拒否しました。

テオポンポス（スパルタの国王）のギリシャの物語において記憶すべき例があります。国王の大権力に抑制となり得る、ある人々の欠如故、その政体が混乱状態にあることに気づく彼の臣民は、監督官《エフォロイ》の創設を彼に提案しました（後に監督官たちは、その都市国家を大いに偉大とし有名にした官吏です）。その国王は、スパルタの政体全体がそうした治癒なくしてその崩壊へと近づくことに（私は、私たちの政体全体が今あると思うように）、答えることができなかった、彼らの理由によって気づきました。国王は、他のものよりも混乱においてより多く失うとみなした故に、彼らの要求を進んで認めました。彼は、このことのために自らの妻に笑われましたが、彼女は、彼がどんな種類の君主制を息子に残すのかと彼に問いました。彼は、それ［現君主制］が大いに恒常的政体となる故、極めてよい君主制である［ものを残す］と答えたからです。その事は、私の第二の理由をもたらします。このことについて私は、彼［国王］がそうしたことを認めると信じます。彼は、もし彼が認めなければ、とにかくそれを改善し得ませんし、彼自身も混乱状態を改善できない故に、その彼がそうしたことを認めると私は信じます」(19)。

ネヴィルは、上記で国王がそうした分裂について徹底的に議論することが肝要であると述べてきた。その上このジェントルマンは、その容認理由について次の二つを提示する。

第一に、ネヴィルによれば、全ての偉大なる国王は、窮地に陥らずしてそうした競合問題に関して自らの国民とともに問題を調整するためであると説く。このジェントルマンは、その適例としてエドワード一世とその孫であるエドワード三世を列挙する。彼らは、今までの国王のうちで偉大さにおいて頂点にあり、かつ勇敢さも兼備すると記憶する。さらに彼らの業績は、イングランド議会制定法集で確認できるごとく、議会から非常に多くの要求をうけ、かつその全部を受容したという。それに反する事例は、エドワード二世とリチャード二世と示す。彼らはそれとは逆に、事態が窮地に到ってしまう程度まで要求全てを拒絶した君主であると批判される。

われわれが注目せねばならないことは、ネヴィルがその国王権力の抑制モデルとして伝説的テオポンポス王期との関連によって監督官制度を示していることである。このテオポンポスは、スパルタにおける二人国王家のうちの年少家系の国王であり、在位は、紀元前七二〇年から六七〇年頃までであるとされる。ネヴィルは、ここでは王制の系譜として彼に言及したのであろう。その監督官は、リュクルゴスによって伝統的に設定され、紀元後二〇〇年に消滅した。五人の監督官は、国王たちが相互に仲違した時、決定権をもつ市民によって毎年選出されたといわれる。これは、周知のごとく戦勝の原動力である市民の要求（土地配分率の改革も含む）に伴い、彼らに一連の権利などを与える一環としての制度改革によって設立された。しかしここにおいて、その市民の諸要求に伴う混乱状態下との関連でこのジェントルマンは、上記の国王権力のチェック機能事項として裁判権もその上院と共有する監督官制を提示している。さらに彼は、後にこの官吏が実権を掌握することとなるが、彼らの政治指導上の業績も高く評価している。

ネヴィルは、この国王期の統治政体全体がそうした混乱状況を見極め、かつそれを治療することなくしてその回復が困難と診断する。このジェントルマンは、当時のイングランドも同様な混乱状態にあったとみなす。ここではネヴィルは、その伝説的国王期の問題としてその状態を想定する。従ってこの国王は、それらの諸要求を受け入れなければ、この都市国家が破綻してしまうと理解したという。国王は、自らの王位継承のことなどについて楽観的すぎるという妻とのやりとりを挟みつつ、大いに恒常性をもつ現在の政体の存続を自ら望むため、その改革策を施そうとしたという。ネヴィルによれば、国王がそうした力をもちつつある階層の権利を引きあげることを中心としてその治療を決断したことこそ、国王とその市民が議論を通じて行われたため、それが望ましい第二の理由であると説く。従ってこのジェントルマンによれば、その国王がこの市民たちと議論するのでなければ、その政体を健全に回復できず、かつその熱病状態も改善しえないというものである。ここにおいてもネヴィルは、議論によって合理性を得ることができるというプラトン的対話主義を念頭に置いている。

このネヴィルによる説明に対してそのヴェネツイア人は、次のようにそれに応じる。

「あなたは、次の二つのことについて私を十分に納得させます。第一に、私たちは、議会が国王権力を増大すると期待したり、あるいは信じたりする何らの理由ももたぬ事です。第二に、国王は、自らが財産要件を変更しうる（私は、それについて不可能であることを当然とみなし得ます）以外に、新しくより絶対的な君主制と決して自ら悟り得ません。しかしなお私は、私たちが（彼は、そうした支配を全ての子孫に樹立しえませんが）それにもかかわらず、彼が、現在その統治政体を変え得ると想定できないという理由を知りません。そして彼が、議会をもはや召集しない場合、ある適切な時に（フランスにおいてそれがなされるように）、力によって統治機構を管理しうるという理由を私は、知りません」(20)。

ここではこのヴェネツイア人は、まずネヴィルが論じたことを確認する。第一は、議会側でその国王権力を増大しようなどと決して前向きに考える理由がないこと、第二に、残念なことに、君主自身で、自ら財産要件が変更できなければ、新たにして絶対的王制であると自ら認めることができないという。この対話者は、君主によるこの財産要件の変更について当然不可能という。彼によれば君主たるものは、自らの支配権力を全てのその子々孫々にまで継続できるわけではない。しかし君主は、現政体を変えることができ、かつ時の条件が整えば、フランス国がなしているごとく、議会なしにして力ずくで政府を管理し得る脅威もあるという。

これに対してネヴィルは、絶対君主的状況も次のように自らの議論に含めようとする。

「フランスにおいてそれは、長期にわたる所業です。あのティラニーは、もはや［議会を］召集すべきでないと諸階級自体からの勧告によっていわれるように、始められました。しかし以来国王たちは、大動乱時に彼らが内戦状態において三度、オルレアンで一度、かつブロワで二度召集したように、彼らを再度召集することが適切とみなしております」(21)。

ネヴィルは、その絶対君主制について典型的にフランスを導入してきている。ここでは彼は、ティラニーという表現によって言い換えている。それは、周知のごとくフランスのアンリ四世期に始まり、かつその当時のブルボン朝期において全盛期となっていた。彼は、ここではそれを具体的に説明しようとしていない。ネヴィルは、むしろ抽象的な言葉によって論及する。彼の僭主政という表現は、必ずしも絶対君主制のみを意味しないが、ここではそれに近い言葉として使用する。このジェントルマンによれば、その開始は、「全国三部会」が、むしろその混乱を避けるために召集しないよう要請する形による状況から説き起こす。現実にはその国王たちは、一五六〇年にオルレアンにおいてその議会を開催し、一五七六年および一五八九年にブロワで開催しているという(22)。従ってそれを召集した方がベターであるとみなす。

引き続きネヴィルは、その全国三部会の召集に論及する。

「私は、既にフランスについて極めて単調に述べている事を繰り返しません。しかし私は、あなたに以下のように想起するように嘆願のみいたします。すなわち、私たちの国民は、彼らがもつ財産から引き得るよりも国王の財布から収入を多く引くほどの貧しくして数多くのジェントリーなど何ら有しないことを。全ての私たちの国の人々は、富裕な貴族とジェントリー、富裕なヨーマン、及び貧しき若き子弟たちからなります。そうした若き子弟たちは、ほと

んどあるいは少しも収入ももちません。［中略］

しかし私たちは、軍隊を形成するのに足りる怠惰な人々がいると想定しますし、国王が彼らを武装させ、かつ徴兵するのに足るお金をもつと想定します。私は、この国の人々が、最初に恐れのため自分の家々へと彼らを受け入れ、かつ法に反して家々に宿泊させることを、否、違法な勅令によってお金（それは軍隊を賄うために臣民に課せられる）を支払うことを認める厄介さを避ける（しかし私は、それが不可能と見なしません）ために、いかなる時も軍隊が彼ら自身の国を隷属させ続けることは可能ですか。

彼らは、彼らの父、兄弟、妻、母、姉妹、及び全ての人々の（彼らが訪れるところが、どこであれ）の祈祷ないし呪に抵抗できますか。そうしたわけで全てのギリシャの僭主たちは、極めて短い継続性しかもちませんでした。彼らは、その共和制における統治長官に就いており、かつ信頼がある存在であった時、兵士や家来の媒介によって主権を簒奪しました。

しかし、彼らのうちのいかなるものが、自分の息子（自らの息子が自らの死後一年足らずで追放された、ディオニュシオス［一世］を除き）にそれを残したのですか。その土着のものからなる多くの軍隊は、僭主政を破壊しております。従ってその十人委員会は、ローマにおいて破壊され、かつタルクイニウスは、その前に追放されました」(23)。

まずネヴィルは、ここにおいて既に詳しく説明したことを繰り返す意図などないと断るが、それを結果的に想起してもらいたいということとなるという。すなわち、フランスの国民の多くは、国王財政からの貨幣によって生計を立てており、イングランドの国民のごとく自らの生計を立てている貴族・ジェントリー・ヨーマンのように豊かでないと言ってきた。とはいえフランスの彼らと同様に貧しい若き子弟も確かに存在したことも認めねばならないという。ここで確認したいことは、両国の財産所有階級比率規模における大きな開きがあることである。

しかしながら、ネヴィルは、イングランドにおいて軍隊を構成するのに十分なくらいの怠惰な者が存在するとみなす。そして彼は、当時のチャールズ二世が彼らを武装させる費用を賄うのに十分な資金も有すると説く。また一般の人々は、第一に自らの安全が脅かされることを恐れ、自宅にその軍隊を滞在させ、かつ法に反してでも家々に宿泊させること、それどころか、法に反する国王の命令によって彼らに課せられたお金を支払うことを容認するという。とはいえネヴィルは、いつであれ軍隊が彼らの国を隷属できるのか、と逆にそれに異論を唱えようとする。さらにこのジェントルマンは、それらに反対する意思をもって、国民の各階層からなる祈りであれ呪いであれ、国王がそれらに耐え得るのかと迫る。

ネヴィルは、次にこうした僭主政について例のごとくギリシャやローマの事例を導入する。上述の理由によってあらゆる古代ギリシャの僭主は、ほとんど長続きしなかったという。従って僭主は、その共和制期の最高統治長官にして信頼を得ている場合、兵士や家臣を行使し、その国家主権を奪い取ったと批判される。シュラクサイの僭主であったディオニュシオス一世の場合は例外であったという。その息子にしてシュラクサイの僭主であったディオニュシオス二世は、その親類にして追放されていたディオンによって一時的に占拠されたが、それを奪回した。しかし彼は、三四五年にティモレオンによって包囲され、かつ追放されたといわれる。その彼は、その父親から権力を委ねられたという。とはいえその地元出身者を多く含む軍隊によって、その僭主政は破壊される運命にあった。故にそのローマの第二次十人委員会は、元執政官などの有力者から形成されたが、そのうちのあるものが専制的であるなどの理由で、僭主政を行なったタルクイニウス・スペルブス王の追放後に追放されてしまったというものである。

ネヴィルは、この会話文の後半部で、以下のように内戦後におけるクロムウェルを中心とした僭主政を念頭に当時の混乱ぶりを描く。

「私たちの国は、現代においてさえこの悲劇が十分に起こっている段階にあります。と申しますのは内戦がなされた後、その軍隊は、君主制が再度復活されるのではないかと恐れるため、弁護士を抱え、扇動者を得、かつ首領たちに極めて厳しい処刑を加えたからです。しかし、軍隊は、遂に彼らの不屈の精神によって、自分たちと行動をともにする将校たちを必要としました（従って彼らに助言するための諸党派からなる多くのよきブレーンを得ました）。［中略］なるほどこの軍隊は、後に彼らの将軍によって騙されました。その将軍は、彼らに知られずに（ましてや同意も得ずに）ある朝突然自らを自国の僭主とせしめました。

なるほど彼らの評判（彼らの武器ではなく）は、その共和国において彼を支持する時もありました。しかし確かに彼らは、極めて頻繁にかつ最後にはお金を徴収する（彼ら自身の給与のためですが）手先となることを拒絶します。ゆえに彼は、（自らの意思に反して）時折仮議会を仕方なく招集しました。

ほぼ確実に彼は、彼が死に至る病気中にしばしば自らの軍隊が、自分とともに一歩も先へ進まないと不満をいいました。実のところ彼の死後数か月で彼らは、彼の息子をその最高（的実権をもつ）位から除き、かつ古き議会の残りを復活させました。これは、共和制が迅速に枠づけられるべきにして定着されるべきであると（その議会のデマゴーグによって）秘密裏に彼らになされた約束に基づいてそうしたのです」(24)

このジェントルマンは、まず前記の古代の僭主政における混乱状態から、クロムウェルを中心とした統治状況へと話を移し、かつそれについて論じ続ける。ネヴィルによれば、それが悲劇の舞台として行われたと表現する。戦後、クロムウェルやその軍隊を中心としたこの政権は、王制への復帰を懸念して法律顧問や扇動者を雇ったという。その懸念から彼らは、その王政の復活の首謀者に過酷な処刑を加えたと説く。従ってその軍隊は、自らの強固な精神力によって、その軍将校を強制的に使い、そうした人々を自陣営に取り込むために、諸党派から数多くの有能な人々を得たという。この理由からこの政府側は、あらゆる条約を無にせしめたと斬る。

ネヴィルは、次にこの軍隊とその将軍であるオリバー・クロムウェルとをそれぞれの側面から観察する視野を導入する。このジェントルマンによれば、確かにその軍隊は、このオリバーに騙される結果となることを認める。というのはオリバーが軍隊に同意も得ずかつ意識もさせずに、急転直下自らを一方的に支配する僭主として登場したからであるという。確かにこの軍隊がイングランドでオリバーを支持する時もあるという世評も存在した。しかしながら彼らは、その税が自らの生計を立てる資金となるものであるが、あまりにも頻繁にかつ最後には税の徴収もさせられる手先となることを拒んだという。

こうした根拠によってオリバーは、（渋々）表面上快く議会を招集せざるを得なかった時もあるという。最後にネヴィルは、その僭主オリバーの哀れな結末へと至るものから息子への護国卿の継承、さらには王政復古へと向かう方向を示すこととなる。ここでは自らの武勇によって主として権力を得た護国卿オリバーが晩年の病気で死へと至る過程の中で漏らした不満を導入する。自らの軍隊は、自らの言う通りに従わなくなったという。われわれは、それが武力を主な権力源とする独裁者に多く見られる現象でもあるとみなす。というのは一般に独裁政治は、長期間にわたりえず、その権威を失えば、その結末が悲惨な結果を招きがちであるからである。それはさておき、軍隊が、その息子のリチャードを制限された権力しか持たない護国卿に就け、かつ前の残部議会を復活させることとなる。それでさえ、外見上、共和制を基本とし、かつ定着させるという建前の下によるものであった。つまりそれは、ある議会の扇動者の操作を通じて密かにその軍隊になしている約束に基づく、という形式で就けたというものである。

ネヴィルは、上記の会話文における軍隊に関連させ、次のようにそのヴェネツイア人に具体的な議論を展開するように問わせる。

「私は、突然ここに徴兵され、かつ敵をみなかった軍隊が自らのもつ政府の崩壊に対してそうした高度なことをなす気にさせ得ませんし、たぶんその国民の激怒や反乱に抵抗し得ないことに納得しております。しかしあなたは、その将校たちや兵士たちがそこでの国民間でのいかなる知り合いも関係ももたないつもりですが、あなたの国王によって海外から徴兵され、かつ派兵される、外国の軍隊についてどのように評価しますか」[25]。

シドニーは、一方においてその武勇ないし軍隊を重視すべしと主張してきた。これは、古典的共和主義における自衛主義的特徴である。ネヴィルの場合は、前者ほど強力に論じてはいない。これは、この両者間における精神的気質的差異からも発する。しかしネヴィルは、デモクラシーを支持する立場から国民の自衛的性格の重要性も示してきた。ここでの軍隊事項は、われわれに注目させる論点である。この対話者は、そのジェントルマンの論述に対して、何らの予告もなく徴兵させられ、かつ敵も知らされない軍隊など自国の政体が崩壊しようとしていることに、どのように対応できるのか疑問であり、かつそれに即した高度な任務の遂行など不可能であり、その国民による激しい怒りや反乱を抑えることも不可能であることを知ったという。そのヴェネツイア人は、逆に海外に滞在中の自国の国王が徴兵しかつ派兵される外国の軍隊についてどのように答えてくれるのかと迫る。その将校や兵隊は、その国の国民を何も知らず、かつ親類縁者や彼らと何も関連ももたず、かつ彼らと関連をもつ目的も有しないものである場合におけるものである。

ネヴィルは、このヴェネツイア人が君主によって自国部隊以外の外国人部隊問題について次のように答える。

「この種の全ての軍隊は、外人部隊ないし傭兵のいずれかに違いありません。外人部隊は、彼ら自身の軍服のままで、ある近隣の君主ないし国家によって派遣され、かつ彼らの自弁によるものです。しかしたぶん外人部隊を求める君主は、そのお金を提供することができます。そうした外人部隊は、彼らが求められた機会が終わると、再度通常帰国します。しかし彼らが帰国しようがしまいが、たとえ彼らが自らを召集する君主に依拠する軍隊と混成されず、かつ過剰に均衡されないとしても、その重点及び権力が自分たちにあるならば、彼らは確かに最初かあるいは最後に、彼ら自身の主権者のためその国を支配するでありましょう。傭兵について彼らは、その兵を率い、かつ命令するある貴族たちの権威と信用によってのみ、彼らを必要とする君主のお金で徴兵されるに違いありません（本当です）。あらゆる場合に彼らは、自らの司令官を君主にせしめています。ミラノにおいてF・スフォルツァがこのトリックによってこの国の古来のヴィスコンティ家の公爵を追放し、かつエジプトのイスラム教のマムルーク朝は、自分たちで軍事国家を形成したごとくであります。故にここでの軍隊の方法は、少しの改善策もたないか、あるいは君主自身にとって病気よりも極めて悪いものであるかのいずれかでありましょう」(26)

古典的共和主義者たちにとってこの外国人の軍隊問題は、共通の重要事項であった。なぜなら彼らの中心的信念が武装自衛主義であったからである。つまり民衆が優位すべきという思想には自己武装的な自衛的ないし武力的理由によるけれども、外国人部隊における愛国心要件に疑念を残すからである。われわれは、その中にいるネヴィルがどのような説明をなすのか注目せねばならない。ここではこのジェントルマンは、自国部隊以外の国王による外国人部隊の徴兵ないし派兵について、まず外国部隊と傭兵に二分する。前者の部隊についてその他国の軍服のままで近隣諸国の共和国ないし君主によって派遣され、かつ兵士の自費で行うものである。とはいえそうした外人兵を要求する君主らは、一般にはその費用を賄うことができるという。こうした部隊は、その派遣目的が達成されれば、通常再び自国へと戻る。ネヴィルは、ここから彼らとその支配権力と連関する問題と取り組む。その兵士たちによる帰国の実際と関係なく、次のような場合にその国家にとって重大になると説く。例えば、その兵士が自らを召集する君主に依存する軍隊とは混成部隊とされず、過剰均衡にはならないとしても、その重要性と権力が彼らにある場合に、外人部隊は確実に最初ないし最後かに自分たち自身の母国の主権者のためにその国を支配することとなると仮定する。

続いて彼は、傭兵について論じ始める。傭兵は、自らを率い、かつ指揮し命令する貴族の権威と信頼によってだけ、自分を必要とする君主からの報酬で徴兵されるものであるという。どんな時であれ傭兵は、自らの指揮官をその主権者にするものである。

ネヴィルは、その具体的事例として次の二つを導入する。その第一事例は、以前に傭兵隊長であったフランチェスコ・スフォルツァ（一世）をこの仕掛けによって君主にしたという。この論理によってスフォルツァ隊長が君主となってしまったのである。それと反対に彼は、それによって伝統的君主を追放できたのである。後者の事例は、その古き出自が軍隊奴隷であったマムルーク朝である。その傭兵であった、その軍隊奴隷系のアイバク軍司令官がアイユーブ朝を打倒し、マムールク朝を創設している。かくしてネヴィルは、他の古典的共和主義者と同様にその自国人から構成されない軍隊による権力奪取を警戒することとなる。

この馴染みの警告についてそのヴェネツイア人は、イングランドにおける外交問題に関して次のようにそのジェントルマンに問う。

「なるほど私は、国王が議会（それは、特に極めて大きな財産をもつ人々からなり、故に面倒を望むのに何らの利益ももちえないような議会であります）に認めるものが、力によってその政府を破ろうと努める程国王には厄介ではないという意見をもつことから始めます。

しかしなぜ彼は、今度（彼ら［議員たち］を宥めかつイングランドの利益のために海外での大同盟を彼らに提示し、かつ現存するよりも多く欧州の諸問題を考量することによって、かつ彼らが極めて大きな憎悪をもつその国［フランス］との戦争を提示することによって）彼ら［議員たち］を静めさせ得ず、豊富なお金を得させず、かつ少なくともある期間長く、あなたが話す厳しい治療を回避することができないのですか」(27)。

この対話者は、そのジェントルマンに対して王位継承排斥法案危機期における外交・安全保障問題を聞き出そうとする。そのヴェネツイア人は、まずこの議会が有産階級の議員からなり、トラブルを起こそうとしても何の役にも立たない性格をもつことを認める。また彼らは、国王が議会に与えるものは全て力ずくでこの政体を破壊しようと試みるほど不都合な存在ではない、という意見をもつ議論によって開始するという。

このヴェネツイア人は、以下で言及されるチャールズ二世政権下の財務卿で一六七三年以来五年間あったダンビー伯の投獄へと至る理由などを述べる。すなわち、ダンビーは、カトリック大国フランスの脅威に対する議員たちによる懸念を鎮め、かつ国益のため海外においてスウェーデンやオランダとのいわゆる三国同盟を彼らに提示する。ダンビーは、当時存在するよりも多く欧州における重要問題を熟慮することによって、また国民が大きな憎しみをもつそのフランスとのありうる戦争に備えることを提示している。この対話者は、このジェントルマンに国王がそうした好戦的な人々を抑え得ず、多くの資金を得ず、かつ一定程度の長期にわたり大変動をせずに済ませない悪しき理由を教示してくれるように請うている。

この要請に対してネヴィルは、次のように答える。

「このことがあまりにも遅くなされますし、それに答えるべき、ジェントルマンがロンドン塔におります。しかしあなたは、人々の中間層の中にそうした者もほとんど存在せず、ましてや庶民院内ではほとんど存在しないと快く理解なさいます。彼らは、私たちが、統治政体を矯正しかつ新しい統治政体がモデル化されるようになって初めて、世界の人々にとってあるいは私たち自身にとって万事を意味する、世界のいかなる国とも同盟し得ぬことを完全に知るのです。それ故この島に上陸した軍隊が存在しましたが、私たちは、彼らを撃退したり、あるいは自衛するのに備える前に、その［軍隊の上陸］論点で始めなければなりません。この人々の恐れと感覚は、一般に次のようであります。すなわち、

もし私たちが、私たちの懸念のためかあるいは私たちの同盟者たちの懸念のためかのいずれかで戦争するならば、（諸問題は、彼らが国内と同様に残る一方で）確かにそれは、次のようなことが起こりましょう。すなわち、いずれかが叩きのめされれば、私たちは、それを追放するには極めてあしき状態にある時、この王国を侵略へと至らしめましょうし、あるいはもし私たちが勝利したならば、私たちの官吏や顧問は、あの気性や運命を用いることによって熱烈に（あるいはフランス人たちが激しく叫ぶように）、私たちが述べつつあるごとく、国内でそうした［同盟の］締結を試みるでしょう。

故に、もし戦争が議会なくして引き受けられるならば、あなたは、次のようにその人々が喜ぶとみることになりましょう。すなわち、スコットランド人たちが一六三九年に北部の四州を抑える時、あるいはその前に、私たちがレ島において叩かれた時、あるいは私たちがオランダとの最近の戦争において損失を被った時喜んだように、私たちの軍が受ける悲惨と同様にその人々が喜ぶことを［みることになりましょう］(28)。

まずネヴィルは、前出のダンビー初代伯がこうした宮廷国家財政や外交政策の責任者であったが、自らの執筆当時にはそれに関連する賄賂などのかどで投獄されていたことに言及する。次にそのジェントルマンは、そのヴェネツィア人が統治政体・同盟・軍隊問題などの理解とを関連づける。ネヴィルは、この対話者とその問題状況認識を共有するとして論を進める。彼によれば、そうした欧州規模の同盟事項は、最初にその統治政体を通常に戻し、かつその新しい状況に対応した新政体の枠組みを構成した後に考慮すべきであるという。次に彼は、その外交問題を問うべき

である と説く。この視角から彼は、このブリテン島に上陸した軍隊が存在したことに言及する。このジェントルマンは、そのことについて土着のイングランド人がその軍隊を力で打倒しあるいは自衛しようとする以前に、その軍隊の上陸の事実から開始せねばならないと説く。こうした問題状況についてこの国の人々の恐怖感は、一般に次のようであると説かれる。ネヴィルは、ここでは他国との戦争の可能性に言及する。次にその場合に、こうした恐怖感が自国民のものかあるいはその同盟諸国（問題が国内にあるごとく残る一方で）のものかのいずれかで戦争する場合、次の二つの仮定が想定可能であるという。第一に、いずれかが打ち負かされた時、それは、自国がそれを撤退することができない場合に、イングランド王国が侵略を被ってしまう仮定である。次にこの仮定がそうでない場合、それは、自国が勝利する場合であり、その官吏や顧問は、ネヴィルが論じたごとく、その民の情念などを利用して、国内で議会を通じずに彼らを自らの思う方向へと導こうとする場合である。いずれにせよ、他国と同盟を結べば、戦争によって民衆の感情が交錯することを想像させる。このジェントルマンが論じたごとく、こうした戦争が議会を通じることなく行われる場合に、戦勝国は、狂気して喜び、戦敗国は悲しみに打ちひしがれる状態が想起される。ネヴィルは、第一次主教戦争におけるスコットランドの勝利、ラロシェル沖のレ島におけるバッキンガム部隊の敗走、及び英蘭戦争におけるイングランドの敗北などをその具体例として示される。

ネヴィルは、引き続きこの過剰な民衆の感情の起伏をうけつつ、国王大権と関連づける。

「私たちが先ほどのような立派にして賢明な君主（彼が自身の状態を完全に理解するようになる時）は、御自身の利益［中略］を自らの国民の安全及び保全と競合させるように勧めさせるべきであるなどと想像できません。その事［民の安全とその保全］のためにのみ、それ［大権］は、彼に与えられたのです。そうでなければ、政治状態の自然な革命によってそれらの国王大権が全ての統治、和解、及び秩序の唯一の障害物や障害でしかないくらいに、国民を彼が統治するのに有用であり続けることとは、今極めて異なるような大権にとにかく彼が固執すると想像できましょう。と申しますのは陛下は、法の下に人類を規制する全ての形態が、神と人とによって被治者の幸福と安全のため（支配する人々の利益と偉大さのためでなく）命じられたことを（その場合によりよき性質が存在するところ以外に）必ず知らなければならないからです。

故に神は、神自身の栄光のため人間を統治します。人々は、自身の使用と役務のために獣を支配します。しかし絶対君主は、彼自身の召使に対して支配するところで、召使に彼が食物を与え、給与を支払いますし（私たちがいっているように）、あるいは数多い大家族の主人がその家族を治めるところにおいて、彼らは、彼らに正義をなすように神法と自然法によって、かつ彼ら自身の利益によってともに義務づけられます。従って彼らは、彼らを怒らし或いは専制化するよりもむしろ、彼らの支配や権威を保存する必要性が義務づけられます」(29)。

ネヴィルは、国民との関係の視野から大権関連事項を論じる。このジェントルマンによれば、君主自身が周辺状況を完全に自覚できるようになれば、当時もつごとき、誠実にして賢明な国王が自らの利益と民の安全とその保全とを争わせるように説得すべしといった勧告など想像しがたいという。とにかくこのジェントルマンは、王位が民の安全とその保全のために与えられるものであると説く。もしその王位がそれらのために与えられなければ、次のことを想定せねばならないという。すなわち、ネヴィルは、政治状態の革命、すなわち、財産権の変化と比例して権力も変化すべしという原則に関連するものによって、当時問題が出てくるという。つまりそれは、国王大権が本来あるべき統治や秩序の唯一の阻害要因にすぎず、その国民がその統治に有用であるといったものとは極めて異なる大権観に、その君主が頑強に固執するようになってしまうと警告する。

ネヴィルは、ここでのあしき国王大権に極めて頑強に執着するものを徹底的に批判する。彼は、その批判を強める場合にシドニーと同様に自然法概念を使う。前出のウォーデンやマールバーグなどが強調しているように、この自然法概念を基本思想とするものが、ネヴィルとシドニーであるけれども、それはハリントンと異なる点である。このジェントルマンは、チャールズ二世に対して法の支配を基本に据え、全人類に共通な基準によって君主にその権力の抑制を求める。その統治は、被治者の安全と幸福を第一義的目的とすべきであり、治者の利益を優先すべきでないと説く。従ってネヴィルは、自然法の上にある神の名によってそれを強化する。人間は、自らの使用と役務のために他の動物や自然物を支配するものである。それと異なる絶対君主は、自らの召使を支配し食糧を与え、給与を支払い、または大家族の主人は、その家族を治めるところで、彼らといえどもその被治者に正義をなすべしという神法と自然法の両方の法によって義務付けられる。故に、そうした支配者たちは、その被治者を怒らしたり専制的に扱ったりするよりもむしろ、その支配や権威を保全するように義務付けられると説くものである。

㈢　枢密院論

ネヴィルは、明確に当時の枢密院について論及している。われわれは、この議論を分析する前にこの枢密院事項についてJ・P・ケニヨンらの説明などに沿って、その一般的要点をここで確認することとなる。スチュアート朝期の枢密院は、周知のごとく、一六世紀前半の行政改革にその起源をもち、国王の主要官吏と顧問から公式に構成された一機関である。枢密院は、通常一五人から四五人までからなった。枢密院は、その助言的役割に加え、広範な政治的・行政的・司法的機能も遂行したといわれる。しかしながらスチュアート朝期枢密院の基本的任務は、外国からの攻撃及び国内の反乱からイングランドを守ることであったという。内戦期以後それは、徐々に変化し、かつその重要性が減じられてきた。例えば、チャールズ二世の枢密院は、議会の同意なくして税を課しえなかった。チャールズ二世は、第一次的には単一の強力な委員会によって機能させることによって枢密院の復活を回避し続けた。この委員会は、今日の内閣における起源のうちの一つとされる。この王位継承排斥法案危機期中において議会は、諸委員会のこの排他的使用に反対し、枢密院全体によって審議される以外に枢密院委員会によっていかなる任務も審議すべきでないことを求めた。ロビンズが記すごとくこの枢密院は、国王と議会との間に何も望まぬ自称改革者たちが好む標的であった。テンプル卿のその改革（三十人枢密院）案をチャールズは、ある短期間には支持したという(30)。当時の枢密院は、以下の医師による会話の中でまず言及される。

「国王及びたぶん議会においても最初にそれほど大きな変更を生みだすことが気づかされる困難を考慮する時、並びに国内外の両方で無数の危険要素に私たちをときにさらす、この定着されない状態に私たちが長くとどまることによって起こりうる危険を考慮する時、なぜ私たちは、陛下の現在の評議会《カウンシル》全てを除くことによって議会により、今始めることができず、今その基礎をおきえないのですか。その事は、何ら新しいことでありませんが、多くの国王の治世においてしばしば実践されております」(31)。

ここではそのウィッグの主流派的医師は、自らその大きな革新をなす場合に国王と議会の両方に起こる困難を想定する。さらに彼は、国内と海外からの両方において数多くの危険要因にイングランド人たちをさらす場合、この不安定な状況にこの国民を長く置くことによって生じうる危険状態を想定するこの二つの問題から、この国民が議会により当時の枢密院全体を廃止しかつ議会を開始できない理由を示すようにこのジェントルマンに迫る。その理由を問うのは、そのこと自体、少しも目新しくないが、たいていの君主支配によってよく実際には行われているからであるという。

ネヴィルは、この問いに対し以下のごとく答える。

「第一に、評議会《カウンシル》（すなわち、枢密院であり、それをあなたは指します）は、私たちが後に示す機会をもちうるように、私たちの統治機構の一部ではありません。また国王は、彼らの助言を聞くようには（あるいはそれを要請するほどまでには）いかなる基本法にも、あるいはいかなる議会法によっても義務付けられません。そしてもし私たちが提案しうることほどには有効でないことの他に、あなたが故意に助言するならば、国王ないし議会のいずれかによって納得させることが極めて困難であります。

しかしこのこと全ての他に、あなたは、議会によってそのように指名されたこれらの顧問官たちのうちの幾人かがたぶん正直であることを証明することを知るでしょう。次にある者が最近撤回したように、彼らは、それを撤回せざるを得ないでしょう。と申しますのは彼は、（私が想定しますように）次のように考えたからです。すなわち、その政府が変更されるまで、彼らの助言が含みうることは、不可能であり、あるいは彼らの国の善に向い得る万事が彼らによってなしうることは、不可能と［考えたからです］」(32)。

まずそのジェントルマンは、枢密院がこの国における本来の主権的制度の一部ではないと斬る。さらに彼は、国王がその枢密院議員の助言を必ず受け容れることなどその基本法や議会制定法によらないという。ネヴィルは、そのテンプル卿の改革案（三十人制）が提出できるものがむしろ有効性をもつと説く。とはいえそれを他の諸国におけるごとく君主がそれを使用することについて君主も議会も納得させることなど非常に困難であるという。ネヴィルは、その議会による指名制の枢密院のある人々が正直であると明確に証明できると説く。また当時なされたごとく、それは撤回せざるをえないという。つまり当時の政府が変わらない限りその助言を受け容れることなど不可能であり、かつ国益に方向づけられるものによって全てがそうした顧問たちによってなされるなど考えられないからであるというものである。

このジェントルマンは、この政体の変化事項を酒樽とその酒との変更の比喩を使いつつ次のように言い換えて説明する。

「その君主に、こうした人々の期待に答えるための全てのそうした刺激や手段の所有が委ねられる一方で、それほど大いなる名誉感と高潔感をもたない人々は、彼らのもつ権益によって間もなく腐敗されましょう。もしあなたが時代遅れの容れ物をもち、かつその結果それから発するビールを嫌い、かつそのビールを取り除くならば、その器に良質にして健全な酒がすぐに満たされることとなるのはほぼ確実です。次のことは、経験によって確かであります。すなわち、その器が分解され、かつそれらの大樽が短縮され、かつ新たに設計されるまで、あなたの飲み物、及びあなたがその酒樽へと入れる全ては、すっかりあなたが粗捜しした最初のもののように時代遅れにして救いようのないものとなりましょう」(33)。

君主たるものには、国民の安全やその保全といった期待に応えるに足るあらゆる誘因や手段が任されている。しかしこうした国王とは異なり、大いなる名誉心も高潔心ももたない卑しい輩は、利己的権益によって間もなく腐敗の道を進むこととなるという。こうした顧問官たちは、市民の公共精神をもたない利己的にして悪しき人々として示す。ネヴィルは、早速それに対して政体の革新のために大局的視野から手を尽くす者とそうでない者の事例について酒樽とその酒の変更関係の比喩を駆使しつつ、持論を主張する。

ある酒類関係者が古くなった酒類容器を所有するけれども、その容れ物から出てくるビールを嫌い、かつそのビールとその容器を取り変えるならば、その樽に良質にしてこくがあるビールを満たすことができると説く。これに対して実際的経験上、確実なことは、以下のようである。すなわち、その酒樽が解体され、またそうした大樽が切り詰められ、さらには新しく設計されて初めてその酒樽へと入れる全ては、この医師が欠点を指摘したごとく、それ自体に欠陥があり、そのビールなどよくならなかったことが分かるという。これは、容器とそれに入れる酒との関係に関する比喩である。ネヴィルが言いたいことは、その酒が良質であること（国民と政治家などの質）と、その容れ物（統治制度の特質など）について別々に考え、次にその主体に見合った統治制度へと変革すべきであるというものである。

㈣　国王大権問題

一七世紀イングランドにおいて国王大権は、国王の自由裁量権に当てはめられた一般的用語であり、彼が議会を通じて行使しうる諸権限に加え、国王によって是認されたが、悪しく定義づけられた権力と言われるという。前記のごとくこの大権は、スチュアート朝期において「通常大権ないし合法的大権（議会とコモンローを通じて行使される）」と「特別大権（公共善を守るために法を補充しうる〈介入できぬ〉）」（D・L・スミス）に分けられる時もある。いずれにせよ、その大権は、一七世紀においてその主導権を巡って対立する国王と議会にとって重大な争点であった。国王大権問題は、特に円頂党・地方党・ウィッグ党の系譜によって包摂することができる人々にとって最も重要な問題のうちの一つでもあった。すなわち、如何にそれを制限することによって市民の自由を確保すべきかに関する焦点であったからである。われわれは、まずこの問題について一般的論点を通説を通じて確認してみよう。それは、その国王大権の範囲と行使の論争がこの世紀を通じて存在してきた。国王と議会との論争は、理論家たちによって探求されたという。フィルマー卿は、「法の上にある君主の優越のために」論じたが、ロックは、「公共善」のための「処理」によって行動する権力として行使されるべきであると後に論じた。そうしたものに関わる競合は、戦場、裁判所などにおいて多様な時に争われてきた。こうした大きな立憲制の諸争点は、例えば、権利請願や権利章典のような文書によって枠づけられた。その諸領域は、次の四つに広範に範疇化しうる。それは、第一に、課税と財政論争、第二に、国王の法律の適用免除権と制定法停止権論争、第三に、裁判官と陪審の統制及び投獄権の制限論争、第四に、君主の王位継承論争であるとされている（J・H・ヘインズⅢ）(34)。

われわれは、この具体的争点に入る前段階にきている。それが今論及してきた政体の変革問題である。これに対してこのジェントルマンによる分析についてそのヴェネツイア人は、次のようにまとめようとする。

「さて私は、私たちの諸問題を終えていると思います。私としては、国王が自らの国民と仲違いすることによって少しも自らを向上できませんように、国王の善良さと知恵は、次のようであると納得させられます。すなわち、国王は、エドワード二世とリチャード二世のように評価に値せず不幸が多い国王よりも、エドワード一世とエドワード三世のように、自分の前任者たちの最も栄誉的にして寛大さを真似することをむしろ選択するように。故に、私たちは、あなたが非常に優れた君主について問うのにふさわしいとみなすことを聞く気で今おります」(35)。

この対話の相手は、前記の政体変革関連についてひとまず論じ終えたと告げる。そのヴェネツイア人は、ここにおいて登場人物の共通の理解としているものを確認しようとする。つまり、彼によれば、君主とその国民が不和状態にある場合は、その君主の向上などを望むべくもなく、国王の善良さと知恵は、前述の国王のごとき、見下げ果てかつ相応しくないものよりもむしろエドワード一世らのごとく、自らの先輩がもつ栄光的にして寛容なものを手本とすることに決定でき重要な源泉であるという。故に彼は、このイングランド人に極めて優秀な国王について教示してくれるように要請する。われわれは、こうしたネヴィルの見解において人間に対する楽観論ないし理念型を前提とした政治思想を読み取ることができる。

これに対してネヴィルは、徐々に国王大権問題へと近づける論理の中で、その優れた国王について次のように答え始める。

「私は、それほど図々しくなることを引き受けませんでした。迅速に開会する議会が存在しますし、確かに彼ら［議員たち］は、そうした諸問題を調べるためにあらゆる方法で最適です。彼らの知恵を予期することは、非合理的でありましょうし、彼らにただ攻撃を与えるだけかもしれません。

しかしこの全雑談が何も決めることができないため、私は、その治癒が詳細に及ぶことなしに、作用せねばならない方法について私の考えをあなたにあえて与えるつもりです。

私たちの病の直接的原因（私たちがいっているように）は、私たちの法の不履行であります。法がよりよく変更され、かつ全ての私たちの法が適切に執行される時、私たちが健全であることは、最も真実です。

と申しますのは私たちは、私たちの統治機構が正しい根拠に基づくまで、法の全体的利点を決してもちえないように、私たちの安全と秩序立った生活のため祖先によって形成されたような『立憲制』の十全な利点をもつ、この幸福を私たちが享受する時が何時であれ、私たちの統治機構は正しい基盤の上に基づくからです。故に、私たちは、法が執行されなかった理由である原因を問わねばなりません。あなた方がその原因を見つけ、かつ取り去る場合、全ては健全です。

その原因は、国王がいわれ、かつ次のように信じること以外にあり得ないというものです。すなわち、私たちが今主に扱う、国民のこれらの大憲章と権利の大部分は、陛下の利益に反すると。これは極めて偽り（いわれているように）であるとしても、私たちは、いまさらそれを論じるつもりがありませんが、それを当然のこととみなすつもりです。従って自らの手に法の最高執行権をもつ国王は、自らがそれをなすのか否かを選択しうる時は何時であれ、快く法を執行すると合理的に想定し得ません。しかし各人が自らそれを助け得る時、自らの利益に反して何もなさないことは、当然です」(36)。

まずこのジェントルマンは、そうした優れた君主像を示すなど、図々しいと謙遜してみせる。続いて彼は、こうした政体の基本に関わる変更を伴う問題を扱ういわゆる「第二次王位継承排斥法案議会」が早速一六八〇年一〇月二〇日に開催することを告げる。確かに彼は、議会開催があるべき国王像や政体変更方法を調査すべき最善の方途であることを認める。ネヴィルは、その能力以上に議員たちの知恵に期待することには理に合わず、それに沿えぬ状態では攻撃されてしまうという。とはいえネヴィルは、こうした雑談による手段でさえ少しでも要求する理由によって、その改善策が詳細に及ぶことなくして、その機能方法について自らの基本思想を示すことを前提とするという。彼が言うごとくイングランドの熱病ないし混乱の直接的原因は、国法を遂行しなかったことであると斬る。さらに彼は、その国法が良い方向に沿って変更され、かつその全ての国法が新たに実行する場合にはイングランド国民は、良好な統治状態にあると説く。ここでは彼は、その閉塞状況を批判し、その変化に応じた法の改正、及びその執行が十分になされれば健全であると診断するものである。その根拠についてこのジェントルマンは、祖先たちの安全と秩序が整っている古来における立憲制の正しい基本に基づく政体が、法の全体的利点を有するため、当時のこの国における基礎でもあると説く。

従ってこの国民は、国法が実行されない原因をまず問う必要があるという。これも前出のごとく、自らの因果関係論に基づき、分析しようとするものである。故にネヴィルは、その原因を探り、かつ発見し、この理由に基づき、それを除去すれば、この国の政治が健全となるものであると説く。ネヴィルは、ここではその混乱や熱病へと陥った原因を国王とその国民間における不信感に求めてきている。この分析は、それに基づくものである。このジェントルマンによれば、その原因についてチャールズ二世も述べ、かつ以下のことを信じているためであると説く。すなわち、イングランド国民が当時主として扱う国民の権利擁護を含意するマグナカルタと権利請願などは、多く国王の利益に反するものと信じられるからであるという。これは、偽りであるといわれる。とはいえその当時の時点においてネヴィルは、これを論じないという。従ってそれをまずそのままのごとく受け止めようという。この論理によれば、諸々の国権の最高権力者である国王が自らの選択をなす有無も含め決定する時、本心から法を執行すると論理的に想定しえなくなる。従って一般に各個人は、自らを助けることが可能な場合、自利に従い、行動することが当然とみなす。ここにネヴィルの個人の自利心に基づく自由主義的傾向を読み取ることができる。

このジェントルマンは、さらにこの会話を次のように続ける。

「さてあなたは、法のいかなる部分をゆきわたらせるか否かを選択する自由を国王に与えるべきである、ということをよく考慮している場合、国王がその統治機構において享受するものこそ重大な権限であることが分かることでしょう。議会がこのことを発見する時、彼らは、私たち全てのもの（すなわち、生命・自由・財産）の享受に関わる諸問題のみにおいて国王大権の削減を陛下に確かに求めますし、統治機構のその他の諸部門全てにおいて国王権限に触れないままにしておきましょう。

これ［その大権の削減］がなされる時、私たちは、あたかもある偉大な英雄が（私たちが多年にわたってあるように）その幻想を解体する冒険を遂行していたかのようでありましょう。最高のものから最低のものまで、マグナカルタから毛織物を埋めて隠すものに至るまで、全て私たちの制定法［18 and 19 Car. II.c.4.］は、通用しましょう。そうなると私たちは、議会の休止期にローマカトリックも恣意的権力ももち込むことを恐れませんし、そこにはいかなる分裂も存在しません。地方党と宮廷党との間の諸党派抗争全ての原因は、全体的に廃止されましょう。故にその国民は、君主を信じないでしょうし、彼は、彼らを信じない理由ももたないでしょう」(37)。

ネヴィルは、この会話文において本項の主題である「国王大権」用語を本格的に使い始める。彼は、その冒頭でまず、人々が法によって国王に、その一部を通用させるか否かの選択権を与えるべき規則を十分に斟酌する時、人々はその君主がその政体において享有するものがまさに強力な権力であると説く。この国の議会がこの事実を発見している場合に、議会は、国民全てのもののうちで最も重要な生命・自由・財産の権利の享受に関連する諸事項においてのみ、この国王大権の制限ないし減少をこの君主に要求し、かつその他のあらゆる諸部門における君主権限に対して全て現状のままにすると説く。

イングランド国民は、こうした状態にそれがある場合に、この国が多年にわたって存在してきているごとく、偉人による大きな企図が達成されたかのように清々しくなっているというものである。ネヴィルによれば、均衡のとれた古来の立憲制が行き渡っている時代にはそうした政治社会の安定状況にあることとなるという。ネヴィルは、この文の最後においてそれを王位継承排斥法案危機期に置き換えようとする。こうした立憲制がその当時に行き渡れば、国民は、議会の休止期であれ、カトリック教も恣意的統治も導入することなど恐れるに足らなくなり、さらには国王と国民間、国王と議会間対立も相対的に存在しない状況となるという。またネヴィルは、具体的に宮廷党と地方党といった名称を使いつつ、こうした諸党派間対立のあらゆる原因も消滅するという。従って彼は、イングランド国民と国王間の不信状態も解消されることとなると結ぶ。

これに対してウィッグの主流派的医師は、この前者の説明を「素晴らしい黄金時代にせしめる」としてうける。しかし彼は、それ以後「この理想郷あるいはその国の残り」の見通しについて少し詳しく示すように前者に回答を求める。さらにこの医師は、そのジェントルマンに「どんな権限」がこの国王にあるかもう少し特定化するように請う。

最後に彼は、国王「大権を廃止」させるのか、あるいは他のところに置かせるのかについて、このジェントルマンに答えるように要請する(38)。

ネヴィルは、こうして大権問題の論点を問わせ、かつ以下において自らそれと取り組もうとする。われわれは、その会話文を二つに分ける。その前半部において彼は、この「四つの大権内容」を述べる部分とその前提となるものに関する部分に分けて自らの論理を展開する。まずわれわれは、その前提部分について分析することとする。

ネヴィルは、まずそうした「大権が廃止されるならば、政府など存在」しえないという。とはいえ「私は、彼らの要請で自らの友人たちの中で唱えることを拒否するような人物になりません。と申しますのはそうした人は、あしき意見をもつからです。私は、この諸問題のために私自身よりもよい資質を備えた数多くの人々を信じるくらいなら（なおこの抗議による以外に）この問題における私のささやかな判断を与える時、あなたによってむしろ笑われます。ましてやなお一層多くこの国の力と同様に知恵も示す庶民院は、私の貧しい器と能力が提示しうるよりも遥かによい道筋を見出しましょう」(39)。

前記のごとく、ネヴィルは、全ての国王大権の廃止を主張するものではなかった。従ってネヴィルは、近代国家の主権力を否定するものではない。ネヴィルは、議会による大権の制限要請についてその主張を拒絶するような人間でないという。仮にそうなれば、自らが悪しき発言をなすものとなるからである。このジェントルマンによれば、自らよりも貴族のごとき優れた要件を備えたとみなされている、数多くの人々を信頼するようであれば、自らの判断を主張し、貴族たちに嘲笑されたほうがましであると彼らを批判する。従ってネヴィルは、庶民院議員たちがこの国の大いなる勢力にして力も高度な知恵も有すると高く評価する。彼は、自ら謙遜しつつ彼らによってより一層適切な方法を見つけ出すこととなると説く。故にわれわれは、既述のごとく、ネヴィルが庶民院優位型議会主権論を唱える根拠によってそれを確認するものである。換言すれば、ここにおいて彼は、議会の大義ともいうべきものを強調する。われわれは、ここにおいてネヴィルがよって立つ主義思想に基づき、以下で彼が論理立てる国王大権論を検討することとする。ネヴィルは、それを二つの段落に分ける。

「私たちの法執行を妨げ、かつその結果私たちの幸福と決定を阻止する、王位に今存在する諸権限は、四つあります。

第一に、世界における全ての諸国家と戦争を宣言し和平をなし、条約と同盟を締結する絶対権です。その手段により、無知な顧問や悪辣な大臣によって、私たちの以前の国王の多くは、イングランドの国益とまさに逆にして破壊的な国家連合や戦争をなしております。顧問や大臣は、そうしたものの不幸な管理運営によって、国王を大きな侵略の危険にしばしば置きます。

その他にこうした悪しき顧問は、宮廷党と地方党との間になされた差異が存在する限り、その国民において羨望がいつも存在することとなり、強力な君主と同盟を形成（その顧問は他に安全であり得ないとみなすため）するのでしょう。そうした君主たちは、こうした同盟において議会を変えようとし、かつたぶん統治機構を変えようとするという僅かな警告があれば武力によって彼らを支援すると規定する秘密の条文があり得ます。国民におけるこの懸念は、筋が通らないものでありません。と申しますのはO・クロムウェル（私たちの官吏における幾人かの重大な典型）は、マザラン枢機卿（フランスのルイ一四世の幼少期中において）との間に以下のように自らの条約における一条を挿入したことが周知のように知られるからです。すなわち、

クロムウェルは、現陛下に抗してあるいはイングランド国民に抗して（あるいは、要約すれば彼自身の軍隊［彼らの反乱を彼は恐れた］に抗して）彼が簒奪した政府における、（機会があれば）彼を保全しかつ擁護するため、フランスか

らの一万人によって支援されるべきという一条を」(40)。

ここにおいてそのジェントルマンは、まずその国王大権の目的に沿って論を立てる。ネヴィルは、その諸権限が、国民の法の執行を妨げ、かつその結果として国民の幸福及び決定を阻止するために王位に属するものであると解釈する。この趣旨から言えば、国民擁護の立場に立って公共善を政治目的とするネヴィルにとって、極めて障害となる権限となる。逆にそれは、国王にとって先に言及したごとく、国民が国王自らの権利を侵害するものを阻止するものであるという。従って、フィルマー卿のごときエリート的君主論の立場からそれは、その大衆迎合的利益を防止するためのものとも解釈することとなろう。しかし、ネヴィルは、大権をなくす立場をとらず、後に別な機関への大権の移行論を展開することとなる。

その大権のうちの第一のものは、全世界の諸国家との間で和平を結びかつ平和を形成し、戦争を宣しかつ戦争を行い、条約を締結し、同盟を結ぶ絶対的権限である。ネヴィルによれば、この権限によって、無能な顧問や邪悪な主要大臣を通じてこの国の歴代君主の多くは、その国益に全く反する国家連合主義的同盟を結び、かつ戦争をなしたと解釈される。従って彼らは、その誤った管理運営のために、国王を外敵による危険にしばしばさらしていると批判される。

ネヴィルによれば、その他に潤沢なお金を受け取る宮廷党と受け取るものが極めて少ない地方党との格差が存在するため、一般の人々からも両党間でも羨望があることなど避けがたいと譲歩する。とはいえこうした不適切な顧問は、その狭い視野によって強力な他国の君主と同盟を結ばざるをえないと考え、それを実行してしまうと診断される。そうした同盟にはこうした君主が、国民の代弁者であるべき議会を変え、さらにはこの国の統治機構も変革しようと少しでも警告される場合に、直ちに軍隊手段によって自分たちを支援することを規定する秘密条項が存在するかもしれないという。一般の人々は、こうしたエリートたちの危なげな行動を観察し、かつそれを懸念することについて必ずしも不自然ではないと説かれる。その理由についてネヴィルは、次のように論じる。すなわち、この誤った、チャールズ二世指導部の行動に対する国民の懸念は、共和制期のクロムウェルのフランスとの密約によって合理的に典型的な形で示されるという。彼によれば、オリバーの指導部は、彼がその官吏の重大な典型であり、当時の摂政的地位にあったマザランとの間で結ばれた条約の存在によって明らかであったという。そのオリバーは、自らの安全と保全を擁護するために有事の際にチャールズ、国民、及び自らを恐れさす自らの軍隊に抗して自らが奪取した政府において、一万人にも及ぶフランス部隊によって支援されるという条約に一文を添えたことで周知のことであったためであると説く。

ネヴィルによれば、この国王大権事項における最後の会話文は、以下で示される。

「国王が享受する第二の大権は、海陸における民兵の独占的配置と命令・徴兵・兵営の場を設置し、要塞の場を構築し、かつ戦艦を配備すること［に対するもの］であります。しかしそれは、国王が国民に課税せずに全てそうしたことをできる限りのものであります。そしてこのことは、議会の休止期におけるばかりでなく、議会会期中でさえできます。従って国家当局は、この地方や都市の民兵団を召集してイングランド王国を自衛することも王国の平和を確保することもできません。

第三点は、以下のようであります。すなわち、官職恩恵授与権《パトロネージュ》が存在するところを除き、文民、軍人、および教会制聖職者の両方といった、信頼も利益ももつ、王国の全官吏（彼らが呼ばれるように）を国王が好むように、かつ自らが適当とみなす時、指名しかつ任命することは、陛下の権限です。

こうした最後の二つの権限は、あしき意図をもつ顧問官を聞く君主に、武力によって統治機構を侵略する手段か、あるいは不正手段によって統治機構を損なわせる彼の裁判官や他の手先による手段かのいずれかの手段を与え得るのです。

［その大権は］特に次のような第四の優越性を享受することによって君主に与え得るのです。すなわち、それは、彼が好むように国王ないし王国の全ての公収入を立案し、かつ用いることです。そして海軍の必要にいかなる顧慮もなく（彼が適切とみなすことを除き）、あるいは国民の安全とかかわる他のいかなることも顧慮することなくそうすることです。

従って、今あるように、これら全ての四大権は、国家当局がなすべきであるように、国家のよき秩序や統治からなるものを保全し、かつ支持するためと同様にそれを破壊し、かつ崩壊させるために何時でも治め得るのです」(41)。

ここにおいてこのジェントルマンは、残りの三つの国王大権について論じる。ネヴィルによれば、第二の国王大権は、海軍と陸軍を形成する民兵団の唯一の管理運営及び命令、徴兵並びに兵営場所を設置し要塞を築き、かつ戦艦を配備する権限である。ただしそれは、国王による国民課税を除いて、行う権限である。その時期についてこの大権は、議会休止期と開会期の両方において行使可能である。故に国王は、王国の自衛または国の平和の確保のために都市や地方の民兵団を召集し得ない。ネヴィルによれば、特定地域問題と国家問題とのそれぞれの目的、特質、機能、規模などの差異によって異なると説く。第三の国王大権は、官職恩恵授与権がある場合を除き、軍人と非軍人、並びに教会制聖職者を含む、信頼がありかつ利益をもつ、当時の王国における全官吏を国王が裁量によって、かつ自らの判断で適切として決断する場合、指名し任命できる国王権力である。

こうした第三、四の国王大権は、悪意を抱いた顧問の助言をうける国王に対して武力によって統治機構を侵略する手段によって、または不正行為によって統治機構を損なわせる国王の裁判官や他の手先に手段を与えることができるという。とくにそれは、第四の権限を享有することによる手段によって備え、かつ与えることができると説く。その第四の国王大権とは、君主が好む時がいつであれ、国王の全収入ないし王国の全収入を作成しかつ立案し、かつ自らの使用へと費消することができるものである。それは、海軍の要求に対していかなる配慮もせず（国王自ら適切であると判断する以外に）、かつ国民の安全事項にも顧慮せずして自ら費消できる権力であるという。

故にネヴィルによれば、当時のごとく、これらの全四大権は、本来一般になすべきであるがごとく、よき国家秩序及び統治をなすものを健全に保ち、かつそれらを支援すると同様にそれを破壊し、かつ崩壊させるためにいつでも取り扱うことができるものである。従ってウィッグにして共和主義者であるネヴィルにとって、それが諸刃の剣である故、その国王大権の濫用をどのように特定ないし制限するかが極めて重要となる。

（1）H.Neville,*Plato Redivivus*,London,1763,pp.221-222.
（2）H.Neville,*op.cit.*,p.222.
（3）*Ibid.*,pp.222-223.
（4）J.Locke, *Two Treatises of Government*,Cambridge,1967,pp.218-219.
（5）H.Neville,*op.cit.*,p.223.
（6）*Ibid.*,pp.223-225.
（7）H.Neville ,trans. and ed. ,*The Works of the famous N.Machivel*,London,1675,vol.8,pp.329-330,etc.
（8）H.Neville,ed.,*op.cit.*,pp.329-330.
（9）H.Neville,*Plato Redivivus*,p.225.
（10）H.Neville,*op.cit.*,pp.225-227.
（11）*Ibid.*,p.227.

（12）*Ibid.*,pp.227-228.
（13）C.Robbins, ed., *Two English Republican Tracts*,1969,p.176.
（14）H.Neville,*op.cit.*,p.232.
（15）*Ibid.*
（16）*Ibid.*
（17）*Ibid.*,pp.232-234.
（18）D.L.Smith, *A History of the Modern British Isles,1603-1707,Blackwell*,1998,pp.165-195.
（19）H.Neville,*op.cit.*,pp.234-235.
（20）*Ibid.*,p.236.
（21）*Ibid.*
（22）C.Robbins,ed.,*op.cit.*,p.179.
（23）H.Neville,*op.cit.*,pp.236-238.
（24）*Ibid.*,pp.238-240.
（25）*Ibid.*,p.240.
（26）*Ibid.*,pp.240-241.
（27）*Ibid.*,pp.241-242.
（28）*Ibid.*,pp.242-243.
（29）*Ibid.*,pp.244-245.
（30）J.P.Kenyon,ed.,*The Stuart Constitution,1603-1688*,1986;C.Robbins,ed.,*Two English Republican Tracts*,1969,etc.
（31）H.Neville.,*op.cit.*,pp.245-246.
（32）*Ibid.*,p.246.
（33）*Ibid.*,pp.246-247.

（34）J.P.Kenyon,ed.,*op.cit*.,etc;G.Smith,*A Constitutional and Legal History of England*,1990,etc.
（35）H.Neville,*op.cit*.,p.247.
（36）*Ibid*.,pp.248-249.
（37）*Ibid*.,pp.249-250.
（38）*Ibid*.,p.250.
（39）*Ibid*.,pp.250-251[C.Robbins,ed.,*op.cit*.,p.185].
（40）*Ibid*.,pp.251-252.
（41）*Ibid*.,pp.252-253.

第三節　結び

われわれは、本章がかなりな紙幅を含むため、本節でその要点をまとめる必要がある。従ってここでは、それに沿って結びとする。まずわれわれは、その「序論」において、ネヴィルの『プラトン再生』「第三の対話」を素材とする前章「王位継承排斥法案危機論」を踏まえたものが本章「イングランド統治政体の混乱と彼の改革論との関連ないしその前提」であることを示してきた。これは、次章「イングランド統治政体の改革提案」を訴える直接的な論理的前提となるものである。さらにわれわれは、ネヴィルの主著が一六七八年の「カトリック教徒陰謀事件」騒動や第二次審査法、及びその王位継承排斥法案議会を挟み、一六八三年の「ライハウス陰謀事件」までにおける危機期の中間期に書かれたことを確認してきた。それは、まさに「ローマカトリック教の増大と恣意的権力」の脅威を主題とするものでもあった。われわれは、ネヴィルの主著がその王位継承問題と具体的に取り組んでおり、ロックやシドニーらの反乱ないし抵抗を主張するものでないことも本章で確認してきた。また二〇〇九年に刊行されたネヴィルの共和主義を主題とするG・マールバーグの著書は、ウォーデンに従ってネヴィルとハリントンとの共通点と相違点を主張する。つまり彼女は、ネヴィルがハリントン主義を継承するが、自然法や社会契約説に基づいて論じている点などにおいて後者と異なるという。さらに彼女は、この思想面においてロックやホッブズらと共通した自由主義的思想の系譜も共有しているという。とはいえこうした自然法思想家は、ハリントン主義とは異なり、共和主義者とみなしえない。というのは彼らは、君主なしの共和制や古典的な共和主義的歴史観などを十分に主張していないからである。従ってわれわれが注目せねばならないことは、こうしたネヴィルの共和主義思想の側面が最近の研究において実証的に確認されていることである。われわれは、こうした主導的研究も引照しながら、同じ主題についてわれわれとの差異も明らかにしなければならない。

次にわれわれは、本論へと論を移している。この主題の内容は、本書を通じて論じているものと関連してくる。この章題の頭に位置する用語は、「イングランド政体の混乱」である。これについて、カトリック教徒陰謀事件や審査法の成立に象徴されるごとく、彼は、その脅威を煽り、かつそれに加えて異常な王位排斥法案を可決させようとすること自体熱病にして混乱とみなした。さらにネヴィルは、その統治政体の混乱は、新しい時代に対応しえない従来型の君主制統治制度も批判することとなった。われわれは、本章において彼がその原因及びその理由との関係であって原因ではないという立場を表明してきた。ネヴィルによれば、そうしたカトリック教徒の増大などは、その結果でそれを解決する方向性を示そうとする。従ってわれわれは、ネヴィルが宗教事項と統治制度事項を区別する事を念頭に置く。われわれは、本章の表題における後部の用語の「改革論の前提」と示す理由が、彼による根本思想から発するものであり、その改革へと至る問題設定や前提との関連でネヴィルによる論理を捉えようとするものである。

われわれは、次にその小項目を通じて要点を述べる。その第一項「イングランドの統治における国王と国民との乖離問題」において、ネヴィルは、この王位継承排斥法案危機期における最大の混乱要因がこの国に本来あるべき国民の自由を擁護すべき政府の統治違反ないし法執行違反にあるとみなす。さらにその統治違反をなす原因は、次の二つであると説く。すなわち、その一つが国王と国民間の相互不信にあり、かつ他方が国王と議会間の相互不信にあるとみなされる。その第一の不信は、その危機期の君主制体制の維持がなしえないくらいにまで拡大されるのではないかという懸念であるという。もう一方の不信は、国王と議会との間のそれである。本来国政の中核をなすべき両者は、これによってあらゆる相互の信頼関係が損なわれ、かつ本来あるべき目的である国民の自由擁護政策が実施しえない状況に陥っているという。故に被治者の側にイングランドの政体が専制政へと堕し、かつ恣意的権力が露わとなるという感覚をもつようになり、そこから生まれる相互不信の様相を呈していると斬る。まさにこの状況は、「恣意的権力とカトリック教の増大」の脅威の反映と解しうるものである。ネヴィルは、こうした両者の乖離問題を国内のジョン王期、古代ギリシャのペルシャ戦争期などの事例を導入しつつ論じる。

われわれは、第二項「イングランド統治権力の移行に関する国王と議会との関連」において、ネヴィルが国民の自由擁護を第一義的目的とする思想下で、権力について国王が国民を代弁する議会に移譲すべきと表現している。彼は、そうした哲学に沿って論じるが、内戦期のような戦争や混乱を望まない態度も示す。この項においてネヴィルは、その移行に関して双方がそれを大いに論議し、かつ両者が信頼関係をもつべきであるという立場を明確にする。彼は、例のごとく、多面的にして具体例を示しつつ、その重要性を説いている。例えば、ネヴィルは、議会による要求に対して国王側でそれを受け容れるべきであると説く。彼は、そのことによって両者間で分裂した場合に、その相互の信頼に向けた徹底した議論が不可欠である事例を提示する。彼は、そこではその是認理由として二つあげる。第一の理由は、全ての大君主が、窮地へと陥らず、かつそうした競合問題について自らの国民とともに問題を調整することであるという。その適例としてエドワード一世らをあげ、過去において最も偉大にして勇敢であったと称賛する。それは、彼らの要求をすべて受け入れたからであるという。もう一つは、逆の事例をあげる。われわれが注目したいのは、ネヴィルがその国王権力の抑制機構としてスパルタの監督官制をあげていることである。周知のごとく監督官は、二人の国王が対立した場合にそれを調整する役割が期待され、かつ長老会とともに裁判権ももつ制度である。これは、戦勝によって市民たちの要求がなされ、それに沿って制度改革がなされ、監督官制もその一環であったとされるものである。ここでわれわれがあえてそれに言及したのは次章における統治機構改革論に関わるからである。ネヴィルは、こうしたものなど以下でその説明として多様にして詳細な適例と悪しき事例をあげつつ自らの論理を展開しているためである。

われわれは、第三項「枢密院論」においてその機関が次章の統治制度改革とかかわるため、この項目を設定した。枢密院は、以前の時代には重要な制度であったが、ネヴィルが述べたように、内戦期にはその存在が問題視された。ネヴィルもその枢密院を批判している。しかしわれわれは、彼がここでは枢密院を彼の改革論において改革の対象にする方向性を示しており、かつそれと成員規模数などにおいて近い諸評議会をその改革制度の中核に据えていることに鑑み、それに注目している。彼は、チャールズ二世の騎士議会期に提起されたテンプルの枢密院改革案も俎上にのせつつ、それに論及している。

われわれは、最後の第四項「国王大権問題」において、その争点も同様にネヴィルによる統治制度改革における最も重要な対象のうちの一つであるという理由から、それを詳細に分析してきた。一七世紀の国王大権問題は、民を最も重要な政治の源泉とみなす円頂党以来の思想的系譜をもつウィッグ党にとって最も重大な問題のうちの一つであった。そうした人々は、それが国王権力を象徴するものであり、市民の自由の確保のためにそれを如何に制限すべきかに焦点をあてたからである。それは、現代に繋がる法的論理がロックのものとされるが、ネヴィルのそれが最も徹底したものであるといわれる(1)。とはいえ論者たちは、当時においてそれをめぐって多様に論じ、かつ解釈していたのである。

（1）G.Mahlberg,*op.cit*,etc.

第八章　イングランドの統治機構改革理論

第一節　緒論

われわれは、前章においてネヴィルの『プラトン再生』「第三の対話」の全五部のうちの第三部を素材として、イングランド統治政体の混乱とその改革論の前提を論じてきた。本章においてわれわれは、そのより直接的問題設定及び改革思想を前提としたネヴィルの統治機構改革理論を分析し、かつ再検討する段階にきている。ネヴィルは、広義の王位継承排斥法案危機期において「カトリック教の増大と恣意的権力」の脅威がもたらす混乱ないし熱病がその問題にして結果であると提示してきている。彼は、これに対してその原因が、統治違反と法の執行違反とみなした。それらの原因をさらに辿ると、国王と国民間の相互不信及び国王と議会との相互不信によるものであると論じられる。従ってネヴィルによれば、その解決に重要なことは、彼らにおいて信頼される討論関係を構築することにあるというものである。

われわれは、本章においてネヴィルの政体理論のうちで最も独創的にして重要なイングランド統治機構改革理論について、制度論に基づき政治思想史ないし政治理論史の中に正確に位置付けることを目的とするものである。それは、イングランド統治政体の病理ないし混乱を正常な形に解きほぐしながら、治療を施し、あるいは統治機構を改革しようと試みる論理の中で説かれる(1)。従ってネヴィルは、その恣意的権力の温床としての国王大権を徹底的に制限しつつ、それを別な統治機関に移行させることによって国民の自由を確保しようと努めるものである。

われわれは、ここでこのネヴィルの改革論についてその研究分野における有力な学説を確認する必要がある。というのはわれわれは、その通説ないし理論史の中でわれわれの特徴を示さねばならないからである。この分野における有力な論者は、B・ウォーデンである。彼は、議会に対して国王に大権を譲るように圧力をかけさせ、かつチャールズが存在する間に、このネヴィルの改革案が国王大権を譲渡するよう国王に勧めるという。それと引き換えに、ネヴィルは、国王の地位に彼の存続を保障するものであったという。ウォーデンは、彼の改革案を以下のように結論づける。ネヴィルの統治機構論において、国王がこれまで統制している主要な執行［行政］機能は、輪番制要件をもち議会によって選出され、かつ議会に答えることができる「四統治評議会」に移譲される。この提案は、古典的原理と中世的な教皇主宰型教会公会議制原理とを融合するという。従ってネヴィルの教会公会議的計画における執行［行政］権と立法権は、議員たちの責任感を高める方式によって混合されるものであるという。故に、この提案は、「ネヴィル自身が一六五九年に手短に是認し、かつ一七世紀の君主制がもつ絶対主義的傾向の批評者たちの展望を後に限定した、執行部と立法部との分立原理を前進させた」(2)というものである。われわれは、この学説が総論的には要を得ているとみなす。さらに彼は、ネヴィルが中世的なローマカトリック教皇主宰下における教皇の権威抑制的教会公会議的特徴ももつと説いている。ウォーデンは、こうしたものが彼の『軍隊の任務（すなわち、兵士たちへの誠実な助言）』において是認し、かつ絶対主義の脅威を制限するために執行部と立法部の権力分立原理を大いに前進させたと述べることも、ここで確認しなければならない(3)。しかしわれわれは、ここでその統治機構改革の第一義的支柱が議会であることが前提とされることを認めなければならない。従ってわれわれは、議院内閣制の第一原理である国民代表的庶民院優位主義型議会による信任に基づく執行［行政］部規範を彼が規定することを理解できる。しかしながら、われわれは、ウォーデンのそれがこの詳細について必ずしも十分に展開しているものでないとみなす。例えば、ネヴィルは、かなり具体的に議会の信任に基づく執行部規範に則して当時の状況に沿った説明をなしている。さらに言えば彼は、その規範に基づき枢密院の改革論議及び国策会議の経験との関連などで自らの主張を展開している。

従ってわれわれは、そのウェストミンスターモデルなども引照しながら、われわれ独自のネヴィルの改革分析を示さねばなるまい。

（1）例えば、G.Mahlberg, *H.Neville and English republican culture in the seventeenth century*, 2009.

（2）D.Wootton, ed. *Republicanism, Liberty, and Commercial Society*, 1649-1776, Stanford, 1994, pp.151-152, etc.

なお日本における「共和主義者ネヴィル」による「四評議会」改革案について、浜林正夫著『イギリス名誉革命史』（未来社、一九八一年）においてその要点が提示されている。われわれは、それがやや古くなっているが、そのネヴィル研究の先駆的説明であることを認めねばならない。とはいえ最近マールバーグのような包括的研究が登場しているので、われわれは、むしろ後者やB・ウォーデンの研究などを基準とする必要に迫られている。従ってわれわれは、政治制度論的視点も含み、方法論的において前者のものと異なるものであり、われわれの方向が、より詳細な原典分析を目指すため、本書では後者の諸研究を参照することが多くなっている。

（3）H.Neville, *The Armies Dutie*, 1659, etc.

第二節　イングランドの統治機構改革理論

われわれは、前章の終わりにおいてネヴィルの国王大権論を分析してきた。彼は、この大権の問題とその諸刃の剣の可能性を示し、その制限や分有の必要性を説いている。故にわれわれは、本節において主題が彼の統治機構改革であるが、その国王大権との関連によって論を始めることとなる。その大権は、周知のごとく、イングランドの刑法民法などの基盤を形成してきた判例法・先例・慣習からなる体系である、コモンローによってつくられかつ治められ、いくつかの制定法によって修正される。さらに裁判所が立憲制と連繫された基本的自由のうちのいくつかを主張できるのは、大権のコモンロー理論なのである。それは、歴史上、マグナカルタ・権利請願・権利章典などにおいて制限されてきた。ここにおいてネヴィルが主張する大権制限理論は、こうしたイングランド国民の自由擁護的立憲主義の系譜に則して捉えることができる。

まずそれは、この対話者であるヴェネツイア人によって次のようにネヴィルによる大権論が問いただされる。

「もしあなたが国王からそうした国王大権を奪うとすれば、あなたは、それらの諸問題を決定するためにいつも議会を開催させるのですか」(1)。

前の大権論に対してこの対話者は、ここでネヴィルに国王から議会が大権を奪ってしまうのかと問いただし、さらに前出の国王と議会間において信頼関係を築くために「議論が肝要である」ことをうけ、そのために常に議会を開催させるのかと迫る。そのジェントルマンは、それが急進主義的方向性を示すものなのかという問いに対し、穏健なものであると弁明しかつ自らの統治機構改革構想を素早く示す。

「私は、そうした諸大権を国王から奪うつもりはありませんし、ましてや私は、議会にそれらをもたせたり、あるいは議会開催を恒常化するつもりはありません。議会は、法を執行するよりも法を形成し、かつ法違反を処罰するためにより適合された機関であります。それゆえ、私は、議会が次のような法案によって陛下に勧告させます。すなわち、国王が、快くその［法を執行する］目的のため（他のいかなるもののためでもなく）任命される四つの統治評議会《カウンシルズ》［magnalia］の同意（すなわち、たとえそのうちで反対する者がいたとしても、彼らの多数の）によって行使します。こうした評議会全てにおいて陛下（すなわち彼等を国王が任命します）が主宰します。諸評議会は、議会で任命されることとし、最初にその成員全てを任命し、かつその後毎年三分の一ずつ任命します。ゆえに、毎年三分の一が退任し、かつそれと同じ数の補充者が就くようになります。そして三年で彼らは、全て新しくなります。そしていかなる人も、それらのうちのいかなるものも完全に三年間以上（［中略］）留まらないとするまで、その評議会にも、かつその四つの評議会の他のいずれにも就くことができません。そしてこれを私は、ヴェネツイアにおけるあなた方のQuarantia's〈四十人委員会〉のものから学びました」(2)。

ネヴィルは、ここにおいてまず本来の議会の機能を措定する。つまり議会は、立法機能が最も重要であり、必ずしも全能なそれを説くものでないという。とはいえ彼は、議会主権の枠組みを堅持する。続いて彼は、それが法律違反の処罰の是非を討議し、かつそれを決定するところであるという。ゆえにこのジェントルマンは、国王から大権を議会へと全て移し、かつ与えようとするものでなく、議会を一年三六五日開かせるものでもないと弁明する。

次にネヴィルは、その立法機能の視角からその最高意思決定機関としての議会に自らの統治機構改革案を直接提起する。それは、四頭構造をもつ「統治評議会」であるという。それは、たとえその中に反対するものがいるとしても、法の執行目的のためにこそ、任命されるこの「評議会」の同意によって国王が実際上その大権を行使すると説かれる。従ってこれは、国王が国王大権に際してこの四統治評議会の同意によってのみ行使すべきと説かれる。このネヴィルの改革提案こそ、ロックら以上に徹底的かつ制度的に国王大権を制限しようとするものである。これらの「統治評議会」全てにおいて国王が主宰することとし、従って国王が彼らを任命すると説く。われわれは、ここにおいて現代の議院内閣制下の首相と閣僚たちとの閣議関係の原型を読み取ることが可能である。つまり、議会による執行［行政］部の信任を基盤としつつ、強力な首相的要素が国王であり、その各評議会がその閣内相的要素、責任ないし機能的側面を担う関係にあるからである。ただしそれは、議院内閣制における議会の信任による執行部の原型であって、まだ内閣要件である執行部の十分要件を満たしていないことを確認しなければならない。むしろネヴィルは、残部議会とともに国政を担当した四一人程度からなる国策会議もひそかに念頭に置くように思える。というのはその提案は、後者がその国政を運営する議院内閣制下の議会と内閣との関係を想起させるからである。

ネヴィルは、次に自らのハリントン主義的統治機構論を展開し始める。こうした統治評議会は、議会において任命されることとする。すなわち、それは、まず公職輪番制原理を採用することである。これは、その公職の任命制について述べる。第一に、この統治評議会成員は、全て毎年三分の一が任命される。従って毎年その三分の一が失職し、かつ同数が補充される。従って三年間で全ての成員が新しくなることとなる。いかなる者も自らそこに属した限りにおいて存在する、三年間以上その成員として在任しないことを条件として初めてこの統治評議会、あるいはその四つの統治評議会へと入ることができるというものである。このジェントルマンによれば、これらについてヴェネツイアの「四十人委員会」を参考にしたことを明言する。この「カランティア」という委員会は、四〇人の裁判官からなる

「刑事裁判所」である（3）。

　ネヴィルは、以下においてこうしたヴェネツイアの「四十人委員会」と称せられる刑事裁判所からヒントを得た、提案に関するその使用や運用面から説き続ける。

　「その使用は、次のように優れております。彼らは、そうした循環期間にあり、かつ必ずそれらの権力の一定期間の限定任期にあるため、その国王に立ち向かうほど横柄とならないでしょう。君主は、彼らを腐敗させる手段をもち、彼らを腐敗させる機会をもちましたが、彼はそれをこの新モデルにおいてもち得ません。それらのいくつかの諸評議会《カウンシルズ》におけるこうした人々は、イングランドの利益と栄光のために、彼等のいくつかの諸担当において全ての事項を扱いかつ行動すること以外に他のいかなる命令（instructions）も受けるべきではありません。そして彼等は、いかなる悪辣な罪ないし故意の罪についても議会に答えることができる時もあります。公収入を扱う唯一の評議会《カウンシル》は、（［国王に］この政府の名誉と主権が属するように、国王自身の交際費に関する陛下の扱いに委ねられることとする、極めて膨大にして栄誉ある収入の他に）国王の経済と家計を規制しかつ命じることに国王に（もし国王が快く指示を命じ、かつ他の方法によらないならば）仕える命令を受けます。そしてそれは、彼らには、外国の君主たち及び大使たちを遇しかつ彼ら（並びに偉大さの誇示のようなもの）を示す特別な機会のために、その収入を節度をもってあてることに陛下と同意することが必要とみなす場合［命令を受ける］のものであります」（4）。

　まずこのジェントルマンは、その統治評議会による運用がイングランドにおける統治違反や法の執行違反の矯正、及び国王権力の抑制などに適切であることを措定する。すなわち、ネヴィルは、この統治評議会がそうした輪番制を有し、かつその任期も一定期間に限定されているという根拠で、傲慢となってその君主に反乱を起こすことも抑制させるものであると説く。確かに従来の国王は、枢密院や議会議員たちを合理的にさせない（例えば年金を与える）などの手段も機会ももっていたという。しかしこの新統治評議会制は、その君主によるこうした手段をもたなくするため、そのようなことにさせないと説かれる。さらにネヴィルは、この四統治評議会の成員たちがこの国の国益と名誉を目的として、自分たちのそれぞれが担当する全問題事項及びその法管理以外にいかなる命令も受けないこととするという。またその成員たちは、いかなる悪意によってもなされる犯罪や悪しき意図による罪のことで、議会において説明責任をもち、答弁する場合もあると説く。国家財源を担当する唯一の「公収入評議会」は、この政府の栄誉と国家の最高権力が国王にあるごとく、君主自身の交際費事項をその国王に管理を任せる巨額にして栄誉的収入以外に、王家の家計経済を規制しかつ統制するのに国王に資する命令も受ける。ネヴィルによれば、その特別な命令を受けるのは次の場合であるという。すなわち、その評議会顧問たちが、国王の経済及び財政を維持するために過剰に浪費せぬように留意し、かつその収入からあてることに君主と合意することが必須な外交上の費用に不可欠と判断される場合であると説かれる。

このジェントルマンは、さらに次の文において前出の監督官や大判官の制度などを導入しつつ、この国の枢密院を批判する。

「私は、この応急措置がアラゴンの大判官であれスパルタの監督官《エフォロイ》であれ、彼らがそうであったいずれよりも有効であると大いに信じます。国王の助言を少しも分有せずあるいはそれらの助言を理解しないならば、万事においてほとんど国王を抑制すべきである彼ら［大判官や監督官］は、公務について自制的態度をとらざるを得ないでしょう。［中略］今枢密院《プリヴィ・カウンシル》と呼ばれる他の評議会について国王は、自らの随意で快く彼等を指名することができる故に、彼等はこれらの四評議会の管轄権内で正式には諸問題において何も行うことができません」(5)。

ここにおいてネヴィルは、前述の四統治評議会提案が混乱状態にあるこの国の統治には極めて有効な緊急処置にして処方であると説く。それにもかかわらずロビンズによれば、米国の最高裁判所ないし他の国の憲法裁判所を連想させ、かつ全ての侵害に抗する「自由の守護者たち」であるスパルタの監督官、及びアラゴンの大判官についてここや以下で称賛が明らかにされる（6）。とはいえここでの監督官や大判官は、万事において他の国王による助言など受けずかつそれを理解しないとすれば、頑なに国王を抑制する存在であるとしても、公務について介入できず評価できぬ場合もあるとネヴィルによって解される。いずれにせよこのイングランド国家においてその評議会的地位にある枢密院に関して国王は、自らの裁量によってその議員たちを指名可能であるという理由で、この四統治評議会的権限内では今までのようなことなど形式上できないとネヴィルによって示される。

さらにネヴィルは、この四評議会との関連で、次のようにその枢密院批判を続ける。

「もし陛下は、これらの他の四評議会（彼らが存任期間中に）に採用された人々の誰も召集せず、かつこの枢密院《カウンシル》は、刑事民事を問わずいかなる訴訟事件にもとにかく介入しないとすれば（そうした事件は、法によって決定されるべきであり、他の裁判官ないし治安判事の管轄権に属します）、彼等は私たちの政府か法のいずれかが注目する、いかなる確立した司法部でも集団《コングリゲーション》でもないでしょう。しかし（前述のように）国王によって国王の友人たちにして忠実な臣民たちとして召集された人々は、国王の任務の執行について国王に自分たちの助言を与えることとなりましょう。

例えば、国王は、議会によって彼に提示された法案拒否権（国王はそれを権利によって主張する）をこの時に行使しますし、いかなる人も枢密院が拒否権をもつと言いませんでした。しかし前の国王たちは、こうした法案の可決について、あるいは可決させないことについて彼等の助言を求めるばかりでなく、しばしば彼等の議決によってその問題を決定しました。そのことは、それが彼らに大いなる憶測を与えますが、彼等が国王の最大の評議会《カウンシル》によって国王に与えられることとは反対に、国王に助言を思いきって与えるとき、彼等のうちのいかなる者にもそれを問われませんし、彼等の狡猾のうちの最善のものによって語る私人とみなされ、かつそうした者は、公的遂行資格をもちません。しかしもしこれがそうでなく、かつこの枢密院《カウンシル》が法においてある基礎をもち、かつある公的遂行資格をもつならば、私はこの新しい解決において、それが他の方法でなしうることを望みます。そして陛下は、個人的にその助言をえますが、誰も彼等［枢密院顧問官］の前に現れるようには人々を召喚させませんし、ましてや彼らにその拘置中に召喚したり、あるいはいかなる臣民も投獄する権威も与えません。この事は、裁判官や治安判事によってなされるのは当然であります。そうした裁判官や治安判事は、（秘密を要するならば）そうしたジェントルマンたちと同様に秘密で誓われるのは当然でありますし、（私は信じるように）同様に助言を秘密に保ちえ、かつ助言も与えることができます」(7)。

このジェントルマンは、まずここでは自らの四統治評議会が限定的な存在であるという仮定を設定する。つまりその国王は、四評議会が存在したと想定し、かつその任期中にその評議会成員のうちの一人も召集しないことを想定させる。またこの枢密院は、訴訟事件が法によって決定されるとし、他の裁判所や統治官の管轄権内に入る刑事民事事件には介入しない場合を想定させる。こうした状況において四評議会は、ネヴィルによって連想され、かつ政府や法が想定する何らの確立した司法部でも機関でもないはずであるという。

ネヴィルは、さらに国王権限とのかかわりからその枢密院批判を継続する。例えば、当時の国王は、その公式上の主権者にして権力執行者である。従って国王は自らの権利として議会において法案拒否権を有するが、その枢密院は本来持たないはずであるという。しかしながら、チャールズ二世以前の国王たちは、議会における法案の可決や否決事項について枢密院顧問官から自ら進んで助言を求め、かつその枢密院顧問官たちの議決によってその事項を決定させていたという。ネヴィルによれば、枢密院が公式上十分な根拠をもたず、かつ本来の責任も明確でないため、こうした枢密院による重大な助言によって国王権力が歪められてしまう危険を招くという。具体的にこのジェントルマンによれば、こうした方法は、隠れてなされ、かつ極めて極端へと至らしめられるのではないかという懸念を増幅させるものであるという。それは、国王の議会が国王に助言するものとは全く逆なものであり、枢密院顧問官によってその助言が与えられる場合に、具体的な氏名もその責めも隠されたままとなってしまうと懸念される。結局のところ、こうした人々は、狡賢い知恵をもつ達人とみなされるとしても、公人ではなく、従って国家で是認された資格をもたぬものとみなさねばならないと説かれる。

ネヴィルは、この会話文を次の一文によって結ぶ。このジェントルマンは、前の話がそうでない場合、及びその枢密院が法律上ある基礎を有し、かつある公的資格をもたせる場合、自らの新提案から別な事態となりうると説く。そうした場合に、チャールズ二世が私的に彼らの助言を受け容れるが、彼らの前にまだ現われない人々を召集せず、それどころかいかなる臣民も拘置のために送ったり、または監禁する権限も彼らに与えないこととなる。このことは、裁判官や治安判事によって当然なされるものであるという。ネヴィルによれば、こうした裁判官や治安判事は、秘密にしておく必要があれば、そうした市民であるジェントルマンとして秘密を誓うことなど当然であり、かつネヴィルが信じるごとく、助言を保つことが可能であり、かつその助言を与えることも可能であると説かれる。ここでネヴィルが主張することは、自らの統治評議会案のごときその枢密院を明らかに合法化することによってその責任を明確化でき、かつ法の支配を貫徹できるというものである。

このジェントルマンが四統治評議会提案と枢密院との関連で論じたものに対して、そのヴェネツイア人は、次のような論点を確認する。

「あなたは、国務を何も扱わないのですか。いかなる人も、共謀罪が発見できるまで、その秘密の共謀罪容疑で投獄されませんでしたし、留置されませんでしたでしょう。あなた方は、この国で最近投獄法を形成しており、各人は、自らの人身保護法（とあなた方が呼ぶと思います）をもつこととしています。従ってどんな場合であれ、いかなる人もその理由が明らかにされねばならない（しかしそれを隠す大きな根拠があるとしても）以外に一晩以上刑務所にいることはできません」(8)。

この対話者は、まずネヴィルに対してその提案と国事についてまだ論及していないことをあげる。さらに彼は、被疑者が裁判にかけられるのに必要な令状である人身保護令状に関する「人身保護法」に言及する。それは、この起源を辿ると、人身保護令状にあり、これは裁判所の前にその人物を出頭させる命令であったという。イングランド法においてそれは、主権者のために発せられた法官吏による召喚状である「国王大権令状」であり、臣民の自由を要求するものであった。その存在は、伝統的なイングランド人の自由の基本的な保障のうちの一つとみなされ、かつマグナカルタよりも古いものである。それは、一七世紀において違法な拘留からの釈放を確保するための適切な過程として確立されたのである。この一六七九年議会で成立した人身保護修正法は、特定期間（通常三日）内において囚人たちが裁判にかけることを必要とするものであったし、その投獄理由が示される必要があることを述べたものである。この法も一方の刑務所から別の刑務所へと囚人を移動させることによって、あるいは海外へとその囚人たちを拘留することによって人身保護令状を避けることを違法とした。さらにこの法は、裁判所における休廷期間中の令状の発行を可能とするように修正している(9)。ネヴィルは、ここでは人身保護法による投獄に対する身柄の保護について言及する。彼は、この法によってその人を投獄するにはその投獄理由を明示する以外に一晩以上刑務所に留置してはならないとこのジェントルマンに迫る。

この問いに対してネヴィルは、次のように答える。

「あなたが言及するこの人身保護法及び私たちが同じ目的（すなわち、不法な投獄に抗するため）に有するより多くのものは、長期間、人々の身体に対する権限が、よく用いるよりもむしろ悪く用いるように思えるものによって（陛下の下で）行使されていることを示します。すなわち、そうした権限は、不法な独占を計画し、かつでっち上げたかどでその一人（あるいは国民を抑圧する他の種類のもの）を拘留するよりもむしろ名誉ある訴訟のことで一〇人（例えば、議会における国民の権利に味方し、かつ不法な課税などに支払うことを拒否するようなものを）を拘留しましょう。これは、最初にマグナカルタ、次に権利請願、かつつい最近のものの他に多様な他の法によってあの権限を全く取り去らせましたし、その法や裁判官をして私たちの自由の唯一の取扱い者にさせます」(10)。

ネヴィルは、ここにおいてその対話者が言及した一六七九年の人身保護修正法（Habeas Corpus,31 Car.II.c.2.）を国民の基本的自由の保障とみなす立場をとっている。このジェントルマンによれば、この法（及びイングランド人たちが違法な拘禁に抗する同じ目的に対するより大なるもの）が、長期間にわたって、人々の身体に対する権能をよりよく行使するよりもむしろ悪く行使するように思われるものによって君主下で行使されていると説かれる。換言すれば、不法な独占を目論みかつ捏造したために一人、あるいは人々を抑圧するいかなる他の種類のものよりも（例えば、議会において国民の権利を支持し、かつ不法な課税などを拒絶するごとく）、栄誉的訴訟のために一〇人を拘禁するというものである。ネヴィルによれば、それは、最初に大憲章次に権利請願、及びこの当時の他の多様な法によってその権限をすべて取り去らせたと評価するものである。さらにそれは、この人身保護法と裁判官たちによってこの国民の身体の自由の唯一の管理を引き受けさせると説かれる。従ってネヴィルによる人身保護法論は、自らの国民的自由擁護型立憲制論を補完するものとみなされる。

ネヴィルは、以下において自らの統治四評議会提案が担う役割を特定することとなる。

「たぶん、私たちが今述べつつある議会がこの変更を成果とみなすとき、かつ国務がよりよき人物の手にある時、彼等はこれらの四評議会《カウンシルズ》のうちの一つ（これは、自分たちの前に法律違反者たちを出頭させる人々に与えられた委任権を有すると私が想定します）から投獄の回付書や召喚状においてそれが明らかに規定することが適切と考えることができます。もし国民が被害を受けたりあるいは騙し取られるように思え、その事がすぐに漏らされるならば、私がこの場合に言うように、議会は、その裁判官には、ある短期間に彼の保釈を遅らせることが合法と快くさせます。と申しますのはこうして選出され、かつそうして指示され、かつ極めて短期間に継続するためこうした顧問たちが、この権限を悪く行使すると判断すべきでないからです（特に、次の議会にそのいかなる濫用の責めを負うべき故にであります）。私が考えたように、議会は、このために他の諸規定の中で、反対したような人々と同様に、同意した人々の名称とともにこれらのいくつかの諸評議会《カウンシルズ》の全ての［採否議決］得票について記入させられる登録官が存在することを必要とします。そして私が国務を管理するものを扱うかどうかという、あなたの以前の質問部分についても、私は、戦争と和平・及び外国との条約、国内の軍隊・民兵・及び州部隊の管理、全ての公金の管理、並びに全官吏の選出、といったいずれにも関わらないものなど極めて数少ない国務しか存在しないと思います。国民へのあらゆる種類の賦課金を課しかつ割り当てるとともに、法を形成し廃止し、国家に抗する高度な犯罪を処罰する、国務の他の諸部分がありますす。これは、議会自体に確保されます。そして全ての法執行は、裁判官や治安判事に確保されます。そして私は、こうしたもの以外の他の国務について考えることができません」(11)。

まずこのジェントルマンは、自らの四統治評議会を導入する場合を想定し、その具体的運用局面へと論を進める。ネヴィルは、最初にその好適条件を整える。それは、国家の統治機構がそれぞれの国家任務に適合した人員配置を得ている要件を確認する。ネヴィルによれば、これらの四統治評議会のうちの一つに重要な国務不履行者たちを自分たちの前に出頭させる委任権を与えることを示す。さらにその一評議会にその召喚状送付権限なども規定することとするという。また彼によれば、国民がその不履行によって損害を受けたり、あるいは搾取されるように思われ、かつその事項が漏洩された場合、その議会によって、この裁判官が短期間にわたってその被告の保釈を延期することについて合法となしうるという。というのはこうした評議会顧問たちは、前述のごとく、議会によって任命され、かくしてその命令を受け、かつ三年任期のみでその任務を遂行するからである。彼らがいかなる権限の濫用であれおかした場合、議会によって責任を負うため、その濫用を制度的に抑制できると説く。さらにネヴィルによれば、議会は、その他の規定の中において賛否両論を含む議員たちの氏名とともに四統治評議会に関して全ての議決投票について記録させられる登記官をつけることでその文書化を図り、かつ彼らをさらに抑制することとするものである。ネヴィルは、その以前の質問の中でどのような国務ないし国事を管理するのかという問題についてもその内容を文書化によって明確化し、濫用を阻止すべきと説いている。

ネヴィルは、その国務に関して三つの統治領域に分け、それぞれの担当部門を明瞭にする。彼は、まずこの執行に関する四統治評議会の国務について確認する。それは、四つからなり、その第一の国務は、宣戦の布告や戦争の遂行、和平の締結や平和の形成、並び他の諸国との条約の締結（今日では主に「外務」事項にあたる）である。第二は、国内の軍隊・民兵・及び州部隊の運営管理（現代では主に「国防」事項にあたる）である。第三は、全ての公金の管理（今日では主に「財務」事項に該当する）である。第四は、全官吏の選出である。これらは全て国王らとともにこの四統治評議会が扱うものとする。次に議会が担当する領域は、先に述べたごとく法の形成である立法が第一の任務領域である。議会はそれに加えて、国民に対する全種類にわたる賦課金（大権による輸入品特別課税）を課し、かつ割り当てる領域を担い、国家に反する高度な犯罪を処罰する国務部分を扱うと説く。最後にここでの法の執行領域は、裁判の執行であり裁判所が担う国務領域とする。これは、一般的には司法部門に属するものである。われわれは、特に四統治評議会案にそってこれをまとめてみると、国王大権に対してこの評議会が分有する形式となっているため、その統治執行権力に対する極めて強力な抑制制度を提起しかつその権限をその評議会に委譲させているとみなすものである。

この医師は、官吏選出を担当するその統治評議会が国王の召使を選出させるまで意図するのかと問いただす(12)。これに対してネヴィルは、次のように答える。

「いいえ、そのこと［過去において］は、非合理であり得ました」。彼らのうちの誰もこの王国においていかなる管轄権ももち、あるいはこうした職務に付け加えられた議会においていかなる地位も卓越ももつなどということを除くという。「しかしこれらの評議会の権限、及び管轄権に関わるこれらの事項において（マキャヴェッリがそれを呼ぶように、自由の擁護は、今据えられます）、私は、万事をいうつもりなどありませんが、たとえ当然であるとしても、それが議会において極めてうまく理解されることをあなたに確認することとします。彼等［評議会］は、この王国の利益と偉大さに関わる全ての他の諸事項を遂行すると同様に、そうした諸事項を工夫し、かつそれらを実際的に執行するのに極めて適しています」(13)。

これらの新統治評議会の権限や管轄権に関連する事項（ネヴィルが自らの翻訳者としての立場からマキャヴェッリを引用して、「自由の擁護」機関が設置されるという）においてこのジェントルマンは、全てを言うわけでないにせよ、またそのようになっているにせよ、それが議会を通じて円滑に作用することを確実にすると説かれる。従ってネヴィルによれば、そうした議会の信任規範に基づくことによってこうした統治評議会顧問たちは、イングランドの国益と威信と関連する他の全事項を実行し、かつ工夫し、かつ実際上うまく機能を果たすのに十分に適合するものであると説く。

その医師は、このジェントルマンによる新統治評議会がスパルタの監督官制のようにその指導力を発揮したことを想起させるため、次のようにそれに論及する。

「私が考えているように、スパルタの監督官《エフォロイ》は、その国民の利益のためばかりでなく、国王たちの権威、及び彼等の生命の保存のためにも称賛に値する統治官であります。と申しますのはプルタルコスが観察するように、メッセーネやアルゴスの諸都市国は、スパルタと同じ政体をもったからです。しかし監察官たちにあったような権威の構築の欠如故に、彼等は、自ら自身の間に恒常的に喧嘩状態にあったばかりでなく、かつ彼等の敵によって打ち負かされたその理由故に（これ［メッセーネ］に対してスパルタ人たちは、いつも勝利しました）、彼等の君主たちでさえ人々のうちで最も悲惨な人々でありました。彼等は、しばしば裁判にかけられ、かつそのために自らの生命を失い、かつその多くはその民の反乱によって殺害されました。遂に、それらの両都市国において国王たちは追放され、彼等の家族は根絶され、その領土は新しく分割され、かつその政体は民衆政体《デモクラシー》へと変えられました。

私がいつも考えたように、あなたが提案したこの応急処置（というのは私は、あなたがそのことを今までにしばしば述べることを聞いているからです）は、監督官制度よりも安全にしてより高貴な改革を証明するでしょう。そして自らの国の愛国者であり、気高く賢明にして正しい君主（神が気に入って今私たちに送っているような人物）は、彼が以前にあったりあるいはありうるよりも、この規則が形成される時、一〇倍も完全となりましょう。彼がこれらの評議会のいかなるものにおいて提案するものが何であれ、法として、いいえ、神託として受け入れましょう。他方で、病弱な君主たちは、人々を腐敗させ、あるいは自身に、あるいは自らの民かのいずれにも、いかなる種類の害ないし災難をなさしめるいかなる可能性ももたないでありましょう」(14)。

まずこの対話者は、そのジェントルマンと同様にスパルタの監督官たちがこの国の民益・国王の権威・国民の生命の保全のためにその役割を十分果たしたことを措定する。彼によれば、自らがプルタルコスの『英雄伝』から読み取ったごとく、メッセーネやアルゴスの諸都市国家がスパルタと同様に、監督官制を採用していることを確認する。しかしながら、特にそのメッセーネは紀元前三六九年にスパルタを封じ込めるため、テバイ戦略の一部としてそのエパミノンダスによって設立された都市国家である。このメッセーネによって代表されるごとく、その監督官制は、そのスパルタとは異なり、その公的権威も構築しておらず、彼ら自体の中で争いが絶えず、かつこの国は、その敵である都市国家に敗北させられている。従ってその国王たちは、哀れな運命を辿り、裁判で嫌疑がかけられ、かつその理由で殺され、彼らの大部分は民衆の反乱によって生命を失ったというのである。その結果、この医師によれば、その両都市国家とも国王が駆逐され、その国王家の人々は根絶やしにされ、その国土が分割し直され、最終的にはその統治政体がいわゆる「民衆政体」へと転換されているというものである(15)。

この医師は、ネヴィルがその四統治評議会制案をこの国の統治機構に組み入れることについて、恣意的権力抑制のための応急措置ないし手当てとしていると確認する。この医師は、それによってこのモデルとする監督官制よりも確実にして実際的妥当性をもち、かつ極めて高い公共精神をもつ改革案として是認しようとする。さらにこのウィッグの主流派的人物は、チャールズ二世自身を愛国者で高貴な精神をもち、賢明でまともな国王であってもらいたいという願望を示す。その改革は、こうした条件が整いかつ実施されれば、以前のものやこれから通常ありうるものよりも遥かにこの国の将来に明るい展望をもたせることとなろうと説く。さらにこの医師によれば、こうした適切な統治評議会が提示する全ては、法ないし権威をもつ言語ないし神託として受容可能であると説かれる。この対話者のここでの結論は、次の最後の文章によって示される。それは、あってはならない警告としてみなしうる。それを逆に表現すれば、病気がちにして柔弱な君主は、民衆を腐敗せしめ、その人物もその民衆もいずれにも大きな被害や災難をもたらす可能性がある。しかしこの改革によってその警告も取るに足らなくなると説かれよう。その次の会話文は、そのジェントルマンにこの論点を確認するものである。

それに対してネヴィルは、次のように議会選挙制度の詳細規定に関わる形でこれに応える。

「この規定について、私が極めて有効と考える（無謬といえませんが）、法の執行のためにこの規定が形成されるとき、疑われるべきではありませんけれども、優れた制定法が存在するときもありましょうが、なお次の二つを私は、すぐに認めたでしょう。そのうちの一つは、議会選挙規則全体についてであります。すなわち、それを、私たちが極めて必要としかつそれがうまくなされることが確かでありましょう。その規則全体の一部は、私たちの解決と相伴う必要があり、かつ実のところ解決の一部でなければなりません。それは以下のようであります。すなわち、議会は、ある確実な日に毎年選出されることとし、かついかなる令状も召喚状もなくとも、この時に人々の会議は、通常の場所で指定された日時に開催すべきであり（彼らが官吏を選出するため、教区での教会堂でなしているように）、かつ州執政長官は、そこで選挙を主宰し、かつ確かにする準備をすることとします。そしてこうして選出された議会は、指定された時に開催することとし、かつその議事は、緊急時には、多かれ少なかれ開催したり延期したりすることとします。しかしそうした議会は、なお再度彼らがともに集まるための時を設定することとします。そして、もし彼らが迅速に集まるための必要（侵略ないしある他の原因によって）があれば、国王は、これらの四つの評議会顧問《カウンシルズ》たちを全てともに召集することとし、彼らの多数からなるものの同意によってすぐに彼らの会議を開催するように知らせることとします。しかしその期日が次の議会の年次会議が到来する場合、彼らは他の議会儀式をせず、法律上解散されると解さねばならず、かつ新しい議会が開催することと解さなければなりません」(16)。

ここにおいてロビンズが注釈を加えているごとく、ネヴィルは、当時において腐敗が昂進しているとみなし、他の共和主義者たちのように、ハリントン主義的改革を導入しようとする(17)。まずこのジェントルマンは、自らの統治機構改革とともに、特に法の執行とのかかわりでその腐敗防止を案出しようとする。そのうちの一つは、議会選挙制度全体に関するものである。つまりそれは、議会議員の輪番制原理を基礎として、その腐敗に対処する必要性を説く。その選挙制度のうちの一部は、その主な提案ないし解決と相伴うものであるという。その解決とともにそれに関連して、この制度は、毎年開催すべき議会方式・その日時・場所などがより予測しうる方法などによって予め決定しておくものである。また選挙管理制度についてもその州の執政長官が主宰し、それを確実に遂行しうる準備をなすべきであるという。

さらにネヴィルによれば、多様な有事にはその状況に柔軟に対応しつつ議会を開催したり延期したりすべきであると説く。彼は、ここにおいて重要となってくる国王大権事項についても、その統治評議会の顧問たち全てを召集し、かつその議会の同意を得て、かつその会議を開催するように周知徹底すべきであるという。しかしながら、ネヴィルは、その期日がもう一つの年次議会会議と重なる場合に、煩雑な議会儀礼や儀式を省略し、公式上議会の解散となり、かつ新議会を待つこととなると説く。

この主張に対してその医師は、さらに当時の選挙における問題点を以下で提示する。

「私は、これがいかなる選出も選挙人たちの過半数を投票で得ることができぬ、いかなる人物にもなされるべきでないとみなさせたでありましょうし、規定させたでありましょう。従って、その召喚状がそれを命じ、ゆえに理性が命じます。もし五分の一［でさえ］がその彼の選択に同意していないならば、彼はその州を代表するとどのように他にいうことができますか。時々起りかつしばしばなし得るように、（私が最近の長期議会において知っているように）七、八人が一つの空席議席をめぐって立候補するところで、その得票が［円柱状の］コラムに置かれたとき、最も多く得票を得ている人物は、存在する二〇〇〇票以上のうちの四〇〇票を超えないからです」(18)。

この対話者は、ここでは厳しく当時の選挙における不公正に言及する。まず彼は、過半数の当選得票要件の必要性を提起する。彼は、それが召喚状において書かれることとし、かつそれが人間理性にかなっていると説く。彼によれば、五分の一の合意さえ得た者がいないならば、その人がその県なり州なりの代表とどのようになりえようかと自問する。彼は、その多数をもたぬ者によらないことを公正公平原理に立ってそれを糾弾するものである。これは、現代日本における議員定数の不均衡訴訟などにおいても、この判断が妥当性をもち得る。また彼は、そのことを敷衍して（ロビンズも注釈しているごとく）この一六六一年から一六七九年までのいわゆる「騎士議会」（長期議会）においても(19)、知られる事例を提示している。

これに対してそのヴェネツイア人は、次のように反応する。

「これは、奇妙な仕方です。私たちが私たちの統治機構において議決投票するように、かつ何らかの［候補者］任命があるとき、彼らが庶民院で議決投票する、と私が解したように、各人自らによって投票したとみなします。このときにその人が過半数の得票を得なければ、彼は拒否されます」(20)。

この対話者は、まずその代表としての得票を十分得ていない比率の実態に対しておかしいと反応する。その現状についてこのヴェネツイア人は、その母国の統治で議決投票したごとく、かつある候補者任命の必要がある場合に、イングランドの庶民院で行われると彼が理解したように、各人がそれぞれ投票したものと自らみなしたという。いずれにせよ、それぞれの国によってその相違があることを認めるが、その結果として全体的機関において多数の合意が得られなければ、その人は当然拒否されるというものである。この問題は、前記のごとく得票の代表性とかかわるため、確かに実際上問題が残る。彼が主張するのは、それが議会で多数の合意によって決着されることとなり、代表議会原理が成り立つというものである。

この議論に対してネヴィルは、次のように自らの考えを述べる。

「このことは、極めて重要であり、実のところ必要不可決であります。しかし私は、確かに［そのプロジェクト］を作成しますが、もしこのプロジェクトが議会において作用し始めるならば、これと他の詳細（それは、ここで述べる必要もなくして厄介でもありましょう）は、適切にして効果的に与えられましょう」[21]。

このジェントルマンは、ここにおいてその問題の重要性及びその不可欠的性質も容認することによって受ける。ネヴィルは、自らの改革提案によってこの点も改善することとしているが、この自説が議会で本格的に始動すれば、その詳細はかなりなものにまで及び、かつ厄介になるものかもしれないという。しかしこのジェントルマンは、その規定が適切にして有効であると説く。

（1）H.Neville,*Plato Redivivus*,1763,p.253.
（2）H.Neville,*op.cit.*,pp.253-254.
（3）C.Robbins,ed.,*Two English Republican Tracts*,1969,p.187.
（4）H.Neville,*op.cit.*,pp.254-255.
（5）*Ibid.*,pp.255-256.
（6）C.Robbins,ed.,*op.cit.*,p.187.
（7）H.Neville,*op.cit.*,pp.256-258.
（8）*Ibid.*,p.258.
（9）例えば、A.Browning,ed.,*English Historical Documents*,London,1966,pp.92-96,etc.

（10）H.Neville,*op.cit.*,pp.258-259.
（11）*Ibid.*,pp.259-260.
（12）*Ibid.*,p.260.
（13）*Ibid.*, pp.260-261.
（14）*Ibid.*, pp.261-262.
（15）Plutarch, *Greek Lives*,etc.
（16）H.Neville,*op.cit.*,pp.262-264.
（17）C.Robbins, ed.,*op.cit.*,p.191.
（18）H.Neville,*op.cit.*,p.264.
（19）C.Robbins,ed.,*op.cit.*,p.191.
（20）H.Neville,*op.cit.*,pp.264-265.
（21）*Ibid.*, p.265.

第三節　結び

われわれは、本章においてネヴィルの『プラトン再生』における最も独創的な統治機構改革提案について分析し、かつそれを検討してきた。彼のこの提案は、元々その主著において自らが王政復古期、特に王位継承排斥法案議会期のイングランドの統治政体における熱病ないし混乱に対する治療策としてその議会に訴える中で示されたものである。

しかしながら、われわれは、その統治機構改革を、ネヴィルが自らの根本的統治政体論に沿うものによって位置づけねばならないのである。というのはそれは、本書全体、特に本章における重要な論点でもあるからである。本節においてわれわれは、彼の政体論についてこの「結び」という性質上、最小限度手短に要約しつつ、その統治機構改革論と関連づける必要がある。

ネヴィルの立憲制論は、既述のごとく、まず最初に中世以来の古来のそれとして説き起こされる。当然ながら彼は、シドニーと同様にその古来の立憲制を当時において当てはめようとするものではない。あくまでも彼は、それに基づきつつ、自らが主張する立憲制の妥当性を示すための論理的前提として、または当時と対比する前史として使うものである。

ネヴィルは、それが君主・貴族・市民などからなる均衡的・権力抑制的混合政体を構成するものと措定する。これは、周知のごとくこの制度としての三位一体型の議会主権法論をベースとするものである。それは、中世イングランドにおいてその財産所有に見合った形で権力が所有されていると説かれる。しかしながら、その古来の立憲制は、近世に移行するにつれて大きく変化しなければならない。というのはそれは、その状態のまま継続すれば、一方で絶対君主の台頭に伴いその強権主義などによって崩壊せざるをえなくなったからである。他方においてイングランド社会は、自由土地保有者に象徴される市民たちが経済的に成長するに伴い、彼らによる財産所有も一段と増加しつつあったからである。従ってネヴィルは、その古来の立憲制もそれに比例して変化しなければならないと説くに至った。

われわれは、引き続きネヴィルが国王大権に関する徹底した制限を説き、別な機関への権限委譲を主張するために、その政治制度論的系譜に連なるコモンロー論に言及しなければならない。国王大権は、イングランドにおける実定法の基盤を形成してきた判例法・前例・慣習などから構成される体系としてのコモンローによってつくられかつ治められ、かつ議会制定法によって修正されてきたものである。それに加え、この大権のコモンロー理論によってこそ、裁判所が立憲制と連係された幾つかの基本的自由を主張できるのである。しかしながら、イングランド史を通じて国王大権は、マグナカルタ・権利請願・人身保護法などによって制限を受け、かつ王政復古期、特に王位継承排斥法案危機期へと重要な統治の焦点となっている。

ネヴィルによる統治政体論は、議会主権制度を基盤とし、それに庶民院優位型代表議会を内包させるものである。その庶民院を通じて市民の政治参加機能が実現され、かつその市民の自由も擁護されるものと主張される。彼は、こうした理論的基礎に基づき、自らの統治機構論を展開する。ネヴィルの統治機構は、三つの国務領域に沿ってその担い手が充てられる。その第一の国務は、立法分野であり、庶民院を中心とした議会がそれを担当するものである。ネヴィルは、全種類にわたる国民の賦課金課税及びその割り当てもこの議会が担い、国家反逆罪処分も扱うこととする。第二分野は、執行行政領域である。それは、第二節において詳記してあるので、ここではあえて言及しないが、今日の首相を含む内閣が担当するものとほぼ同じである。われわれは、それが十全の議院内閣制をなしたとはみなさないが、行政執行部が議会の信任制度に基づくという意味でその議院内閣制の原型を形成しつつあるとみなしうる。それはさておき、ネヴィルによる改革提案は、この国務を国王とともに四統治評議会が担うというものであり、彼らの任命は、議会によるものとする。最後に法の執行としての司法分野であり、裁判所がその任にあたる。

われわれはいま、ネヴィルが構想した統治機構の主要国務部門及びその担当機関ないし担当者を支柱とした制度を概略的に整理した。その他の重要な論点について以下で言及することとする。われわれは、まず国王大権の制限論について述べなければならない。というのはこの徹底した制度的制限論は、同時にその市民たちへの権力の移行を主張するためネヴィルの長所でもあるからである。われわれは、第二節において確認したごとく、国王が過剰にその自由裁量的大権をもちすぎるため、それを他の統治機関に移譲すべきであり、かつ徹底的に制限すべきであるというネヴィルの論理を辿ってきた。彼は、その大権の制限の受け皿機関として統治評議会を提案したのである。ネヴィルによれば、その機関は、枢密院規模単位によるものであるが、その枢密院が法的根拠も不十分にして公に説明責任も明確でないため、それに代わるものとして規定される。いずれにせよ、われわれは、この枢密院が内戦以来疑問視され、かつこの危機期においても前章などでテンプル卿や国王の改革案が提示された経緯を確認できる。さらに彼は、自ら残部議会期において国策会議の一員として国政を担当した経験からも、自らの統治評議会提案にそれなりの確信をもっているのであろう(1)最後にわれわれは、彼がこの改革提案においても随所にわたってその輪番制原理によってその腐敗傾向を阻止しようと試みていることを確認できる。この選挙制度ないし任期制に関連する輪番制原理は、来るべき時代における数年任期制の選挙制度原理を先取りするものである。

（1）例えば、G.Mahlberg,*op.cit.*,p.42,etc.

第九章　イングランドの統治機構改革と庶民院優位主義的議会主権論

第一節　緒論

われわれは、前章においてネヴィルのイングランド統治機構の改革理論を概括し、その論点について分析してきた。その素材は、本書における主要文献である、彼の『プラトン再生』の「第三の対話」における全五節のうちの第四節である。その改革論は、国王大権がイングランドの王位継承排斥法案危機期における恣意的権力の脅威の源泉であり、それを大幅に制限する主要な対策が四統治評議会への権限委譲を中心とした制度的改革案ないし新立憲制として提起されたものである。

われわれは、その直接的な議会政治的背景をここで今一度確認しておく必要がある。というのはイングランド議会は、この王位継承排斥法案危機期以前におけるいわゆる「騎士議会」から引き続いてその課題を残していたからである。前出のD・L・スミスが規定するごとく、この王政復古期議会は、両院において実体的多数を占める議員たちが大筋では、国王に向こう見ずに忠実であったと言われる。しかしながら、彼らはチャールズ二世とその顧問たちによって追求された特定の政策には必ずしも忠実であったわけではない。その結果、議会を通じて行き渡る中心的主題は、初期スチュアート議会を支配した主題に関する興味ある多様性を示したという。恐らく最も論争的な諸問題は、宗教的寛容ないし包容政策が拡張される範囲であっただろう。それは、国王による制定法停止権と法律適用免除権が非国教徒とカトリック教徒への刑法を阻止することに使用可能か否か、この国の外交政策が親仏と親カトリック、あるいは親オランダと親新教徒であるべきか否か、そして国家官吏たちが議会（特に財政事項における）に説明し得る範囲についてであった。これらの諸争点全ては、密接に関連しかつその背後に二つの基本問題があった。第一に、国王と議会の正確な関係に対する継続的論争があった。それは、一六四〇年以前と同様に一六六〇年以後においても十分に定義づけられなかった。一方で国王の諸裁量権間の境界、他方で法の支配と議会の権利との境界は、曖昧なままに残り、かつ断続的に活発な論争をもたらした。第二に、「カトリック教と恣意的統治」といった充満する争点が存在した。事実上、各人は、それが悪しきものであることに一致があったが、世論はそれらがどの程度この国に真の脅威を示すのか、どんなことがその兆候を構成するのか、どんな措置がそれらに正当的に講じうるのかについて分裂したのである。議員たちがこれらの多様な争点を採用した対照的立場は、「宮廷党」と「地方党」と称されるようになる主義ないし思想傾向について騎士議会期中に漸進的な台頭へと導いたといわれる。それは、後の「トーリー党」と「ウィッグ党」との対立へと発展するものであった（1）。

われわれは、前章においてこうした問題状況を背景としてネヴィルがその焦点を国王大権にあて、かつその徹底した制限を意図し、かつ統治機構改革論を展開したものとみなすものである。われわれは、本章でそれをうけ、かつネヴィルが自らの基本的統治政体論の支柱である庶民院優位主義的代表議会主権論と、それを関連付ける論点に沿って概括し、かつそれを分析することを目指すものである。従ってわれわれは、その主著の最終章における全第五節のうちの最後の部分を素材として使用しかつ検討することとなる。

（1）D.L.Smith, *The Stuart Parliaments,1603-1689*,Edward Arnold,1999,pp.150-156,etc.

第二節　イングランドの統治機構改革と庶民院優位主義的議会主権論

ネヴィルの統治機構改革についてわれわれは、前章においてその主要点にそってその新立憲制論を分析し、かつ検討してきた。しかしわれわれは、それで全て終わっているわけではない。われわれは、ネヴィルがその国王大権を徹底的に抑制しかつより持続性のある政体とするための「四統治評議会提案」をベースとして、自らの国民代表議会論を以下において補強しており、それについてさらに検討することとする。従ってわれわれは、その機構改革とこの具体的な実行過程における問題、さらには彼の庶民院優位主義的主権議会論との関連を捉える段階にきている。

㈠　統治機構改革と貴族院

われわれは、前章の最後の会話文においてそのジェントルマンによる冒頭部分における議論に言及した。それは、彼の統治機構改革計画が議会に及ぼす作用に論及することを告げるものであった。われわれは、以下においてそれに続く会話文と取り組む。

「私が認めたであろう次の法は、以下のような貴族院についてでありましょう。すなわち、私は、貴族たちが一つの法によってここに法的資格を与えられること以外に、いかなる新しい［議会］選挙区《バラズ》も議会に議員を送り得ないといった、選挙法案の一条項が存在することを当然とみなします。それと同様に次のごとく貴族院は、議会の自由について同じ必要性があります。すなわち、貴族たち（彼らは、元々税を課することに関わることを除き、全ての議会議事において拒否権と審議権の両方を享有し、かつ享有するに違いありません）は、その君主に絶対的に依存することを免じられるべきであり、ゆえに貴族院は次のように将来法によって宣せられるべきであります。すなわち、いかなる貴族も議会法による以外に任命しないこととし、次に貴族が自らの男性の血統において世襲であるべきであります」(1)。

ネヴィルは、シドニーが政体における世襲原理を徹底して否認し、この共和主義者と共通な傾向もここで示すこととなる。前記のごとく、この両者はともに庶民院優越主義的代表議会の大義を唱道しているといわれる。というのは二人は、この庶民院がイングランド市民の意思を代表すると考えるからである。当時において主としてその世襲原理に基づく貴族院についてネヴィルは、ここではその原理をかなり減じようとする。しかしながらわれわれは、彼らが古典的共和主義理論を採用するため、この両人が混合政体論をベースとして論じる系譜に従う傾向をもつとみなす。従って「広義の古典的共和制」的政体論によれば、その三要素を含意する（君主権限を徹底的に制限する一方）ものであり、ゆえにわれわれは、彼らが二院制議会を否定するものではないと考える。

ネヴィルは、自らの改革論に影響を与える貴族院について庶民院を基準として見直すものである。ここにおけるごとく彼は、まずその下院が一例外（議会での貴族の任命）を除き、議員たちは全て選挙区からの選出議員とする選挙法案があることが当然とみなすこととなる。従って貴族院もそれを基準として考えれば、この上院も当然なこととして議会における自由も必要とされる。当時においてこの上院も財政関連法案を除き、議事における拒否も審議も可能であることも勿論のこととする。従って当時において貴族院が国王寄りである傾向があり、それから脱却すべきと説く。ゆえに貴族院は、爵位の創設について議会法に基づく以外になしてはならず、その世襲制原理も男系に限定すべきとする制限論をネヴィルが徹底的に主張するものである。C・ロビンズは、ネヴィルの議会による貴族の任命論に注目すべきであるという(2)。従ってわれわれは、一九九〇年代にも論じられたように、当時の状況においても国王陣営の牙城と言われる貴族院の世襲制の減少を主張している点を確認する必要があろう。これも彼の庶民院優越主義的代表原理の一環として捉えることができるものである。

このジェントルマンの貴族院論に対してそのヴェネツイア人は、これに不満を表し、次のように自らの考えをその彼に迫る。

「私は、あなたがこの貴族院についてあなたの諸問題を処理し得る方法にあまり納得しておりません。そして私は、庶民院と貴族院との間の争いがそれほど休止しうる方法を理解しませんが、その争いが再び起こると理解します。その他に、庶民院は、貴族院（極めて優れておりかつ名誉ある人々でありますが、私的な人々からなります）が、庶民院を自ら代表する、イングランド国民全ての善のために非常に長く案出しつつある全てを、忽ち砕いてしまう事がわかるのではないかと必然的に極めて懸念するに違いありません。あなたが極めて大きな［統治機構の］変更に近づいている今、元老院を毎年の選挙にせしめ、あるいは少なくとも（世襲ではなく）生涯に一度のみ選挙することは、よくなかったのではありませんか」(2)。

このヴェネツイア人は、まずネヴィルによる貴族院の問題処理方法に納得せず、かつ両院間の競合がその改革によって収拾される方法を理解できず、かつたとえその争いが収まったとしても、すぐに再発するとみなす。さらに貴族院が優れかつ栄誉的人物たちから構成される側面もあるが、公共的ないし代表的存在では必ずしもないため、イングランド市民全てを代表する庶民院すなわち国民代表議会がその人々のために長期間にわたり尽力してきたものを一瞬のうちに破壊するのではないかと彼ら自身恐れるという。つまりネヴィルが提起する統治機構改革を進めると、上院を輪番制によって選挙に付し、あるいは（通常貴族が任命される時、世襲とされる）少なくとも世襲にせずに、一生に一度選挙に付すといった極めて大きな変革となってしまうが、その両院間の競合などを勘案すれば、それがよくなかったと彼自身が言ってしまうのではないかと迫るものである。

これに対してネヴィルは、自らの改革案がそれほど革命的なものではないと弁明し始める。

「小さきものは、よきものを変えます。そしてこの場合、『何ものも不必要に増やすべきでない』という形而上学的格言は、いかなるものにおけるよりも真であります。と申しますのは大きな変更が人々を驚かし、人々をまごつかせるからであります。この場合に少しもその大変更の必要がありません。私は、前にあなたに、元老院のようなものの必要性があり、かつそれなくしてこの政体がいかに短命かについて申し上げ、かつその間に混乱される程度を申し上げております。ローマの元老院は、貴族の間では世襲制でした。しかしそれは、以下のことを除きます。すなわち、あの極めて重大にして醜聞的な違反のかどで、その検閲官が自らの統治官職期中にその記録から世襲貴族のいかなるものも省いたことを。その場合も、全ての他の諸原因における（例えばL・キンクティウスや他の多くの者たちの場合のように）ようにその平民への訴えが存在しました。あなたが話すようなことでこの国における変化の必要など存在しえないことを示すため、あなたは、いかなる政体の諸部分の構成員間の不一致も、インタレストの説明に行き着くことを快く考慮することとなるかもしれません」(3)。

このジェントルマンは、まず自らが穏健主義的改革を主張するものであり、大改革を目指すものではない立場を明確にする言葉で説き起こす。ここではローマ型元老院のごとき、知恵と権威をもつ第二院が必要であり、これがあればこそ、その統治政体が耐久性をもち、かつ混乱を防ぎ、安定感をもたせるものであると説く。とはいえ、その元老院は、優れた能力をもつ一方で、道徳的な過ちをおかすこともあるという。従ってそのローマの元老院は、検閲官によって自らの統治官任期中に公式記録からいかなる世襲貴族も省かれるが、それ以外にその貴族としてのものについて世襲であったと説かれる。このケースにおいて例えば、L・キンクティウス・フラミニヌスなどが自らの不道徳な行為のかどで元老院から追放されたことで証明されるごとく、他の原因全てにあるように、それに対する平民に訴えるものがあるというものである。ネヴィルの弁明によれば、それが大変革を要するものでないことを明らかにするため、いかなる統治の諸部分間の構成員全ての不一致がインタレストの説明に辿りつくことを人々は快くみなすようになるに違いないと説かれる。

(二)　統治機構改革と庶民院

われわれは、ここから新たな項目を設定している。本項は、国民代表的庶民院を主題としているけれども、前項の貴族院に続くものである。この二院制を構成する主題は、われわれがその統治機構改革と関連する最高機関としての議会に焦点をあて、かつその論理的筋道に沿ってネヴィルが基本に据える庶民院優位主義的ないし国民代表的議会主権論に関わる。われわれは、以下においてその関連を検討しようとするものである。

その前にわれわれは、イングランドにおいて議会が裁判所としての役割を一七世紀にもつことが当然とみなされていたことを確認しなければならない。というのはネヴィルは、ここでの議会の主題としてその司法機能が当然のことと論じているからである。議会両院は、自らの議員特権に関わる事件を扱うことができ、かつその特定議院に関わる成員資格を決定する事件を審理する権利をもった。反逆罪ないし重罪によって訴えられた貴族たちがその貴族によって審理される権利をもつことが十分に確立されたのである。議会は、会期中にあった時に、これが貴族院臨時議長によって主宰された貴族院全体による裁判を含んだ。議会が開催されなかったとき、貴族の被告は、貴族院臨時議長を含む特別裁判所及び君主によって選出された貴族機関によって審理が行われることとなろう。こうした事件において貴族たちは同輩裁判人にして裁判官として行動したといわれる(4)。

さっそく前の会話に戻れば、ネヴィルは、そのまま同じ文に続いている中で次のように説く。

「さてこの解決が形成されるとき、貴族院と庶民院は、反対するインタレスト［利益］をもちえません。と申しますのは私益（すなわち、議会開催中とその休止期においてもともに、貴族の権利です）事項全てについてそれは、庶民院自体の特権を判断することが、庶民院に任せられるが、貴族院がそれを判断することは、彼ら自身の貴族院に任されるからであります。

そして衡平裁判所からの控訴による、貴族院の管轄権の争いについて（私が貴族院に認めることとする法においてそれ［争い］を解決させている他に）私は、その統治が正しい基礎に基づくとき、このことが決して多く起こらないと信じます。これまでそれ［争い］は、二つの異なった党派によって誘発させられています。すなわち、宮廷党は、国民のためにあるよき法案が可決するといけないから、その不一致を生じさせ、その会期をなくしてしまうこともありましたし、さもなければ、国王がその法案を拒絶することによって自ら国民を不満にさせてしまうでしょう。そのディレンマを避けるためある人を勧めてその貴族院の前に起訴する以外にもはや必要としません。ある正直な愛国者たちは、後に彼らがその官吏たちから学んだ同じ政策を使って自ら庶民院においてそうした投票によって勝ちが得られるほどに、極めて破壊的ないくつかの法案を粉砕させるに違いありません。［中略］そして貴族が十分に審理しているとき、かつこうした改革を行うつもりであるときに、彼らは、それがそうしたもの［改革］以上には名誉的にして偏りがない裁判部に決して置きえないことに気づきましょう。そして私が、望みうるように、議会会期中の休止期においてさえ、イングランドの貴族全体（便宜的にロンドンに存在し得るほど彼らの多く）は、その裁判遂行権限によって開催し得、かつ誤審令状に基づいて裁き得ると同様に、衡平における控訴を審理できます」(5)。

このジェントルマンは、まずこの両院間の競合が共通したインタレスト（利益）に辿りつくことによって解決されるものであると説く。そうなるとその両院は、反対するインタレストをもちえないという。その理由として私益全てについてこの問題は、貴族院が独立して判断され、両院共通なものとしてみなされないからであるという。すなわち、私益は、議会開催期及び休止期の両方で貴族の権利であり、自らの特権の判断について庶民院に属するごとく、自らの議院について自らに任されるからであるというものである。

ネヴィルが、ここにおいて衡平裁判所に論及しているため、われわれは、その裁判所について一言述べておかねばなるまい。というのはそれがやや法律的専門的な側面を含む故、その意味を確認する必要があるからである。「衡平」という言葉は、一般的に衡平に人を扱うという形で使われる。衡平は、法制度的には当然そこから引き出されるが、正義のみでは要約しえない、特有にして高度に専門的意味をもつと言われる。衡平は、一部には自然的正義原理から引き出され、かつ一部にはその原理の採用に導き、かつイングランドにおける大法官裁判所による原理と関わる特定状況から引き出された法体系である。この衡平裁判所は、以前には大法官を通じて主権者への控訴の対象であった諸問題を扱うために一六世紀に出現した。その裁判所の管轄権とコモンローの管轄権間の紛争は、頻繁であったが、エルズミアとベーコンといった大法官の助言によって次のようにジェームズ一世によって解決された。すなわち、この国王は、衡平が何時も行き渡るべきであると命じ、かくしてコモンローと制定法が自然的正義原理に反して治めるように思える時さえ、その原理がいつも入り、かつ司法的決定結果を決めうることを確かにした。これは、それが英国に存在するように司法上の独立によって与えられた、広範な権限の一部であるように思われる(6)。

さてわれわれは、ネヴィルによる衡平裁判所に関する会話に戻ろう。この衡平裁判所からの控訴による、貴族院の管轄権の争いについて、それが貴族院に認めると法の中で解決させているのに加え、その争いに関してそれが正しきベースによるとき、そうした争いなど決して起こらないとみなすと説かれる。それは、今まで二つの異なる党派によって引き起こされていたという。そのうちの与党である宮廷党は、国民にとって適切な諸法案が可決し通過すると自らにとってよくないため、その不一致を巻き起こし、かつその議会会期をなくさせるときもあったという。そうでなければ、彼らは、国王にその法案を拒否させ、かつ国王の臣民を不満へと陥らせてしまうという。

次にネヴィルは、ここではそうした両陣営による分裂へと陥ることを回避するために、人々に対して貴族院の前に起訴させるように勧めること以外何らの必要もないと説く。ネヴィルによれば、こうした議会が両院でそれぞれに内向きとなり、かつ宮廷党と地方党が各々での特定利益の確保へと突き進む場合、人々を説いて貴族院に告発する以外に選択肢がなくなってしまうと警告する。従って真面目にして誠実な愛国者は、宮廷官吏から学びとった戦術を行使することによって自ら庶民院で多数を得て、この国を悪しき方向へと陥らせてしまう法案を破砕させてしまうという。

このジェントルマンによる会話文の最後は、貴族院の司法機能に関するものである。ここにおいて貴族が審理を尽くし、かつ改革が実行することとなる場合に、これ以上に栄誉的にして公平な裁判部などありえないくらいにまで十分にその役割を果たしうるという。さらにこの首都に数多くいる貴族からなる貴族院は、自らの裁判執行権限によって開始でき、かつ誤審令状に基づくその裁判と同じく、衡平裁判所におけるごとくその控訴を審理することが可能であると説かれる。

ネヴィルは、この庶民院に関する論及を以下の段落において続行する。

「さて、庶民院は、貴族院がその拒否権によって国民の善に向かう尽力を挫くとしてきっと悪く解するに違いないという、あなたのもう一つの異論（それは、実のところ重要性です）について、もしあなたが次の一つのことを考慮すれば、この異論の力は消えましょう。すなわち、この新しい立憲制が認められることとするとき、貴族院は、公共善が関わるいかなるものにおいても庶民院と異なる利益も誘惑ももちえませんが、庶民院と同じ方向や運命をとるように世間の人々全ての絆によって義務づけられますし、彼らの利益は正確に同じです。従ってもし二つの議院間で法案について反対が存在するならば、その両院の各々は、彼らの方策が国民の利に最も導くとき、この相違は、会議において正しい理由によって決定されましょう。貴族院は、庶民院によって納得させられるように、庶民院を納得させるのは当然です。これらの競合は、その国家には称賛に値する用途と利益をもちましょう。それが今そうでないという理由です。貴族院が国民の安心のためにあるとみなされる多くの法案の可決を阻止するのに使用される理由は、以下のようです。すなわち、その貴族院に出席する主要な顧問官たちと官吏たちは、（真であれ偽りであれ）そうした法が可決すべきであるというのは、まさに陛下の意思と利益に反することを示唆します。その後すぐにそれは、妨害をうけます。

しかしこの後、もし私たちの方策が行われるならば、これはそのようになり得ません。第一に、私たちの国王自身は、国民（彼らの繁栄は、国王のものとなりましょう）のために役立つと意図されたものを妨げることを自らの利とする計画もさせ得ない（前に証明されたように）からです。次に短期間に議会法によって形成される貴族たちは、資質と財産の両面でイングランドの最良な人々からなるからです。また既に貴族にされる人々のあるものが小財産しかもたないならば、国王（もし彼がそのインタレストをもったならば）は、彼らを腐敗させる手段をもたないでありましょう。公金や重職は、以前とは別な方式で扱われましょう。ゆえに、貴族の地位は、彼ら自身の名誉及び良心、並びに彼らの国の保全と繁栄以外に、彼らの投票と助言を扱う何にもましていかなる動機ももたないでしょう」(7)。

　この文においてそのジェントルマンは、まず先の自らに対するヴェネツイア人の異論ないし懸念について統治機構改革案によって答えようとする。すなわち、その異論は、両院間の対立問題であり、下院の側では上院が下院による法案を否定することによって彼らが国民の善のため努めた政策を無に帰そうとして悪く解釈するに違いないというものであった。この問題についてネヴィルは、「新立憲制」と称する自らの統治制度改革（ここでは公共善を目指す方法において貴族が議会による任命とする改革局面）が実行されるならば解消できると説く。それによって貴族院は、公共善について利益面も誘惑面も庶民院と異ならなくなり、かつ世間の人々の連帯によって下院と同じ方策と成功を進むように拘束され、かつこの意味において両院の利益が同一となるという。ネヴィルによれば、ゆえに二議院間において法案上反対がある場合に、庶民院も貴族院もそれぞれ自らの方策が国民の効用に最も資するときに、こうした不一致や対立は、討議や会合を通じて適切な根拠によって決められることとなるという。貴族院自体は、下院に説得されるごとく、庶民院も説得させるのは、至極当たり前であると説く。こうした意味でのよき競争は、このイングランド国家には敬意に値する用途と利益をもたらすこととなる。このジェントルマンによれば、こうしたものが自らの提案通り成り立つとすれば、当時両院がそのあるべき根拠をもつと説く。さらに国民の安寧のために本来なされるべき法案を貴族院がその阻止手段として使用した理由は、国王の主要な顧問官たちと官吏たちからなる貴族院議員たちが、その可決（真偽はどうであれ）が国王の意図するものと利害にそぐわないという根拠故からであり、これにはその法が妨害されることとなるというものである。ネヴィルによれば、自らの機構改革が実際に行われることとなれば、こうした妨害や阻止行動などできなくなるという。その第一の理由は、以前に是認されているように、チャールズ二世が臣民の繁栄即国王の繁栄となるため、そのような妨害など行えなくなると説く。さらに前記のごとく、短期間のうちに行われる、議会による貴族の創設は、力量と資産の両方でこの国の最も立派な人々から構成されることとするという。

そして既存の貴族たちの中で、もしある貴族が僅かしか資産をもたないならば、国王がそのインタレストをもったとしても、この君主は、そうした貴族を腐敗させる何らの手段ももたなくなるという。さらに国家の公金や重要な職位は、当時行われたことと異なる方法によって取り扱われることとなるという。従って貴族の地位は、貴族の名誉や良心、及び自らの国家の保全と豊かさ以外に貴族の投票局面と助言局面を取り仕切る少しの誘因もないと説かれる。

このジェントルマンは、さらにその大変更ないし大規模な変革の懸念あるいは不安を次の会話文において払拭することによって説き起こされる。

「従ってこの種のいかなる変化も言い張ることなど必要がなく、かつ不誠実でありましょう。その他に私たちの統治の執行におけるこの変更は、国王・貴族・及びコモンズの全会一致によって（並びに他の方向によらずに）なされるように提案されるならば、貴族たちが、自分たちの世襲権から自ら退き、かつ選出される希望へと赴くと信じることは、極めて不合理となりましょう。なるほど、彼らは、庶民院を支配する権力を失っておりますが、その権力が、法によっても彼らに与えられたにすぎませんけれども、法によって彼らから奪われるものでもないのです。しかし主に示されているように、その権力は、自然に低下されます。しかし彼らは、以前のように彼らの土地保有権によってコモンズを導き得ませんが、自らが彼らの調整を失う理由も外面も存在しません。その調整を私は、彼らが法によって、かつ統治の基本的立憲制によって有することを確信します。そしてそれは、これに極めて貢献する（といわれた）、持続的解決を損なうこととは極めて異なります。［中略］もし私は、国王の世襲権を侵害し、あるいはこうした諸王国の主権と重大さがその国王たる人物によって代表されることを阻止するとして、この言説において提案すべきであったとすれば、私は、あなたによるカプチン修道士の話を私が適用可能にすべきであったこととなりましょう」(8)。

まずネヴィルは、ここにおいて自らの統治制度の変更が革命的になされるものではないと弁明する。次に彼は、自らの統治の執行改革が三位一体型議会主権によって象徴される三要素の全会一致を通じて議会において提起されることとなれば、貴族をして全面的に自発的に世襲をやめ、全ての選挙方式へと向かうことと矛盾することとなってしまうという。というのは貴族は、自らの良識をもち世襲制を正統とみなし、かつ自らの地位を選挙主義にそぐわぬとみなす傾向をもつからであるという。確かにネヴィルによれば、長い時を経てこの時代に移行してきたように、貴族は、庶民院を支配する権力を失ってきている。しかしその権力は、法律上貴族に与えられるものであり、法律手段によって奪われたわけではないと弁明する。とはいえその権力は、主にその財産の移行が市民たちへと移行していると明らかにされているように、当然の成り行きとして低下されているという。しかしながら、貴族たちは、自分たちが両院を調整する役割をなくすという根拠も外見もないと説かれる。その貴族による調整役は、ネヴィルが信じるごとく、彼らが法やその基本的立憲制によって保つものであるという。またネヴィルによれば、その調整機能についてこの改革が大いに貢献する持続的解決を阻害することなどでは毛頭なく、かつそれを壊す混乱を防ぐ持続的解決を阻むものでもないと説かれる。さらにネヴィルは、国王の名の下で行われる重要事項についても、自らの提案がその君主制を革命的に変更するものでないことを以下で弁明する。すなわち、ネヴィルは、国王の世襲権に介入しかつそれを損なわせ、または諸々の君主制において基本的支柱であるその主権と重要性を阻むことを自ら提案するものでなく、そうなったとすれば、それは、不可能な変革を訴えることとなってしまうというものである。

そのヴェネツイア人は、この托鉢修道士の非現実的理想論へと向かうことを拒否し、かつ次のようにこのジェントルマンに訊ねる。

「なぜあなたは、秘密の小評議会になる重要官吏たちを選挙にかけるのですか。それは、大抵の共和制諸国におけるように、多数を占める議会により適切であったものです」(9)。

通常選挙にかけるのは、共和制を採用する大抵の諸国における多数を占める議会ないし市民会議に適合しているといわれる。これに対してこの対話者は、ネヴィルの改革提案が、その小評議会の高官たちになるものを選挙にかけるというものであるが、その根拠を述べるように迫る。

ネヴィルは、これに対して自らの古典的共和主義にそってその古典的事例から答え始める。

「それは、民衆政体諸国《デモクラシーズ》においてそうなされ、スパルタにおいてもそうなされましたし、あなたのヴェネツィアの大会議《グレイト・カウンシル》によってなされます。しかし私たちは、古来の君主制を修正する以外に、そうした類の政体を形成しておりません。私たちは、王権の大部門の執行において君主にある支援を与えております。その他に私たちの議会《パーラメント》（これは、国王の同意によって貴族とコモンズといつも解されます）が、そうした諸評議会《カウンシルズ》を選出することで十分です。その他にもしこうした規則が彼らの間で討議になるならば、議会がチャンセラー、裁判官、軍将官のような重要な官職の是認をそれ自体に確保することは、可能です。そしてそうしたもの［是認］は、彼らが適宜認められるまでこうした担当任務における決定をなすこととなりませんが、それまでの間、それらを果たすことができます」(10)。

ネヴィルは、前述のごとく、広義の「民衆政体《デモクラシー》」（古代ローマの共和制も含む）概念を使用するため、公共善を第一義的に目指す市民たちの参加を含む統治制度を包摂する意味で、古代にも多く存在するものとみなす。この選挙を導入するのは、古代や近世のものも含み、かつスパルタも同様であったという。さらに彼は、ヴェネツィアの大会議も選挙を導入したことも例示する。とはいえ、ネヴィルによれば、その提案は自ら古来の君主制を修正した制度を構成していると弁明する。彼は、その大規模な王権部門の執行について君主の権限に四評議会を加え、かつ補ったという。その他に貴族院と庶民院からなるものが君主の同意によって作用するという議会論は、君主よりもむしろ国民代表議会に重点を置く、ネヴィルによる議会の大義原理を示すものである。この国の議会は、自らの評議会を信任する主要な統治機関として位置付ける。ロビンズによれば、議会による執行部のコントロールが樹立されるため、ある意味において諸権力の分立ではなかろうと説く。しかしこの編者は、そうして指名された人々が、その後いずれの議院にも出席しないであろう注釈する(11)。ネヴィルによれば、その他、自らの評議会と国王による権力執行ルールが議会において討議される場合、議会が大法官・裁判官・軍の将官といった重要な高官職を是認することを議会自体できるという。またその評議会は、それ自体が認められなければ、その担当任務の決定をなすことにならないが、その暫定期においてその任務を果たすことができると説かれる。従って前述のごとくわれわれは、この中で議院内閣制における第一要件である執行行政部に対する最高機関としての議会の信任を必要とする条件の原型ないし規範が整うことを確認できることとなる。

(三)　統治機構改革と実際の政体の課題

前項においてわれわれは、ネヴィルが一通り自らの統治機構改革の実施に伴う疑問などに答え、かつそれに補足を加える論理を辿ってきた。われわれは、本項において彼がその改革政策を実行するときに克服しなければならない行程、及び実際の政体が抱える多様な課題に対処する内容を検討することとなる。

まずそのヴェネツイア人は、この改革案を称賛することから切り出す。

「私は、そうした改革が、（もしそれが達成しうるならば）全ての諸党派を統一するばかりでなく、国内及び極めて広範な海外においてあなた方を極めて多く繁栄させることにも大いに納得させられます。しかしあなたは、そうしたことがいつも討議へと至らす希望をおもちですか。議会議員たちは、何をそうした討議に話すのですか」(12)。

この対話者は、ここにおいてその統治機構改革が達成された暁には、諸々の党派間の対立にあるべき統一をもたらし、かつ遥かに広い海外でイングランド人たちを大いに豊かにさせるという期待感を示す。それにもかかわらず彼は、ネヴィルがそうした議員の間での討議を説くが、彼は常に討議に持ち込んでしまうのか、そしてその議員がネヴィルの元々の目的に対してどんなことを主張するのかと、そのジェントルマンに迫る。

ネヴィルは、これに対していかなる両院議員にもその目的について少しも論じなかったと答え、かつそうした貴族や議員たちの善意や彼らへの助言も分をわきまえているつもりであるという。そして彼は、まずその論じなかった理由を以下のように話す。

「私は、彼らが喜んだり悲しんだりし、彼らが会う誰であろうがその顔にまくし立てて喋る程十分に、自らの諸観念をもつ人々を知っております。私たちの最近の面倒な期間中に要人のところへと、否、国王自身のところへと行って啓示から自らの方策を申し出たものもいました。私が知った二人は、（そのうちの一人が宗教上の相違を仲裁する創案をもちました［中略］）ともに偉大な才能と幻想をもつ人々でした。しかし彼らは、『神は、一つの仕事しかもたない人物から私を救う』というあなたの国の優れた諺をしばしば繰り返さざるを得ないほどまでに、あらゆる時にかつ全ての人々にも非常に厄介でした。そして私は、そうした人々の世評ほど羨ましがらない人の世評も存在しないと自信をもって言います。それゆえ、あなたは、次のように快く信じるかもしれません。すなわち、私は、そうした諸観念をまき散らすことに対して彼らの模倣をしていませんし、私は、そうした懸念が私たちの真の医師である人々の頭にいつも入るかどうかを予示できません」(13)。

ネヴィルは、ここである意味で扱いにくく、通常と異なった方法によって主張する人々がいることを認める。例えば、彼は、極めて喜怒哀楽を顕にしまくし立てて誰であれ喋りまくるほど過剰に、自らの諸概念を主張する人々を知っているという。またイングランド人たちの間に最近のトラブルに見舞われた時代期中に重要人物や国王自身のところまで出かけ、かつ啓示が自らの方策を与えるという者もいたという。ネヴィルによれば、二人のうちの一人は、宗教対立を取りもつのに創造力を発揮したという。ロビンズによれば、彼は、ミドル・テンプルのジェントルマンによる『宗教的統一の諸根拠』(一六七九)の著者であった(14)という。ネヴィルによれば、彼らは、ともに大いなる資質を有するが幻想を抱く人物であったと説かれる。こうした人々は、ある意味では立派かもしれないが、狭量的にして独りよがりで、得体の知れない人物であり、一般人にとって恐ろしい影響を与えるものとして語り継がれているという。こうした根拠によってこのジェントルマンがこの優れた医師の頭にその懸念を何時も考慮するか否か予想しがたいというものである。

さらにネヴィルは、この会話文の文節を以下のように続ける。

「なおあなたの質問に答え、かつあなたに私の推測を与えるため、私は、私たちが大改革にはまだ熟していないと信じます。と申しますのは私は、私たちがたんに次のように極めて堕落した国民であるためばかりでないからです。私は、私たちが売春、飲酒、賭博、及び怠惰に付けられることを意味するからばかりでなく、以下のように主に政治的堕落を蒙っていることも意味するからです。すなわち、その政治的堕落は、公共の福祉に関わる事柄全ての怠慢であり、かつそれに抗して私たち自身の私益をうち立てることであります。私は、これが全てでないと言います。と申しますのはそれがいかなる国の政体も改善し得ないからです。混乱した共和国は、その統制力が緩慢な状態の結果として、私たちが語るそうした諸堕落を全ていつも蒙るからです」(15)。

このジェントルマンは、その文節においてこの対話者の質問に答え、かつ自らの推論をその人に与える必要があるため、イングランド国家の大きな転換への行程には多くの要件を整えなければならないと説く。ネヴィルによれば、その根拠としてイングランド国民がまだ十分に理に適った国民となっていないためであるという。彼は、この国民における消極的側面に焦点をあてれば、その悪しき諸項目におけるごとき状況が垣間見られると斬る。さらにこの古典的共和主義者は、その通常の論理に従って「公益対私益」論を展開する。すなわち、彼は、公共の福祉の実現に向ける努力不足を指摘し、かつ私益に偏りすぎる側面を批判する。とはいえネヴィルは、それに終始するばかりでないのである。彼によればこれは、一般論であって、当然ながら全てではないと説く。換言すれば彼は、このような側面だけを強調すれば、いかなる国家統治政体も改革できないこととなってしまうという。ネヴィルは、自らの楽観的人間観からその因果関係論理よってそれを立て直し、かつその改善策を探ろうとするものである。従って混乱した国家ないし共和国は、その統治能力を十分に発揮できない結果として、そうした堕落がもたらされてしまっていると説かれる。

ネヴィルは、さらに次の文節においていまだにその改善策へと向かっていない状況に論及し続ける。

「私たちの治癒《キュア》がまだ近くないと私を恐れさせる、次のような他の二つの理由が存在します。その第一は、この王国の賢明にして重要なある人々の大部分が極めて沈黙し、かつ彼らの予算案を決して提出しないからです。そして彼らは私たちが人々と同様にある現在の状態を嫌い、かつそれ［現状］が私たちを導く危機とみなしますが、決して矯正へと処方するためにその口を開かないからです。しかし彼らが何を私たちに助言するのかと問われたとき、彼らは、あなたの国の人々のように、肩をすくめるでしょう。生まれ、資質、及び財産面でともにイングランドにおいて最高度にあり、極めて著名なジェントルマンがいました。彼は、一六四〇年に召集された議会議員であり、議員たちとともに全ての内戦を継続させました。そして彼の知恵と雄弁（ともに極めて立派でした）によって彼らの国務を大いに促進しました。党派内抗争が長老制主義者たちと独立派との間に始まったとき、彼は、独立派に心底加わりました。それは、いかなる演説もなさない議決投票に自ら是認を与え得る限りにおいてであります」(16)。

このジェントルマンは、まずこの文節において政体の病や混乱が改善せずあるいは収まらない懸念をもつ理由には二つあると措定する。第一は、この国の重要人物の大半がこの改革案に黙して動かず、かつどのような条件を提示してもその予算案を提起しないことである。そして彼らは、多くの人々と同様に当時の状況を好まず、さらにそれが危機を招くと考えるが、その政体の健全な回復への処方に賛意を示さないためと説かれる。とはいえネヴィルは、彼らが何を助言するのかと急に訊ねられると、通常不快感を表すものであるという。このジェントルマンの改革案を進める場合に、こうした重要人物たちの不安や不信を示す必要から、彼は過去の問題例を示そうとみなす。ネヴィルは、動乱期における良き指導者であるが、その沈黙者のうちの一人としてウィリアム・ピアポント（一六〇七―一六七八）をあげる。この重要人物は、その時代において有能な指導者であり、かつ有力な顧問でもあった。このジェントルマンによれば、このピアポントは、イングランドにおいてキングストン初代伯の息子として生まれ、かつその能力や資産面などで最高に位置するほどに恵まれていたという。彼のより具体的な経歴は、一六四〇年の長期議会の庶民院議員をはじめとして、他の議員たちとともに内戦期においても重要な顧問などを通じて枢要な役割を果たしたとされる(17)。ピアポントは、知恵とその雄弁においても名声を博し、それは国務での実績によって明らかであると説く。彼は、その議会派陣営における対立下では独立派に与した。しかしそれは、彼が庶民院における演説なしの議決投票や命令に承認を与える程度であり、かつ国王側にはそのことについて何も連絡をしない程度でのものである。

このジェントルマンは、次のようにクロムウェル独裁への過程に説き及ぶ。

「その後軍隊による襲撃が庶民院になされ、かつ多様な議員たちが力ずくで除去され、かつ隔離されたとき、このジェントルマンは、彼らのうちのいずれでもありませんでしたが、それを嫌いかつ自発的に自ら退きました。そして彼は、クロムウェルの政府の簒奪まで引退し続けました（彼は、この簒奪がその時宣せられた、民衆政体《デモクラティカル・ガバメント》に極めて反しました）。そして彼は、クロムウェルによって大いに擁護されましたが、彼の下でのいかなる雇用も受け入れることを全く拒否し、あるいは彼に少しの助言も与えることも拒否しました。クロムウェルが死去し、かつ議会が彼の息子によってあるいはむしろその軍隊によって招集されたとき、その将校たちは、もしその主導的議員たちが正直な統治をなし得るならば、自分たちが軍によって（その言葉にあったように）存続させると当初からその主導的議員たちの耳に囁きました。このジェントルマンは、このとき、その議会に選出されませんでしたし、議会にいる他のいかなる人物にも少しの助言も与えませんでしたが、なお自ら控えました。そのために、彼がその故人の国王政府に再度つくことに対して（提案に対してですが）いつも反対しましたが、彼は今現陛下の王政復古後にそれを切望するのではないかと一般に信じられました。しかしその懸念は、いざというとき根拠がないように思えました。と申しますのは当時の将軍G・マンクが再度君主制を復活するかどうかについてマンクによる権威ある言葉として協議されるため、彼は回答せず、かつ彼には少しの助言も与えず、かつ実のところ以来ずうっと国務から自らを遠ざけています」(18)。

このジェントルマンは、まずこの文においてプライド大佐が多数の議員を「粛清」した事件をはじめとする、武力を背景に長期議会を解散させる事件から護国卿制への移行過程について論及し始める。確かにこのピアポントは、O・クロムウェルと同じ独立派の重要人物であったが、このオリバーの軍隊による議会襲撃によって長期議会が解散される時期において、特に一方の陣営に肩入れしたわけではないと説かれる。しかし彼は、それを自ら好まず、そこから遠ざかったという。この政体は、その当時自分たちが民衆政体と宣言したものと極めて異なるとして護国卿制期まで国務職就任を回避したという。たとえこのピアポントは、オリバーに擁護されたとしても、彼の下で働くことを完全に拒絶し、かつ少しの助言も与えなかったと説かれる。次にネヴィルは、オリバーからリチャードの政府へと移行するその政治過程に移る。ネヴィルは、オリバーからリチャード・クロムウェルへと政権が交代しつつある時期に焦点をあて、そのエピソードからこのピアポントの賢明であるが沈黙的側面を浮き彫りにしようとする。前記のごとく、ネヴィルは、この交代期について繰り返して言及する。彼は、ここでは軍隊の手練手管によって軍隊の影響力の行使を導入する。その軍将校たちは、その議会を主導する議員たちに対し自分たちが本来あるべき統治を実現しようとするならば、軍によって存続させるといって促したという。このピアポントは、最終的にその議会に選出されなかったし、議員たちに何らの助言や勧告も提示せず、かつそれを留保したと示される。このピアポントは、そのチャールズ一世政府に就く提案に何時も反対したが、チャールズ二世政府の実現時にその政府に就くことを熱望するのではないかという広範な懸念があったという。しかしながら彼は、その懸念を以下のように払拭する行動をとったため、その信念に基づく行動がある意味で評価されるべきであるという。すなわち、王政復古を計画するマンク将軍がその復活の是非を彼に求めたとき、このピアポントは、それが王政復古の指導者マンクの権威によってなされる協議であるということを根拠に回答を拒絶し、かつ将軍に助言も勧告も提示せず、実際には国務職から自ら退いていたからであるとネヴィルによって説かれる。ここでネヴィルが強調するものは、このピアポントが重大事に沈黙する象徴的人物として示していることである。しかし他方でネヴィルは、彼が自利に溺れずかつ自らの公正的信念を貫いているかのごとく思えることも示している。

ネヴィルは、引き続き王政復古前後の政治過程に論及する。以下の文節において「クラ、、レ、、ン、、ドン法典」で知られる人物の追放事項が導入される。われわれは、この法典が非国教徒（ウィッグ党の中核を占める人々）にとって重大であるため、これについて確認しておかねばなるまい。この法典は、周知のごとく国教会に従うことを拒否しあるいは公認されないにもかかわらず礼拝に出席する人々を処罰するために、一六六一年から一六六五年までの間に制定された立法法規（都市自治体法・礼拝方式統一法・クエーカー法・第一次秘密礼拝集会法・五哩法）に幾分誤称的に後にあてられたものである。実のところクラレンドンは、最初、その刑法を修正しようと試み、それを渋々と受け入れただけであった(19)。

「クラレンドン卿の追放の際に彼は、イングランドの最も偉大な人々のうちの一人にしてそれに劣らぬほど、陛下に尊敬される人物によって訪問され、かつ国王に近い、ある重要な任用を受け入れるように求められました。そのことを彼が拒否したとき、彼にとって見知らぬ人でなく、彼によってよく知られた同じ人物は、以下のような方法について彼の助言を与えるよう請いました。すなわち、彼は陛下（は国王の全国民をともに統一し、かつ内戦をもたらした傷を修復する以外に何ものをも望みませんでした。その助言によってそうした傷を開けたままにしておくクラレンドン卿は、今ここにはいらっしゃいません）が、あの名誉がありかつ高尚な仕事を遂行しうる方法について助言するように請われました。しかしなおこのジェントルマンは、自らお詫びしました。つまり、彼は、その当時もかつその前後のいかなるときも（彼が一六四〇年の議会に出席したときを除き）、その混乱した時代にもかつ彼らがより多く活動をやめたと思われるとき、陛下の復帰以来も、いかなる親友によっても、かつ公的任用におけるいかなる人によっても、私たちの国務には少しの判断も与えたり、あるいは国務を修正するのに僅かな助言も与える気にされないでありましょう」(20)。

まずこの会話文の最後の文節においてネヴィルによれば、このピアポントは、英蘭戦争の失敗やフランスへのダンケルク売却などのかどで大法官であるクラレンドン伯が弾劾され、かつ国外追放されたとき、最も高位にある人物の一人にしてチャールズ二世から信頼の厚い人物によって訪問を受けたという。さらにこのピアポントは、この君主の近くにある重職を受諾してくれるよう請われた。しかしこの同一人物は、このピアポントには初対面の人物ではないが、十分に知っている者であり、次のような助言方法に関して教示を要請したと説く。（全国民を全て統一させ、内戦によって受けた傷を治すことを除き何も望まないほど私心のないチャールズ二世は、クラレンドン伯やその傷をその助言を通じて何ら治そうとしない者とは異なるという）。この人物は、国王が外務をはじめとする最も重要な国務を遂行する仕方について教示してくれるように彼に要請したものである。とはいえこのピアポントは、謙遜して詫びたというものである。ネヴィルによれば、次の文章において極めて広範にわたる内戦前後から王政復古へと至る動乱期を通じて、このピアポントによる首尾一貫した私心なき精神や権力欲によって行動しないことを上記のごとく具体的な場面において強調する。ネヴィルは、さらにこのピアポントが多くの人々から尊敬され、かつ評判もよく賢明な人物と評価する。彼は、その仕事ぶりにおいても十分に確認でき、快く行動するときも、明確に自らの姿勢を見せたという。そして彼は、膨大な資産の管理運営に関しても知性あふれる適切さにおいても自らの誉れ高き生活ぶりや自らの家族を名誉ある地位へと導いていているという。このピアポントは、五人娘のうちの四人がそれぞれオーグル伯・ニューキャッスル公・クレア伯・ハリファックス侯爵と結婚させている。その『プラトン再生』第二版においてこのピアポントの五人の息子のうちの一人がエベリン卿の娘と結婚したことが加えられた。こうした過剰なこのピアポントへの称賛は、この国における優れた人々が多いことを例示し、かつそれが多様であることも付け加えられる(21)。

そのヴェネツイア人は、それらがこのジェントルマンによる危険な論者とその逆に慎重であるが沈黙する賢人例といった、両「極端な」事例とみなす。彼は、賢者であったとしても「沈黙のみ」では社会にとって「愚者と同然」と反論する。この対話者は、この後者に「次の論点」(22)に言及するように迫る。これに対してネヴィルは、次のように答える。

「私たちが話しつつあるような諸方策が急に提案されるのではないか、と私を恐れさすに違いない次の理由は、議会が人々にもつ大きな不信であります。その事は、最初の動議において極めて新しいそうした問題に思い切って進めるのに大抵の議員を慎重にし、完全には理解されません。それは、少なくとも政治について書いている著者たちに精通されないような人々には完全には理解されません。ゆえにその発議者は、彼らをまごつかせるように、かつ新しい方策を提供することによって、彼らが国王に王位継承について、あるいは他の高等な諸問題についてありうるあるかなり発奮させる討議を逸らすように、宮廷党によってさせられたのではないかと疑われるかもしれません。と申しますのは彼らの判断を矯正しようと努め、かつ彼らの安全を与える傾向がある人々よりも勝って、彼らの情念を高め、かつ彼らの怒りを払拭する諸言説を好むことは、混乱した時代における全ての民会［ないし市民集会］（これは例えば、マキャヴェッリが極めて称賛するローマやアテナイの国民のように、今まで存在したうちで最も賢明であります）の性質であるからです」(23)。

ネヴィルは、この会話文において本節の第三項における人々が恐れる最初の理由に続く第二の理由について措定する。その懸念理由は、ネヴィルの改革案が突然議会に提出されるのではないかという、議会自体が人間に対して抱く不信にあるという。彼によれば、その不信によって議会は、最初に提出する動議においていきなり大胆と思えるものを成立させるような危険を冒すことを控える傾向がある。さらに議会は、それが直ちに人々から理解されるものでなく、特に十分に政治的素養をもたない人々には容易に納得してもらえるわけでないと説かれる。従ってこのジェントルマンによれば、この改革案の発議者がそうした人々を惑わし、かつ新奇な政策を提案することによって彼らがその君主に対し王位継承や他の高度な諸問題に関して可能にして極めて力強く刺激させる議論を回避させるために、その政権与党によって成立させられてしまうのではないかという懸念が抱かれてしまうという。ネヴィルは、その根拠として古代ローマやギリシャの市民による民会ないし市民会議におけるものを適例としつつ、その類似な特徴を示そうとする。すなわち、こうした民会ないし市民会議の性質は、その混乱期においてその判断を修正するように努力しかつその市民に安全を提供するよりもむしろ市民の感情を煽りかつ彼らの怒りの感情をなくすことを優先させるのに類似するものであるという。これは、ネヴィルによって尊敬されるマキャヴェッリが理解したものであると説かれる。

このジェントルマンは、議会がこうした人間の感情的要素に対する不信から生じる次のような問題を指摘する。

「その真実は、彼らが人々についてもつこの不信について、議会が大いに弁解され、あるいはむしろ正当化される、ということであります。と申しますのは年金や公職によって最も卓越した庶民院議員たちを堕落させるほど、後の主要な大臣たちによって使われた極めて多くして極めて成功裡な試みが最近存在しているからです。それ故このことは、次のような場合には、共和国の善に、及び私たちの混乱した国家を鎮めることに素晴らしく導くことでしょう。それは、彼らが特にあらゆる懐疑と不信の余地がなく高度にして問題のないほどの世評をもつ人々であり、かつ故に彼らが、〔中略〕自らの国の救済のため、大胆に挑みうる場合であります。そこにいるこうした人々は、一六四〇年議会には少なくとも二〇人ないし三〇人がいました。彼らは、二人の最近の国王の治世において性急にかつ激怒して解散された以前の七つの議会において彼らの根拠を立て、そしてそれ〔国〕を裏切るお金と公職の誘惑と同様に、彼らのイングランド愛のために投獄と重大な罰金の可能性に抵抗しました。そうした年金と公職はともに、私たちの正しい権利の崩壊と彼らの主人の国務の損害へともたらしがちである、その時代の悪辣な顧問たちによって提供されました。私が申し上げるように、彼らは、恒常的にして寛大な雅量と栄誉によって高潔を証明したため、議会ばかりでなくほとんどその国民全体もこうした雅量などを堅持する程、大いなる評判を得ていました。イングランド国民は、今述べられるいかなるものよりも高度な性質をもつ行動においてそうした［世評をもつ］人々によって支配されました。これは、放棄されたりあるいは私たちが言うように、見殺しにされる恐れなくしてであります。フランスの国民は、しばしば彼らの高官たちによって、重要な地位を得るためほとんど内戦を引き起こさないとき、その地位を彼らが提供されるや否や、彼らがその武器を置き、かつ［その国民は］彼らの追随者たちによって不安なままにさせられます」(24)。

ネヴィルは、ここでは実のところ人々の感情的要因を問題視することによって議会が言い訳を許され、かつ逆に正当化されてしまう結果となっていると説く。それは、宮廷与党の巧妙な指導者によってなされる脅しと誘惑といった議会運営手法が行使され、かつ彼らが成功裏に議会を支配しているという。C・ロビンズによれば、この「年金と官職」批判は、「馴染みのテーマ」であるという。すなわち、これは、周知のごとく当時の地方党が好んで宮廷党を批判するのに使用した言葉であった。D・L・スミスは、それがその宮廷党の主要大臣であったダンビー伯による政権運営手法に対する批判に使われたという。彼によれば、「ダンビーは、年金・贈答品・官職の約束や官職任命権の混合を使用することによって、一六七七年から一六七八年の間の下院における約一二〇人から一五〇人の忠誠的議員の中核におそらく頼りえただろう。そしてダンビーは、二五〇票もの多数を確保すると断言するときもあったという」(25)。いずれにせよ地方党的イデオロギーをもつ人々は、この主要大臣によるこうした賄賂紛いの手法をその馴染みの言葉によって批判していたのである。しかしネヴィルは、ここにおいてその手法を皮肉りながらこの巧みな指導力を評価していることとなっている。さらにこのジェントルマンは、それが優れた指導者たちである条件下では適切な統治を為し得ると説く。すなわち、こうした秀でた指導者は、ダンビー伯のごとき問題のある指導者たちが懐疑と不信がもたれる余地などなく、高潔にして文句のつけようがない評価を得ている人々であるならば、その公共善のためや、当時の混乱した政体を鎮めることを成し遂げ、ともにその祖国の再生のため思い切って挑戦できるとネヴィルによって説かれる。

引き続きこのジェントルマンは、こうした優れた人々が長期議会に少なくとも二〇人から三〇人いたと主張する。C・ロビンズによれば、七つの以前の会期において一六四〇年から一六六〇年までの長期議会に仕えた約二〇人の議員に関するネヴィルの声明は、かなり正確であると評価する(26)。このジェントルマンは、この文節の最後においてこうした優れた議員たちを最大限の賛辞によって称えることとなる。すなわち、彼によれば、フランスの国民は、その高位の統治官たちによって自らの重要ポストを獲得するためにほとんど内乱など起こさずに支配されたという。こうした統治官たちは、その地位が得られるとすぐに自らの武器を置き去り、かつその追随者たちによってその国民を見殺しにするままにしたという。これと全く逆にこの国の高潔な人々は、常に寛容な精神をもち、かつ栄誉を大切にし、かつ自らの品格の高さを証明したという根拠によって議会のみにとどまらず、国民全体もそうした品格を堅持するくらいにまで高い評価を得ていると説く。彼らは、フランスの国民のごとき、その指導的地位にある人々によって放棄されるままにされたり見殺しにされるなどの恐怖を感じることなくしてこうした立派な態度を示したというものである。われわれは、ネヴィルがここにおいても清教徒革命期の議会の大義ないし有為な議員からなる議会像を抱く部分を確認できる。

ネヴィルは、この主著における主張を以下の会話文によって終えることとなる。

「ある賢者たちの沈黙について、及び他の者たちの評判の欠如に関するこうした二つの理由が、私たちの約束の地に関する哀れな見込みしか私たちに与えませんが、私たちは、私たちを刺激して間もなくより長くよりよきものを望ませる一つの重要性をもちます。それは、私たちが今ある状態に長く継続し得ないといった誤り得ない確実性であり、私たちが述べている間に全てここにあるようなある諸原理による以外に改良し得ないことであります。そしてそれから引き得るような救済や改善策がなければ、私たちは、内戦へと入るまで一方の分裂から他の分裂へともたらすに違いありませんし、その内戦の終わりに確かに次のようなフランス国王の餌食となるに違いありません。すなわち、そうなれば、フランス国王は（その自陣営ではそれが問題となりません）賭博師となり、かつ最後には賭けに圧倒的に勝ってしまいましょう。そうすると世界は、私たちの内戦期中にあったように、同等に強力である二人の君主間において均衡がとられなくなってしまいます。もしこの危険を予防する他の諸手段のようにその危険がやがて理解されるならば、（明らかにそうなるごとく）私たちは、ちょっとした間に、世界で最も幸福にして最も偉大な国民となることとなります。私たちは、その間地上における人々のうちで最善にして最も正しくかつ快適な統治《ガバメント》を享受することとなります。もしあなたは、私がこれ以上によいとみなすことを与えたかどうかを私に問うならば、私は、ソロンが自らアテナイのためによりよき統治をなしたかどうか問うた、哲学者に答えたように、あなたに答えます」(27)。

ネヴィルは、まずこの最後の段落において確かに賢人たちの沈黙、及びある人々の望ましい評判の欠如といった理由によって、イングランド人たちに哀れな見込みしか与えないかもしれないという。それにもかかわらず、彼は、自らの新立憲制によってイングランドには健全にして長期にわたる安定的政体へと導く確固たる展望を国民に託し得る重要性も与えることができると説く。

このジェントルマンによれば、ネヴィルによる改革論が実現すれば当時の混乱状態が長く継続することなど確実にありえないという。彼は、例のごとくそうでない場合を想像させる。すなわち、イングランド人たちが自らの改善策がなされないとき、彼らはまず分裂を繰り返し、さらに内戦へと陥ってしまうこととなる。その結末としてルイ一四世専制下のフランス国民のごとくこの犠牲となってしまうこととなる。その君主は、この国を賭博の一つのごとく扱い、自国に何ら問題とならないとしても、イングランドを一挙に破壊へと至らし得ることになる。従ってこの前の内戦期にあったように、この両国の君主勢力の均衡がフランスに過剰に優位的に偏ってしまうこととなる。故にイングランド国民は、その犠牲となる危険を予め感知し得る他の諸装置によってこうした脅威を悟ることとなれば、確実にこの国民は、最高の喜びと満足を享受できかつ偉大な国民となり得ると説く。従ってこの国民は、現世で最も優れかつ最も快適な統治を享有することとなろうという。彼は、そうした最大限の賛辞によって自らの統治機構改革論を補完する。ネヴィルは、その文の結びの言葉として次のように述べる。すなわち、ソロンが、自らのアテナイ市民団制度の基礎をつくった統治について十分に成果を彼らにもたらしたか否かを問う哲学者に答えたごとく、このジェントルマン自身も答えると結論づけたのである。ネヴィルは、自らの成功を有名な古典的賢者によって語らせる例を使って自らの提案の妥当性を確信することとなる。ネヴィルは、この主著の末尾に「もし知恵があるとすれば、いかなる神の力も欠いていない(28)」という一文を加えている。これは、この主著が課題とした政体の病理ないし混乱に直面したとしても、合理的な知恵を使う統治術ないし政治指導によって十分それに対応可能であり、自らその重要性を果たし得ると確認するものである。

（1）H.Neville.*Plato Redivivus*,London,1763,p.265.
（2）H.Neville.*op. cit*.,pp.265-266(C.Robbins,ed.,*Two English Republican Tracts*,p.192).
（3）*Ibid*.,pp.266-267.
（4）D.L.Smith,*The Stuart Parliaments,1603-1689*,E.Arnold,1999,pp.32-35.
（5）H.Neville.*op. cit*.,pp.267-268.

（6）G.Smith, *A Constitutional and Legal History of England,* Dorset Press,1990,pp.207-212,etc.
（7）H.Neville,*op.cit.*,pp.268-270.
（8）*Ibid.*,pp.270-272.
（9）*Ibid.*,p.272.
（10）*Ibid.*,pp.272-273.
（11）C.Robbins,ed.,*op.cit.*,p.195.
（12）H.Neville,*op.cit.*,p.273.
（13）*Ibid.*,273-274.
（14）C. Robbins, ed., *Two English Republican Tracts,* Cambridge, 1969, p.196.
（15）H.Neville,*op.cit.*,pp.274-275.
（16）*Ibid.*,pp.275-276.
（17）C.Robbins,ed.,*op.cit.*,p.196;D.Bruton et al., *Members of the Long Parliament,* George Allen and Unwin,1954, pp.10,239.
（18）H.Neville,*op.cit.*,pp.276-277.
（19）G.Smith,*op.cit.*,p.351,etc.
（20）H.Neville,*op.cit.*,pp.277-278.
（21）C.Robbins,ed.,*op.cit.*,p.196.
（22）H.Neville,*op.cit.*,p.279.
（23）*Ibid.*,pp.279-280.
（24）*Ibid.*,pp.280-282.
（25）D.L.Smith,*op.cit.*,pp.153-155(C.Robbins,ed.,*op.cit.*,p.199).
（26）C.Robbins,ed.,*op.cit.*,p.199; M.F. Keeler, *The Long Parliament,*Philadelphia,1954,pp.16,76.

（27）H.Neville,*op.cit.*,pp.282-283.
（28）*Ibid.*,p.284.

第三節　結び

われわれは、本書においてネヴィルによる具体的な政治的議論が王位継承排斥法案危機期の諸問題を背景にしていることを繰り返して措定してきた。われわれは、本章の第一節においてさらにそれがいわゆる「騎士議会」における主要問題を引き継ぐものであることを確認してきた。それが宗教的寛容ないし包容政策の拡大範囲・それに伴う国王大権・近隣新旧両教徒からなる諸強国との外交政策・財政問題に対する国家官吏の管轄範囲などであった。それらは、さらに相互に連関する二つの主要問題となってその危機期において継続していたものである。第一に、それらは、国王と議会との望ましい正確な関係に関して十分に定められていない問題である。これは、国王の諸裁量権間・法の支配と議会の権利などの境界線をめぐるものに関わる。とはいえこの議会と君主との対立的主権問題は、確かに憲法学者によって法律的名目的かつ政治的主権として解釈されるとしても、二〇世紀における英国の伝統的立憲制と安定的な現実政治との独特な齟齬ないし「非論理性」や経験主義(1)、さらには経路依存といった問題となって引き継がれたものである。第二に、それは、われわれが繰り返し前提とした「カトリック教と恣意的統治」の脅威問題であったのである。われわれは、ネヴィルがそれらを政治制度・経済社会変動・統治術・指導力などとの関連において、その病理とその改善策を説くと論じてきた。

本章は、ネヴィルによる統治機構改革論が実行される場合に伴う諸問題との関連、特に彼が唱える庶民院優位型代表議会との関連を捉えることを目的とするものであった。従ってわれわれは、本節においてその三つの項に沿って要点をまとめることとする。

第一項においてわれわれは、ネヴィルがその統治機構改革と貴族院との関連について論じる問題を設定してきた。ネヴィルは、自らの古典的共和主義思想的系譜から君主制的・貴族制的・民衆政体的三要素による権力の抑制と均衡の流れにそって市民優位型政体論を説く傾向ももつ。従って彼は、その歴史的類推によってイングランドを理念的に再構成しようとする傾向ももつ。従ってネヴィルは、その貴族院を否認するものではない。しかし彼は、自らの改革論に従い、国家権力を支える重要な統治機構としての庶民院を前提に、貴族院を制限することをここで主張することとなる。ネヴィルによれば、自らの庶民院優位主義的代表議会は、公共善を目的とし、庶民院がその統治機構の中核である議会を担い、その下院が選挙に基づく市民代表からなるものであると説かれる。ゆえに貴族院もそうした観点から改革される必要があるという。ここで最も注目すべきものは、ネヴィルのそれが、議会によって世襲制を少なくして貴族が創設されるべきであるという改革案である。これは、議会史上後の時代に漸く確立する極めて重要な提案である。というのは特にこの時代において貴族院は、世襲制が第一義とされるものであったからである。すなわち、彼は、そこでの世襲原理を批判していたのである。

第二項においてわれわれは、その統治機構改革と庶民院とこの項を題したが、ネヴィルによるそれが貴族院との関連で多く論じられている。彼は、この項において議会両院の司法上の局面における問題から説き起こす。ネヴィルは、前記のごとく公共善を目的とし、かつ選挙による市民代表としての庶民院中心主義的代表議会がその改革によって徹底すれば、諸々の諸問題も解決へと順調に導くと説く。彼は、例えば、各々の議員に関する訴訟について自らの議院において裁かれる場合に、自己防衛的となりかつ内向きとなりがちであることも認める。しかしながら、その改革によってその共通善を基準として民益を念頭に置くようになるため、必然的に両者間の対立が解消へと向かうこととなると説く。またネヴィルは、その改革が浸透すれば、両院において裁判機能的関連から衡平を第一義とされるものを強化することになるため、両院の競合問題もよき競争となり得ると説く。ネヴィルは、自らの改革が選挙主義を基本とすることになれば、大改革が行われるのではないかという懸念も当然生じるであろうという。しかし、彼は、従来の財産と教養を有し、さらには有能な貴族からなる上院がその本来の役割を極度に減じることとならないと弁明する。彼は、その機能として司法機能や調整機能を列挙している。ネヴィルは、この項の最後において改革の支柱的論点について確認しかつそれを補うこととなる。すなわち、その改革の支柱である「四統治評議会」の議会による選出方式は、議会と同様に選挙や輪番制原理に基づくものであることが確認される。それは、古代における「民衆政体」を採用するものと同一原理の系譜をもつと説く。従って彼は、自らの改革が古代のスパルタや近世のヴェネツイアに関連するが古来のイングランドの君主制を修正するものであるという。ゆえにネヴィルは、その四統治評議会提案が君主の執行行政部門をともに担い、かつ補うことを確認する。従ってそれは、議会両院と君主の同意によって成立するものであり、ゆえに最高機関としての議会によってその評議会が主要な統治部門として承認されることとなる。従ってわれわれは、そこにおいて議会の信任に基づく議院内閣制における基本的要素ももつ原型ないし規範が想定されるとみなすものである。というのはその統治評議会は、首相の役割をもつ国王とともに主要な執行行政部の責務諸部門を担わせるからである。

われわれは、その第三項においてさらなるネヴィルの統治機構改革を実施する際の政体における諸問題と取り組んできた。ネヴィルは、自らの統治機構改革が実施されることとなれば、この国の諸党派間における激しい対立が収まり、かつ国外におけるこの国の人々が豊かになることが実感できるという。しかしその当時の現実的状況は、その改革に対して両院議員たちが議論を行うけれども、必ずしもその改革目的に納得しているわけでもなく、かつ直接に説得する諸条件も欠いていたと説かれる。

ネヴィルは、ここではその二つの不十分な状態を指摘する。そのうちの一つは、通常と異なった方式によって主張する人々が存在したからである。具体的には宗教問題についてその尖鋭な対立を取り持つのに創造力を発揮するが、幻想を抱き、かつ天啓によって主張するという人々が存在するからである。これは非論理的に自らの主張を構成する人々のうちの一人であるという。これらの人々は、共通して合理的な論理によって主張しない、極めて独り善がりにして狭量な心性をもつ人々であり、極めて危険なものであると説かれる。

その改革を実現するための第二の不十分な状態は、政体の病理が回復しないのではないか、あるいはその混乱が収まらないのではないかという、人々における懸念ないし不安感の存在である。ネヴィルは、その理由としてさらに二つを指摘する。そのうちの第一のものは、この国の大半の重要人物たちがこの改革に黙してその行動をとらず、かついかなる条件提示に対しても予算案を具体的に示さないことのためであるという。この政体改革によってもその問題が解決しないのではないかという懸念の第二の理由は、その案が闇雲に議会に提出されるのではないかという不安感をあたえることに対して、この議会自体がそうした提案者たちに対する不信感をもつことにあるという。従ってその不信感のため議会は、その改革案を直接的に提出することを避ける傾向があるというものである。

そのうえネヴィルによれば、議会には政治的素養をもたない人々も存在するため、すぐにその改革案が完全に理解されるわけではないと説く。さらに彼は、中世以来民衆の感情的側面を煽って彼らを操作しようとする傾向もあるという。従って彼によれば、議会がそうした要因を言い訳として使い、自らを正当化しようとする傾向もみられるという。それにもかかわらずネヴィルは、ダンビー伯のごとき議会を腐敗させる戦術を使って自らの目的を達成しようとする者を遥かに上回る、高潔な議員たちも存在すると説く。彼は、すぐに自らの楽観的世界観によって将来の展望を語り始める。彼らは、内戦期の長期議会議員たちであり、かつ品格があり栄誉を重んじて指導力を発揮する人々である。彼らは、統治術も会得しており、かつ法律にも通じており、自国の再生を信じてそれを実践するものである。ネヴィルは、そうした人々が公共善に則してこの改革を実行すれば、国内外においてこの国の名声を高め、かつその豊かさについても高い評価を受けることとなると説くものである。ここにこそわれわれは、ネヴィルが内戦前後期における長期議会による庶民院優位主義的ないし国民代表的議会主権制度思想をもっていることを読み取ることができる。

（1）例えば、G.Sartori, *Democratic Theory*,Greenwood Press,1973,pp.228-249,etc.

終章　結論

――ネヴィルの共和主義的政体思想――

第一節　緒論

われわれは、本書を「ネヴィルの共和主義的政体思想研究―その『プラトン再生』を中心に―」と題している。まずわれわれは、ここにおいてその表題について簡単に説明しなければならない。われわれは、「ネヴィルとその共和主義」について既に規定し、かつ本章においても後に論及することとなるので、ここではそれ以下の表題の趣旨を述べることとする。

われわれの「政体」思想という表現は、まずその近代初期における国家の政治制度の根幹的精神を問題とすることを含意する。われわれの問題意識は、その当時のイングランドの政治制度が近代初期の基本的要素について今日のものと同じでないとしても、おおむね議会主権や議院内閣制などに近い状態で形成されつつあったという認識から発する。特に現代英国における議会主権を中心とした伝統的立憲制は、近代フランスなどのごとく市民革命の結果として形成された共和制と異なり、近代初期のもの、および当時の課題も形式上、継承しているからである。従ってわれわれは、歴史的制度論における「経路依存」概念における伝統や偶然性の有用性がここにあるとみなすものである。ネヴィルの政体論は、ある意味では古代以来の政体分類からの伝統を受け継いでもいる。しかしネヴィルは、自らが生きた時代においてその伝統的論争を踏まえつつ、自らの次なる新しい時代に向けて形を変えて、かつその精神を生かしつつ、当時の現実を改善するために新たに適用しようとするものであった。われわれは、彼が懸命に当時の国民の善のために国家の持続可能な統治機構を構想しようと試みた制度の精神を評価しようとし、かつその国家政体論を表現するものである。特にネヴィルは、その制度に対する強い信頼感をもつ。次の「思想」概念は、周知のごとくより広義的ないし動態的な精神の側面も含意するのに使われるものである。確かにこれよりもむしろ政体理論や統治機構論といったより具体的な表現もその選択肢として想起できた。しかしわれわれは、その当時の時代情勢が近世から近代への転換期的にして過渡期的性格をもち、それを含意させるために、かつより幅をもたせるためにこの「思想」概念を選択した。

最後にわれわれは、本書の副題について言及することとしたい。本書の基本的立脚点は、彼が主著において近代国家の政治制度原理を構成しているということにある。従ってわれわれは、イングランドの政治思想史においてネヴィルの共和主義的統治機構論を正確に位置付けることを第一次的目的とすることから発する。これは、その意味で彼の『プラトン再生』がこの分野において古典的評価を得ていることを前提とする。確かにイングランドの共和主義思想史において独創的思想家であるハリントンと比較すれば、彼は、第二次的思想家とならざるをえなかろう。とはいえわれわれは、従来における第一次的な独創的思想家を支える第二次的人物の著作研究も欠かせない段階に達している。というのはネヴィルは、ハリントンと同時代に生き、かつ彼とともに共和主義思想的運動をにない、さらに次の時代（広義の王位継承排斥法案危機期）にわたってその共和主義精神に基づき、この制度をその時代に適用し、かつその後代に自らの主要著作を通じてその広範な影響力を及ぼしたという点などにおいて、十分に古典的思想家に値するからである。従ってわれわれは、その主著を古典的著作と位置付けるものである。最近におけるネヴィル研究は、彼の数多くの短編作品などとの関連で総括している段階に既に達している。われわれは、それも当然のこととして念頭に置いている。ただしわれわれは、ネヴィルがより広範な原理的視野から、かつ当時の国家的観点から、将来に備え得る持続可能な統治機構を構想する問題意識から議会に訴えたという意味から、かつその主著の占める位置の重要性からその理論を構成するものである。従ってわれわれは、こうした視野から、ネヴィルのその他の作品によってもそれを補うこととなる。

本書においてわれわれは、ネヴィルの共和主義的政体思想についてその主著（この副題である「統治についての対話」）を分析することによって、それを再検討してきた。本章ではわれわれは、序章で定立した仮説の検証結果、及び課題の問題状況、さらには分析視角等を確認しかつそれらに補足を加えることとなる。それらの諸定立、その問題の諸設定、あるいは諸々の分析的視点などは、多様になっており、かつ重複する側面もあるが、全て多かれ少なかれ相互に関連するものである。従ってわれわれがここで項目化しているのは、便宜上のものと理解していただければ、幸いである。故にわれわれは、本章において主としてその四仮説に則して、それぞれを包摂しつつ結論付けることとする。

第二節　ネヴィルの共和主義的政体思想

㈠　イングランド共和主義者としてのネヴィル

われわれは、前述のごとくネヴィルが近代初期のイングランドにおける共和主義思想家であると規定している。この国の共和主義理論は、J・ハリントンによる一七世紀のそれが理論的基盤となっている。彼は、古代のローマ共和制などをその歴史的起源とし、その公共精神をもつ市民たちによる自治原理を支柱として、一人による絶対的支配を阻止するために、共通善や公共善を目指し、定期的選挙原理などを中核とし、かつその主たる公職を市民と貴族からなる二政体的構成要素などによって担わせる均衡的統治機構を、一六五〇年代に構想した。さらにハリントンは、この国における財産所有において優越する階級に比例した政治権力の移動を主張した。ネヴィルは、このハリントンの共和主義を基盤としつつ王位継承排斥法案危機期において国王権力の徹底した制限論として応用し、かつその立憲制的統治機構論を提唱したのである。こうしたイングランド共和主義思想の成立は、B・ウォーデンによってまずその根拠が次のように述べられる。

「西欧政治思想の展開に対する一七世紀共和主義の貢献は、主にイングランドにおいてなされた。イタリアにおいてルネサンスの共和主義の生命力は、主として一六〇〇年までに失われていた。オランダにおいて独立連盟諸州の台頭は、まとまった共和主義原理の体系的探究をほとんど生み出さなかった。フランスとスペイン、及び神聖ローマ帝国における絶対主義の進展に抗する国内の反対は、共和主義よりもむしろ特定主義であった。イングランドにおいて一六四〇年と一六六〇年との間における政治制度の崩壊は、政治的信念と政治的実際のより深い再検討を刺激した」(1)。

ウォーデンは、最初に一七世紀欧州共和主義におけるイングランドの首位性を措定する。この世紀の欧州においてそれ以外によるものは、まずイタリアのものであるが、それがイングランドの共和主義者に大きな影響を与えたけれども、この世紀には消滅していた。次にオランダの共和主義は、イングランドのものに比して体系的深化を欠き、その他のものについて共和主義と呼びえないと一刀両断にする。この国のそれは、その二〇年にわたる大きな政治変動が公共精神をもつ市民の政治参加や主体理念としての共和主義の思想、及びそれを具現する君主なき共和制的実際を刺激したことを強調する。われわれは、幾度も措定しているごとく、ネヴィルは、その共和制期における要職に就き、実際の共和政に関わった国家の政治家であったし、その妥当性も主張してきた。さらに彼は、ハリントンを囲む共和主義運動体であるロータクラブもリードしていた。

ウォーデンは、その共和主義が必ずしも全面的な君主なき狭義のそれを意味するものとは限らないことも確認している。それにもかかわらず彼は、この明確な理念の重要性について否定していない。このウォーデンは、それを三段階に分類する。

「その第一段階にして最も有益なものは、その一六四九年から一六六〇年までの空位期に属する。これは、一六四九年のチャールズ一世の処刑・同年の君主制及び貴族院の廃止への即応であった。そしてそれは、君主制への持続可能性をもつ選択肢（空位期の共和主義的作者が提供しようとした選択肢）を与える、清教徒体制の一連の一時凌ぎにおける後の失敗に対する即応であった。この分野に入る第一のものは、M・ニーダムであった。最も雄弁なのは、J・ミルトンであった。最も浸透しかつ影響力をもったのは、たとえある点においてJ・ハリントンの観念がその運動の支配的性格には風変わりであったとしても、ハリントンであった。第二段階は、絶対君主制とカトリックの王位継承の脅威が内戦の更新の予測をもたらした、一六七五年から一六八三年の間の政治的危機への即応であった。その時期こそ、ネヴィルやシドニーといった共和主義者が政治思想に自らの主要な貢献をもたらした時であった」(2)。

周知のごとく、一七世紀イングランドの政治思想史において最も独創的な理論が展開されたのは、この動乱の二〇年期であると言われる。というのは、レヴェラーズの男子普通選挙制論、ホッブズによる徹底した自然法的社会契約論などとともに、われわれが今扱っている共和主義などを生み出したからである。ウォーデンは、この第一段階についてその共和主義理論を最も高めた契機としてチャールズ一世の処刑とそれに続く王制及びその上院の廃止を措定する。従って彼は、これを突破口としてかつその即応として急速に共和主義理論が開花されていったと説く。それは、国民の自由を蹂躙した専制として崩壊せしめた君主制以外の統治政体がすぐに必要となったという議論によって、その議会側ないし権力を奪取した陣営に必要とせしめられるという。

この共和主義分野に第一に属する者は、マーチャモント・ニーダムである。われわれは、既述のごとく、ハリントンにおいて最も高い完成度をもつ理論が形成されたと措定した。ここでニーダムを第一に置くのは、その基準的著作ともいうべき『オセアナ共和国』よりも数年先行する著述を発表しているからである。ニーダムは、それよりも少し早くマキャヴェッリや古代の共和主義的文献を論じていたし、ハリントンの共和主義の基本的部分について論じつつあったからでもある。さらにいえば彼は、その残部議会体制やクロムウェルの護国卿制などを積極的に支持し、かつそれを自由国家ないし共和主義国家としての長所によって正当化しつつあったからである。さらにウォーデンは、彼と同じくこの体制を支える任務にあった、ジョン・ミルトンを最も明確な表現を使って当時の共和政体制を弁明する者として列挙する。ミルトンは、チャールズ一世の処刑を暴君放伐と断じ、当然の報いと論じ、かつその清教徒革命によって権力に就いた体制を擁護した。彼は、清教徒体制を念頭に、有徳にして純粋な宗教精神が国家を純化すると説いたのである。ミルトンは、イングランドを西欧におけるローマ共和国と描こうと試みる(3)。

いずれにせよ、ウォーデンは、われわれが示すごとく、ハリントンがここで最も影響力をもち、かつその共和主義理論においても最も高い水準を示す政治理論を構成し、かつ後の時代おいても大いに浸透した理論家と高く評価する。

イングランドの共和主義における第二段階は、王政復古期の半ば以降に展開されたものである。それは、われわれの主たる研究対象であるネヴィルやアルジャノン・シドニーによって代表される。ウォーデンは、ここでの重要事件的背景として王位継承排斥法案危機期に関連するものを示す。

それは、彼によれば、「カトリック教の増大と恣意的統治の脅威」という問題がその背景にあるという。これは、一方において王政復古体制によって強化された国教会体制による長所と欠点を含む背景から発する。確かに内戦を含むその二〇年期が古来の立憲制を破壊し、それと入れ替わった共和政体制がその国民益を十分に擁護できなかった側面も否定できない。しかしこの体制は、その硬直した国教会を打破しかつより望ましい共和主義的統治機構が試みられた側面をもつのも事実であった。これは、後の展開と関わる。しかし次にこの復古体制は、従来からその多数を占める国教徒を再度体制に組み込み、かつそれを強化することを何よりも重要とみなし、その国教会を過剰に固めたものと考えられる。

われわれは、ここに大きな問題が生ずるとみなしている。つまりそれは、その硬直した復古体制から弾き出された人々の反発を大いにかった問題である。これは、いわゆる非国教徒といわれる集団を結束させる。この王政復古体制は、その内戦を含む二〇年において未解決な恣意的権力の脅威問題を抱える。これは、チャールズ一世の専制及びクロムウェルを含む軍隊を背景とした専制の脅威事項も含む。さらにここにウォーデンによって強調される次期王位継承者である王弟ヨーク公に関わる問題の発生がある。われわれは、この王弟がその危機期の数年前にカトリック教徒と結婚した事実によって、その脅威問題と連係してより大きな問題となり得る状況を想定できる。つまりこの国は、長年欧州規模でローマ教皇と敵対してきた特殊事情などと関連し、かつそのカトリック教がイングランドに対するその脅威とも現実ともなり得る可能性をもたらすこととなる。これが先の二つの脅威問題となる背景である。われわれは、それがウィッグ党とトーリー党による国論を二分するイデオロギー的対立であり、前者が強力な王政主義と厳格な国教体制並びに恣意的権力体制に抗する野党であり、後者がそれに対する与党という図式が成り立つことを想定する。他方においてこの二つの党派は、前者が民衆の理性に信を置き、かつその暴君に対する抵抗権を信じるが、後者が現実の国王統治主義を信頼し、かつこれに反対する前者を大衆迎合主義と非難する傾向をもつ。

ウォーデンとポーコックらは、この時期のウィッグたちを「新ハリントン主義者」と規定する傾向をもつ。われわれは、これを全面的に否定するつもりなどない。しかしわれわれは、この命名が、やや誇張的過ぎるものと解する。というのは、われわれは、それがウッィグ的親民衆主義・反絶対王政主義・及び古来の立憲制史観などを含意することに反対するものではないが、シャフツベリに代表される植民地主義的自由主義者たちを共和主義に包摂することには無理があり、それを拡張解釈とみなすからである。確かにわれわれは、ネヴィルがこの王位継承排斥法案危機期において財産を多く所有する第三階級の自由を第一義的に強調する点について、自由主義的であるとみなす。われわれが特に強調したいのは、シャフツベリやロックらの自由主義者たちを新ハリントン主義に包摂することに無理があるということである(4)。いずれにせよネヴィルは、ハリントンの財産所有における優越する階級の重要性及びそれに比例した政治権力の移動を強調し、さらに古代における共和制や古代の共和主義的起源及び長所を根拠とする点などにおいて「ハリントン主義」に適合するとみなし得る。ネヴィルは、その古来の立憲制が自らの政体の安定に必要であるという点において、かつハリントンの片腕となって共和主義運動を展開した実績から当然ではあるが、「新ハリントン主義」の要件を満たすものである。ただしわれわれは、彼が、当時の混乱した政治状況を打破するには徹底した統治機構改革ないし新立憲制を主張する側面について、さらにハリントン主義をより当時の現実に適応させている点について高く評価するものである。ネヴィルの統治機構論についてわれわれは、次項での定立におけるわれわれのものによって確認することとしたい。

さらにわれわれは、ネヴィルにおける共和主義的特徴を示さねばなるまい。ネヴィルは、マキャヴェッリの著作を通じて古代ローマやスパルタなどの市民自治的な共和主義的長所をデモクラシーとして辿る傾向がある。われわれは、これも古典的共和主義を重要な論拠としているものとみなし、これはネヴィルがハリントン主義と称せられるものである。

ウォーデンは、シドニーもネヴィルと同様なウィッグにしてこの危機期の共和主義者と示す。彼もネヴィルと共通な新ハリントン主義概念に含むこととなる。われわれは、前者について制度的共和主義者としてよりもむしろ戦闘的共和主義者にして「宗教的・倫理的かつ自治主義的共和主義者」と評するジョナサン・スコット説(5)と一致する。というのは彼の戦闘的共和主義は、大いなる勇気や有徳といった精神的にして宗教的信念にも基づいて自らの反乱理論を展開するからである。特にその反乱理論において現れるのは、この王位継承排斥法案危機期が議会解散に伴って、その急進派が追いつめられる状況に反映する傾向を示している(6)。

最後にわれわれは、ウォーデンが第三期として示す時代について確認する。これは、名誉革命とそれ以後のウィッグが政権を担う時期において、ハリントンやネヴィルの思想や精神のエッセンスがその時代に合わせて適用されるものである。これについてここでは言及を控えることとなろう。というのはこの段階は、さらなる次の研究領域に属するからである。われわれは、本項でウォーデンのネヴィル論に主として準拠しつつその共和主義論を総括してきた。われわれは、その基本的論理がネヴィルの共和主義の規準設定論であると評価するものである。しかしわれわれは、それに全て同意しているわけではない。従ってわれわれは、その問題点を例示しなければなるまい。ウォーデンは、ネヴィルを「デモクラティカルな」論者として特徴づけている。これは、民衆政体論なり国民主権思想を示すものである。われわれは、それ自体に問題があるというよりもむしろその概念の曖昧性に問題を残すとみなすものである。現代的論点は、普通選挙制がその必要条件とされる。従ってその問題は、貧民、及び十分にその市民的要件を満たさぬ人々をその主体に包括するか否かという大きな問題などを曖昧なままにするものである。われわれは、ネヴィルのそれが、上記のごとく必ずしも普通選挙制を前提とする理論ではないと規定する。もう一つのみ彼の問題点を示せば、ネヴィルがその隠された急進主義的意図のもとに論じているという立脚点によっていることにある。そこで問題となるのは、ネヴィルが展開している「穏健性」(すなわち革命的過程ではなく改革的過程および混合君主制の持続可能性を本旨とするもの)との整合性のバランスにおける不具合が当然ながら生じてこよう。とはいえウォーデンの長所は、それらを上回る広範な第一次資料を駆使して分析している利点をもっていることを付け加えておこう。

(二) ネヴィルの庶民院優位主義的議会主権論

われわれは、本序章においてネヴィルが一七世紀イングランドの王政復古期に主要な政治原理として庶民院優位主義議会主権論を据えると規定している。これは、第一の定立と重なる内容を含む。というのはネヴィルにおける基本思想は、広義の主権が国民にあるという国民主権思想から発するからである。ネヴィルは、この国民主権思想と、市民の公共心を支柱とする市民自治思想などを含意する共和主義思想との共通原理が一体化する哲学をもつ。ネヴィルにおけるこうした一体化した政治原理は、ウィッグ主義ないし自由主義と共和主義との同様な関連とも重なる。われわれは、同様な時期に関する有力な論者たちの学説も確認してきている。前記のごとく、J・G・A・ポーコックは、ネヴィルらを半共和主義ないし新ハリントン主義と表現する(7)。さらにウォーデンは、彼に従いつつ、ハリントンを基準としかつ彼を高く評価するため、ウィッグ主義（商人たちによる経済活動の自由、厳格な国教主義からの自由の主張などを含む）・民衆政体主義《デモクラシー》（国民代表議会論などを含む）・共和主義によって王位継承排斥法案危機期の新ハリントン主義者たちを特徴づける(8)。われわれは、それがこのマキャヴェッリ的「共和主義」における近代自由主義への過渡期的性格ももつとみなすものである。なぜならその共和主義の公益主義（国益ないし国民益）は、現代の自由民主主義における一方での支柱であるからである。当然ながら現代の自由民主主義におけるもう一方での支柱は、私益から発する合理性にあるとするものである。従って現代において公益主義と個人の自利心的自由主義は、車の両輪を構成する。

これらは、一方においてネヴィルらの中に先駆性ないし先見性を評価しようとすると同時に、一八世紀における近代自由主義（制限的政府下で諸個人の自利心に基づく経済活動の自由などを支柱とする）の明瞭な基準に近い過渡期的位置にあると解することができよう。われわれは、それを無定型とみなすのではなく、むしろ彼らをその近代自由主義的要素である自立自助主義を包摂し、かつそれ以後のものに極めて類似する原理として解するものである。

われわれは、方法論的には歴史的制度論に基づくことも宣してきた。つまりこの時代は、その国家制度が長期的視野からその国の伝統・偶然的事件・政策などに制約されることを含意するものである。われわれは、それが伝統的制度的概念を含む二〇世紀のウェストミンスターモデルによって適用できるとみなしている。その制度規範や価値などは、議院内閣制や議会主権等からなるものと規定してきた。そうした制度的含意においてわれわれは、ネヴィルの基本思想のうちの一つとして庶民院優位型議会主権規範を措定してきた。換言すれば、われわれは、それが国民代表的議会思想と表現できると理解する。ネヴィルは、その精神の中に、絶対君主主義でも王政主義でもない準立憲君主制を含む共和主義的市民自治主義が含まれることとなり、それが国王大権の徹底した制限を主張するものである。従ってネヴィルにおいてそれは、政治における君主なき共和主義的制度論にほぼ近づくこととなる。換言すれば、それは、現代における（象徴君主制を含む）自由民主主義制度の精神を形成するものである。この庶民院優位型議会主権主義は、ネヴィルにおける根本思想であり、その主著にも論じられている。つまりそれは、『プラトン再生』における国民主権原理やウィッグ主義の市民的自由主義思想として表現されるものである。

ネヴィルは、一方において古きよき大義的傾向を示すイングランド共和主義的思想をもつ。ただしこの概念も多様に解釈される抽象的性格をもつので、われわれは、ここではネヴィルがその議会派的傾向をもち、かつ国民代表としての「庶民院優位型国民代表主義」思想家であることを確認するものである。これは、その主著において顕著に表れる(9)。

ネヴィルは、まずその祖父であるネヴィル卿に同感を示す。彼は、自らの祖父がいわゆる一六一四年の「空虚な議会」においてもつ改革意思に自らの議会派的性格を表現する。というのは彼によれば、当時の議会を有意義にするためにそのネヴィル卿が改革に尽力したという論調において明らかである。たとえそれと以前の議会は、賦課金を君主が課そうとするのに対して、無力であり、かつ「請負議員団」の存在やその財務卿の改革案を妨害したことなどが証明できず、単なる噂であったとしても、この共和主義者がその祖父にこの議会派的傾向を見出そうとしたことにこそ、彼の国民代表型議会主義的思想傾向を見出しうるからである(10)。

われわれは、政体の制度的精神を探求する立場から一七世紀イングランドの政体においてまず議会主権がその価値と規範であると規定してきた。それは、中世以来論じられていたごとく、国王・貴族院・庶民院からなる三位一体型議会の至高的立法主権を指す。それは、議会が男を女にする以外は何でもできるという観念でもある。とはいえそれは、一六、一七世紀においてその内容上から三要素のうちのいずれが優越すべきかについて必ずしも一定していない。しかしネヴィルについていえば、その重点が内戦期以来王政復古期において徐々に国王からその庶民院へと多かれ少なかれ移行しつつあることも認識しつつあった。さらに彼はハリントン流にその自由土地保有者たちないし市民への権力の移行も主張していた。故にネヴィルは、議会の大義の源泉が国民代表的庶民院優位型議会主権にあるという基本思想に基づき論じようとする精神を示す(11)。

こうした視野からネヴィルは、自らの立憲制史観においてもその時代に則した自らの議会観に立脚しつつ、チャールズ一世における権力濫用的初期議会をたたき台として合理的推論を行おうとする。われわれは、ネヴィルが自らの主著の史観から論じる「権利請願」期議会において、エリオット卿らが主導した「臣民の合意による課税」を確認しようとするものを取り上げている。これは、ネヴィルがそのいわゆる議会派的立場から国王による権力濫用に対する抗議とみなすものであり、エリオットらの請願を合理的とみなす傾向を示すものである。ネヴィルは、ここではさらにこの合理論者とみなすものの功績を称えつつ、彼の強い信念に基づき、命をかけて主張したとしてその宗教論も称えることとなる。換言すれば、エリオットが、自ら議会議員であるこの時期に国教会からカトリック主義、及びカルヴァン主義を排除しかつ国教会からアルミニウス主義者たちの排斥を主張したかどで投獄され、死した事例も議会派的視点から導入している(12)。

ネヴィルは、自らが庶民院優位型議会主権論をその動乱期の長期議会論において唱えることも確認できる。その『プラトン再生』において彼は、その議会無視的専制政治に対してチャールズ二世の父に配慮してその能力不足を責めず、その側近や顧問たちの能力不足とする傾向がある。従ってこの内戦は、その専制体制に対して議会派が闘わざるを得なかったという。われわれは、そうした諸々の点を勘案してそれを読み解けば、彼の国民優位型議会主権論を読み取ることができる。ネヴィルにおける統治機構論の支柱である国王大権の大幅な制限は、この内戦の期間にその議会派によって求められたものであった。彼は、その主著の終わり近くにおいて、長期議会議員たちの中で自らの命も顧みずに、臣民たちの善のためにその王政派に抗して内戦を戦う高潔さをもち合わせる人々がいることを強調している。これは、当時のフランスにおける統治者たちと根本的に異なると述べる部分である。これらは、ネヴィルにおけるその議会主権論的精神の強度を示す部分である。こうした市民ないし国民の公共精神や主体性精神は、当然のことながら広義の共和主義思想の核心のうちの一つでもある。

われわれは、さらにネヴィルの議会主権的思想をいわゆる「騎士議会」において辿る段階にきている。ネヴィルにおいて、この議会を年金議会や腐敗したものとして批判する部分がある。周知のごとくそれは、当時の宮廷党による強引な議会運営や年金付与などによって自らの陣営に議員たちを引き込もうとする手法を糾弾するものである。ネヴィルは、これも国王権力ないしその顧問たち等による権力の濫用の一環として示されるものである。それも次の第三の定立事項と関連するけれども、この国王大権を徹底して制限させる改革論以前の混乱する、議会ないし政体と診断するものである。

われわれは、漸くネヴィルの高等政治論における主張の直接的議論である、王位継承排斥法案議会問題に今到達している。われわれは、ここではその議論が混乱ないし熱病状態に陥っているものと措定する。ネヴィルは、その排斥提案が全く無意味であるとしているわけではない。しかしながら、その排斥提案は、宗教問題と政治問題を混同しており、重要な問題を悪化させる恐れがあるため慎重な配慮を要するという。従ってネヴィルは、その宗教問題と切り離して国王大権を徹底的に制限することによって内閣的役割をもつ、統治評議会に権限を委譲することを優先すべきとその議会に訴えることとなる(13)。

三 イングランドにおける立憲君主制の原型 ——統治機構改革論——

われわれは、ネヴィルの統治政体論が近代の立憲君主制論に極めて近い制度的精神に基づいていると説くものである。それは、彼における混合君主制思想から発する。ネヴィルの共和主義思想は、公共精神をもつ市民概念を基軸として、反絶対君主思想に基づく国民代表議会によって成り立つ。従って彼は、君主の権力制限論にそって統治機構ないし新立憲制論を構成することとなる。ネヴィルは、特に王位継承排斥法案危機期において、まだその国王大権に対する制限が十分に制度化していない状況から、この執行行政部を担う国王(首相像)とその顧問団(内閣像)に対する国民代表的庶民院優位主義の議会主権論によって、かつその統治評議会を創設し、内閣制的機能を補強することによって統治機構を構築しようとする。従って彼は、君主がなお存在するが、絶対君主制を否定する立場を明らかにするため、当然のごとく当時の国王主導ないし君主親政型統治機構を真っ向から否定することとなる。ネヴィルは、それがこのチャールズ二世期において議会から信任を得た新統治評議会を、その執行行政部を構成する国王と大臣たちに加えるものであるため、議会の信任に依拠する議院内閣制原理ともいえるものを説くこととなる。これは、イングランドの制度的規範にして価値である議院内閣制にも近づくものである。というのはネヴィルは、その統治評議会が内閣制の流れをくむ枢密院の外務委員会的任務にあることも勘案しつつ、論を展開していたからである。さらにいえば、たとえ当時において議院内閣制がまだ十分に確立しておらず、責任内閣制も存在しないにもかかわらず、ネヴィルは、自らの残部議会時代の国策会議の一員となった経験からヒントを得ているごとく、その新統治評議会がその残部議会の是認の下で成り立つ形を想起させるため、議会の信任に基づく執行統治機構を想定させるものである。

われわれは、ネヴィルにおいて一方で、立憲君主制の原理を描き、他方で議会の信任に基づく執行行政部といった、議院内閣制の原型を描く精神を捉えようとするものである。われわれは、この時期における議会と国王との関係について正確に描こうとするマッキントッシュの『英国の内閣』における論述をたたき台として示してみよう。彼は、その内閣の起源を辿る章において次のごとく論及する。

「一六七九年五月にチャールズは、枢密院の助言を採用することなく議会を閉会にしたし、七月に彼らの特定の勧告に抗して議会を解散した。シャフツベリが抗議したとき、国王は、次のように答えた。すなわち、『今議会を解散させる必要について極めて明瞭にして十分に納得させられた、この性質に関する諸事項において、かつ極めて十分に納得させられたところで彼は、枢密院で多数議決投票なしであの決議権を自ら奪うことなどできない』と。その枢密院が任命されたとき、重要情報委員会が形成された。それは、九人の主要な成員からなった。国王がそれにしばしば出席し、かつ全ての主要問題がこの重要情報委員会によって審議され、故にそれは、大部分新しい名称の下での古き外務委員会であった。一六七九年一〇月までにチャールズが、枢密院の実験を放棄し、かつ一六八一年の彼の財政的議会的困難を克服した後、その重要情報委員会においてチャールズの個人的支持者たちでない人々が追放された。この時から自身の治世の末までチャールズは、気心が通じた少数からなる顧問団とともに支配した。この顧問団の会合は、閣議・内閣・あるいは外務委員会として同時代の文書に再度示された」(14)。

周知のごとく一八世紀に内閣制度が成立する以前に、枢密院の外務委員会が内閣に類似する役割を担っていたと言われる。王政復古期の一六七八年前後にチャールズは、その枢密院を再編しようと心に決めていたという。W・テンプル卿によって三十人枢密院提案も示されたが、枢密院について地方党などによってその秘密の内容や非公式性などについて批判もされていた。さらにチャールズの枢密院には自らの信をもたないものも含んだため、それを信用しなかった。故に地方党は、庶民院議員を含むように要請したが、チャールズがそれを拒絶していた。われわれは、こうした背景からこの文を読み解く必要がある。

それは、まずチャールズが、その王位継承排斥法案危機期頃の議会の閉会と解散を行うものをその背景とする。その勧告に反するものに抗してその指導者であるシャフツベリが抗議したことに国王が答えた文が示される。それは、この君主がその必要上当然のこととして行ったため、公式上、枢密院を全く無視して行ったわけでないと答えたという。

マッキントッシュは、次にこの内閣に必須な要素部分からそれに切り込む。つまりチャールズは、その新しい枢密院が任命されることとなったとき、重要情報委員会というものを形成した。この君主は、これがその内閣に必須な要素のうちの一つの重要情報を扱うものであるゆえ、それに注目する。これは、現代英国の内閣の閣議習律における「秘密の保持」を含むものである。チャールズ二世は、ここに着目し、たびたび自ら出席したという。これも首相にあたる君主がその一員であることと一致する。マッキントッシュによれば、それは、旧来の外務委員会の新しい装いであると説く。その後チャールズは、その枢密院をあきらめ、王位継承排斥法案危機議会などを無事に乗り切った後、自らが信頼しない委員たちをその委員会から罷免したという。これ以後議会なき個人支配へとチャールズ二世は、移行し、自らの信頼する少数からなる顧問団とともにこの国を統治することとなる。従ってこの小団からなる顧問たちの会議体は、現代の最高執行行政部の役割を担うものと極めて類似する内閣閣議・内閣・あるいは外務委員会といった名称によって文書化されていると説かれる。

われわれは、歴史的制度論的視点からこのマッキントッシュの内閣の起源論において、王政復古以降における国王を中心とした内閣制的要素の進化状況を読み取ることができる。ウェストミンスターモデルにおける議院内閣制の元々の意味は、国民代表的議会主権下においてその議会の信任に基づく内閣制度を含意する。このマッキントッシュによる当時の現実的制度状況から判断すれば、少数からなる信頼感や重要機密を共有できる国王（首相）主導的な内閣制的要素が整いつつあったといえよう。われわれは、こうした内容によってネヴィルにおいて自らの議院内閣制を含意する立憲君主制の原型を補強できる。ネヴィルは、国王による大権中心主義が絶対君主制的要素を含むため、この絶対君主を拒否することとなる。それに代えて、彼は、国王大権を徹底的に制限することによってその準立憲君主制へと実現させようとするものである。その執行行政部を議会の信任に基づかせる内閣制的要素は、ネヴィルによる国民代表的庶民院中心主義型議会主権論によってその原型が大枠において整うこととなる。というのはネヴィルは、その執行行政部が議会から信任を得た新統治評議会とともに、国王を初めとする顧問団によって担われるからである。その改革統治機構ないし新立憲制提案は、新統治評議会と国王を初めとする内閣制的要素をその大枠において構成することを含意することとなる。

(四) 政教分離論としての反聖職者主義

われわれは、ネヴィルによる反聖職者主義が政教分離的要素を有すると規定するものである。というのはネヴィルのそれは、まずこの論理的見地がその厳格な国教会主義に反対する思想傾向から発するため、この聖職者主義的階序制を徹底的に批判するからである。とはいえ周知のごとくこの政教分離論は、欧州の政治世界において教会と国家との関係論とされ、かつ最も長い時代にわたる継続的な問題でもあり、かつ今日でも支配的な政治問題となり続けているものである。それは、中世におけるアウグスティヌスの「神の国」と世俗国家との分離論等から、ホッブズのリヴァイアサンのごとき近代主権国家論における国家による教会に対する優越等へと至るものの中に包摂される。

われわれは、制度の思想的アプローチを採用するため、その教会制度と国家制度との関連からこの問題と取り組むこととなる。われわれは、ネヴィルに焦点をあてるので、この争点に関する前出のG・マールバーグによるその規定に論及することとなる。彼女は、「ネヴィルの宗教的世評」の章においてそれを次のように結論付ける。

「ネヴィルは、一六四〇年代と一六五〇年代において未解決のままであった宗教問題を議論したとき、当時の数多くの時代傾向に影響を受けた。ネヴィルは、自らが私的信仰と崇拝における個人主義を好むと同時にエラストゥス主義的教会統治制度を擁護した。ネヴィルは、かくして教会と国家との関係の再評価へと動いた。そこにおいて個別集会がエラストゥス主義的絆によって緩やかにまとめられた。国家がもはや国教会のために告発しなかったため、カトリックと穏健な非国教徒の両方の寛容がその範囲内で可能であった。包括的な政策の基礎的仮定は、社会の価値の共有を支持して理論的争いが除かれる場合にのみ国民的統一が可能である、というものである。市民宗教は、次のような理由から、機能することとなろう。というのは市民宗教は、特定的かつ（必然的に）不和的宗教信念を超越するという世界観の共有を含むからであり、かつ『いかなる宗派もそれのみばかり与え得るものではないという、最も重要な一貫性を与えた』からである。ネヴィルの教会統治制度は、イングランドが是が非でも必要とする政治的安定を最終的につくることとなろう」(15)。

この最近のネヴィル研究者は、まず内戦期とそれに続く空位期において国家と教会との関係問題が未解決の事柄であったと説き起こす。この時代のその問題は、清教徒革命と称せられる側面からいえば、まさに高教会主義に対する清教徒たちの反対から発するものであった。従ってその清教徒たちは、国家と教会の分離を主張していた。しかしこの国において多数派を占めるその国教会主義の全てを除去し得るかどうかについて、それがまだ解決されないままでもあったといえる。こうした背景からマールバーグは、ネヴィルの徹底した反聖職者主義が当時の多様な論議に影響を受けていたと措定することとなる。次に彼女は、ネヴィルの反聖職者主義をキリスト教における個人主義と表現し、その宗教の内面的性格を確認する。彼女におけるネヴィルの宗教論の特徴は、エラストゥス主義を志向するというトマス・エラストゥスの学説に立脚するものである。周知のごとくこのエラストゥス主義は、一六世紀後半のプロテスタントの神学者である人物から発し、国家権力が主に宗教事項の最終的決定権をもつという学説であるため、イングランドにおいて一定の影響力をもったものであり、ネヴィルのそれがこの主義に沿うものであると説かれる。

マールバーグによれば、ネヴィルがこうしたエラストゥス主義的教会統治制度を擁護するという。従ってネヴィルは、自らの国家と教会との関係もエラストゥス主義に則して評価し直されることとなる。彼女はそこにおけるキリスト教的個別集会が、強固な絆ではなく緩やかな結び付きによって行われることとなる。故にそれは、国家が教会に深入りせぬため、非国教徒と称せられる人々もカトリック教徒たちも共にキリスト教の寛容という領域内で存続可能となる。ネヴィルの宗教観は、主著及び彼の『マキャヴェッリの手紙』に論じられるように、国教主義の全否定ではなく、その過剰にして厳格な形式主義や聖職者主義の否定であった。彼によるそうした低教会主義的にして広教会主義な政策の基本的前提は、社会的価値の共有を支柱として、その理論的対立を除去する時のみ、その国家国民的な一体化を構成し得るという。従って、ネヴィルは、国家の公的領域内の宗教制度を含意する市民宗教が以下の根拠によって十分に実効性をもつと説くという。すなわち、彼が、その初期の『パインズ家の人々の島』において述べているごとく、プロテスタント教としてではなく、キリスト教として聖書を朗読するように説いているごとく、遥かに広範な宗教観をもって、世界観を共有するからである(16)。さらにネヴィルは、その全キリスト教的世界観によって自ら最も尊ぶべき一貫性をその市民宗教がもたせてくれる故と説かれる。従ってマールバーグは、ネヴィルの主著における共和主義が示すごとく、こうした教会統治によって最も必要とすべき政体の安定が結局のところ確保されることとなると説く。

われわれは、今マールバーグによるネヴィルの国家と市民宗教論を通じて彼の国家と教会関係論を評価してきた。彼女は、その先駆者であるロビンズによる反聖職者主義論を念頭に置きつつ、国家主権における教会制度に対する「政府の優位」という形式で、その両機関の関係論を概括してきた。それは、エラストゥス主義・低教会主義・広教会主義といった基本概念の下にこの関係を包摂するものであった。われわれは、それらを踏まえつつ、かつこれを政教分離論として包括しようとするものである。すなわち、われわれは、ネヴィルが反聖職者主義に立脚しつつ、国家に強い宗教的階序制を組み込むことを徹底的に批判し、自ら強い内面的キリスト教信仰を抱くことを主張し、かつ政治と宗教と分離して論じるという意味から、彼を政教分離論者とみなすものである。

(1) B.Worden, English Republicanism, in J.H.Burns et al., eds.,*The Cambridge History of Political Thought,1450-1700*,1991,p.443.

(2) B.Worden,*op.cit.*,pp.443-4.

(3) B.Worden, M.Nedham and the Beginnings of English Republicanism,1649-1656,in D.Wootton,ed., *Republicanism, Liberty, and Commercial Society,1649-1776*,Stanford,1994,pp.45-81,etc.

(4) 例えば、J.G.A. Pocock, ed., *The Political Works of J.Harrington*, Cambridge, 1977,pp. 128-130;B.Worden ,op.cit.,pp.140-144,etc.

(5) J.Scott, *A.Sidney and the Restoration Crisis,1677-1683*,Cambridge,1991,pp.348-359,etc.

(6) J.Scott,*op.cit.*,pp.179-197,etc

(7) J.G.A. Pocock, ed., *op.cit.*, etc.

(8) B.Worden, *op.cit.*, 1994,etc.

(9) H.Neville, *Plato Redivivus*, London, 1763,p.263,etc.

(10) H.Neville, *op.cit.*,pp.166-7,etc.

(11) *Ibid.*,pp.236-7,etc.

(12) *Ibid.*,pp.201-2,etc.

(13) *Ibid.*,pp.250-3,etc.

(14) J.Mackintosch,*The British Cabinet*,London,1977,pp.39-40;*Ormond MSS.,v,530.*Quoted by G.Davies,"Council and Cabinet,1679-88,"*E.H.R.,(1922),*p.52.

(15) G.Mahlberg,*H.Neville and the English republican culture in the seventeenth century,2009*,p.220.

(16) H.Neville,*The Isle of Pines*,in *Three Early Modern Utopias*,Oxford,1999,p.200;G.Mahlberg,*op.cit.*,pp.218-9 ; H.Neville, ed., *N.Machiavel's Letter*,in *The Works of N.Machiavel*,1675,pp.535-550,etc.

第三節　結語

われわれは、本章においてネヴィルが近代初期のイングランドの共和主義思想家にして、庶民院優位主義的議会主権論者と措定してきた。すなわち、ネヴィルは、自ら実際の議会政治家でもあったし、内戦期と共和制期を通じてチャールズ一世とその顧問たちによる古来の立憲制を無視した専制やクロムウェル独裁に抗して闘った。彼は国民の権利を擁護しようとする議会派陣営に属し、かつクロムウェルの専制に抗する共和主義派に属していた。その当時の言葉によれば、彼はその内戦期において「議会の大義」を主張し、かつその護国卿期にはその軍事独裁的傾向に抗して古きよき大義を主張してきた。ネヴィルは、その王政復古直後にはその政治の第一線から退いてきた。

しかしながら、ネヴィルは、依然としてそのハリントン主義的共和主義思想を抱き続けた。彼の長年の共和主義論が花開くのは、王位継承排斥法案危機期においてであった。ネヴィルは、共和主義者であるが、シドニーのごとき武勇や反乱を極度に主張するという意味で戦闘的急進主義者ではなかった。彼は、共通善や民の合理性を第一義的に志向するウィッグ派に属するけれども、その目的に反する統治者に抗する武装抵抗も主張していない。それにもかかわらずネヴィルは、ウィッグ党によって奉じられるごとく議会が国民の自由と財産権の安全機構であるとみなす思想に基づき、かつ広義の共和主義を顕著に主張することとなった。とはいえこの時期のトーリー党もその強調点において相違があるけれども、この議会主権論的傾向ももち合わせる。この両政党の対立点は、トーリーの君主親政主義及び厳格な国教主義と、ウィッグの国民主権主義・徹底した国王大権の制限主義・並びにその反国教厳格主義との間にあった。とはいえわれわれは、両陣営とも三要素からなる議会が国政の最高機関であるという点についてコンセンサスを共有するとみなす。さらに両政党とも最低限の国教制の容認についてもネヴィルと同様にコンセンサスがあったと考えられる。この両党の思想傾向の競合は、政党政治の第一要件である政党イデオロギーを形成し、かつコンセンサスは二党制による政権交代の可能性を含み、かつウェストミンスターモデルの多くも含意することとなる。

われわれがネヴィルにおいて大いに評価するのは、その統治機構改革ないし新立憲制論である。これは、国王大権を徹底的に制限し、かつ内閣的役割も担う統治評議会を提案することを支柱とし、その統治機構において庶民院優位主義的代表議会を措定するものである。ネヴィルの優れた機構論は、根本原理において庶民院が担う国民代表を議会に据え、かつその執行行政部をこの議会のコントロールに服せしめる点にある。われわれは、それが執行行政部の構成について国王大権を徹底的に制限する観点から、議会の統制下に置く統治評議会とともに国王並びにその顧問たちによって担わせようとする点において、首相と大臣からなる議院内閣制の原型ないしその大枠を構想していたと解する。

これらを総合するとネヴィルが、その共和主義の基本である君主なき共和制が遥か彼方の理想であるため、まず近未来的には絶対君主制をなくし、それに公共政治の主体である市民の参加を実現させ、この市民的議会主権体制下でその君主の絶対権力を薄め、首相に相当する君主の執行権を議会から選出された内閣的要素によってともに担わせることとなる。これは、議会によってその大権を徹底的に制限させる近代の立憲君主制の原型ないし準立憲君主制を形成することとなろう。これは、結果として今日の政治における君主の排除を含意する象徴君主制の流れに沿うものとなる。

参考文献

本文献表は、紙幅の都合上、引用及び参照文献などを補充することを目的とし、その掲載について必要最小限度にとどめた。

Ⅰ　ネヴィル自身の著作（翻訳なども含む）

・Neville,H., *Plato Redivivus*,1681.
・Neville,H., *The Isle of Pines*,1668.
・Neville,H., *Parliament of Ladies*,1647.
・Neville,H., et al., *The Armies dutie; or, faithfull advice to the souldiers*,1659.
・Neville,H., ed. ,and trans., *The Works of the famous N.Machiavel*,1675.
・Neville,H., *News from the New Exchange,or,the Common-wealth of Ladies*,1650.
・Neville,H., *The Ladies Parliament*,1647.
・Neville,H., *Shufling, cutting, and dealing, in a game at Pickquet*,1659.
・Neville,H., *The Ladies, a second time, assembled in Parliament*,1647.
・Neville,H.,*A Copy of a Letter from an Officer of the Army in Ireland*,1656.
・*Neville v.Strood,A True and Perfect Relation*---,London,1656,etc.

Ⅱ　ネヴィルの主著に関連する歴史的文献

・*Neville family papers*, Berkshire Record Office.
・Boccalini,T.,*I Ragguagli di Parnasso;or Advertisements from Parnassus*,1674.
・Nani,B., *The History of the Affairs of Europe*,1673.

- Amelotte,A.M., trans., *The History of the Government of Venice*,1677.
- Rycaut,P., *The History of the Turkish Empire*,1680.
- Rycaut,P., *The present State of the Ottoman Empir*e,1672.
- *The Memoires of Philip de Commines Lord of Argenton*,1674.
- Priolo,B., *The History of France*,1671.
- *The Present State of the United Provinces of the Low Countries*,1670.
- Gailhard,J., *The Present State of the Princes and Republicks of Italy*,1668.
- The Sieur de la Hay, *The Policy and Government of the Venetians*,1671.
- Procopius, *The Secret History of the Court of the Emperour Justinian*,1674.
- J.T.Rutt,ed.,*Diary of Th.Burton*,1828.
- Marvell,A.,*An Account of the Growth of Popery and Arbitrary Government in England*,1677.
- Margoliouth,H.,ed.,*The poems and letters of A.Marvell*,1971.
- Abbott,W.C.,ed.,*The writings and speeches of O.Cromwell*,1932-47.
- W.W.,*Antidotum Britannicum*,1681.
- Goddard,Th.,*Plato's Demon*,1684.
- Filmer,R., *Patriarcha and Other Writings*,Cambridge,1991.
- Hobbes,Th.,*Leviathan*,Cambridge,1996.
- Bodin,J.,*On Sovereighnty*,Cambridge,1992.
- Keeble, J., ed.,*The Works of R.Hooker*,New York,1970.
- Grotius,H., *De Jure Beli Ac Pacis*,1925.
- Fortescue,J.,*On the Laws and Governance of England*,Cambridge,1997.
- M.Luther and J.Calvin: *On Secular Authority*,Cambridge,1991.

・Nedham,M.,*The excellencie of a free-state*,1656.
・Machiavelli,N.,*Discourses on Livy*,Chicago,1996.
・Livy,*History of Rome*, Loeb Classical Library,1959.
・*Plutarch's Lives*,New York,1864.
・Cicero,*On the Commonwealth and On the Laws*,Cambridge,1999.
・Virgil, *Ecologue*, Ⅸ .28.
・Petyt,W., *The Ancient Rights of the Commons of England Asserted*,London,1680.
・Atwood,W., *Jani Anglorum Facies Nova*,London,1680.
・Cole,W.,*A Rod for the Lawyers*,London,1659.
・Pitt,M.,*The English Atlas*,Oxford,1680.
・Molesworth,R., *Account of Denmark*,1694.
・*The Head of Nile*,1681.
・Northleigh,*The Triumph of our Monarchy*,1685.
・Poirée,J.,*Vitis Degeneris,A Treatise of Ancient Ceremonies*,Amsterdam,1667.

Ⅲ　その他

・Mahlberg,M.,*H.Neville and English republican culture in the seventeenth century*,Manchester U.P.,2009.
・Robbins,C.,ed., *Two English republican tracts*, Cambridge U.P.,1969.
・Wootton,D.,ed., *Republicanism, Liberty, and Commercial Society,1649-1776*,Stanford,1994.
・Pocock, J.G.A.,ed.,*The Political works of J.Harrington*,Cambridge,1977.
・Crino,A.M., "Lettere inedite italiani e inglesi di Sir Henry Neville,"*Fatti e figure del seicento anglo-toscano*, Florence,1957.

- Sidney,A., *Discourses concerning Government*,1698.
- Sidney,A., *Court Maxims*,Cambridge,1996.
- Raab,F., *The English Face of Machiavelli*,1964.
- Locke,J., *The Works of J.Locke*,1823.
- Milton,J., *Complete Works*,1953-82.
- Tyrrell,J., *Patriarcha non Monarcha*,1681.
- Worden,B., *Literature and Politics in Cromwellian England*,Oxford,2007.
- Marshall,J., *J.Locke, Toleration and Early Enlightenment Culture*,Cambridge,2006.
- Robbins,C., *The eighteenth-century commonwealthmen*,Cambridge,1959.
- Zagorin,P., *A history of political thought in the English revolution*,1954.
- Fukuda,A., *Sovereighnty and the Sword*,Oxford,1997.
- Rahe,P., *Republics ancient and modern*,1994.
- Scott,J., *Commonwealth principles*,Cambridge,2006.
- Rowland,D.,*An historical and genealogical account of noble family of Neville*,1830.
- Worden,B.,*The Rump Parliament,1648-1653*,1974.
- Adamson,J.,*The Noble Revolt: The Overthrow of Charles I*,London,2007.
- Turner,E.R.,*The Cabinet Council of England,1622-1784*,New York,1932.
- Maltzahn,N.,"H.Neville and the art of the possible: a republican *Letter sent to General Monk*（*1660*）",*Seventeenth Century, Vol., 7*,1992,pp.41-58.
- Clark,A.,ed.,*John Aubrey:Brief Lives*,1898.
- Ashcraft,R.,*Revolutionary Politics and Locke's Two Treatises of Government*,Princeton,1986.
- Knight,M.,*Politics and Opinion in Crisis,1678-81*,Cambridge,1994.

- Seaward,P.,*The Cavalier Parliament and the Reconstruction of Old Regime,1661-67*,Cambridge,1988.
- Smith,D.L., *Constitutional Royalism and the Search for Settlement,c.1640-49*,Cambridge,1994.
- Cromartie,*A.,Sir Matthew Hale,1609-1676*,Cambridge,1995.
- Cliff,J.T., *The Puritan Gentry*,Routledge,1984.
- Cliff,J.T., *The Yorkshire Gentry*, Athlone Press,1969.
- Feiling,K., *A History of Tory Party,1622-1714*,Oxford,1924.
- Pagden,A.,ed., *The Language of Political Theory in Early-Modern Europe*,Cambridge,1987.
- Smith,G.,*A History and Legal History of England*, Dorset Press,1990.
- Steimo,S.,et al.,eds., *Structuring Politics: Historical Institutionalism in Comparative Analysis*,Cambridge,1992.
- Moir,Th., *The Addled Parliament of 1614*,Oxford,1958.
- Keeler,M.F., *The Long Parliament,1640-1641*,Philadelphia,1954.
- Birch,Th., *Court and Times of James I*, London,1848.
- Brutton,D.,et al.,eds., *Members of The Long Parliament*,London,1954.
- Patterson,A., *The Long Parliament of Charles II*,Yale U.P.,2008.
- Finley,M.I., *The Ancient Economy*,London,1985.
- Hazlitt,W.C., *The Venetian Republic V.2*,London,1900.
- Norwich,J.J., *A History of Venice*, Penguin Books,1977.
- Clucas,S.,et al.,eds., *The Crisis of 1614 and The Addled Parliament*,Ashgate,2003.
- Imber, C., *The Ottoman Empire*, Palgrave, 2002.
- Lyson,D., *Magna Britannia*,London,1802-22.
- Israel,J.I., *The Dutch Revolt*,Oxford,1995.
- Thrush,A., et al.,eds., *The House of Commons, 1604-1629*,6vols. Cambridge U.P.,2010.

・Prothero,G.W.,ed.,*Select Statutes and Other Constitutional Documents, 1558-1625*,Oxford,1946.

・Elton,G.R.,ed.,*The Tudor Constitution*,Cambridge,1982.

・Kenyon,J.P.,ed.,*The Stuart Constitution*,Cambridge,1985.

・Henning,B.D.,ed., *The History of Parliament : The House of Commons, 1660-1690*,3vols., Boydell, 1983.

・Mitford, W., *The History of Greece*,8vols., London,1829.

・Miller,D.,et al.,eds.,*The Blackwell Encyclopaedia of Political Thought*,1987.

・Fritze,R.H.,et al.,eds.,*Historical Dictionary of Stuart England,1603-1689*,Greenwood,1996.

・Scruton,R.,*A Dictionary of Political Thought*,Macmillan,1996.

・浜林正夫著『イギリス名誉革命史』未来社、一九八一年。

・今中比呂志著『イギリス革命政治思想史研究』お茶の水書房、一九七七年。

・田中英夫著『英米法総論』東京大学出版会、一九八〇年。

・田中秀夫他編『共和主義の思想空間』名古屋大学出版、二〇〇六年。

・有賀弘著『ドイツの宗教改革と政治思想』東京大学出版会、一九六七年。

・伊藤貞夫他編著『ギリシャとローマ』河出書房新社、一九八八年。

・永井三朗著『ヴェネツィア貴族の世界』刀水書房、一九九四年。

・田中浩著『ホッブズ研究序説』一九八二年。

・林佳代子著『オスマントルコ帝国の５００年』講談社、二〇〇八年、ほか。

あとがき

われわれは、この「あとがき」においてネヴィルの政体思想の現代的意義について一言述べる段階にある。われわれの主題は、ある意味では狭いイングランドの王位継承排斥法案危機期の政体問題にあり、現代の政治機構とは時代などにおいて大いなる隔たりがあることも認めなければなるまい。従ってわれわれは、その時代と現代との関係について手短に言及する必要がある。

ネヴィルの国民代表議会に基づく統治機構論は、長期的な国民の善のために構想しかつ持続可能な統治機構改革を提案したものである。彼は、カトリック教徒の王位継承排斥法案の成立よりもむしろ国王大権を制限しかつ議会に信任させる、国王とともに執行行政部を担う「統治評議会」の設立を訴えた。彼は、自らの新立憲制を信じかつそれを当時の議会に訴えた。これは、現代において強力な執行行政府を監視しかつ精査する議会の機能に関する課題とも関わる。ネヴィルは、自らの国民擁護主義論からその執行部を形成する人々の統治術ないし政治指導の重要性を説いていた。さらに強調すれば、ネヴィルの混合君主制思想的共和主義は、君主を可能な限り政治から除去しようとするものであり、その究極的な延長線上に今日の象徴的立憲君主制があるとみなすことも可能である。われわれは、ここにネヴィルによる合理的推論、先見性、及び現代的意義を認めることとなる。

われわれは、政治思想史を包括する広義の「歴史」に関する、スチュアート期の研究者であるG・バージェスの説明によって、この現代的意義を補強する手掛かりとしたい。彼は、次のように有名な学者の文を引用しつつこの問題について言及する。

「『真の歴史全ては現代史である』とベネデット・クローチェは、かつていった。『結局そこで述べられた事件がどんなにかけ離れているように思われようとも、現実の歴史は、そうした事件が影響を及ぼす現在の必要を示しかつ現在の状況に関係する』と。これらの所見の真理は、本書の著作構成中に特に明らかとなっている。初期の（より長い時期）構成草稿は、二〇〇〇年時というかなり以前に完成された。八年後にその中心的テーマである、宗教的信念と政治理念の相互作用の考察は、新たな話題のように思える。宗教的原理主義・情熱・及び熱狂は、現代政治を強力に激化させている」(1)。

バージェスは、ここではしばしば歴史についていわれる諺から自らの著書の「序文」を説き起こしている。すなわち、歴史は、その歴史家のよって立つ同時代の理論によってその歴史的事実が重要な意味をもつものである。それは、われわれが扱う「一七世紀」という現代からかけ離れた歴史について、その評価されている学者も共通な現代的意味を認めていることを証明しようとするものである。彼の場合は、近代初期の宗教と政治の関連について現代の宗教的原理主義とテロとの関連の共通性を確認するものである。ネヴィルの場合は、民主政における制度と政治指導の関連の問題となる。確かに当時の国家政体は、普通選挙制度を採用せずかつ大衆組織政党が成立していないし、それをネヴィルも想定していない。しかしネヴィルにとって、こうした国民代表議会に信を置く政治は、その国民に最終的決定権があると想定し、かつ国民から選挙によって託された政治指導者たちによる統治術ないし政治指導をもたらす国民との合理的な信頼感をもった統治関係にかけることにあった。ここに、現代においてその政治指導と制度の改革などによってよりよき社会に向けていかに有効な統治関係をもつべきかという課題があり、かつその両方の時代の共通性をわれわれは認めるものである。従ってここにわれわれは、ネヴィルの統治論における現代的意義を見出すものである。

最後になってしまうが、筆者は、本書がここに完成するまで数多くの方々から恩恵を受けている。本書は、主に筆者が奉職している日本大学法学部から発している。ここでは物心両面にわたって筆者は、研究上の支援を全面的に戴いてきた。さらに筆者が属する社会思想史学会やイギリス哲学会などからも多方面にわたって教示や刺激を受けてきた。筆者は、もっとも最近では所属大学からの二〇〇九年度海外派遣研究員資格としてのものも含めて、長年にわたってケンブリッジ大学をはじめとするイギリス留学中において当地の諸先生方から諸々の教示や激励を賜ってきた。これらに関係される先生方などに心から謝意を述べなければならぬ。引き続き筆者は、本書の校正から索引の整理に至るまでの出版過程において、三和書籍の下村幸一編集長から並々ならぬ尽力を戴いたことについて感謝の意を申し上げねばならぬ。

二〇一一年　六月

倉島　隆

（1）Glenn Burgess,*British Political Thought,1500-1660*,Palgrave,2009,p.x.

マ行

ヤ行

ラ行

ワ行

ナ行

ハ行

サ行

タ行

人名索引

ア行

カ行

【著者紹介】

倉島　隆（くらしま　たかし）

1946年　新潟県に生まれる。

1976年　日本大学大学院法学研究科修士課程（政治学）修了。

1993年から94年まで（1年間）及び2001年から02年まで（1年間）、ケンブリッジ大学客員研究員。

現　在　日本大学法学部教授。

著　書　『A・シドニーの政体思想―自治と反乱の共和主義的政治原理―』（単著、時潮社、2008年）、『問題発見の政治学』（編著、八千代出版、2004年）、『現代英国政治の基礎理論』（単著、三和書房、2003年）、『現代政治機構理論』（単著、サンワコーポレーション、1997年）など。訳書に、『プーフェンドルフの政治思想』（L・クリーガー著、時潮社、1984年）など。

ネヴィルの共和主義的政体思想研究
――その『プラトン再生』を中心に――

2011年7月15日　第1版第1刷発行

著者　倉島　隆

発行者　高橋　考
発行所　三和書籍

〒112-0013　東京都文京区音羽2-2-2
TEL 03-5395-4630　FAX 03-5395-4632
sanwa@sanwa-co.com
http://www.sanwa-co.com/
印刷所／製本　モリモト印刷株式会社

ISBN978-4-86251-108-9 C3031